Michael Wrentschur

THEATERPÄDAGOGISCHE WEGE IN DEN ÖFFENTLICHEN RAUM

Zwischen struktureller Gewalt
und lebendiger Beteiligung

Mit freundlicher Unterstützung des Vereins für sozialpädagogische Forschung Graz

Entwurf Umschlaggestaltung: Wolfgang Rappel; Fotos Umschlag: Inter*ACT* und Manfred Köhler

Michael Wrentschur

THEATERPÄDAGOGISCHE WEGE IN DEN ÖFFENTLICHEN RAUM

Zwischen struktureller Gewalt
und lebendiger Beteiligung

ibidem-Verlag
Stuttgart

Bibliografische Information Der Deutschen Bibliothek

Die Deutsche Bibliothek verzeichnet diese Publikation in der Deutschen Nationalbibliografie; detaillierte bibliografische Daten sind im Internet über <http://dnb.ddb.de> abrufbar.

∞
Gedruckt auf alterungsbeständigem, säurefreien Papier
Printed on acid-free paper

ISBN: 3-89821-381-1

© *ibidem*-Verlag
Stuttgart 2004
Alle Rechte vorbehalten

Das Werk einschließlich aller seiner Teile ist urheberrechtlich geschützt. Jede Verwertung außerhalb der engen Grenzen des Urheberrechtsgesetzes ist ohne Zustimmung des Verlages unzulässig und strafbar. Dies gilt insbesondere für Vervielfältigungen, Übersetzungen, Mikroverfilmungen und elektronische Speicherformen sowie die Einspeicherung und Verarbeitung in elektronischen Systemen.

Printed in Germany

Danken...

...will ich an dieser Stelle für die Hilfe und Unterstützung, damit diese Arbeit entstehen konnte,

- *Univ.Prof. Dr. Josef Scheipl*, der mich bei dieser Arbeit mit einer Reihe von wertvollen Anregungen und Ratschlägen unterstützte und von Anfang an die Idee eines theaterpädagogischen Projektstudiums maßgeblich gefördert hat;

- *ao.Univ.Prof. Dr. Gunter Iberer* für seine Betreuungstätigkeit und dafür, dass er zusammen mit *Dr. Daniela Michaelis* einen wesentlichen Impuls für meine theaterpädagogische Entwicklung gegeben hat;

- *Univ.Prof. Dr. Ilse Brehmer, Dr. Elfriede Ederer, Dr. Arno Heimgartner, Dr. Daniela Michaelis, Dr. Regina Mikula, Mag. Leonhard Pagitsch, Dr. Hubert Stigler und Maria Thallinger* als KollegInnen am Institut für Erziehungs- und Bildungswissenschaften, die mich immer wieder ermutigt haben und oft als GesprächspartnerInnen zur Verfügung gestanden sind;

- *Dr. Reiner Steinweg*, meinem ersten Theaterpädagogiklehrer, für die Möglichkeit, eine fundierte und lernreiche Ausbildung zu erhalten und von seinen Erfahrungen und seinem Wissen nehmen zu können;

- *Mag. Roland Stastny*, dem langjährigen Leiter der Gruppe „Forumtheater", der mich die (Forum)Theaterarbeit mit viel Achtsamkeit und Tiefe lehrte und zu einem wichtigen Weggefährten und Freund wurde;

- den Mitgliedern der *Gruppe „Forumtheater"* im WUK in Wien für die jahrelange, kreative und wachstumsfördernde Zusammenarbeit und besonders bei *Dr. Margarete Wenzel* und *Mag. Silvia Bors* für viele Gespräche rund um das Forumtheater und die Dissertation;

- meinen Theaterlehren *Augusto Boal, David Diamond, Jonathan Fox, Steve Wangh, Cathrin Coray, Bonnie Showers*, und *Sharon Fogarty* für intensive Erfahrungen und Inspirationen;

- *Ingeborg Holzmann, Sonja Kinzer, Karin El Monir, Anna Moser, Jörg Mussger, Ursula Niederkorn, Elisabeth Papst, Claudia Pein, Angelika Resch, Claudia Schrammel, Petra Sieder, Renate Sommer, Monika Tragner, Thomas Trattner, Gerhard Unger, Michael Ziegerhofer*, die alle am Projektstudium „*Theater der Unterdrückten, Alltag in der Stadt und öffentlicher Raum*" mitgewirkt haben und dadurch eine wichtige, praktische Basis für diese Arbeit ermöglichten;

- den *TeilnehmerInnen von theaterpädagogischen Lehrveranstaltungen* für ihr Engagement und ihre Bereitschaft, sich immer wieder auf Neuland zu begeben;

- *Mag. Evi Maringer, Lisa Kolb, Margarete Meixner, Prof. Dr. Gerd Koch, Prof. Dr. Dietlinde Gipser* stellvertretend für viele meiner *theaterpädgogischen FreundInnen* und *KollegInnen* innerhalb und außerhalb von Österreich für die fruchtbare Zusammenarbeit mit ihnen;

- *Felicitas Konecny*, die mir als Architekturfachfrau neue Sichtweisen und Wahrnehmungen auf die Stadt und den öffentlichen Raum ermöglichte und einige der theaterpädagogischen Wege gemeinsam mit mir entwickelte;

- *Dr. Heidi Dumreicher* und dem Team von „*Oikodrom-Forum Nachhaltige Stadt*", Wien für Möglichkeiten des kreativen Ausprobierens und intensiver Diskussionen über nachhaltige Stadtentwicklung;

- *Mag. Solveig Haring, Karin El Monir, Elisabeth Papst, Monika Tragner, Mag. Gudrun Schlemmer, Erki Strauss*, die in der Endphase der Arbeit Rückmeldungen und Kommentare zum entstehenden Text gegeben haben und mit scharfen Augen dem Fehlerteufel auf der Spur waren;

- *Irmgard Toplak* dafür, dass sie eine große Zahl der Tonbänder transkribiert hat;

und schließlich:

- meiner Lebenspartnerin *Marianne Köberl* für eine Reihe von wertvollen Kommentaren zum Text und für die große emotionale Unterstützung bei dem langwährenden Arbeitsprozess.

Vorbemerkung

> „Ein wissenschaftliches Werk kann nicht mehr sein als
> ein Arbeits-, ein Denk-, ein Lebensprotokoll"
> (Forster 1988, S.261).

Ich stelle dieses Zitat an den Anfang, weil ich die vorliegende Arbeit als Ausdruck einer Arbeits-, einer Denk- und einer Lebensgeschichte sehe, die über mehrere Jahre und in verschiedenen Phasen verlaufen ist. Zur ihrer Entstehung hat mich die - immer wieder auf's Neue - anregende, stärkende und kreative Praxis der Theaterpädagogik und des Theaterspiels bewegt, die mich seit Ende der 80er Jahre begleitet. Die Arbeit entstand aus dem starken Wunsch heraus, der zunehmenden Bedeutung theaterpädagogischer Praxis auch in einem wissenschaftlichen Sinn Rechnung zu tragen.

Ich wurde dabei maßgeblich von folgenden Fragen motiviert und getragen:

> *Wie ist es mit Hilfe von theaterpädagogischen Methoden möglich, Formen städtischer Gewalt bewusst und in weiterer Folge bearbeitbar und veränderbar zu machen?*
> *Wie können dadurch neue Handlungs- und Teilhabemöglichkeiten im öffentlichen Raum und städtischen Leben entstehen?*

Diese Fragen entstanden zunächst nicht in einem wissenschaftlichen Kontext, sondern als Folge einer Reihe praktischer Erlebnisse und Erfahrungen mit theaterpädagogischen Aktionen, Workshops und Projekten im öffentlichen Raum der Stadt. Die Reflexion dieser Erfahrungen führte zu theoretischen Auseinandersetzungen mit einer Reihe von AutorInnen wie etwa Paul Virilio (1978), Richard Sennett (1986, 1991, 1995) oder Helga Peskoller (1993), die sich in unterschiedlicher Weise mit städtischen Gewalt- und Machtverhältnissen beschäftigten. Deren theoretische Sichtweisen erweiterten nicht nur meine eigene Perspektive auf städtisches Leben, sondern inspirierten mich zu einer Reihe weiterer praxisbezogener, theaterpädagogischer Vorgangsweisen. Immer mehr verstärkte sich die Vermutung, dass theaterpädagogische

Methoden gerade in Bezug auf die Bewusstmachung und Veränderung städtischer Gewaltformen einen wichtigen Beitrag leisten können. Immer wichtiger wurde es mir selbst, dieser Vermutung auch in einem wissenschaftlichen Sinn nachzugehen. Das führte schließlich zu einem Projektstudium mit dem Titel „*Theater der Unterdrückten, Alltag in der Stadt und öffentlicher Raum*", bei dem auf Basis theaterpädagogischer und empirisch-qualitativer Methoden über ein Jahr lang zur Frage von Einschränkungen, Gewalt- und Unterdrückungserfahrungen im öffentlichen Raum geforscht wurde.

Ein zentrale These dieser Forschungsarbeit wird im Untertitel „*Zwischen struktureller Gewalt und lebendiger Beteiligung*" zum Ausdruck gebracht. Theaterpädagogische Zugänge können neue Spiel- und Handlungsräume schaffen, die einen bewussteren und vielfältigeren Umgang mit der Stadt und ihren Gewaltstrukturen ermöglichen. Sie können dadurch zu mehr Lebensqualität und zu mehr Beteiligung am öffentlich-urbanen Leben beitragen.

Diese These wird im Verlauf der Arbeit genauer unter die Lupe genommen.

Genauso, wie ich in dieser Arbeit zwischen Theorie und Praxis, zwischen persönlichen Erfahrungen und empirisch-wissenschaftlichen Zugangsweisen pendle, stelle ich Bezüge zu unterschiedlichen Disziplinen und theoretischen Zugängen her:

Ich knüpfe an Konzepte der Theaterpädagogik als sozialer und ästhetischer Disziplin an (z.B. Koch 1995, Weintz 1998, Korrespondenzen 1995) und widme mich besonders dem „Theater der Unterdrückten" von Augusto Boal (1989). Ich beziehe mich auf relative junge Erfahrungen mit dem szenischen Spiel als Forschungsmethode (Nitsch/Scheller 1997, Gipser 1996), sowie auf qualitative Methoden in den Erziehungswissenschaften (Friebertshäuser/ Prengel 1997). Neben angesprochenen AutorInnen, die sich mit städtischen Macht- und Gewaltverhältnissen (siehe oben) beschäftigen, will ich mit dieser Arbeit auch einen Beitrag für eine soziale und soziokulturellen Stadtentwicklung (Koch 1989, Moser u.a. 1999) leisten, ein Bereich, der ein eher junges Feld Sozialer Arbeit darstellt.

Welche roten Fäden durch die Arbeit führen, und wie sie die unterschiedlichen Zugänge miteinander verweben und verbinden, lege ich in der Einleitung dar.

Inhaltsverzeichnis

Einleitung: Eine Orientierung für die Lesenden 15

TEIL I

ANNÄHERUNGEN AN DIE THEATERPÄDAGOGIK 17

Ein Prolog 17

Vorbemerkung: Einstieg mit Hindernis 18

1. Annäherung: Theaterpädagogik – Eine vielfältige Entwicklung und ein vielschichtiger Begriff 21

Zum Verständnis und zur Entwicklung der Theaterpädagogik 22

1.2 Begriffliche Verwandtschaften 28

1.3 (M)Eine theaterpädagogische Position als Definition 30

2. Annäherung: Das Lehrstückspiel nach Bertolt Brecht 31

2.1 Biographische Notiz: Eine theaterpädagogische Initiation durch das Lehrstück 31

2.2 Zur Bedeutung und Charakteristik der theaterpädagogischen Arbeit mit Lehrstücken 38

    2.2.2 Erkennen durch Selbstspielen – die Einbeziehung von Körper und Sinnen *39*

    2.2.3 Der Bezug zur gesellschaftlichen Lebenswirklichkeit: Die Assoziation des Asozialen *41*

    2.2.4 Szenisches Experimentieren mit Haltungen und Handlungen *42*

2.3 Resümee und Weiterführung 43

3. Annäherung: Die Theaterformen Augusto Boals 45

3.1 Biographische Notiz I 45

3.2 Von Brecht zu Boal: Das Theater als experimentelles Lern-Labor 47

3.2. Der Bezug zur ‚Pädagogik der Unterdrückten' von Paolo Freire 51

3.4 Zur Entwicklung des „Theaters der Unterdrückten" 53

3.5 Ziele und Merkmale der Theaterarbeit von Augusto Boal 55

    3.5.1 Vom Zuschauen zum Zu-schau-spielen *55*

    3.5.2 Spielerisches Erproben von Handlungsmöglichkeiten *56*

    3.5.3 Von Individuellen zum Gesellschaftlichen *56*

    3.5.4 Theater als gemeinsames Forschen *57*

    3.5.5 Die Einbeziehung des Körpers *58*

    3.5.6 Theaterspiel als Ausdrucksmittel für alle Menschen *59*

3.6 Biographische Notiz II 60

3.7 Die Bedeutung des „Theaters der Unterdrückten" von Boal für die Theaterpädagogik 64

    Exkurs: Der Bezug zum Freien Theater *70*

4. Wesentliche Aspekte und Merkmale von Theaterpädagogik 74
4.1 Theaterpädagogik im Kontext einer ästhetischen Praxis: Die Suche nach
Zwischenräumen 74
4.2 Theater-Spiel und Spiellust 77
4.3 Körperorientierung und Sinnesbezug 80
4.4 Die Orientierung an der Lebenspraxis und am Handeln 84
4.5 Zur pädagogischen Haltung: Erfahrungsräume eröffnen und sich
experimentell, forschend verhalten 87
4.6 Gruppenkultur und kollektives Handeln, Sozialbezug und
Gesellschaftskritik 90
Nachbemerkung 93

TEIL II

MIT THEATERPÄDAGOGISCHEN METHODEN AUF DEN SPUREN STÄDTISCHER GEWALT- UND MACHTVER-HÄLTNISSE 95

Entwicklung und Stationen eines Themas zwischen praktischen Beweggründen, Experimentierlust und theoretischem Interesse 95

   Vorbemerkung 96
   II.1 Geschwindigkeit und Abstraktion: Die strukturelle Gewalt der Stadt 98
      II.1.1 Geschwindigkeit als Gewalt: Workshop „Verkehrstheater", März 1991 ... 98
      Der Beitrag von Paul Virilio: Geschwindigkeit und Wahrnehmung, Körper
      und Stadt 101
      Der Verlauf des Workshops 104
      Resümee: Thesen zu Stadt, Körper und Geschwindigkeit 107
      II.1.2 Die Stadt als Labor für Automation 110
      Mit vagabundierendem Denken, feministischer Orientierung und
      künstlerisch-experimentellen Methoden auf den Spuren städtischer Gewalt .. 111
      Der Begriff der (strukturellen) Gewalt 112
      Städtische Gewalt- und Machtverhältnisse 116
      Anregungen, Kritik und Weiterführung: Strukturelle Gewalt und
      Zwischenräume 119
      *II.1.3 Auf Eigenwegen zur Eigenzeit: Theaterworkshop "Stop and Go - Graz
      hat`zzzz", März 1994* 124
      Einstieg 124
      Raum-Wege: Im Fluss der Bewegung zum eigenen Tempo 126
      Resümee: Neue Wege in vertrauten Räumen finden 131
   II.2 Urbane Raum- als Machtverhältnisse 134
      *II.2.1 Eine Straße als Gewalt- und Machtverhältnis. Forschen als sinnliches
      Wahrnehmen, Spielen und Handeln, Sommer 1992* 134
      Einstieg: Einladung zu einem Gedankenspiel 134
      Unterwegs mit fremden Blick: Die Einschränkung der Vorstellungskraft
      als Gewalt 136

II.2.2 Thesen zu Machtverhältnissen im urban-öffentlichen Raum 138
  Vorbemerkung: Der Bedeutungsverlust öffentlich-urbaner Räume 138
  Machtverhältnisse, Ausgrenzungen und Diskurse 140
  Exkurs: Zur Sozialisation von Kindern im öffentlichen Raum 144
  Resümee: Die normative Kraft des Faktischen oder vielfältige Nutzungen? .. 146
II.2.3 Stellen Sie sich vor: Wir nehmen uns öffentlichen Raum! Eine Lehrveranstaltung, Frühjahr 1995. 147
  Zu Idee und Ablauf 147
  Lebendige Geh-Versuche in eine andere Stadt-Praxis 151
  Resümee: Ausnahmen entgrenzen Regeln – Spielräume wecken Freiräume in öffentlichen Räumen 153
II.3 Wandel und Krise der urbanen Öffentlichkeit 155
  II.3.1 Straßenaktionen machen Mut: Theater als Öffentlichkeitsarbeit und Belebung des öffentlichen Raumes, Dezember 1991 155
  Einstieg: „Achtung-fertig-los!" 155
  ‚Rückwärtsgewandte Visionen' einer anderen Stadtkultur: Pieter Bruegel und Richard Sennett 160
  II.3.2 Richard Sennett und der Verfall des öffentlichen Lebens in der Stadt 162
  Der Aufstieg des Warenhauses 165
  Die Straße als Bühne, die Gesellschaft als Theater 167
  Das Verschwinden der gesellschaftlichen Spielkultur 169
  Die ihrer Kunst beraubten SchauspielerInnen 173
  Anregungen – Kritik – Diskussion 175
  Spiel und Darstellung im öffentlich-urbanen Leben 177
  Öffentlichkeit und Machtstrukturen 181
  Das Persönliche ist politisch, das Private ist öffentlich 185
  Mediatisierte Öffentlichkeit und die Schwierigkeit der (Nicht)Begegnung ... 186
  II.3.3 Resümee: Zurück auf die Straße ... und weiter zum Forumtheater 189
  Einstiege ins Forumtheater 191
  Forumtheater: Idee und Konzept 195
  Forumtheater in der Diskussion: Würdigung und Kritik 198
  Resümee: Boals Forumtheater als Antwort auf Sennett und die Krise der urbanen Öffentlichkeit? 202
    1) Rekultivierung der Ausdrucksfähigkeit durch das Theaterspielen 202
    2) Eingreifen, Handeln und Beteiligen 203
    3) Die kollektive Kraft des Publikums 204
    4) Veröffentlichen und Artikulation von gesellschaftlichen Erfahrungen . 205
    5) Herstellen von (Gegen=)Öffentlichkeit und Pluralität 206
    6) Politisches Engagement und Partizipation von unmittelbar Betroffenen . 208
II.4 Thesen als Zusammenfassung 209

TEIL III

"THEATER DER UNTERDRÜCKTEN, ALLTAG IN DER STADT UND ÖFFENTLICHER RAUM" 211

Prozesse, Erkenntnisse und Wirkungen einer projektorientierten Lehrveranstaltung 211

Vorbemerkung 212
III.1 Idee und Hintergrund des Projektstudiums 213
   III.1.1 Ziele und Fragestellungen 213
   III.1.2 Organisatorischer und institutioneller Hintergrund 215
   III.1.3 Phasen des Projektstudiums 216
III. 2 Forschungsansatz und methodisches Vorgehen 217
   III. 2.1 Szenisches Spiel und Theaterpädagogik als Forschen 218
      Forumtheater als Forschen: Erste Ideen 219
      Beispiele für Forschungsprojekte auf Basis des szenischen Spiels .. 222
      Merkmale und Prinzipien szenischen Forschens 225
      Szenisches Forschen als sozialwissenschaftliche Praxis und Kompetenz:
      Eine Andeutung 228
   III. 2.2 Empirisch-Qualitatives Vorgehen 232
      Über Schwierigkeiten einer theaterpädagogischen „Begleit- oder
      Wirkungsforschung" zu einem möglichen Weg 234
      Zum empirischen Material: Sammlung, Auswertung und Darstellung .. 237
         Sammlung von empirischem Material 237
         Auswertung 239
         Darstellungsweise 242
III. 3 Spielerisch-experimentelle, sinnes- und körperbezogene Zugänge zu
Stadt und deren Gewalt 243
Vorbemerkung 243
   III.3.1 Ein Anfang: Gruppenbildung, Spiellust und thematischer Einstieg 244
   *III.3.2 Die Annäherung an städtische Gewaltaspekte über Bewegungen,
   Bilder und Erfahrungen* 246
   III.3.3 Ein erster Ausflug in die Stadt: Ganz bei Sinnen... 249
   III.3.4 Mit dem ganzen Körper ... in der Stadt 254
      a) Aktivierung der Körpererinnerung über eine Bewegungsimprovisation .. 255
      b) Körper-Selbst-Wahrnehmung in der Stadt 257
      c) Mit neuen Bewegungen in die Stadt 261
   III.3.5 Kommunikation und Begegnung 268
III. 4 Gewalterfahrungen in der Stadt als Basis für Forumtheaterszenen -
Reflexion und neue Forschungsfragen 271
   III.4.1 Städtische Gewalterfahrungen und Räume im Dazwischen 272
   III. 4.2 Fragestellungen und szenische Entwürfe 278
III. 5 Nachbetrachtung I: Neue Handlungs- und Aneignungsmöglichkeiten im
städtischen Raum? 281
   III.5.1 Erinnerung, Anregungen und neue Möglichkeiten 282

III.5.2 Veränderte Praxis-Ansätze im städtischen Alltag ... 285
III.5.3 Wünsche und Ideen für eine andere Stadt ... 288
III.6 Von psychosozialen und ästhetischen Erfahrungen in der Szenenarbeit zurück in die Öffentlichkeit ... 290
  III. 6.1 Fallbeispiel I: "Fremde Nähe" – Über die Schwierigkeit von Kommunikation im öffentlichen Raum ... 291
    Szenenentwicklung und Rollenarbeit ... 291
    Vom vielfältigen Wiedererkennen städtischer Wirklichkeit im Kaleidoskop-Bild ... 296
    Paradoxe Interventionen mit den „Polizisten im Kopf" ... 301
    Zurück in den öffentlichen Raum: Die Suche nach gelingender Kommunikation ... 306
    „Schenktongli" – Skulpturen als Geschenk und Angebot für Kommunikation ... 306
    Frühstück im öffentlichen Raum: „permanent breakfast" ... 309
  III. 6.2 Fallgeschichte II: „Die letzten Männer" - Handlungen gegen Übergriffe ... 320
    Szenen und Rollenentwicklung ... 320
    „Das Analytische Bild": Die Schwierigkeit, adäquat zu handeln ... 323
    Die Vorbereitung der Szene für öffentliche Aufführungen ... 327
    Forumtheateraufführungen "Die letzten Männer" ... 329
    Einführung und Aufwärmspiele ... 329
    Aufwärmspiele aus der Sicht des Publikums ... 331
    Das Spielen der Szene ... 332
    Das Spielen der Szene aus der Sicht des Publikums ... 335
    Forumphase: Die gemeinsame Suche nach Veränderungen ... 339
    Die Forumphase aus der Sicht der „Zu-Schau-SpielerInnen": Prozesse und Nachwirkungen ... 345
  III.7 Nachbetrachtung II: Die Sicht der TeilnehmerInnen ... 354
  III. 7.2 Zum politischen und gesellschaftskritischen Anspruch ... 364
  III. 7.3 Die Funktion der Gruppe ... 370
  III. 7.4 Zu Merkmalen und Qualität des theatralen Lernens und Forschens ... 373
    Abschließendes Resümee: Und das Forschen...? ... 380

TEIL IV

BRÜCKEN ZUR SOZIALEN ARBEIT: THEATERPÄDAGO-GIK IM KONTEXT VON SOZIOKULTUR UND SOZIALER STADTENTWICKLUNG ... 383

Ein Epilog mit Ideen, Beispielen und Ausblicken ... 383
  Vorbemerkung: Die Beteiligung an der Stadt als Haltung von Urbanität ... 384
  Theaterpädagogik und Soziale Arbeit: Möglichkeiten einer Beziehung ... 386
  Ausblick I: Theaterpädagogische Wege im Umgang mit (städtischer) Gewalt ... 391
  Ausblick II: Forumtheater und Empowerment in der Gemeinwesenarbeit ... 395
  Ausblick III: Theaterpädagogik und Soziokulturelle Animation ... 402

Ausblick IV: Soziokultur(-Arbeit) und soziale Kulturarbeit: Theaterarbeit mit marginalisierten Gruppen 407
Ausblick V: Subalterne Öffentlichkeit und Diskurse, soziale Stadtentwicklung und BürgerInnenbeteiligung mit Forumtheater 412

Literaturverzeichnis 419

Abbildungsnachweis 437

ANHANG I

Leitfaden für Interviews mit BesucherInnen der Forumtheateraufführung am 20.6.1997 439

ANHANG II

Leitfaden für Gespräche mit TeilnehmerInnen des Projektstudiums 437

ANHANG III

„Hermeneutik Units" 440

ANHANG IV

Hermeneutic Units und Codes 442

ANHANG V

Exemplarische Auswertung von Textstellen am Beispiel des Themas „Aufwärmspiele aus der Sicht des Publikums" (siehe S.328f). 449

Einleitung: Eine Orientierung für die Lesenden

Mit der äußeren Form und inneren Struktur dieser Arbeit will ich nachvollziehbar machen, von welchen praxisbezogenen Erfahrungen und Einsichten, von welchen theoretischen Auseinandersetzungen und empirischen Befunden der Prozess der Entstehung getragen wurde.

Der erste Teil hat den Charakter eines Prologs. Aus drei *„Annäherungen an die Theaterpädagogik"* (S.3-79) wird eine theaterpädagogische Haltung und Perspektive entwickelt, die Grundlage für den weiteren Verlauf der Arbeit ist. Dabei beziehe ich mich insbesondere auf begriffliche Definitionen, eigene Erfahrungen und theoretische Hintergründe mit dem „Lehrstückspiel" nach Brecht und dem „Theater der Unterdrückten" nach Augusto Boal, bevor ich in einem hermeneutisch-phänomenologischen Sinn wesentliche Aspekte und Merkmale einer theaterpädagogischen Position und Haltung herausarbeite, der ich mich verbunden fühle. Dazu werden in erster Linie Texte von TheaterpädagogInnen miteinander verwoben und verdichtet. Das soll deutlich machen, was ich meine, wenn ich im weiteren Verlauf der Arbeit von „Theaterpädagogik" spreche.

Im zweiten Teil *„Mit theaterpädagogischen Methoden auf den Spuren städtischer Gewalt- und Machtverhältnisse"* (S.72-198) wird die im Prolog entwickelte theaterpädagogische Perspektive auf die Stadt und den öffentlichen Raum gerichtet. Anhand einer Reihe eigener praktischer Erfahrungen und darauf aufbauender theoretischer Reflexionen mit verschiedenen AutorInnen zeige ich, wie es mithilfe von theaterpädagogischen Methoden möglich ist, Formen von Gewalt, Ohnmacht und Unterdrückung im städtischen Alltag und im öffentlichen Raum erlebbar, bewusst und veränderbar zu machen. Jeder der drei Abschnitte beginnt mit einem Bericht über einen theaterpädagogischen Zugang zur Stadt. Auf Basis von Tagebucheintragungen, Notizen und Protokollen zeige ich, welche Formen städtischer Gewalt- und Machtverhältnisse bewusst wurden, die sonst als ‚normal' erscheinen, aber auch, welche neuen, ungewohnten Erfahrungen, Sichtweisen und Handlungsmöglichkeiten eröffnet wurden.

Am Schluss dieses Abschnittes formuliere ich zusammenfassend Thesen, welche die Grundlage für die in Teil III beschriebene, *projektorientierte Lehrveranstaltung* mit dem Titel *„Theater der Unterdrückten, Alltag in der Stadt und öffentlicher Raum"* (S.199-377) bilden. Dieser Abschnitt dokumentiert einen handlungsorientierten Forschungsprozess auf Basis theaterpädagogischer Methoden, der mit einer Gruppe von 16 Studierenden über ein Jahr lang durchgeführt wurde. Damit soll ein Einblick in eine theaterpädagogische Arbeitsweise gegeben werden. Was zuvor auf Basis persönlicher Erfahrungen und theoretischer Reflexionen entwikkelt wurde, wird nun unter Zuhilfenahme qualitativer Methoden dokumentiert, illustriert und ausgewertet. Dieser Teil folgt weitestgehend dem chronologischen Verlauf: Er führt über sinnes- und körperbezogene Zugänge zur Stadt und deren Gewalt in die Verdichtung von (Gewalt)Erfahrungen und Themen zu theatralen Szenen. Diese werden in der Folge mittels verschiedener Techniken bearbeitet, um schließlich im Probehandeln herauszufinden, wo es Ansatzpunkte für Veränderung geben könnte. Es wird dargestellt, wie es möglich ist, von einem zunächst persönlich erscheinenden Problem mit städtischer Gewalt ausgehend über die szenische Arbeit zu einer intensiven und weitreichenden Bearbeitung der darin enthaltenen politischen und gesellschaftlichen Fragen zu gelangen. Dieser Prozess schließt auch Schritte und Übertragungen in die gesellschaftliche Wirklichkeit und den öffentlichen Raum mit ein.

Im abschließenden Teil IV *„Brücken zur Sozialen Arbeit - Theaterpädagogik im Kontext von Soziokultur und Sozialer Stadtentwicklung"* (S.378-411), weitet sich die Perspektive über den theaterpädagogischen Umgang mit Formen städtischer Gewalt hinaus in Felder einer sozialen und soziokulturellen Stadtentwicklung und damit in wichtige Bereiche einer Sozialen Arbeit. Es werden einige praxis- und theoriebezogene Ausblicke, Beispiele und Ideen dafür formuliert, wie die in dieser Arbeit vorgestellte theaterpädagogische Konzeption auf Basis bisheriger Einsichten weiterentwickelt und mit Feldern einer sozialen und soziokulturellen Arbeit verwoben werden könnte. Dabei geht es um Ideen und Gedanken, die an theoretische Konzepte anknüpfen, um Beispiele und Geschichten, welche sich bereits ereignet haben, sowie um Ausblicke - in Form von Fragen und Bildern in die Zukunft gerichtet. Sie betreffen die kommunale Gewaltprävention, eine dem Prinzip Empowerment verpflichtete Gemeinwesenarbeit, die Soziokulturelle Animation und Soziokulturarbeit/ soziale Kulturarbeit, sowie die Bildung subalterner Öffentlichkeiten und Diskurse als Basis für Beteiligung, Partizipation und Demokratisierung im Sinne einer (urbanen) Zivilgesellschaft.

TEIL I

ANNÄHERUNGEN AN DIE THEATERPÄDAGOGIK

Ein Prolog

Vorbemerkung: Einstieg mit Hindernis

Ich schreibe diese Arbeit aus dem Blickwinkel der Theaterpädagogik.

> Das schreibt sich leichter als es ist. Es gibt nicht ‚die' Theaterpädagogik und auch nicht einen bestimmten Blickwinkel. Vielmehr ist die lebendige und komplexe Entwicklung der Theaterpädagogik von sehr unterschiedlichen Modellen und Konzepten geprägt, die zum Teil in Widerspruch zueinander stehen, wenn ihnen auch gemein ist, dass sie sich an Menschen mit keiner oder nur wenig Theatererfahrung richten.

Ich weise zunächst auf die Vielschichtigkeit der Entwicklung und die Mehrdeutigkeit des Begriffs Theaterpädagogik hin, um schließlich darzustellen, woran sich meine eigene Position orientiert.

> *Von welcher Theaterpädagogik spreche ich?*
> *Innerhalb welcher Diskurse und Kontexte finde ich mich wieder?*

Das beschränkt sich zunächst auf begriffliche Definitionen, ohne dass damit viel gesagt oder erfahrbar wird. Aber es erleichtert die Ein- und Zuordnung in einen fachlichen Kontext. Der grundlegende Widerspruch zwischen der Logik
der Schrift, die festschreibt...

...und dem Prozess...

...des unmittelbaren Spiels in der Theaterpädagogik, das bewegt und fließt,

...stellt sich als Hindernis, als Schwierigkeit dar. Er ist nicht aufzulösen.

> *Was also tun, um nicht zu bald in die Sphären einer Abstraktheit zu gelangen, die sich gänzlich von der Praxis loszulösen scheint?*

Ich orientiere mich dabei am Vorschlag von Jörg Richard (vgl. 1993, S.164): Er plädiert dafür, die TheaterpädagogInnen mögen den kritischen Blick auf sich selbst richten, auf die eigenen Wünsche und Ziele, das Herkommen und die eigenen Erfahrungen, sowie die pädagogischen und künstlerischen Qualifikationen und Haltungen. Die TheaterpädagogInnen sollten sich ganz auf die „Erfahrungsauseinandersetzung" mit sich selbst und dem Theaterspielen einlassen, welche die Bereitschaft zu theoretischen Reflexion schon in sich trägt.

Dieser Vorschlag von Richard rührt wohl daher, dass es kaum TheoretikerInnen der Theaterpädagogik gibt, die nicht selbst PraktikerInnen waren oder sind.

Nach einer ersten begrifflichen Orientierung gehe ich daher auf zwei theaterpädagogische Ansätze ein, die ich am eigenen Leib erfahren habe, und die für meine eigene Entwicklung wie auch jene der Theaterpädagogik maßgeblich waren: das „Lehrstückspiel" nach Bertolt Brecht und das „Theater der Unterdrückten" von Augusto Boal. Letzterem wird dabei mehr Raum geschenkt, weil es für die Entwicklung der vorliegenden Arbeit sehr tragend war. In beiden Ansätzen geht es darum, das Theaterspiel von einem bürgerlich-elitären Kunstverständnis zu befreien und für persönliche, gesellschaftliche und politische Lern- bzw. Veränderungsprozesse nutzbar zu machen, die sich auf die Lebenspraxis beziehen. Diese beiden Theaterformen verbindet, dass sie im Grunde für alle interessierten Menschen zugänglich sind.

Letztlich bleibt auch dabei etwas offen: Nicht nur diese Konzepte waren maßgeblich für meine theaterpädagogische Praxis und die Entwicklung meiner Dissertation. Die an Erfahrungen reichen Jahre brachten immer wieder neue Anregungen, Inspirationen und Anstöße für Innovation und Integration. Das streife ich kurz in einem Exkurs über Erfahrungen mit dem „Freien Theater", bevor ich schließlich dazu komme, Theaterpädagogik in einem eher phänomenologisch-hermeneutischen Sinn zu beschreiben, um herauszuarbeiten, was trotz unterschiedlicher Konzepte und Modelle das Wesen und das Wesentliche einer Theaterpädagogik ausmacht, der ich mich verbunden fühle.

Auf welche Haltungen, Ansprüche und Ziele beziehe ich mich?

Ich verwebe Texte von TheaterpädgogInnen dicht miteinander, da sie mir helfen zum Ausdruck zu bringen, was mir wichtig erscheint. Sie kreisen um das (Theater)Spiel und die Spiellust, die Einbeziehung von Körper und Sinnen, die Orientierung an der Lebenspraxis und am Handeln, um einen experimentellen Erfahrungsraum und den Bezug zu Gruppe, Kollektiv und Gesellschaft.

1. Annäherung: Theaterpädagogik – Eine vielfältige Entwicklung und ein vielschichtiger Begriff

Bevor ich beginne, den Blick auf den Begriff und die Entwicklung der Theaterpädagogik zu lenken, zunächst eine Feststellung: Unbestritten ist, dass die Theaterpädagogik als pädagogische und künstlerische Disziplin mittlerweile in vielen gesellschaftlichen Bereichen Eingang gefunden hat und zunehmend institutionelle Verankerung erfährt. So gibt es an einigen deutschen Hochschulen Theaterpädagogik (manchmal in Verbindung mit Spielpädagogik) als Studiengänge oder Studienschwerpunkte, was mit einer regen Publikationstätigkeit einhergeht. Außerdem wurde eine Vielzahl von theaterpädagogischen Zentren gegründet. Ich liste einige Bereiche auf, über die es dokumentierte Erfahrungen mit theaterpädagogischer Arbeit und Projekten gibt. Sie beziehen sich auf gesellschaftliche Gruppen, auf Orte und Institutionen:

- Schule
- Jugend(kultur)arbeit und Jugendhilfe
- Universität
- Freizeit- und Bildungszentren
- Ausbildung und Forschung
- Sozialarbeit und sozialpädagogische Praxis
- Kulturzentren und soziokulturelle Zentren
- Theatereinrichtungen
- Psychiatrie
- Gefängnis
- Obdachlosigkeit
- Altenarbeit/ Biographiearbeit
- Interkulturelle Arbeit
- Stadtteilarbeit/ Gemeinwesenarbeit
- Wirtschaft/ Betriebe/ Gewerkschaften
- .....

Die Vielfältigkeit der Anwendung spiegelt sich in der Unterschiedlichkeit der Konzepte und Modelle wider. Theater und Pädagogik werden in verschiedener Weise zueinander in Beziehung gesetzt und gewichtet, was ich überblicksartig darstelle:

Zum Verständnis und zur Entwicklung der Theaterpädagogik

Der Begriff „Theaterpädagogik" taucht in seinen aktuellen Bedeutungen in den 70er-Jahren auf. Davor wurde er längere Zeit in Zusammenhang mit der Ausbildung von professionellen SchauspielerInnen verwendet (vgl. Enge 1993, S.57ff). Im Zusammenhang mit dem Erlernen der Schauspielkunst wird nun meist von „Schauspielpädagogik" gesprochen, während sich die Theaterpädagogik an Menschen mit wenig oder gar keiner Theatererfahrung richtet. Interessant ist, dass große Theatermacher des 20. Jahrhunderts wie K.Stanislawski, B.Brecht, J.Grotowski, A.Boal oder P.Brook in ihrer Theaterarbeit eine Reihe von wesentlichen pädagogischen Methoden und Konzepten entwickelt haben, die auf den Entstehungs- und Entwicklungsprozess von Stücken, Proben und Rollen gerichtet waren und dadurch wichtige Anregungen für die Theaterarbeit mit nichtprofessionellen DarstellerInnen gegeben haben (vgl. Ehlert 1993, S.33ff., Neuroth 1994, S.29ff., Scheller 1998, S.14ff.).

Das verweist bereits auf eine Position innerhalb der Theaterpädagogik. Theaterpädagogik hat sich in den 70er Jahren über die Theaterarbeit mit Laien, die Nachbereitung von Theateraufführungen und später auch über die Theaterspielpraxis mit Jugendlichen profiliert und zu einer Berufsfelderweiterung für SchauspielerInnen besonders im Kinder- und Jugendtheaterbereich geführt (vgl. Enge 1993, S.57f.). Ehlert (vgl. 1993, S.22) bezeichnet die Vernetzung von außerschulischer Pädagogik und künstlerischer Ästhetik außerhalb von Staat und Kommerz als Funktion der Theaterpädagogik. Für Schwenke (vgl. 1993, S.82-91) geht es bei Theaterpädagogik vor allem darum, ein breites, kreatives und selbstbewusstes Publikum v.a. unter jenen Jugendlichen zu schaffen, die in der „Kulturtechnik Theater" bewandert sind und dafür notwendiges Wissen und Erfahrung erworben haben. Hier ist v.a. gemeint, Theater als öffentliche Institution möglichst vielen zugänglich zu machen.

Theaterpädagogik bezieht sich in diesem Zusammenhang in erster Linie auf die Vermittlung von Theaterkunst an spielende und zuschauende Laien bzw. an Nichtprofessionelle.

Wesentlich bei dieser Auffassung von Theaterpädagogik ist der Aspekt des Selber-Theater-Machens, wozu die entsprechenden Techniken und Kenntnisse vermittelt werden.

Parallel dazu geht es um die Weckung von Kompetenzen und Interessen für den „kritischen Konsum" der Kunstform Theater. Diese soll vermehrt zu einer kulturellen Ausdrucksform von Menschen werden soll.

In diesem Zusammenhang ein Blick zurück: Richard (vgl. 1993, S.151ff.) begreift die Spiel-, Feier- und Lachkultur der kleinen Leute im Mittelalter als Vorgeschichte der Theaterpädagogik. Theaterspiel, in dem sich Abenteurertum, politische Provokation, Scharlatanerie, Vagabundentum und ästhetische Lebenspraxis manifestierten, war integraler Bestandteil der Lebenspraxis und Ausdrucksmittel des öffentlichen Lebens. Der Spielmann (heute würden wir sagen „Spielleiter") war gleichzeitig kreativer Provokateur und Informant, was Richard am Beispiel von „Rutebeuf" beschreibt, einem Vorläufer des heutigen TheaterpädagogInnen (vgl. ebd., S. 152ff.): „Rutebeuf" machte eine Entwicklung vom Scholaren zum Spielmann durch, seine Kompetenzen waren hauptsächlich in seiner Spielfähigkeit und Vortragskunst begründet. Er schien gebildet und zugleich politisch engagiert, und sein Leben war vom Vagabundentum geprägt. Übertragen auf heute plädiert Richard dafür, dass der Theaterpädagoge, der etwa mit Jugendlichen arbeitet, an ihnen selbst Interesse haben soll, in erster Linie aber nicht im sozialpädagogischen Sinn: Vielmehr geht es um das Interesse, hinzuschauen, zu kooperieren, Kunst zu machen und zu helfen, sich zu formulieren.

In einem engeren Bezug zur Pädagogik verstehen sich Theaterformen und -traditionen, durch die erzieherische und pädagogische Wirkungen davon erwartet werden, dass bestimmte Zielgruppen an Aufführungen teilnehmen. Steinweg (vgl. 1986, S.387f.) zählt dazu Formen des Kinder- und Jugendtheaters sowie des Mitspieltheaters. Ein Beispiel dafür wäre eine Jugendtheaterproduktion zur HIV-Prävention, mit der man einen bewussteren Umgang mit den Risiken dieses Virus bezweckt. Diese Form des pädagogischen Theaters wird in letzter Zeit z.T. sehr heftig und kontroversiell diskutiert: Theatermacher merken kritisch an, dass die Gefahr besteht, dass der Eigensinn und das Eigenleben des Theaters verloren geht, wenn es in einen zu stark instrumentellen und funktionalen Zusammenhang mit pädagogischen Zielen gebracht wird (vgl. Schneider 1993, S.37-46).

Eine andere Bedeutung von Theaterpädagogik findet ihre Wurzeln ebenfalls in der Geschichte. Darauf weist Steinweg (vgl. 1986, S.388-399) hin, wenn er schreibt, dass in unterschiedlichen historischen Kontexten Theater in der Weise mit Pädagogik verbunden wurde, dass pädagogische Ziele dadurch erreicht werden sollten, dass bestimmte Zielgruppen selbst spielen. Beispiele dafür waren das protestantische Schultheater und das Jesuitentheater, bei denen religiöse und moralische Erziehung durch das Theaterspiel angestrebt wurde. Aber auch beim proletarischen Kinder- und Lehrlingstheater, beim Laienspiel, beim Bauhütten- und Bewegungsspiel sollten die – sehr verschieden intendierten - pädagogischen Wirkungen durch das Selbstspielen entfaltet werden. Zu dieser Form zählen auch die „Lehrstücke" Bertolt Brechts, oder das „Theater der Unterdrückten" von Augusto Boal. Diese wollen Lern-, Wahrnehmungs- und Reflexionsprozesse ebenso durch das Selbstspielen initiieren. Das Theaterspiel wird zum experimentellen Labor, zum Proberaum für neue Haltungen, Verhaltensweisen und Handlungen im persönlichen und politischen Bereich (vgl. Boal 1989 und 1999, Neuroth 1994, Steinweg 1995).

So formuliert Brecht in seiner „Großen Pädagogik" , dass durch das Spielen eine Bewusstseinsbildung der direkt am Prozess beteiligten Personen in Gang kommen soll (vgl. Trötschel 1994, S.34). Brecht, der die Theaterkunst als die menschlichste aller Künste bezeichnete und junge Menschen durch Theaterspielen zu Tätigen und Betrachtenden erziehen wollte, machte sich viele Gedanken zur Pädagogik, die bis in die Gegenwart bedeutsam geblieben sind. In diesem Zusammenhang weise ich auf die Arbeit von Gerd Koch „*Lernen mit Bert Brecht. Bertolt Brechts politisch-kulturelle Pädagogik*" (1988) hin, in der einige zentrale Haltungen des „Theater-Pädagogen" Brecht zusammengefasst werden. Dabei geht es besonders um die Frage, auf welche Weise Lehr- und Lernprozesse produktiv gestaltet werden können.

Aus dieser Position heraus hat sich die Auffassung entwickelt, dass Theaterpädagogik als „Theatralisierung von Lern- und Lehrprozessen" verstanden werden kann. Das Theatrale, die Theatralität wird als

> „....Zeige-, Handlungs-, Anschauungs- und Darstellungsweise alltäglicher wie künstlerischer Art (verstanden, M.W.). .... Theaterpädagogik will Lehr- und Lernprozesse theatralisieren, auch poetisieren, das

heißt veranschaulichen und simulieren (...), darstellen, gestalten, prozessualisieren, dialektisieren, subjektivieren und auch anthropomorphisieren, in Handlung und damit Veränderung zeigen" (Koch 1995, S.11).

In diesem Zusammenhang ist vom „Abarbeiten an Widerständen und Widersprüchen" die Rede, genauso von „Verlangsamung", „Unterbrechung der Automatismen" oder davon, die umgebende Umwelt mit einem „verfremdeten Blick" wahrzunehmen (vgl. ebd., S.12ff.).

Der Begriff der Theaterpädagogik ist seit den 70er Jahren aber auch mit der Spiel- und Interaktionspädagogik verknüpft, mit einer starken Akzentuierung in Richtung „soziales Lernen" im Sinne der Förderung von sozialen und kommunikativen Kompetenzen (vgl. Ehlert 1993, S.33, Weintz 1998, S.279). Diese Strömung war stark an der Idee des Rollenspiels und der Rollentheorie orientiert, man erwartete sich kreative Rollenentwürfe, Fähigkeiten wie „Rollendistanz", „Empathie" und „Ambiguitätstoleranz", in weiterer Folge noch Lernziele wie „Systemkritik" und „Solidarität". Im Laufe der Zeit entwickelte sich Kritik an den teilweise oberflächlichen und technologisch-instrumentellen Ansätzen bzw. an einem überzogenen Anspruch nach direkter Verhaltens- oder Systemänderung (vgl. Steinweg 1986 u.a. S.396f., Weintz 1998, S.279ff.). Zwar wurden in diesem Zusammenhang wertvolle Spiele und Übungen entwickelt und Spiel und Theater als wichtige Sonderformen menschlicher Interaktion erkannt, die Gleichsetzung von Bühnen- und Alltagshandeln erfolgte zu undifferenziert, von einer pädagogisch angeleiteten Theaterpraxis konnte...

„...kaum ein direkt verwertbarer Lerneffekt für den sozialen Alltag erwartet werden. Daher erscheinen die interaktionspädagogischen Postulate der 70er Jahre aus heutiger Sicht pädagogisch überfrachtet und praxisfern" (Weintz 1998, S.283).

In einer nächsten Phase wurde der „Subjekt- und Adressatenbezug" innerhalb der Theaterpädagogik betont. Die Orientierung erfolgte weniger an sozialen Lernzielen, sondern

„...die quasitherapeutische, subjektive Auseinandersetzung des einzelnen Spielers mit seiner eigenen Biographie und dem näheren Umfeld (steht) im Vordergrund" (ebd., S. 282).

Seit den 90er Jahren hat sich innerhalb der Theaterpädagogik das „ästhetische Paradigma" vielfach in den Vordergrund geschoben. Es wird von „neuem sozialen Lernen" in Form von „ästhetischen und psychosozialen Erfahrungen" gesprochen, dabei spielen der Sozial-, der Subjekt- und der Kunstbezug in integrativer Weise eine Rolle. „Psychosoziale Erfahrungen" stehen im Gegensatz zu einem Lernbegriff, der sich an sichtbarer, beabsichtigter und an prinzipieller Verhaltensänderung orientiert. Vielmehr geht es – so Weintz (ebd., S.83ff.) – um eher spontane, beiläufig erworbene Kenntnisse, die Vorhandenes erweitern und Selbsttätigkeit, Selbstreflexion und Selbstbildung anregen.

Als Erfahrungszuwächse im psychosozialen Bereich, die über die Fähigkeit zur Rollendistanz, Frustrationstoleranz, Ambiguitätstoleranz und Identitätsdarstellung (vgl. ebd., S. 67 ff. u. S.79) hinausgehen, werden folgende genannt:

> Stärkung sprachlich-kommunikativer Fähigkeiten
> Ermutigung zum Auftreten vor Gruppen und Publikum
> Stärkung der eigenen Körperlichkeit, der stimmlichen Präsenz und der Körper-Seele-Harmonie
> Stärkung der Einfühlung und Rollendistanz
> Selbstvergewisserung
> Erleben von Gruppen- und Ensemblegemeinschaft
> Fähigkeit zum Selbstausdruck, zu offener, verständlicher Mitteilung
> Differenzierte Wahrnehmung

Als ästhetische Erfahrungen und Kompetenzen werden u.a. folgende angeführt (vgl. Weintz 1998, S.277):

> Berücksichtigung der Grundregeln von Ensemblespiel
> Kenntnis unterschiedlicher Spielweisen
> Kenntnis dramaturgisch-choreographischer Mittel
> Kenntnis und Nutzung aller erdenklichen theatralischen Zeichensysteme/Ausdrucksformen
> Einblick in die umfassende, tiefgehende Erarbeitung und Darstellung der Figur

Diese stärkere Orientierung auf die „Ästhetik" findet sich auch bei Richard (vgl. 1993, S.162f.), der meint, dass TheaterpädagogInnen v.a. die Kunst des Theaterspielens beherrschen müssen. Auch wenn es die Nähe zum spielenden Menschen gibt, geht Theaterpädagogik durch die Vielschichtigkeit der ästhetischen Mittel über den Spielbegriff hinaus, weil sie ästhetische Wahrnehmung und Gestaltung anregt. Wichtig ist das Zusammenwirken von ästhetischem und sozialem Erfahrungs- bzw. Lernprozess:

> „So zielt Theaterpädagogik auf den sozialen Prozeß als einen ästhetischen Prozess und auf den ästhetischen Prozeß als einen sozialen. Wirksam wird das je andere als Triebfeder und Korrektiv des Bildungsvorgangs" (Ruping 1998, S.23).

Bei aller stärkeren Orientierung von Theaterpädagogik hin zu einer ästhetischen Praxis darf aber nicht übersehen werden, dass die Arbeit mit Laien und nichtprofessionellen SpielerInnen immer auch einen hohen Grad an pädagogischen und psychosozialen Kompetenzen voraussetzt. Kenntnisse über Gruppenprozesse und –strukturen, die Reflexion der Spielleiterrolle, flexibles Agieren, methodisch-didaktische Sicherheit sind wesentlich (vgl. Klosterkötter 1994, S.63), genauso wie das Schaffen von förderlichen, unterstützenden Rahmenbedingungen, um vielfache Erfahrungen und Lernprozesse zu ermöglichen.

In dieser kurzen Darstellung des Bedeutungswandels von Theaterpädagogik zeigt sich, dass mit Theaterpädagogik so unterschiedliche Ansätze gemeint sind, wie...

- *die Vermittlung von Theaterkunst an Laien im Sinne des Selbstspielens oder Zuschauens, besonders im Jugendbereich,*
- *die Erreichung pädagogischer Ziele für bestimmte Gruppen durch die Teilnahme an Aufführungen,*
- *die Erreichung pädagogischer Ziele mit bestimmten Gruppen durch Selbstspielen,*
- *die Theatralisierung von Lernprozessen*
- *die Förderung ‚sozialen Lernens' mittels (Rollen)Spiel und*
- *eine auf Theaterspiel basierende Praxis, die ästhetische und psychosoziale Erfahrungen ermöglicht.*

Neben diesen unterschiedlichen, nicht immer abgrenzbaren Bedeutungen von Theaterpädagogik kursieren weitere Begriffe, die zum Teil in einem ähnlichen Sinn verwendet werden, wie z.b. Dramapädagogik, Drama in Education, Szenisches Spiel etc.., worauf ich nun im Überblick eingehe:

1.2 Begriffliche Verwandtschaften

Der Begriff Theaterpädagogik steht oft als Sammel- oder Überbegriff für eine Reihe unterschiedlicher Konzepte. Neuroth (vgl. 1994 S.32) zählt dazu Rollenspiel, Interaktionsspiel, Maskenspiel, Theater der Unterdrückten, Lehrstück und Psychodrama. Auch in der von Weintz (vgl. 1999, S.332) erstellten Übersicht werden Psychodrama, pädagogisches Rollenspiel, Animationstheater (mit der Sonderform Forumtheater), Lehrstück und Rollenarbeit als theaterpädagogische Verfahren genannt, die hinsichtlich verschiedener Kriterien unterschieden werden. Für andere wiederum fällt das Psychodrama in den Bereich der Therapie, während pädagogische Rollen- bzw. Interaktionsspiele der Spiel- bzw.- Interaktionspädagogik zuzurechnen sind. Belgrad (1997a, S.107f.) verweist in diesem Zusammenhang auf die enge Verbindung von Spiel- und Theaterpädagogik, die er beide als besondere menschliche Interaktionsformen ansieht. Dennoch bestehen Unterschiede, da in der Spielpädagogik die freizeit- und unterrichtspädagogischen Intentionen bedeutsam sind, während bei der Theaterpädagogik Formen des darstellenden Spiels und damit auch ästhetische Aspekte der Darstellung im Vordergrund stehen (vgl. ebd., S.113).

Im Zuge der im angloamerikanischen Raum verbreiteten „Drama in Education" – Bewegung ist dagegen der Begriff „Dramapädagogik" entstanden. Dramapädagogik meint eine ganzheitlich kreative Lern- und Lehrmethode, die Spielen und Darstellen mit einschließt. Sie ist weiters eine ästhetische Lern- und Lehrmethode, indem sie Techniken und Methoden des Darstellenden Spiels nutzt, ohne dabei den professionellen Anspruch der Schauspielkunst zu erwarten, was an die angesprochene „Theatralisierung" von Lernprozessen erinnert. Nach Meinung von Levenstein (vgl. 1997, S 133f.) verbindet die Drama- mit der Theaterpädagogik zunächst, dass sie beide im Kern mit der Kunstform Theater zu tun haben und dadurch eine unmittelbare, ganzheitliche Erfahrung von Lerninhalten und –prozessen im Hier und Jetzt ermöglichen. Unterschiede bestehen insofern, als es in der Dramapädagogik im Regelfall keine ZuschauerInnen gibt, da alle sowohl SpielerInnen als auch ZuschauerInnen sind, außerdem ist die Arbeit prozessorientiert und findet zumeist im Klassenzimmer statt. Szenisches Material aus der dramapädagogischen Arbeit kann aber für eine Aufführung verwendet werden, allerdings braucht es dazu weitere Voraussetzungen. Insofern ergänzen sich die beiden Verfahren je nach Kontext.

Eher im dramapädagogischen Sinn zu verstehen ist der von Scheller (1998) verwendete Begriff des szenischen Spiels, mit dem erfahrungs- und praxisorientiertes Lernen als Antwort auf pädagogische Problemfelder gefunden werden soll, wobei eine Reihe von Formen aus Spiel und Theaterarbeit den Hintergrund bilden. Das szenische Spiel ist eng an den pädagogischen Alltag geknüpft und will Verfahren und Wege finden,

> „...mit denen auch unbewusste, ausgegrenzte, abgewehrte, asoziale und dysfunktional gewordene Vorstellungen, Wahrnehmungen und körperliche wie auch sprachliche Verhaltensmuster aktiviert und angeregt werden, ohne dass sie zum Gegenstand der Bewertung werden" (Scheller 1998, S.9)?

Szenisches Spiel als Lernform arbeitet v.a. mit inneren und äußeren Haltungen; es ist ein Lernen mit allen Sinnen.

Ein anderer Begriff wird von Stastny (vgl. 1995, S.133ff.) verwendet, der von dramatischem Probehandeln spricht. Stastny meint damit ein vielfältiges Ensemble von Arbeitstechniken aus der Theaterarbeit, der Therapie und Philosophie, bei denen die Handlungen selbst zum Gegenstand der Auseinandersetzung werden. Dramatisches Probehandeln ist artifiziell, es findet in einem Studio statt und ist einem physikalischen Experiment nicht unähnlich. Es geht dabei nicht um das Spielen für ein Publikum, sondern um das Erleben der Handelnden.

1.3 (M)Eine theaterpädagogische Position als Definition

Wenn ich in der Folge von Theaterpädagogik spreche, meine ich damit zunächst einen Rahmenbegriff, der unterschiedliche Praktiken und Zugänge integriert. Im Vordergrund steht für mich, das Theaterspiel als experimentelles Lernlabor zu gebrauchen, in dem neue Erfahrungen, Wahrnehmungen und Handlungsmöglichkeiten für bestimmte Themen, Probleme oder Konflikte durch das Selbstspielen erlebbar und erfahrbar werden. Das eröffnet die Möglichkeit – aber nicht mit dem unmittelbaren Zweck, dass Erkenntnisse in den sozialen Alltag nachwirken und Übertragungen in gesellschaftliche Wirklichkeiten gefunden werden können. Zu meinem theaterpädagogischen Verständnis zählt die „Popularisierung" des Theaterspiels als „soziokulturelle Ausdrucksform", die allen Menschen ermöglicht, das Theater zu gebrauchen. Dabei spielt der Bezug zum eigenen Leben und Alltag eine große Rolle. In diesem – eher dramapädagogischen Zusammenhang - spreche ich manchmal von theatralen Lernformen, von szenischem Spiel oder dramatischem Probehandeln. Der Kunstbezug und ästhetische Erfahrungen spielen eher dann eine Rolle, wenn es um die Erarbeitung von Aufführungen und die Erweiterung und Veränderung gewohnter Perspektiven durch ästhetisches Handeln geht.

Dieser Versuch einer definitorischen Beschreibung dessen, welchen Begriff von Theaterpädagogik ich in dieser Arbeit verwende, soll nun gefüllt und belebt werden (soweit das auf dem Papier möglich ist). Dazu greife ich zunächst auf Erfahrungen mit dem theaterpädagogischen Modell des „Lehrstücks" nach Bertolt Brecht zurück, bevor ich mich umfassender mit dem „Theater der Unterdrückten" von Augusto Boal auseinandersetze:

2. Annäherung: Das Lehrstückspiel nach Bertolt Brecht

Das „Lehrstückspiel" nach Bertolt Brecht war für meine theaterpädagogische Prägung und Entwicklung sehr wichtig. Seine theaterpädagogische Grundhaltung und Methodik wird im weiteren Verlauf der Arbeit eine Rolle spielen. Ich widme mich nun aber nicht dem Diskurs um die Lehrstücke in seiner Breite und Komplexität, sondern hebe Elemente heraus, die sich für (m)eine theaterpädagogische Praxis und Haltung als wesentlich und nachhaltig erwiesen haben. Ich beginne mit einem Bericht über meine erste ‚wirkliche' theaterpädagogische Erfahrung:

2.1 Biographische Notiz: Eine theaterpädagogische Initiation durch das Lehrstück

Im Dezember 1985 nahm ich als Student der Soziologie und Pädagogik an einer Lehrveranstaltung zum Thema *„Friedenserziehung: Gewalt im Alltag"* teil, die von Daniela Michaelis und Gunter Iberer am Institut für Erziehungswissenschaften der Universität Graz geleitet wurde. Ich war zu dieser Zeit politisch in der Friedensbewegung und wissenschaftlich im Bereich der Friedensforschung und -pädagogik engagiert, wodurch diese Lehrveranstaltung besonders interessant für mich war.

Der Zugang zu und die Auseinandersetzung mit diesem Thema erfolgte – neben der Verwendung von Methoden aus der Spiel- und Interaktionspädagogik – über einen Lehrstücktext von Bertolt Brecht, den wir in immer neuen Varianten bespielten und reflektierten, der uns vielschichtig forderte, provozierte, und an dem wir uns reiben und ‚abarbeiten' konnten.

Die berühmte Mantelszene aus Brechts „Der böse Baal der Asoziale" (1982) handelt von einer Begegnung zwischen dem „BAAL", der über zwei Mäntel verfügt und dem „ARMEN", den es friert, und der es ‚wagt', den Mann auf der Straße anzusprechen. Dazu ein Ausschnitt:

DER ARME es ist kalt. ich habe keinen mantel. mich friert. dort der große herr kann mir vielleicht sagen was ich gegen die kälte machen soll. guten tag herr

BAAL *steht unbeweglich*: weißt du nicht, daß man einen mann auf der straße nicht anspricht?
DER ARME es ist kalt herr. kann mir der herr sagen was ich gegen die kälte machen soll
BAAL es ist nicht kalt *er zeigt seine zwei mäntel*
DER ARME kann mir der herr einen mantel leihen?
BAAL *sieht ihn erstaunt an*
DER ARME es ist kalt. ich habe keinen mantel. mich friert bruder (Brecht 1982, S.84f.)

BAAL versteht es in der Folge sehr gut, den frierenden ARMEN immer wieder abprallen zu lassen und von sich zu weisen. Der ARME gibt ihm sogar seinen Rock, damit BAAL besser sitzen und nachdenken könne. Schließlich, am Ende der Szene:

der arme fällt erfroren um
der böse baal der asoziale lacht

BAAL Josef du warst einer der zum erfrieren bestimmt war

DER LINKE CHOR
die welt ist kalt
darum verändert sie
ist der mensch wärme gewohnt
und erfriert ohne mantel
gebt ihm den mantel gleich
der denkende liebt
die welt wie sie wird
(ebd., S.86)

Ich erinnere mich noch gut daran, als ich mit dieser Szene zum ersten Mal in Berührung kam, als ich sie darstellte, ver-körperte, spielte. Der folgende Text entstammt meinem Reflexionsbericht in unmittelbarem Anschluss an das Seminar:

"....bevor wir überhaupt noch Zeit bekommen, uns in gewohnter, d.h. leise lesender und denkender Form diesem seltsam anmutenden Text verstandesmäßig zu nähern, 'müssen' wir ihn im Gehen immer wieder laut vor uns hersagen, von oben nach unten und durcheinander. Dabei werden wie von selbst verschiedene Les-Arten ausprobiert: mit tiefer, lauter, ängstlicher, hoher, aggressiver Stimme; mit dazupassenden Gesten und Bewegungen: ein buntes Stimmen- und Wortgewirr ist die Folge und lässt in diesem Raum eine ganz eigentümliche Atmosphäre entstehen...

Später kommunizieren wir bloß mit Fetzen aus diesem Text - wie ist das möglich? Ich wundere mich nur noch, wie viel mit diesen wenigen Worten zu sagen, oder besser aus-zu-drücken ist und auf wie unterschiedlich das geschehen kann.

Der Klang der Worte füllt den Raum mit plastischen Hör-Bildern.

Längst sind Assoziationen, Ideen, Vorstellungen darüber aufgetaucht, wie der BAAL oder der ARME zu spielen sind, wo die Szene spielen könnte, und das probieren wir aus: Ich spiele zunächst einen BAAL, einen arroganten, intellektuell-überheblichen, der "über den Dingen steht", was dazu führt, dass ich den ARMEN vor lauter Konzentration auf meine Spielweise gar nicht bemerke! Aber er hat doch auch gespielt?!

In anschließenden Feedback-Runden zu den gespielten Szenen wird durch den Austausch der verschiedenen Wahrnehmungen deutlich, wieso es in der Szene zu keinem Kontakt kam oder auch, was den BAAL so "mächtig" und den ARMEN zu "ohnmächtig" erscheinen ließ.

Die ersten gespielten Szenen bringen eher typische, klischeehafte Begegnungen von arroganten, herrschsüchtig-stolzen oder ignoranten BAALS mit gebückten, kleinlauten, demütigen, opferbereiten, jammernden ARMEN hervor. Die Körper-Haltungen scheinen sich zu ergänzen und werfen die Frage auf, auf welche Arten sich die Macht des einen auf die Ohnmacht des anderen stützen kann. Immer weniger will die Gruppe akzeptieren, wieso

DER ARME erfrieren 'muss' und wieso er sich gegen sein 'Schicksal' nicht zur Wehr setzt: Schon tauchen ARME auf, die den BAAL erhobenen Hauptes um den Mantel fragen oder ihm einen zu entreißen versuchen,- wieso nicht gleich beide Mäntel nehmen? Oder aber der BAAL ist selbst ein jämmerlicher, sich selbst bemitleidender Mann, der ja so gerne etwas geben wollte, wenn er nur könnte.

Die gespielten Figuren werden vielfältiger, die Spielversionen widersprüchlicher, und das anfängliche "schwarz-weiß-Bild" vom "reichen, bösen BAAL" und vom "guten, besitzlosen ARMEN" bekommt mehr Farben.

Im Austausch über das Gespielte und Gesehene kommen uns vermehrt Szenen aus unserem Alltag in den Sinn: Einer erinnert sich an eine Situation in einem Amt, wo er sich als abhängiger Bittsteller einem abweisenden Beamten gegenüber gefühlt hat; eine Frau erzählt, auf welche Weise ein Vorgesetzter seine Macht im Betrieb ausspielt; wir re-inszenieren den 'Konflikt' zwischen der sogenannten "Dritten" gegenüber der "Ersten" Welt etc....

Der Text lässt in uns Assoziationen zu gesellschaftlichen Situationen und Verhältnissen aufsteigen, die ähnliche Handlungen und Haltungen wie die des BAALS und des ARMEN hervorbringen. Im Spiel zeigt sich aber auch, auf welche Weise wir oft selbst "asoziale Haltungen" gegenüber Ärmeren, Schwächeren, Ohnmächtigen einnehmen, bzw. wie wir diese Situationen erleben.

Bzgl. der Verschiedenartigkeit der assoziierten privaten, beruflichen und gesellschaftlichen Konfliktfelder gibt es verbindende Fragen:

> *Wer braucht eigentlich "Mäntel" und wofür stehen sie?*
> *Wer verfügt in welcher Weise über "Mäntel"?*
> *Was unternehmen die einen, um "Mäntel" zu bekommen, was die anderen, "Mäntel" nicht herzugeben?*
> *Welche Möglichkeiten bestehen für "Erfrierende", an "Mäntel" heranzukommen?*

> *Oder sorgen sie mit ihren inneren und „äußeren Haltungen" dafür, dass sich die "BAALS" nicht sehr schwer tun, die Mäntel zu behalten?*

Diese Fragen und die verschiedenen Spielversionen machen uns deutlich, wie wir selbst in diese Systeme der "Mächtigen" (mit 'Mänteln') und "Ohnmächtigen" (ohne 'Mäntel') verstrickt sind, bis

> "...an die feinsten Verzweigungen der Macht bis dorthin, wo sie an den Individuen rührt, ihre Körper ergreift, in ihre Gesten, ihre Einstellungen, ihre Diskurse, ihr Lernen, ihr alltägliches Leben eindringt" (Foucault 1976, S.32).

Die Spielprozesse machen uns Aspekte jener Gewalt bewusst, die für uns oft kaum noch sichtbar, spürbar, benennbar ist, weil wir uns an sie gewöhnt haben; weniger die physische, brachiale Gewalt, sondern jene, die sich über ein immer verfeinertes Netz von Regeln, Verhaltensvorschriften, Disziplinen, Normierungen und Techniken, über unsere Körper, Sinne, Gesten und Gefühle ausgebreitet hat.

Dieser Blick auf die soziale Realität bringt Ent-täuschungen mit sich. Das spiegelt sich wider im zunehmenden Widerstand gegenüber dem "Text", der diese Machtbeziehungen "vor-schreibt" und die Figuren bzw. ihre Haltungen und Handlungsweisen "fest-schreibt".

Neue Fragen tauchen auf:

> *Auf welche Weise werden eigentlich die "Texte" des gesellschaftlichen Lebens "geschrieben" und mit bestimmten Rollen "ausgestattet"?*
>
> *Wie können wir die "zu-geschrieben" Rollen und Haltungen anders ausfüllen bzw. wie läßt sich der Text umschreiben?*

Darüber wird nicht nur theoretisch diskutiert. Vielmehr werden neue Haltungen und Handlungen im Spielgeschehen gewagt: Wir probieren aus, wie "Ohnmächtige" ihre Bedürfnisse und Interessen gegenüber verschiedenen "Autoritäten" und "Mächtigen" einbringen, behaupten, durchsetzen ... können. Ideen werden sogleich im Spiel umgesetzt, durchgespielt, angeschaut und wieder besprochen, was neue Ideen hervorruft: Im "Probehandeln" können wir, sooft wir es wollen, Lösungen durchspielen, mit unseren Gesten, Körpern und Stimmen das ausagieren, was wir für richtig halten und was uns in der alltäglichen Wirklichkeit oft versagt bleibt. Immer mehr wird dieser Theater-Raum zu einem Raum für exemplarisches und experimentelles Lernen.

Darin liegt das Faszinierende an dieser Methode, die auch Platz für das "Scheitern" von Versuchen bietet. Oft passiert es, dass eine bestimmte Spielidee nicht realisiert werden kann oder Unvorhergesehenes passiert.

Einmal spielen wir eine Szene, bei der BAAL es sich auf einer Art überhöhten "Thron" zurecht gemacht hat. Von dort starrt er unbeirrt in die Ferne und vermeidet es so, mit dem ARMEN in Kontakt zu kommen. Der Hintergrund dieser Szene sind Erfahrungen mit einem Direktor einer Ausbildungsinstitution. Nachdem eine Reihe von Versuchen, an die "Mäntel" des BAAL heranzukommen, oder zumindest mit ihm in Kontakt zu komme, nicht erfolgreich sind, stellt sich ein ARMER auf den gegenüberliegenden Tisch, um so auf gleicher Ebene mit dem BAAL zu sein. Dabei stößt er unglücklicherweise mit dem Kopf an den von der Decke hängenden Leuchter und fällt daraufhin noch fast vom wackeligen Tisch herunter. Dieser Spielversuch eines "Auf-Stands" wird zur Groteske.

Dann hilft 'nur' noch das Lachen!

Und es wirkt sehr befreiend. Endlich kann die gesellschaftlich erschwerte "...geradlinige und direkte Entladung von Handlungstendenzen in Tätigkeiten oder überhaupt in Bewegungen..." (Elias 1987, S.160) ausgelebt werden.

Diese Lehrveranstaltung ‚schlug ein wie der Blitz', sie prägte meine Entwicklung in diesem Bereich entscheidend und ermutigte mich zu einer Reihe von Schritten. Intuitiv wusste ich, dass ich dabei auf etwas gestoßen war, das kreativ-ästhetisches Gestalten, politisches und persönliches Lernen, Denken und Handeln auf eine Weise verband, die mir bis dahin neu war, aber einem lang gehegten Wunsch an Integration dieser Bereiche entsprang.

Noch Monate später stieß ich in meinem Alltag auf Szenen und Situationen, die mich an die dichten und intensiven Erfahrungen beim Seminar denken ließen: Es gab einen hohen Wiedererkennungswert an eigenen und fremden (Körper)Haltungen und eine gesteigerte Wahrnehmungsfähigkeit in bezug auf soziale Vorgänge und Strukturen.

Die „Lehrstückarbeit" weckte zudem die Lust am (Theater)Spielen: Das tat ich während meiner Schulzeit auch gerne, und es war sogar eine Überlegung, eine Ausbildung in diese Richtung zu machen, aber ein inneres Bild hinderte mich daran: Es war das Bild von einem Regisseur, der einem Schauspieler genau sagt, was er zu tun, wie er den Text zu sprechen habe etc.. Derartige ‚Regisseure' waren mir aus meinem sonstigen Leben schon vertraut, sie wollte ich im Theater nicht noch einmal erleben. Beim Lehrstückspiel stand hingegen das aktive, selbständige und eigensinnige Ausprobieren mit einer provozierend-widersprüchlichen Textvorlage im Vordergrund, der geschützt Raum erlaubte – wie gesagt - das „Scheitern" beim Probieren von Haltungen und Handlungen (wo gibt es sonst diesen Raum?). Außerdem rückten Körperausdruck, -haltungen und –wahrnehmung und das sinnliche Erleben in einer Weise in den Vordergrund, wie ich es bei anderen Lern- oder Bildungsprozessen nicht kennen gelernt hatte.

Die Lehrstückarbeit stellte sich als eine ästhetische wie soziale Praxis dar, die zu ungewöhnlichen, fremden Wahrnehmungs- und Handlungsweisen anregte.

Nach dieser Begegnung mit dem Lehrstückspiel entstand ein großes praktisches wie theoretisches Interesse an diesem theaterpädagogischen Ansatz. Es folgte die Teilnahme an weiteren Workshops und schließlich eine einjährige Ausbildung bei Reiner Steinweg, dessen Forschungsarbeiten maßgeblich dazu beigetragen haben, dass das Lehrstück zu einem wesentlichen Motor der Entwicklung der Theaterpädagogik in Deutschland wurde. Darauf und auf wesentliche Merkmale der Lehrstückarbeit gehe ich im folgenden ein:

2.2 Zur Bedeutung und Charakteristik der theaterpädagogischen Arbeit mit Lehrstücken

In der Dissertation von Reiner Steinweg (1972) werden die Lehrstücke Brechts als eigenständiger Spieltypus im Sinne einer politisch-ästhetischen Erziehung beschrieben, bei der kollektive Lern- und Selbstverständigungsprozesse durch das Selbstspielen angeregt werden sollen. Dem Operieren, Einnehmen, Verändern von Haltungen und Gesten kommt dabei besondere Bedeutung zu. Bei Lehrstücken sind die üblichen ästhetischen Maßstäbe, die für eine Theateraufführung von Bedeutung sind wie die Beherrschung von Körper, Stimme und Sprache, Bühnenbild, Musik u.ä.m. weitestgehend außer Kraft gesetzt, wiewohl bestimmte ästhetische Vorgangsweisen wie der sogenannte „Verfremdungs-Effekt" (Rollentausch und Perspektivenwechsel, Kommentare, Unterbrechungen etc...), aber auch Einfühlung, Nachahmung und Wiederholung wesentliche Prinzipien der Arbeit sind (vgl. Weintz 1998, S.330, Steinweg 1995, S.78-82). Sie richten sich an sogenannte Laien wie SchülerInnen, Arbeiterchöre u.ä.m.. Diese neue Auffassung über das Lehrstück hat nicht nur eine breite literatur- und theatertheoretische Debatte ausgelöst, sondern auch eine Reihe von praktischen Experimenten mit Lehrstücken hervorgerufen, die zu einem guten Teil in dem lesenswerten Band *„Assoziales Theater"* (Koch u.a. 1983) dokumentiert worden sind.

In der Folge ist eine in zahlreichen Publikationen dokumentierte Diskussion über theoretische und praktische Implikationen entstanden, die ihr Augenmerk auf den theaterpädagogischen Umgang mit den Lehrstücken gelegt hat.

Zu erwähnen sind - neben vielen anderen - etwa die Dissertationen von Bernd Ruping (1984) *„Material und Methode. Zur Theorie und Praxis des Brechtschen Lehrstücks"* und von Gerd Koch (1988) *„Lernen mit Bert Brecht. Bertolt Brechts politisch-kulturelle Pädagogik"* und schließlich die Aktualisierung der theaterpädagogischen Lehrstücktheorie von Reiner Steinweg in *„Lehrstück und episches Theater"* (1995).

Die Lehrstückpraxis war mit ein Grund für die Gründung *der „Gesellschaft für Theaterpädagogik"* in Deutschland und der theaterpädagogischen Zeitschrift „Korrespondenzen", was auf den nachhaltigen Einfluss auf die Entwicklung der

Theaterpädagogik in Deutschland verweist (vgl. Steinweg 1995, S.21). Aber auch in Österreich bildete sich eine informelle *AG Theaterpädagogik* heraus, die v.a. die Steinweg'sche Verfahrensweise mit dem Lehrstück zum Ausgangspunkt für experimentelle Spielversuche nutzte.

Auch wenn die „Lehrstückforschung" in den letzten Jahren als längst notwendige Erweiterung der Diskussion eine stärkere Akzentuierung auf die ästhetischen und musikalischen Aspekte des Lehrstücks gelegt hat (vgl. Krabiel 1993, Lucchesi 1994), ist unbestritten, dass gerade der theaterpädagogische Gebrauch der Brechtschen Spielvorlagen eine eigenständige, wenn auch heterogene, vielfältige (Weiter)Entwicklung in einer Vielzahl von gesellschaftlichen Praxisfeldern erfahren hat, wobei jeweils unterschiedliche Aspekte überwiegen (vgl. Weintz 1998, S.331).

Ausgehend von meinen Erfahrungen nehme ich nun auf das theoretische Konzept Bezug und fasse einige Charakteristika zusammen, die mir in der theaterpädagogischen Praxis mit den Lehrstücktexten von Brecht als wesentlich erscheinen: Sie betreffen das Erkennen durch das Selbstspielen und durch die Einbeziehung von Sinnen und Körper, den Bezug zur gesellschaftlichen Lebenswirklichkeit als Assoziation des Asozialen und das szenische Experimentieren mit Haltungen und Handlungen:

2.2.1 Erkennen durch Selbstspielen – die Einbeziehung von Körper und Sinnen

Das Lehrstück als Sonderform, als Übergang vom Rollenspiel zum Theater (vgl. Weintz 1998, S.328, Steinweg 1995, S.19), enthält keine Lehre, aber es lehrt, die soziale Wirklichkeit genauer wahrzunehmen. Erst durch die handelnde, körperliche und sinnliche Beteiligung wird ein kollektiver und persönlicher Erkenntnis- und Selbstverständigungsprozess in Gang gesetzt.

> „Das Lehrstück lehrt dadurch, dass es gespielt, nicht dadurch, dass es gesehen wird" (Brecht, zit. nach Steinweg 1995, S.17).

Der Gegensatz von SpielerInnen und ZuschauerInnen ist aufgehoben, denn alle SpielerInnen sind auch ZuschauerInnen. Damit sind, so Clemens/Rauternberg (1983, S.15)

„"...alle entfremdet sozialisierten Menschen, alle körperlich arbeitenden Menschen, vor allem aber auch die den Schutz und Halt des Schreibtischs gewohnten Kopfarbeiter aufgefordert, sich selbst zu überwinden, indem sie auch für sie unübliche, fremd und lächerlich erscheinende Bewegungsweisen ausprobieren. Man kann sich nämlich beim Lehrstück 'nicht draußen halten, auf dem Stuhl sitzend, Papiere betrachtend, Argumente schmiedend. Man muss mit dem ganzen Körper hinein', das Lehrstückspiel 'fährt in die Glieder'. Es verbindet die kognitive mit der sinnlich erfahrbaren Ebene."

Das verweist auf die Bedeutung des Körperlich-Sinnlichen, des Körperausdrucks in der Lehrstückarbeit, was für Brecht einen wesentlichen Ansatz des ästhetisch-politischen Lernens darstellt:

„Das Operieren mit bestimmten Gesten
Kann deinen Charakter verändern
Ändere ihn.
Wenn die Füße höher liegen als das Gesäß
Ist die Rede eine andere, und die Art der Rede
Ändert den Gedanken" (Brecht, zit. in Steinweg 1995, S.18).

So erfolgt die Annäherung an den Text zunächst auf experimentelle und sinnlich-körperbezogene Art und Weise. Die Aneignung und Interpretation des Materials durch die SpielerInnen ist zunächst wichtiger, als die Frage nach der geeigneten literaturtheoretischen, ästhetischen oder dramaturgischen Interpretation. Die Sprache des Textes bleibt noch längere Zeit ungewohnt, fremd, provokativ und sperrig, gleichzeitig tauchen Assoziationen, Ideen und Vorstellungen darüber auf, wie die darin vorkommenden Figuren gespielt und „zum Leben erweckt" werden können. Erst wiederholtes Ausprobieren, Reflektieren und Spielen in verschiedenen Varianten und Wiederholungen bringen einen intensiven Lern- und Erfahrungsprozess in Gang. Innerhalb relativ kurzer Zeit kann mit einer einzigen Szene aus einem Lehrstück eine große Dichte, Vielfalt und Differenziertheit von Spielversionen entstehen, die erstaunlich ist. Das liegt zu einem großen Teil an der literarischen und dramatischen Gestaltung der Texte selbst:

„Sie sind wirklich Arbeitsvorlagen, die eine 'zweite Geburt' durch die Spielenden, am kollektiven Prozess interessierten Subjekte verlangen. .... Die Brechtschen Lehrstückvorlagen haben einen Herausforderungscharakter, der die Spieler dazu drängt, ihre eigenen Erfahrungen (...) in diese Vorlagen einzubringen, sodaß im Laufe der Arbeit ein gemeinsames Demonstrationsobjekt aus subjektiver, erlebnishafter Erfahrung und vermittelter Erfahrung und Brechtscher Vorlage entsteht" (Koch 1991b, S.318f).

2.2.2 Der Bezug zur gesellschaftlichen Lebenswirklichkeit: Die Assoziation des Asozialen

Das Wahrnehmen, Erkennen und Bearbeiten von Haltungen durch körperliche Einfühlung, Imitation und Verfremdung ist möglich, wenn sich die Spielenden auf ihre eigenen Erfahrungsbereiche, ihre soziale Wirklichkeit beziehen. Die Texte spiegeln die Tiefenstruktur gesellschaftlicher Konflikte und Widersprüche wider, sie arbeiten mit dem Mittel der Provokation von Assoziationen des „Asozialen"; indem sie immer wieder gespielt werden, fordern sie ein bewusstes Nachdenken über die eigene Teilhabe und Verstrickung in gesellschaftliche Konfliktstrukturen heraus. Aus dem „asozialen Typus" das Gesellschaftliche, die Assoziation von Menschen zu entwickeln, ist demnach eines von Brechts Grundmotiven gewesen, aber auch zu „assoziieren", als

„.....menschliches, kreatives Vermögen, Verbindungen und Verknüpfungen herzustellen zwischen Personen, Ereignissen, Gedanken usw. - hier besonders zwischen der Textvorlage Brechts und unserer alltäglichen Lebenswirklichkeit, die darüber zum Gegenstand der Reflexion und des erprobenden, verändernden Handelns wird: die Assoziation zum Asozialen als zentrales Produktionsmittel" (Koch u.a. 1983, S.7).

Das Asoziale wird dabei verstanden als das Nicht-Soziale, das sozial zu Verurteilende, Un-Gesellschaftliche, Nicht-Integrierte, in der Verweigerung von Anpassung Revoltierende; bezogen auf den Verlust an Sozialität und Gemeinschaft und

> „...auf die Schwierigkeit, Gesellschaft, Assoziation so zu bilden, daß sie nicht auf Kosten des Menschen geht, sondern daß er auf seine Kosten kommt" (ebd. S.7).

So liefern die Spielvorlagen

> „....vor allem asoziale, aber - so Brecht - 'hochqualifizierte' Muster von Handlungsweisen, Haltungen und Reden, Muster, deren bewusste Nachahmung im Spielen zu kritischer Reflexion herausfordert: über Gesellschaft und/oder 'Geselligkeit', gestörte Kommunikation, eingeschränkte Möglichkeiten sich zu vergesellschaften, zu assoziieren" (ebd. S.7).

Sie erinnern an Gewalt, Zwang in all ihren subtilen Schattierungen; die gewohnte Alltagswahrnehmung wird gebrochen, die Schranken des Alltagsbewusstseins werden geöffnet und aufgehoben (vgl. Steinweg 1983, S.40). Die soziale Wahrnehmung wird verfeinert und differenziert, die Muster der Wahrnehmung werden erkennbar. Die Lehrstücke – wohl besser: Lern und Übungsstücke, können als Übung verstanden werden, persönliche und politische Konflikterfahrungen zu verbinden und die Fähigkeit zu erweitern, auf politische und persönliche Gewaltstrukturen hinzuwirken.

2.2.3 Szenisches Experimentieren mit Haltungen und Handlungen

Verschiedene Verhaltensweisen und die damit verbundenen Körperhaltungen können szenisch-experimentell erprobt und erfahren werden; so soll es den forschenden SpielerInnen und BetrachterInnen möglich werden, Alternativen und neue Standpunkte zu entwickeln:

> *Wie können die 'zugeschriebenen' Rollen und Haltungen anders ausgefüllt werden?*
> *Wie sind alternative Handlungsansätze in den assoziierten und entwickelten Gewalt- oder Konfliktsituationen möglich?*

Darüber wird weniger theoretisch diskutiert. Vielmehr werden neue Haltungen und Handlungen im Spielgeschehen ausprobiert. Das Theaterspiel wird zum Raum für exemplarisches und experimentelles Lernen.

Das spielerische Probehandeln, das Platz für das „Scheitern" von Versuchen bietet, wird zu einem 'soziologischem Experiment', das einen produktiveren Umgang mit Alltagshandeln ermöglicht und auf die „Erkenntnis sozialer Wirklichkeit unter Einbeziehung subjektiver Bewusstseinsphänomene und ihrer Veränderung" abzielt (Gipser 1996, S.29).

> „Es ist das kritische, verändernde und erfahrungsorientierte Verhalten während des Experimentierens, das Brecht nutzen will - und es ist das menschliche Handeln und Tätigsein während des Vorgangs, das Brecht als eine Quelle menschlicher Welterkenntnis und -veränderung, also als menschliche Praxis (auch verstanden als Modell-Handeln), hervorhebt" (Koch 1988, S.45).

2.3 Resümee und Weiterführung

Diese Charakteristika prägten meine Praxis und meine Haltung als Theaterpädagoge. Ich erlebte und erfuhr die Lehrstückarbeit als Möglichkeit für verschiedene Gruppen wie SozialarbeiterInnen, politische AktivistInnen, FriedensarbeiterInnen und -forscherInnen, StudentInnen und Jugendliche (vgl. Maringer/Wrentschur 1995), sich auf kreativ-ästhetischem, sinnlich-körperlichem und experimentell-forschendem Weg mit gesellschaftlichen Gewalt- und Konflikterfahrungen auseinander zu setzen. Allerdings fand dieses „soziologische Experiment" in erster Linie innerhalb von Gruppen und Kollektiven statt, die mit Lehrstücktexten spielten, was mich zu folgenden Fragen führte:

Was würde es bedeuten, diese Methoden, Spielversuche und Handlungsansätze direkt an Orte zu 'tragen', wo derartige Konflikte immer wieder auftreten?

Welche Arten von Aufführungen können dem experimentellen Charakter des Lehrstückspiels gerecht werden?

Auf welche Weise können die intensiven und verdichteten Spielerfahrungen und -erkenntnisse bzw. das Experimentieren mit den Szenen auch einer öffentlichen-politischen Auseinandersetzung zugänglich gemacht werden?

Die Antwort meines „Lehrstück-Lehrers" Reiner Steinweg war für mich nicht befriedigend, wenn sie auch in bezug auf sein entwickeltes, theaterpädagogisches Verfahren nachvollziehbar und verständlich war:

> „Aus der Sicht des Spielleiters von heute möchte ich hinzufügen, dass Lehrstückspiel in der von uns entwickelten Version nicht nur 'kein Publikum benötigt' .(..) , sondern es nicht verträgt" (Steinweg 1995, S.56).

Als ich mir die oben formulierten Fragen stellte, stieß ich auf das Buch „Theater der Unterdrückten. Spiele und Übungen für Schauspieler und Nichtschauspieler" des brasilianischen Theatermachers Augusto Boal (1989), von dem ich gleich sehr angetan war und mich zu intensiven praktischen wie theoretischen Auseinandersetzungen mit dieser Theaterform brachte. Neben dem Lehrstückspiel wurden die Theaterformen Boals für die eigenen theaterpädagogische Arbeit sehr bedeutsam.

3. Annäherung: Die Theaterformen Augusto Boals

3.1 Biographische Notiz I

Im Buch von Boal (1989) werden Theatermethoden und Formen vorgestellt, die unter der Repression in Lateinamerika und als Antwort auf die Repression entwickelt wurden. Das wird mit einer Reihe von Geschichten und Beispielen illustriert, die mich zugleich in ihren Bann zogen und meine Vorstellungskraft aktivierten:

> Es wird beschrieben, wie Zeitungsmeldungen im öffentlichen Raum mit theatralen Mitteln so rezitiert wurden, dass dadurch gesellschaftliche Unrechtssituationen deutlich gemacht wurden. Da ist von Forumtheateraufführungen auf italienischen Dorfplätzen über die Unterdrückung von Frauen in die Rede, in die sich das Publikum einschalten konnte, um der vorgegebenen Szene einen anderen Verlauf zu geben. Es wird geschildert, wie Theaterszenen in U-Bahnen, in Kaufhäusern, in Zügen, Gasthäusern gespielt wurden, in denen es um Diskriminierung von AusländerInnen, um Sexismus oder andere Formen von Unterdrückung ging, in die sich die PassantInnen einmischten.

Hier wird eine Art von Theater geschildert, das politische und gesellschaftliche Themen aufgreift und sie dem Publikum zur gemeinsamen Bearbeitung zur Verfügung stellt. Die Bühne, das Theaterspiel soll zum „Proberaum für die Revolution", für die Befreiung und Veränderung im „wirklichen Leben" werden, um neue Möglichkeiten des politischen Handelns im gesellschaftlichen Alltag zu realisieren.

Was mich damals besonders interessierte:

Die Methoden Boals wie das Zeitungstheater, das Unsichtbare Theater, das Statuen- bzw. Bildertheater und das Forumtheater schienen sich sowohl für gruppen- und kollektivinterne Bearbeitung von Themen als auch für öffentliche Aufführungen und Auseinandersetzungen zu eignen, wobei gerade dem Publikum eine besondere Rolle zukommt. Hier zeichneten sich Möglichkeiten der Übertragung sozialer und ästhetischer Prozesse in gesellschaftliche Öffentlichkeiten ab, die ich in der bis dahin mit Steinweg praktizierten Lehrstückarbeit vermisst hatte.

Nach der für mich faszinierenden Lektüre des Buches bezogen sich meine ersten Erfahrungen mit dem Theater der Unterdrückten zunächst auf einige Workshops, an denen ich teilnahm bzw., die ich selbst leitete, meist mit StudentInnen und politischen AktivistInnen. Neben der theatralen Auseinandersetzung mit einem Thema innerhalb einer Gruppe war es wichtig, diesen Prozess in die Öffentlichkeit zu tragen, zunächst mithilfe des „Unsichtbaren Theaters" (vgl. Boal 1989, S.34ff.). Die Lust am aktionistischen Ausprobieren war dabei allerdings oft größer als die politische Auseinandersetzung und künstlerische Umsetzung. Gerade letztere wäre dabei sehr wichtig: Es machte den WorkshopteilnehmerInnen eben Spaß, einmal in der Öffentlichkeit eine andere Rolle als gewöhnlich einzunehmen. Interessanterweise wurde dabei sehr oft eine Szene zur Diskriminierung ‚Homosexueller' gespielt, was eigentlich nicht wirklich ein Problem der TeilnehmerInnen und insofern auch kein „Theater der Unterdrückten" war. Aber diese Form der Theaterarbeit ermutigte Menschen, die vorher noch nie Theater gespielt hatten, auf die Strasse zu gehen, und sich in der Öffentlichkeit mit einem Anliegen darzustellen. Der Anspruch nach politischer Veränderung oder möglichst kunstvoller Gestaltung einer Szene war (noch) nicht im Vordergrund. Das führte schließlich zur Entscheidung, die Form des Unsichtbaren Theaters nicht mehr zu praktizieren. Dennoch waren der Spaß und die Spiellust, die die Arbeit begleiteten, zunächst ein treibender Faktor und bleibender Eindruck dieser Theaterformen.

Außerdem ließen die von Boal beschriebene Aufhebung der Trennung von ZuschauerInnen und SchauspielerInnen und der spielerisch-experimentelle Umgang mit gesellschaftlichen Gewalt- und Unterdrückungssituationen auf den ersten Blick viele Parallelen zur Arbeit mit den Lehrstücktexten erkennen. Boal erwähnt Brecht an mehreren Stellen und weist darauf hin, welch große Bedeutung Brechts Theaterschaffen auf seine eigene Theaterarbeit ausgeübt hat. Womit ich in meiner eigenen Theaterpädagogikgeschichte konfrontiert war, zeigte sich im größeren historischen Kontext.

3.2 Von Brecht zu Boal: Das Theater als experimentelles Lern-Labor

In Bertolt Brecht sah Augusto Boal seinen 'geistigen Vater'. Brecht wollte das Theaterspiel aus dem elitären Kontext befreien und es als Mittel zum Erreichen bestimmter Ziele, zum Einnehmen kritischer Positionen und als Gesellschaftskritik verstehen. Theater sollte von allen Menschen angewendet und verstanden werden und so wieder auf Praktisches zurückführen (vgl. Neuroth 1994, S.43).

> "Sie (die theatralischen Künste, M.W.) müssen ihr Monopol an die keinen Widerspruch und keine Kritik duldende Führung des Zuschauers aufgeben und Darstellungen des gesellschaftlichen Zusammenlebens der Menschen anstreben, die dem Zuschauer eine kritische, eventuell widersprechende Haltung sowohl der dargestellten Vorgänge, als auch der Darstellung gegenüber ermöglichen, ja organisieren" (Brecht 1967, Band 15, S.245).

Diesen Vorschlag aufnehmend, ging es Boal und seiner Gruppe vom Teatro de Arena de Sao Paolo darum, wirklichkeitsnahes, aber an gesellschaftskritischen Positionen orientiertes Theater zu machen, das die Gesellschaft als veränderungswürdig, als veränderbar bestimmt. Während in Brasilien, so Boal etwas polemisch, der Verfremdungseffekt vieler Brechtaufführungen in der „Entfremdung der Zuschauer" bestand, die Stücke Brechts als langweilig und kühl empfunden wurden, war Brecht für Boal das genaue Gegenteil:

> „Wir fanden seine Stücke sehr spielerisch, im guten Sinne komisch und unterhaltsam, verwandt mit unserem Zirkus. ... Überlegung und Spiel eng beieinander." (Boal 1989, S.158).

Wichtig war für Boal dabei die größtmöglichste Annäherung an den Zuschauer, von dem er gleichzeitig kritische Distanz zum Geschehen erwartete. Das erinnert an die Rolle des Zuschauers im epischen Theater. Steinweg spricht davon, dass sich Brecht für sein episches Theater einen Zuschauer wünscht, der die Haltung eines wissenschaftlich Prüfenden einnimmt,

„"...um herauszufinden, ob das Verhalten der Figuren auf der Bühne - gemessen an den *eigenen* sozialen Erfahrungen - richtig oder falsch ist. Der Zuschauer soll dabei zugleich prüfen, ob das auf der Bühne gezeigte Verhalten der Figuren ihren anzunehmenden oder dargestellten Interessen entspricht und ob es den eigenen Interessen des Zuschauers entsprechen oder ihnen entgegenstehen würde" (Steinweg 1995, S.38).

Der Zuschauer als wichtigste Person im epischen Theater, konnte die in der Regel durch Text und Inszenierung vorab festgelegte Entwicklung aber nicht beeinflussen. Brecht hegte die Absicht, das epische Theater zum Lehrstückspiel so weiterzuentwickeln, dass es zu einer Untersuchung mit offenem Ausgang werden würde. Brecht wünschte sich ZuschauerInnen,

„"...die emotional involviert sind und zugleich ihren Verstand betätigen, zu Urteilen gelangen, und zwar zu Urteilen nicht (oder zumindest nicht nur) über die *ästhetische* Qualität der gezeigten Kämpfe, sondern über das gezeigt Kampf-Verhalten im sozialen und politischen 'Dikkicht'" (ebd., S.38).

Boal ging das noch nicht weit genug: Im Sinne der „Poetik der Aktion", die über die „Poetik der Reflexion" hinausreicht, sollte Theater nicht bei der Erkenntnis und Bewusstmachung stehen bleiben, sondern zu konkreten Handlungen führen, die im theatralen Spiel erprobt werden konnten. Boal löste dieses Problem zunächst mit der Einführung eines „Jokers":

"Er steht den Zuschauern näher als den Personen im Stück, er soll Zeitgenosse und Nachbar sein. Er kann die Handlung unterbrechen, Szenen wiederholen, das Publikum nach seiner Meinung befragen. ... Die Zuschauer sollten sich mit den Figuren identifizieren, aber sie gleichzeitig begreifen und von ihnen abstrahieren. Alle Schauspieler spielten alle Figuren. .... Die Kluft zwischen Schauspielern und Zuschauern war damit aber noch nicht aufgehoben" (Thorau in Boal 1989, S.14).

Der Joker sollte klären und provozieren, sollte die Gewalt von sozialen Rollen herausstreichen und fantastische oder singuläre Repräsentationen der Wirklichkeit demystifizieren. Der Joker als „wild card figur", als Regisseur, Zeremonienmeister repräsentierte in gewissem Sinn den Autor, der die Geschichte, die Entwicklung der Handlung kennt und die Verbindungsposition zwischen dem Geschehen auf der Bühne und dem Publikum darstellte. Zwar konnte die Arbeit des „Teatro de Arena" in Sao Paolo und damit das Joker-System nach der Verhaftung, der Folter und der Flucht Boals in seinem Exil nicht weitergeführt werden, Teile davon blieben aber im später entwickelten System des „Theaters der Unterdrückten" erhalten:

> "What I find relevant to present day TO (=Theater of the Oppressed, M.W.) adaptions and debates, however, is that the seemingly odd conflation between 'alienation techniques' (à la Brecht) and collective role playing/storytelling (suggestive of group therapy) that characterizes the Joker System, evoces an aesthetic space in which activist and therapeutic agendas coincide. ... Also the Joker System depends upon dialog between theoretical/ reflective knowledge and practical/visceral experience" (Schutzman 1995, S.148).

Aber auch das Joker-System ging Boal nicht weit genug, die Rolle des Zuschauers schien ihm immer noch zu passiv:

> "Um diese *Poetik der Unterdrückten* richtig zu verstehen, muß man ihr Hauptziel vor Augen haben: das Volk, den Zuschauer, das passive Wesen im Theater zum Subjekt zu machen, zum Akteur, zum Veränderer der dramatischen Handlung. Aristoteles begründete eine Poetik, in der der Zuschauer eine Figur ermächtigt, für ihn zu denken und zu handeln. Bei Brecht ermächtigt der Zuschauer eine Figur stellvertretend für ihn zu handeln; das Recht zu denken behält er sich selbst vor, oftmals im Gegensatz zur Figur. Im ersten Fall wird 'Karthasis' erzeugt, im zweiten Fall ein Bewußtwerdungsprozeß eingeleitet. *Die Poetik der Unterdrückten* will die Handlung selbst. Der Zuschauer ermächtigt keine Figur, stellvertretend für ihn zu denken noch zu handeln, im Gegenteil, er übernimmt eine Hauptrolle, verwandelt die anfänglich vorgegebene dramatische Handlung, probiert mögliche Lösungen, diskutiert Veränderungsmöglichkeiten. Kurz, der Zuschauer probt die wirkliche Handlung" (Boal 1989, S.43).

Insofern scheint Boal etwas gelungen zu sein, von dem Brecht, nur träumen konnte, wie der Theateranthropologe in einem Brief an Boal schreibt:

> "You have achieved, what Brecht only dreamt of and wrote about: making a *useful* theatre that is entertaining, fun and instructive. It is a different kind of theatre - a kind of social therapy ... it focuses the mind, relaxes the spirit and gives people a new handle on their situations" (Boal 1992, Klappentext).

Außerdem bestätigte sich meine damalige Einschätzung, dass in bezug auf die Rolle des Zuschauers das Lehrstückspiel mit dem „Theater der Unterdrückten" von Boal zu vergleichen ist.

> „Wenn es bei Brecht heißt: 'Das Lehrstück lehrt dadurch, daß es gespielt, nicht dadurch, daß es gesehen wird', so gilt das auch für Boals ins Bühnengeschehen eingreifende Zuschauer, die auf diese Weise zu Darstellern werden und sich selbst belehren. Auch die Offenheit des Lehrstücks, die bei aller scheinbaren Rigidität das Durchspielen verschiedener Handlungsvarianten durch die Zuschauer-Darsteller zuläßt, ähnelt der des Teatro-Foro" (Thorau 1982, S.158).

Denn auch Boal wünscht sich ja einen Zuschauer, der sich nicht bloß mit dem Gespielten identifiziert, sondern der aus einer Mischung von kritischem Abstand und persönlicher Betroffenheit in die Szene einsteigt und sie aus der eingenommenen Rolle heraus verändert. Auch nach Tasches Ansicht sind Boals und Brechts Standpunkte nicht sehr weit entfernt:

> „Und wenn Brecht 'das Denken der Zuschauer von dem der Figur' trennt - ist die Ursache des Verfahrens so weit entfernt von den Absichten Boals? Brecht will, daß der Zuschauer Zusammenhänge durchschaut, Erkenntnis gewinnt, er wendet die Verfremdung an, damit der Zuschauer aus dem so gewonnenen Abstand die gespielte Theatersituation mit seiner individuellen Lebenserfahrung vergleichen kann und Schlußfolgerungen zieht" (Tasche 1991, 316ff.).

Ruping spricht außerdem davon, dass bei beiden Ansätzen der veränderte Blick auf gesellschaftliche Vorgänge und Phänomene wesentlich ist. So lehren die Techniken von Boal,

"...ein gesellschaftliches Phänomen solange szenisch zu wenden, bis es seinen kollektiven Erfahrungsgehalt offenbart; seine Arrangements sind keine Momentaufnahmen, sondern artifizielle Konstruktionen, die die Vor- und Nachgeschichte ebenso ausstellen wie die Faktizität des Vorgangs" (Ruping 1991a, S.18).

Eine andere Gemeinsamkeit besteht im soziologisch-experimentellen Charakter mit dem Ziel, Haltungen und Handlungen immer wieder zu so verändern, dass dadurch produktive Zwischenräume im alltäglichen Geschehen erspielt und entdeckt werden. So weist das Forumtheater Boals viele Gemeinsamkeiten mit den „fixierten Versionen" im Lehrstückspiel (Steinweg 1995, S.28ff.) auf, indem die gleiche, wiederholbare Szene mit immer neuen Haltungen und Handlungen konfrontiert wird. Beim Lehrstückspiel von Brecht wird

„... eine Haltung, die von besonderem Interesse ist, festgeschrieben ... und in verschiedenen gesellschaftlichen Situationen auf die Probe gestellt..." (Ruping 1991b, S.73).

3.2. Der Bezug zur ‚Pädagogik der Unterdrückten' von Paolo Freire

Noch ein anderer Mensch war prägend für Boals Schaffen, zu dessen Bildungskonzept große politisch-pädagogische Verwandtschaft bestand: Boal gab seinen Theaterformen ihren Namen zu Ehren von Paolo Freire und seiner „Pädagogik der Unterdrückten", worauf etwa von Neuroth (vgl. 1994, S.48ff.) hinweist. Ich gehe an dieser Stelle nur zusammenfassend darauf ein:

Sowohl Freire als auch Boal waren in den 60er und 70er-Jahren in der Politisierungsarbeit der Volkskultur- und -bildungsbewegung engagiert, und dabei selbst wiederholt Repressalien ausgesetzt. Neben dem Engagement der beiden für unterdrückte, ausgegrenzte Bevölkerungsgruppen zeigen sich besonders die Bewusstmachung der eigenen Situation, die problemformulierende und dialogische Methode als Pfeiler der beiden Ansätze, wobei Boal wesentliche Prinzipien aus dem Bildungskontext Freires in den Theaterkontext übertragen hat.

Es beginnt mit der Bewusstmachung der eigenen, konkreten Situation auf der Subjektebene (=unverwechselbarer Mensch mit seinen vielfältigen Möglichkeiten und Fähigkeiten) und der Objektebene (=die Zwänge der Lebensumstände, die eigene Unterdrückung aufgrund bestehender politischer, wirtschaftlicher und gesellschaftlicher Widersprüche). Beide werden gleichermaßen aktiviert als Vorstufe zur Aktion:

> „Ein vertieftes Bewußtsein seiner Situation führt den Menschen dazu, die Situation als eine historische Wirklichkeit zu begreifen, die der Verwandlung zugänglich ist" (Freire 1982, S.69).

Die Menschen sollen von ihrer ZuschauerInnenrolle zu NeuschöpferInnen der Welt werden, dabei gehören Aktion und Reflexion zusammen: Die Bewusstmachung ist die Vorstufe zur Aktion, zur Veränderung der eigenen Situation und zum gesellschaftlichen Eingreifen.

Entgegen der sog. „Bankiersmethode" in der Bildungspraxis, wie es Freire nennt (vgl. ebd., S.57-70), bei der die SchülerInnen als Wissensobjekte wie ein Bankkonto mit Wissen aufgefüllt werden, wird ein problemformulierendes, dialogisches Bildungskonzept vorgeschlagen, dessen Voraussetzung die Veränderung des Schüler-Lehrer-Verhältnisses ist: Beide sollen gleichzeitig Lehrer und Schüler sein, im gegenseitigen Dialog wird gelernt und gelehrt.

So suchen die KursleiterInnen und TeilnehmerInnen nach den „generativen Themen", den Schlüsselthemen einer gesellschaftlichen Gruppe, im „Theater der Unterdrückten", zumeist mit dem Statuentheater, die anschließend einer näheren Betrachtung unterzogen und diskutiert werden, anstatt vorgefertigtes Wissen zu verabreichen.

> „Theater der Unterdrückten heißt Auseinandersetzung mit einer konkreten Situation, es ist Probe, Analyse, Suche" (Boal 1989, S.68).

Dabei ist besonders die Frage wichtig, wieso die Menschen sooft gegen ihre eigenen Interessen handeln, wieso sie sooft zu „Behausern der Unterdrücker" werden können. Kann diese Frage nicht beantwortet werden,

> „... muß sich der Mensch anpassen oder gar mit seinen Unterdrückern identifizieren, um die Widersprüche zwischen Wunsch und Realität zu ertragen" (Neuroth 1994, S.51).

Zentral bleibt das Anliegen, auf Unterdrückung nicht durch Anpassung, Schweigen und Handlungsunfähigkeit zu reagieren, sondern sich mit der Welt in Beziehung zu setzen und auf ihre Herausforderungen zu reagieren, d.h. die Realität zu dynamisieren und zu humanisieren.

3.4 Zur Entwicklung des „Theaters der Unterdrückten"

Gerade die Verwandtschaft zu Freire macht deutlich, dass Boals Theaterformen zunächst im lateinamerikanischen Kontext zu verstehen sind. Sie konzentrieren sich auf Themen wie Macht- und Gewaltmissbrauch seitens der Ordnungskräfte, Rassismus, Sexismus, unerträgliche Arbeitsbedingungen und niedrige Löhne als Ausdruck ökonomischer Abhängigkeit und Ausbeutung. Sein Konzept...

> „....zielte vorrangig auf die Bewusstmachung sichtbarer Formen von politischer und sozialer Unterdrückung und auf die Entwicklung einer kollektiven (Handlungs-) Perspektive gegenüber gesellschaftlichen Missständen" (Weintz in Boal 1999, S.9).

Als Boal emigrieren muss und Ende der 70er Jahre nach Europa kommt, ist er vermehrt mit ‚verinnerlichten' und subtilen Unterdrückungsmechanismen konfrontiert, die sich in Themen wie Isolation, Einsamkeit, Lebensangst, Beziehungslosigkeit äußern, worauf er eine Reihe neuer, theater-therapeutisch orientierter Arbeitsformen entwickelt, wie die sog. „Cops in the Head": Damit ist gemeint, dass die Menschen in Westeuropa zwar nicht der unmittelbaren Gewalt ausgesetzt sind,

> „....den eigenen unterdrückenden Polizisten aber selbst im Kopf internalisiert haben" (Feldhendler 1992, S.95).

Boal beginnt sich stärker für die inneren Konflikte der Menschen zu interessieren, sein Theaterverständnis entwickelt sich weiter. Er spricht von der Überlagerung der Sphären von Theater und Therapie, wobei Therapie mehr im präventiven Sinn, als Anstoß zum „Lernen über sich selbst" verstanden wird (vgl. Neuroth 1994, S.69). Weiters bleiben die Überwindung von Repression und blinder Anpassung zentrale Themen. Nun geht es Boal verstärkt

> „...um die Überwindung von innerer Unterdrückung – genauer um die Befreiung des ICHs von internalisierten Zwängen und um die Erweiterung des Blickfeldes in der Dialektik von Fremd- und Selbstwahrnehmung. Sinnlich-plastisch soll vor Augen geführt werden, was im Alltag vergessen, übersehen oder verdrängt wird" (Weintz in Boal 1999, S.8).

Die neuen Techniken bringen die „quasi-therapeutischen" Ziele in den Vordergrund, sie erlauben den TeilnehmerInnen, sich als vielseitige Menschen zu betrachten. Neben dieser Hinwendung zu eher individuellen Themen, für die es gleichzeitig immer genug Resonanz oder Identifikation bei den anderen MitspielerInnen der Gruppe geben muss, hat Boal die von

> „...Brecht übernommene Idee der politischen Einflussnahme durch Theater konsequent weiterentwickelt. Und es hat den Anschein, dass Boal dieser Utopie – nämlich durch ein zuschauerzentriertes Theater gesellschaftliche Hintergründe eines Sachverhaltes zu ergründen und konkrete, umsetzbare Alternativen zu erproben – mit seiner Idee des ‚Legislativen Theaters' ... noch näher gerückt ist" (ebd., S.10f.),

Mit dem Legislativen Theater wird eine neue Qualität der Beziehung zwischen BürgerInnen und gesetzgebenden Instanzen angestrebt: Wünsche und Veränderungsvorschläge des theaterspielenden Publikums werden in Protokollen festgehalten, von RechtsexpertInnen in konkrete Gesetzesinitiativen übersetzt und von den politisch Verantwortlichen in den entsprechenden Gremien umgesetzt (vgl. Boal 1998, Matzhold/Wrentschur 1996).

Nicht zuletzt wurde Boals Theaterarbeit – trotz des politischen, pädagogischen und quasi-therapeutischen Schwerpunktes – auch in Richtung darstellender Kunst weiterentwickelt: Boal versteht seine Theaterformen als ästhetische Techniken, mit denen eine auf Sinnlichkeit, Fantasie und Bildhaftigkeit beruhende, vieldeutige Welt geschaffen wird. Dabei spielen nonverbale, körpersprachliche Bilder genauso eine Rolle wie die Verfremdungen alltäglicher Bewegungsabläufe, die Gestaltung und Nutzung des Raumes, von Emotionen und Tönen.

Die Nutzung ästhetischer Mittel ist kein Selbstzweck, sondern soll Spontaneität, Aktivitätsdrang, Sympathie/Solidarität zwischen den Akteuren und Mut zur Offenheit wecken, um sich mit einem Problem oder Konflikt auch physisch-emotional, statt primär intellektuell zu beschäftigen.

„Der ästhetische Raum kann also zugleich Schutzzone und Ausgangspunkt sein für die kreative Bearbeitung und Diskussion individuell oder auch sozial bedeutsamer Konflikte" (Weintz in Boal 1999, S.12).

Bei aller Veränderung der Theaterformen Boals sind einige Charakeristika konstant geblieben, die ich im folgenden zusammenfasse:

3.5 Ziele und Merkmale der Theaterarbeit von Augusto Boal

Mit der Theaterarbeit von Boal werden folgende Ziele und Merkmale verbunden:

3.5.1 Vom Zuschauen zum Zu-schau-spielen

„Der Zuschauer, passives Objekt, soll zum Protagonisten der Handlung, zum Subjekt werden. Das Theater soll sich nicht nur mit der Vergangenheit beschäftigen sondern ebenso mit der Zukunft. Schluß mit einem Theater, das die Realität nur interpretiert; es ist an der Zeit, sie zu verändern. Der Zuschauer, der in einer Forumtheater-Sitzung fähig gewesen ist zu einem Akt der Befreiung, will diesen auch draußen, im Leben vollbringen, nicht nur in der fiktiven Realität des Theaters. Die ‚Probe' bereitet ihn auf die Wirklichkeit vor" (Boal 1989, S.68f.).

Dieses Ziel steht in engem Zusammenhang zu Boals Begriff von Unterdrückung. Er spricht – angelehnt an Freire – von Unterdrückung als antidialogischer Beziehung zwischen Subjekt und Objekt, der den einen zum Zuschauer des anderen macht und ihn vom Handeln ausschließt, wodurch er zur Passivität verurteilt ist. Daher wird auch in Boals Theater die Trennung von SchauspielerInnen und ZuschauerInnen aufgehoben; die von einem Problem Betroffenen selbst erproben auf der Spielfläche, im ästhetischen Raum, ihre Lösungsvorschläge. Unterdrückung bedeutet für Boal aber auch die Folge gesellschaftlicher Gewaltverhältnisse, die gegen die individuellen Interessen und Bedürfnissen gerichtet sind (Neuroth 1994, S.51, S.69).

Die Befähigung zum Handeln in der „Semi-Realität" im „Aesthetic Space" – und das bezieht sich nicht nur auf das Forumtheater, sondern auch auf viele anderen Techniken – diese ‚Handlungsprobe' soll außerdem zur Übertragung und Verlängerung dieses Handelns in die Realität führen.

3.5.2 Spielerisches Erproben von Handlungsmöglichkeiten

Implizit ist damit die Auffassung enthalten, dass durch schöpferisch-kreative Handlungen individuelle und soziale Problem- und Konfliktsituationen veränderlich sind. Basierend auf dem Axiom „Handeln ist heilender als Reden" , dem Handlungsprinzip der „Als-ob"-Realität, im Handlungsinstrument des dramatischen Spiels und im Handlungsraum der „Surplus-Realität" wird die spielerische Erprobung verschiedener Handlungsmöglichkeiten, das Ausloten von Spontaneität, die Freisetzung von kreativen Fähigkeiten und die Erweiterung des Bewusstseins und des Handlungsspektrums gegenüber erstarrten Strukturen gefördert (vgl. Feldhendler 1992, S.59f.). Der jeweilige Protagonist soll im Spiel erleben, wie er/sie vom passiven Objekt bestimmter Strukturen oder Prozesse zum aktiven Subjekt wird:

> „Im Schonraum der Bühne und mit Hilfe der ‚Zuschauspieler' (der übrigen Teilnehmer, die nicht nur beobachten, sondern auch aktiv mitspielen) können Alternativen ausgelotet werden" (Weintz in Boal 1999, S.11).

Dabei kommt den Akteuren das dem Theaterspiel innewohnende Potential zu gute, dass es die Durchbrechung gewohnter Rollenzuweisungen bzw. die Aktivierung ungenutzter Stärken und brachliegender Fähigkeiten ermöglicht.

3.5.3 Von Individuellen zum Gesellschaftlichen

Es bleibt nicht bei der individuellen Bearbeitung: Individuelle Problemsituationen sind der Ausgangspunkt, die schließlich zur Erschließung des Überindividuellen, Gesellschaftlichen führen sollen. Das psychologisch-individuelle und das soziologisch-gesellschaftlichen Moment sind eng verbunden. Über das Individuelle hinaus soll das Typische und Allgegenwärtige sichtbar, sollen Vorgänge verständlich gemacht werden. Durch „Vergrößern" soll erkennbar gemacht werden, was sonst nicht zu erkennen ist:

> "Das Telemikroskop Theater zielt dabei auf den Menschen und auf das, was er im Verein mit den anderen, anrichtet, ein, wenn man so will, soziologisches Instrumentarium also, das die Reichweite der "natürlichen" Wahrnehmungs- und Erfahrungsweisen 'technisch' zu überwinden hilft, das - so Brecht - erlaubt, den 'öffentlichen Zustand' in seiner Entwicklung zu zeigen. Voraussetzung dafür ist der den Wissenschaften eigene Bruch mit der unmittelbaren Augenvertrautheit. Bert Brecht nannte den entsprechenden Effekt 'Verfremdung', er zielt auf die Haltung des hartnäckigen Zweifels und des reflektierten Mißtrauens" (Ruping 1991a, S. 19).

Insofern ist diese Theaterarbeit kollektiv und führt zur Pluralisierung der Erfahrungen, bzw. analysiert subjektive Voraussetzungen für scheinbar objektive gesellschaftliche Bedingungen (vgl. Neuroth 1994, S.131). Dabei wird auch deutlich, dass Vorstellungen von "individuellem Versagen" und "privater Ohnmacht" vielfach Ausdruck von Konflikten mit gesellschaftlichen Strukturen, Vorgaben und Zwängen sind. Im Spannungsfeld zwischen persönlichen Bedürfnissen und den Anforderungen der sozialen Existenz (vgl. Elias 1987, S.24) werden Menschen sozial oder politisch handlungsunfähig, weil sie sich selbst für "unfähig" halten. Erst das gemeinsame Spiel und das "Veröffentlichen" der vielen "individuellen" Konflikte macht deren "öffentlich-gesellschaftlichen" Charakter bewusst. Ziel ist es,

> „...to create a safe place, where people feel free to exchange their stories and look for solutions to their collective problems" (Spry 1995, S.179).

3.5.4 Theater als gemeinsames Forschen

Boals Theaterformen stellen sich auch als Erkenntnis- und Forschungswerkzeuge dar, bei dem das traditionelle, hierarchische Verhältnis von Lehrenden und Lernenden, von Forschern und Beforschten abgelöst wird durch ein gegenseitiges:

> „Alle sollen gemeinsam lernen, Zuschauer und Schauspieler, keiner ist mehr als der andere, keiner weiß es besser als der andere: gemeinsam lernen, entdecken, erfinden, entscheiden" (Boal 1989, S.8).

Es geht nicht um das Vermitteln von vorgefertigtem Wissen oder Ideologien, sondern um die gemeinsame „Probe-Analyse-Suche" mit theatralen Methoden. Das bedeutet – wie schon beim Lehrstück - drinnen, inmitten der Situation, Szene zu sein und gleichzeitig die Möglichkeiten des Beobachtens, der Distanznahme und der Reflexion zu nutzen.

3.5.5 Die Einbeziehung des Körpers

Boal schenkt in seiner Theaterarbeit dem menschlichen Körper große Aufmerksamkeit.

> „Das erste Wort des Theatervokabulars ist der menschliche Körper. Um die Ausdrucksmittel des Theaters beherrschen zu können, muss man den eigenen Körper beherrschen, damit er ausdrucksfähig wird, muß man ihn kennen" (Boal 1989, S.46).

So beginnt die Theaterarbeit mit Aufwärmübungen, die vorrangig dem Kennen lernen des eigenen Körpers (durch Übungen, die den Körper erfahrbar werden lassen) und der Erweiterung der eigenen Körpergrenzen (durch Spiele, welche die Ausdrucksfähigkeit des Körpers schulen) dienen:

> „Ziele dieser Übungen und Spiele liegen
> - in der Wahrnehmung und Bewusstmachung der körperlichen Fähigkeiten und Grenzen
> - in der Wahrnehmung und Bewusstmachung von beruflichen und sozialen Deformationen des Körpers
> - in der Entspezialisierung und Reaktivierung des Körpers
> - in einer Erweiterung des körperlichen Ausdrucksfähigkeit" (Feldhendler 1992, S.32).

Sie unterstützen und fordern gleichzeitig die Sinneswahrnehmung und stärken des Zusammengehörigkeitsgefühl in der Gruppe. In der Sprache Boals klingt das so:

> „Wir denken nicht nur mit dem Gehirn, atmen nicht nur mit der Lunge, singen nicht nur mit den Stimmbändern. Unser ganzer Körper denkt, atmet, singt, liebt und leidet. ... Wir müssen alle Sinne entwickeln, nicht nur das Sehen, sondern auch das Hören, das Tasten, das Riechen, Fühlen, wir müssen nicht nur Hinschauen, sondern auch wahrnehmen, nicht nur hören, sondern hinhören, zuhören. Wir müssen die Spaltung zwischen Wahrnehmen, Fühlen, Denken, Tun überwinden. Wir müssen uns bewußt in Beziehung zur Umwelt erleben zu Schwerkraft, zum Raum, wir müssen unser ‚Sinngedächtnis' wiedererwecken, unsere Ausdruckskraft wiedererlangen" (Boal 1989, S.174).

Dieser Zugang ist eine wesentliche Voraussetzung dafür, sich

> „...mit all seinen Sinnen auch auf offene Situationen einzulassen" (Ruping 1991b, S.65),

um im Spiel Neues entdecken zu können.

3.5.6 Theaterspiel als Ausdrucksmittel für alle Menschen

Ein weiteres Prinzip besteht in folgender Auffassung:

> „Jedermann hat künstlerische Fähigkeiten .... Jeder kann Theaterspielen – sogar die Schauspieler. Überall kann Theater stattfinden – sogar im Theater" (Boal 1989, S.69).

Später kommt Boal überhaupt zur Überzeugung, dass Theater die erste Erfindung der Menschen sei und in dem Moment entsteht,

> „...wenn der Mensch entdeckt, dass er sich selbst beobachten und sich in diesem Akt des Sehens selbst in situ (d.h.. in seiner natürlichen physis) betrachten kann. Indem er sich selbst beobachtet, entdeckt der Mensch, was er nicht ist und stellt sich vor, was er hätte sein können. Er erfasst, wo er ist und wo er nicht ist und stellt sich vor, wohin er gehen könnte. ... Darin liegt die Essenz des Theaters: im Menschen, der sich selbst beobachtet. Der Mensch ‚macht' nicht nur Theater, er ‚ist' auch gleichzeitig Theater" (Boal 1999, S.24).

Während zu Beginn Schauspieler und Zuschauer in einer Person ‚koexistierten', trennten sich diese beiden Seiten, als einige Menschen zu BerufsschauspielerInnen wurden und jene Theaterformen entstanden, wie wir sie heute kennen:

> „Theater als Profession, die nur einige wenige ausüben, darf aber nicht über die Berufung zum Theater hinwegtäuschen, die uns allen eigen ist und in uns fortlebt. Theater ist eine Berufung aller Menschen, es ist die wahre Natur der Menschheit. Das Theater der Unterdrückten ist ein System von Körperübungen, speziellen Improvisationen, ästhetischen Spielen und Bildertechniken, die zum Ziel haben, diese Berufung des Menschen zu erhalten, zu entwickeln und ihr Formen zu verleihen. Mithilfe des Theaters soll dem Menschen ein Werkzeug an die Hand gegeben werden, Verständnis und Lösungen für soziale und persönliche Probleme zu entwickeln" (Boal 1999, S.25).

3.6 Biographische Notiz II

Wie haben sich die formulierten Ansprüche und Ziele in meiner Erfahrung als Workshopteilnehmer, Spielleiter und Forumtheaterschauspieler realisieren können?

Vorweg: Meine Begegnungen mit den Theaterformen von Boal waren und sind von einer ständigen Weiterentwicklung gekennzeichnet, und dieser Prozess ist nicht abgeschlossen: Er fordert die Vertiefung der ästhetisch-theatralen, der psychosozial-pädagogischen und der soziokulturell-politischen Aspekte der Arbeit immer wieder heraus.

Für mich waren die Begegnungen und die Zusammenarbeit mit Boal prägend für das tiefere Verständnis seiner Theaterformen, wozu ich insgesamt drei Mal (in Linz 1995, in München 1997 und in Wien 1999) Gelegenheit hatte:

Selten habe ich einen Menschen erlebt, der – trotz seines Alters – mit soviel Freude und Energie bei der Sache war und eine Gruppe zur kreativen Auseinandersetzung animieren konnte. Außerdem war für mich beeindruckend, mit wie viel Humor Boal die ernstesten Szenen kommentieren konnte, selbst wenn es dabei um seine eigene Geschichte von politischer Verfolgung bzw. um politische Missstände in Brasilien ging.

Wahrscheinlich hängt das mit seinem grundlegenden Interesse an menschlichen Vorgängen zusammen. Auf die Frage in einem Interview, woher er eigentlich die Motivation und Kraft für seine Theaterarbeit nehme, antwortete Boal - lachend:

> „Es ist so faszinierend, dass die Menschen im Theater ihre eigenen Geschichten bearbeiten und versuchen, die Komplexität des menschlichen Wesens in einfachen Szenen zu erfassen. Es ist faszinierend für mich immer wieder zu sehen, wie die Leute sich verhalten, wie sie leiden, lieben und fühlen" (Boal 1999, S.165).

Boals Leitungsstil wirkt allerdings manchmal autoritär und ist entgegen seiner dialogischen Haltung immer wieder reich an Monologen, wofür er an anderer Stelle auch kritisiert worden ist (Frey 1989, S.34ff.). Dazu zählt auch der Vorwurf eines Personenkults um seine Person. Bezogen auf die ersten Workshops in Deutschland wurde der Verdacht geäußert,

> „...daß es hier in erster Linie um eine publikumswirksame Show ging, die dem großen Meister Boal persönliche Profite und genug Aufmerksamkeit in der bundesdeutschen Presse verschaffte und nicht so sehr um die mühevollen Lernprozesse der Teilnehmer" (Altstaedt/Gipser 1980, S.34).

Zum Teil trifft das auch zu, die oft nur vier- oder fünf-tägigen Workshops mit ihm dienen in erster Linie der Weitergabe von Spielen, Techniken und Übungen, weniger der intensiven Auseinandersetzung mit einem Thema und der politischen Umsetzung, wozu es längerfristige Arbeit brauchen würde.

Für mich bleibt als stärkster Eindruck die Authentizität von Boal, der seit mehr als 25 Jahren diese Theaterformen mit viel Kraft, Energie und Lebenslust über die Welt verbreitet.

Dafür bin ich ihm dankbar.

Dankbar bin ich auch für etwas anderes: Meine Kenntnisse und Erfahrungen mit dem „Theater der Unterdrückten" wurde nachhaltig davon beeinflusst, dass ich Ende 1992 nach Wien übersiedelte und im Jänner 1993 in der Gruppe „Forumtheater" aufgenommen wurde. Dabei konnte ich erleben, wie die beschriebenen

Merkmale und Ziele des Boalschen Theaters in die Praxis umgesetzt werden konnten. Die Gruppe „Forumtheater" ist Teil des Bereichs „Tanz und Theater" im „Werkstätten- und Kulturhaus" (WUK) in Wien und arbeitet vor allem mit der Idee des „Forumtheaters", auf das ich an anderer Stelle genauer eingehe (siehe II.3.3). Kurz gesagt: Forumtheater ist eine Form des politischen Mitspieltheaters, bei dem das Publikum dazu eingeladen wird in eine theatrale Szene einzugreifen, um ihr dadurch einen anderen Verlauf zu geben und Möglichkeiten der Veränderung auszuloten. Die Szenen thematisieren gesellschaftliche Konflikt- und Unterdrückungssituationen, wobei jene Personen vom Publikum ersetzt werden können, die als ohnmächtig und unterdrückt erscheinen.

Die Gruppe „Forumtheater" wurde 1990 von Roland Stastny gegründet, wobei neben der Anwendung des Theaterkonzepts von Boal eine Reihe von Arbeitstechniken entwickelt wurden, die auf die szenische Improvisation und die Interaktion mit dem Publikum vorbereiten sollten. Die Gruppe erarbeitete mehrere Forumtheaterproduktionen zu Themen wie Sexismus am Arbeitsplatz, Diskriminierung von AusländerInnen, zu Macht-Praktiken in der Psychiatrie und zur österreichischen Asylpolitik, die österreichweit aufgeführt wurden. Dabei ging es jeweils um die Frage, wie in den gezeigten Unrechts- und Gewaltsituationen alternatives Handeln möglich wäre (vgl. Gruppe „Forumtheater"/WUK 1999, S.113-116).

Für die Arbeitsweise der Gruppe „Forumtheater" war charakteristisch, dass jeweils von einem persönlichen Ohnmachts- oder Unterdrückungserlebnis eines Gruppenmitglieds in einem gesellschaftlichen oder politischen Bereich ausgegangen wurde. Über verschiedene Improvisationstechniken, v.a. aus dem „Action Theatre" von Ruth Zaporah (1995), über intensive Recherchen und die Einbeziehung von externen BeraterInnen zum jeweiligen Thema, wurden aus den erlebten Situationen theatrale, verallgemeinerbare Szenen nach der Struktur des Forumtheaters entwickelt. Das bedeutete zumeist monatelanges, eingehendes Beschäftigen mit den erlebten Situationen, ein gemeinsames Erforschen ihrer sozialen und politischen Strukturen, um damit mehr Informationen über Geschichte und Motivationen der agierenden Rollen zu sammeln. Darüber hinaus ging die Gruppe an die Öffentlichkeit, um die Erfahrungen mit der Geschichte in Form der Szene weiterzugeben:

„Mit der gezeigten, gewaltvollen Begebenheit stellen wir Anfragen an eben diese Öffentlichkeit und wollen zugleich im Rahmen der Aufführung gemeinsam neue Erfahrungen sammeln. Wir hoffen dadurch persönliches und öffentliches Nachdenken über Unrechtssituationen anzuregen und letztlich Anstoß für Veränderungsprozesse zu geben" (Gruppe „Forumtheater"/ WUK 1999, S.113).

Die insgesamt fünfjährige Mitarbeit bei der „Gruppe Forumtheater" stellte sich - im Nachhinein betrachtet – als wesentlich für die eigene Arbeit heraus. Sie bewies, dass es möglich ist, eigene Unterdrückungserfahrungen als Ausgangspunkt für theatrale Szenen zu nehmen und diese darstellerisch so zu entwickeln, dass daraus zum einen künstlerisch-anspruchsvolles, zum anderen für das Publikum animierendes und zum Mitspielen einladendes Theater wird. Speziell des ‚Forumtheater' eröffnet eine engagierte Diskussion in Worten und Handlungen über ein gesellschaftlich und politisch bedeutsames Problem, in dem aus ZuschauerInnen beteiligte Zuschau-SpielerInnen wurden. Insofern trifft Boals Credo „Alle Menschen können Theater spielen" für die mitspielenden ZuschauerInnen zu. Für die SchauspielerInnen erfordert es jedoch eine langfristige, intensive Vorbereitung und Auseinandersetzung mit der jeweiligen Szene, ihren zugrundeliegenden Themen, dem Recherchieren und Einarbeiten von relevanten Informationen und besonders in dem Erarbeiten der Rolle: Neben der möglichst genauen Kenntnis der Rolle, ihrer Lebenssituation, ihrer Geschichte und ihre durch soziale und berufliche Strukturen geprägte Handlungsmuster waren weitreichende Improvisationen sowie das Zerlegen der Situation und der Beteiligten in elementare Handlungsweisen notwendig, um ein verbindliches Material für die Improvisationen im Rahmen der Aufführung freizulegen und ein Spiel möglichst nahe an der Realität zu erreichen. Insofern rückt die Vorbereitung für ein Forumtheater sehr nahe an das von Weintz beschriebene theaterpädagogische Verfahren der Rollenarbeit (vgl. Weintz 1998, S.190-199).

Aus der Arbeitsweise der Gruppe „Forumtheater" ergaben sich in weiterer Folge eine Vielzahl von Anregungen für die eigene Praxis, selbst oder gerade dann, wenn ich mit einer Gruppe arbeiten konnte, die über keine theatrale Vorerfahrungen verfügte, aber dennoch ihre Anliegen öffentlich zum Ausdruck bringen wollte. Aus einem reichen Fundus an Arbeitsweisen und Probetechniken fand sich zumeist etwas, was die Gruppe auf diesem Weg unterstützen konnte.

3.7 Die Bedeutung des „Theaters der Unterdrückten" von Boal für die Theaterpädagogik

Boals Theaterformen haben sich nahezu auf der ganzen Welt verbreiten können. Obwohl er sich selbst nicht so bezeichnen würde, gilt er „heute als einer der international bedeutendsten Theaterpädagogen unserer Zeit" (Weintz in Boal 1999, S.7), der einen nachhaltigen Einfluss auf die europäische Theaterpädagogik, auf die im anglo-amerikanischen Raum verbreitete „Community-Theatre-" und „Drama-in-Education-" Bewegung und weltweit auf das „Popular-Theatre" ausübte. Seine Theaterformen werden von der UNESCO 1996 offiziell als „Tools für Social Change" anerkannt. Boal selbst wurde für seine Arbeit mit Menschenrechtspreisen geehrt.

Die Theaterformen erlangten Bedeutung in pädagogischen, sozialen, politischen, inter- und soziokulturellen, therapeutischen, künstlerischen und selbst wissenschaftlichen Bereichen, was allerdings manchmal die kritische Frage aufgeworfen hat, inwieweit sich diese Theaterarbeit – bei aller von Boal gewollten Offenheit der Entwicklung – von der ursprünglichen Idee entfernt hat (vgl. Smith 1996). Ein Indiz dafür ist die Diskussion, ob der Begriff „Unterdrückung" bzw. „Unterdrückte" im Namen der Theaterformen erhalten bleiben soll.

Während der Begriff – in einem zwischen Unterdrückern und Unterdrückten polarisierenden Sinn – im lateinamerikanischen Kontext v.a. auf gesellschaftliche und politische Unterdrückungsmechanismen verweist und sich „unterdrückte Menschen und Gruppen" als Teil der aktiven, politischen Widerstandbewegung begreifen, wurde der Begriff im anglo-amerikanischen und europäischen Raum oft modifiziert. So spricht David Diamond bereits vom „Theatre for Living", da „to be oppressed" im nordamerikanischen Raum mit passiver Opferrolle und mit Gefühlen wie Angst und Schwäche assoziiert wird. Diamond verwendet einen eher weitgefassten Begriff von Unterdrückung, der sich in bestimmten Situationen mit all seiner emotionalen und physischen Deutlichkeit erfahren lässt:

> „An instance of oppression is any time that a person has been made to think, feel or do something other than he or she wanted. It can be from the person's relationsships, from the community, provincial, national or global realm" (Diamond 1995b, S.27).

Außerdem ist es in Diamonds Ansatz möglich, dass in einer Szene mehrere, unterschiedliche Personen vorkommen, die Unterdrückung erleben (vgl. Diamond 1995a). Dieses Vorgehen scheint auch für andere in Betracht zu kommen (vgl. Spry 1995, S. 183ff.). Andere umgehen diese Problematik, indem sie – übrigens wie Boal teilweise selbst – etwas vielversprechend vom „Theater (als Praxis) der Befreiung" sprechen oder sich mehr an dem Begriffspaar „Macht/Ohnmacht" orientieren (ebd., S.173). Auch Diamond spricht von sogenannten „Power Plays", wohingegen andere überhaupt nur den Begriff „Animations-" oder „Mitspieltheater" gebrauchen.

> „Das Problem eine Bezeichnung für das Theater der Unterdrückten zu finden, die seinen inhaltlichen und künstlerischem Anspruch gerecht wird und keine negativen Assoziationen hervorbringt, ist noch nicht gelöst" (Frey 1989, S.77).

Diese Diskussionen haben mit dem jeweiligen Anspruch zu tun, der mit diesen Theaterformen verbunden ist. So bezweifelt Frey (1995, S.71ff.), ob der Anspruch des Theaters der Unterdrückten, auf politisch-gesellschaftliche Verhältnisse Einfluss zu nehmen, eingelöst werden kann. Frey meint, dass es eher dem/der einzelnen einen Weg eröffne....

> „....durch kreative Auseinandersetzungen mit Alltagssituationen die subtilen Unterdrückungsmechanismen der westlichen Industrienationen produktiv reflektieren zu lernen" (Frey 1989, S.78).

Dazu ist anzumerken, dass Frey die politische Einflussnahme durch das „Legislative Theater" noch nicht gekannt hat. Wichtig scheint mir aber, dass Frey sich die Frage nach der Wirksamkeit der Boalschen Theaterformen stellt. Dabei differenziert sie zwischen SpielerInnen, denen die Theaterarbeit Selbsterfahrungsqualitäten, Lernprozesse, erhöhte Reaktionsbereitschaft und die Analyse von Machtstrukturen ermöglicht, während die Wirkungen auf die ZuschauerInnen einer Forumtheateraufführung weniger klar sind. Zwar klappt das Mitspielen praktisch immer und neue Denk- und Handlungsimpulse entstehen...

Was aber nehmen die ZuschauerInnen von einer Aufführung mit?
Werden die Menschen zum Nachdenken angeregt?
Wie kommt es vom Handeln auf der Bühne zum Handeln im Alltag?
Inwieweit ist es möglich, Lösungen politisch, kollektiv umzusetzen?

Problematisch ist für Frey auch, wenn Betroffene im Theaterspielen Lösungen finden, die in der Realität gar nicht angewendet werden können oder die Situation noch verschlimmern könnten (vgl. ebd. S.72).

Aufgrund meiner Erfahrungen mit der „Gruppe Forumtheater" zeigte sich, dass es die interessantesten Aufführungen dann gab, wenn von der Thematik unmittelbar Betroffene daran teilnahmen, für die das Stück wirklich zu einem Spiegel ihrer gesellschaftlichen Situation wurde, wie es Boal intendierte. Dies ließ mein Interesse größer werden, mit eher homogenen Gruppen zu arbeiten, d.h. nach jenen Themen zu suchen und sie theatral zu bearbeiten, die die Gruppen unmittelbar betrafen oder zu denen sie zumindest einen starken Bezug hatten. In diesem Zusammenhang stieg der Wunsch nach längerfristigen und kontinuierlichen Projekten, in denen die verschiedenen Übungen, Spiele und Techniken wirklich zur ihrer Geltung kommen können. Das in der vorliegenden Arbeit vorgestellte Projektstudium ist dafür ein Beispiel. Weiters wurde es mir wichtig, diese Arbeit mehr und mehr in verschiedene gesellschaftliche Felder zu tragen und besonders mit Gruppen zur Anwendung zu bringen, die üblicherweise am gesellschaftlichen und kulturellen Diskurs nur wenig partizipieren.

Andererseits war es faszinierend, wie Menschen, die im Zuge einer Forumtheateraufführung zum ersten Mal mit dem dargestellten Thema in Berührung kamen, auf diese Art zum Mittun und –denken, zum Engagement bewegt wurden, was sich auf ihre Kenntnis und ihr Bewusstsein über die Situation auswirkte. Leider konnten wir das zur damaligen Zeit nicht empirisch überprüfen. Aber unsere Erfahrungen weckten mein Interesse, wie mögliche Nach-Wirkungen von Forumtheateraufführungen bei den RezipientInnen zu erfragen bzw. zu erfahren wären, was an späterer Stelle noch ausgeführt wird (siehe S.342ff).

In Südamerika war das Forumtheater offensichtlich stärker mit der nachfolgenden Umsetzung verknüpft:

> „In Lateinamerika ging die Umsetzung sofort und unausweichlich vor sich, da die im Forum vorgeschlagenen Situationen sich unausweichlich in der Realität abspielten. Unsere Diskussion ging darüber, wie man einen Streik organisiert, da in der kommenden Woche ein Streik stattfinden sollte. Deshalb haben wir ‚geprobt'. Wenn das Theater die Unterdrückung, die die Arbeiter aufgrund niedriger Gehälter zu spü-

ren bekamen, debattierte, hieß es, dass ein Teil der Arbeiter für Verbesserungen kämpfen wollte. Wenn Wassermangel zum vorherrschenden Problem wurde, war es offensichtlich, dass wir zum Präfekten gingen, um eine neue Kanalisation zu fordern" (Boal cit. in Frey 1989, S.73).

Ebenso konstatiert Ruping – durchaus in Widerspruch zu dokumentierten Erfahrungen im angloamerikanischen Raum, wo das „Theater der Unterdrückten" nach wie vor als integrativer Ansatz „between Therapy, Activism und Politics" verstanden wird (Schutzman/Cohen-Cruz 1995) -, dass die Theaterformen Boals für die theaterpädagogische Arbeit sehr viel, für die „Befreiung von alltäglicher Repression" wenig gebracht habe:

> „Ich achte Boal in erster Linie als einen Mann des Theaters. Und da ich in der Regel mit nicht-professionellen Spielern zu tun habe, nutze ich seine Spielvorschläge zunächst für Theater als eine Lernform, die es ermöglicht, jeden beliebigen Inhalt nicht nur sprachlich-kognitiv, sondern auch emotiv-körperlich durchzuarbeiten und die voraussetzt, daß man dies erfahrungsbezogen tut. ... Ich denke, Boal macht es sich schwer und seinen Kritikern zu leicht, wenn er bei allem, was er tut, den Anspruch einer umfassenden Befreiungskultur vor sich her trägt" (Ruping 1991b, S.79f).

Ruping bezieht seine Kritik auf den politischen Anspruch, wobei er an Brecht anknüpft: Brecht dachte bei seinen Lehrstücken ausdrücklich an deren 'Verzahnung' mit gesellschaftlichen Kräften und Lernorten, wenn er sich an organisierte Arbeiterchöre wandte oder den Rundfunk als ein Medium der Kommunikation verwerten wollte.

> "Dienen Lehrstückübungen der 'Selbstverständigung lernender Kollektive', die organisierte Eingriffsmöglichkeiten in bestehende Verhältnisse erproben, eine Verzahnung mit anderen Lernorten und -formen anstreben und sich dazu auch aller greifbaren (Gesellschafts-) Theorie versichern, beschränkt sich das Theater der Unterdrückten auf die Artikulation individueller Erfahrungen und auf ihre gemeinsame Aneignung und Erweiterung. Deren Umsetzung in Widerstandsformen, d.h. in herrschende Öffentlichkeiten außerhalb der Gruppe,

bleibt stets abhängig von den ihr vorgegebenen Handlungsräumen und den Mitteln, die ihr darin zu Verfügung stehen" (Ruping 1991b, S.74).

Im Kontext politischer Artikulationsweisen

> „...ist das Theater der Unterdrückten eine *'Aktionsmethode'*, im Bereich der ästhetischen Erziehung eine der Organisation von Erfahrungen. Mit Wirklichkeit - d.i. Unterdrückung experimentierend, produziert es experimentelle Verhaltensweisen und entwickelt dabei *'Handlungsmodelle für die Zukunft'*, die dem Mitspielenden tragfähig erscheinen" (Ruping 1991a, S.14).

Demgegenüber ist aber einzuwenden, dass die Praxis des „Theaters der Unterdrückten" in Südamerika unmittelbar mit politischen Bewegungen verknüpft ist, viele der Methoden entwickelten sich erst in der Zusammenarbeit mit dem Engagement von Gewerkschaften, Befreiungsbewegungen, oder Alphabetisierungskampagnen. Außerdem zeigen die Erfahrungen der letzten Jahre, dass „Theater der Unterdrückten" vermehrt in der Arbeit mit sozialen Gruppen und Communities Verbreitung findet und in diesem Sinn v.a. marginalisierten, ausgegrenzten sozialen Gruppen neue Handlungsmöglichkeiten und selbstbewusstere Wege der Partizipation und Teilhabe an gesellschaftlichen Prozessen finden lässt (vgl. Diamond 1995, Salverson 1995, Spry 1995). Nochmals sei darauf hingewiesen, dass die politische Tätigkeit von Boal in Rio de Janeiro zur Entwicklung des „Legislativen Theaters" als einer partizipativ-demokratischen Anwendung des Theaters geführt hat.

In der „Gruppe Forumtheater" versuchten wir den politischen Anspruch derart einzulösen, dass wir während und um eine Produktion Kontakte zu Initiativen und Institutionen knüpften, die mit dem Thema vertraut waren, um – neben dem inhaltlichen Austausch – gemeinsam Aufführungen zu organisieren: Diese wurden so zu einer Besonderheit der Öffentlichkeitsarbeit für die politischen Anliegen wie auch zu einem demokratischen Forum für einen politischen Diskurs. Inwieweit gefundene Lösungen und Ideen in der Realität eine Rolle spielten konnten wir selbst nicht mitverfolgen. Leider scheiterten wir einmal selbst am Versuch, eine Forumtheateraufführung zu Auswirkungen der Asylgesetzgebung im Parlament zur Aufführung zu bringen (Wrentschur 1996).

Nochmals zurück zum Stichwort „Befreiungskultur": Auch für Neuroth (vgl. 1994 und Frey 1989, S.33ff) ist es problematisch, dass sich die Arbeit Boals im deutschsprachigen Raum vor allem über Workshops verbreitet hat und dadurch der politische Anspruch zu kurz gekommen ist. Neuroth plädiert wiederholt für Langzeitprojekte (vgl. 1994, S.72, S.113, S.128), die das Durchlaufen mehrerer Phasen ermöglicht:

> „Umso mehr könnte bei sukzessiver Anwendung der Methoden, ausgehend von der Aufbrechung verinnerlichter Unterdrückung mit den „Polizist im Kopf"-Methoden über die Bearbeitung konkreter Situationen mit dem Forumtheater bis zur abschließenden Weiterverbreitung der Diskussionen mit dem Unsichtbaren Theater, von einer Integration psychosozialer Elemente und politischer Bildung gesprochen werden. Auf Phasen der Reflektion über die eigene Identität würden Phasen der Analyse der Zusammenhänge individuell erlebter Unterdrückung und gesellschaftlicher Strukturen folgen, die im Idealfall zu politischem Engagement und Handeln führen" (Neuroth 1994, S.72).

Bei Projekten in der Gruppe Forumtheater erstreckte sich die Auseinandersetzung mit einem Thema über mehrere Monate. Diese Längerfristigkeit der Arbeit setzte neben dem persönlichen auch einen künstlerischen und politischen Bewusstwerdungs- und Lernprozess der Gruppe in Gang. Dieser Prozess führte zur intensiven Suche nach möglichen Handlungsalternativen und ermöglichte durch wiederholte Rollen- und Perspektivenwechsel, durch eine Vielzahl von Improvisationen im und um das jeweilige Stück, eine genaue körper- und sinnesbezogene Wahrnehmung und eine erhöhte Flexibilität im Agieren auf der Bühne und im alltäglichen Leben. Das politische Engagement hatte – wie bereits beschrieben - mit der Kontaktaufnahme und Vernetzung mit entsprechenden sozialen und politischen Initiativen zu tun.

Diese Forderung nach Langzeitarbeit schließt auch jene nach begleitender Forschung mit ein (vgl. Neuroth 1994, S.114, Frey 1989, S.73ff.). Möglichkeiten der ZuschauerInnenbefragung werden dabei ebenso in Betracht gezogen, wie die weitere Erforschung der Theatralität des Forumtheaters, die Frage nach Anwendungsfeldern, den geeigneten Techniken, den rechtlichen und organisatorischen Rahmenbedingungen für ein Projekt und nach der Funktion des Spielleiters/ der Spielleiterin:

„Es besteht die Notwendigkeit, das Experimentierfeld ‚Theater der Unterdrückten' auf ein höheres Niveau zu bringen .... Das ‚Theater der Unterdrückten' steckt hierzulande (in Deutschland, M.W.) noch in der Kinderschuhen; es ist notwendig, es auch ohne ständige Begleitung Augusto Boals aus diesem Stadium herauszuholen" (Neuroth 1994, S.114).

Ich stimme dieser Forderung von Neuroth zu, wenngleich ich meine, dass in Österreich in den letzten Jahren eine weitaus stärkere Entwicklung und Verbreitung der Boalschen Theaterformen stattgefunden hat, was in dem 1999 erschienenen Reader „Forumtheater in Österreich" (Wrentschur u.a.1999) erstmals dokumentiert wurde. Dennoch halte ich neben der Durchführung von längerfristigen Projekten die Evaluierung und begleitende Forschung für sehr wichtig. Die Frage bleibt, ob und wie es für die Beteiligten möglich ist, in erstarrten Strukturen, in Ohnmachts-, Konflikt- oder Unterdrückungssituationen neue – individuelle und gesellschaftliche – Denk-, Wahrnehmungs- und Handlungsalternativen zu finden und diese in das „wirkliche, persönliche, politische Leben" zu übertragen. Die Theaterformen Boals haben bei aller Weiterentwicklung und Differenzierung dieses wesentliche Ziel beibehalten. Allerdings muss begleitende Forschung mit dem Wesen dieser Theaterformen vertraut sein, sie muss ihre Fragen und Methoden aus der Kenntnis, der Erfahrung und durch die Auseinandersetzung mit der konkreten Arbeit finden. Darauf gehe ich in Teil III (2.2) ein.

Exkurs: Der Bezug zum Freien Theater

Neben den explizit theaterpädagogischen Verfahren des „Lehrstückspiels" und des „Theaters der Unterdrückten", gibt es noch eine andere, wesentliche Basis meiner eigenen theaterpädagogischen Haltung, die ich im folgenden streifen möchte.

Ich habe zu Beginn des ersten Teils erwähnt, wie ich durch die Lehrstück-Arbeit wieder Lust am Theaterspiel gefunden hatte: Tatsächlich waren die Jahre seit damals auch davon geprägt, dass ich mich vermehrt und mit großer Faszination mit verschiedenen Theaterformen - in Workshops, Projekten und Performances – beschäftigt habe: Maskentheater, Straßentheater, Bewegungstheater, Improvisationstheater, amerikanisches Experimentaltheater, ‚Action Theatre' gehören dazu wie auch die Basisarbeit für Körper-Stimme-Sprache, die Trainingsmethoden von Grotowski u.ä.m.. Viele dieser Theaterformen sind mit der Geschichte des sog. „Freien Theaters" seit den 60er Jahren eng verknüpft: Diese Bewegung betrachtet das Theater als eigene Wirklichkeit, als eigenen Raum, in dem die Befreiung von gesellschaftlichen Strukturen und Zwängen im Alltag möglich schien. Dabei geht es um neue, von der Gesellschaft losgelöste Realitätserfahrungen und darum, probeweise in der Selbstentfremdung durch die Verwandlung in der Rollenarbeit ein anderer zu sein (vgl. Neuroth 1994, S.30f.).

Theater wird verstanden als Mittel der Wahrheitsfindung, Bewusstseinserweiterung und Befreiung, als sakraler Ort der Zuflucht und der Innerlichkeit, als Selbstverwirklichung und Selbsterfahrung, ja überhaupt als Lebensform, v.a. in Form der freien Theatergruppen. Der Prozess des Theaterschaffens rückt in den Vordergrund vor dem Produkt, wesentlich erscheint die

> „....Arbeit an Ausdrucksfähigkeit des Körpers, der Mimik und der Stimme, der Improvisation zu einem Thema und die Verbesserung der szenischen Darstellung" (Neuroth 1994, S.30).

Dabei wird von einem ganzheitlichen Menschenbild ausgegangen, die Spaltung von Geist und Körper soll überwunden, anstelle von Belehrung sollen Möglichkeiten zur Freien Selbstentfaltung geschaffen werden: Theater wird als Ort der Herausforderung, der Grenzüberschreitung und der Bewältigung von Erfahrungen genutzt und erhält dadurch – so Weintz (vgl. 1998, S.244 u. S.300) neben der ästhetischen seine quasitherapeutische Funktion, die sich auf das Lösen von körperlich-stimmlichen Blockaden und auf den affektiven Bereich beziehen kann. Diese Prozesse kommen besonders dann in Gang, wenn Rollen nicht klischeehaft reproduziert werden, sondern autobiographisch fundiert, durch eine „leib-seelische" Auseinandersetzung mit dem „Anderen" auf Basis des subjektiven Rollen- und Erfahrungsspektrums gefunden werden. Diese Form der Erforschung schöpferischer Möglichkeiten setzt den Mut zur Selbstoffenbarung voraus:

> „Im Spiel können verschüttete, tabuisierte, ersehnte oder gehaßte Seiten seelisch-körperlich ‚inkarniert', ausagiert, erprobt, ironisiert, kritisiert oder der Lächerlichkeit preisgegeben werden" (Weintz 1998, S.301).

Doch bleibt diese Selbstoffenbarung auf die gegenwärtige Situation des Spielens und des Spiels bezogen: sie soll das Spiel und ästhetischen Gestaltungsprozess ‚beflügeln', vorantreiben, denn:

> „Durch die tätige Übertragung des Materials in eine theatrale Figur und in einen fiktiven, wiederholbaren Bühnenvorgang, durch das Ringen um eine angemessene Form geht der Spieler in gewisser Weise wieder in Distanz zu sich selbst und verleiht der ursprünglich individuell erlebten Problematik/Situation einen allgemeingültigen Zuschnitt" (ebd. S.302).

Das, was ich mit Hilfe anderer AutorInnen beschrieben habe, bringt im wesentlichen meine eigenen Erfahrungen mit „freier Theaterarbeit" auf den Punkt, sei es in der Arbeit als Schauspieler für eine Produktion, in intensiven Workshopprojekten oder auch verschiedenen Formen der Performance. Sie bilden – ebenso wie Brecht und Boal - einen wichtigen Hintergrund meiner theaterpädagogischen Entwicklung und sie wecken nach wie vor Neugier und Interesse nach mehr: Es ist wie ein Weg, gepflastert mit Herausforderungen, Hindernissen, Grenzen und Krisen, gleichzeitig mit einer Fülle von bewegenden, berührenden, faszinierenden, schöpferischen Erfahrungen und der Erweiterung meiner sinnlichen, körperlichen Wahrnehmungs- und Handlungsmöglichkeiten – eben eine eigene Welt, die sich aber leibhaftig-affektiv erleben lässt, und aus der man mit einer Fülle an Erfahrungen und Eindrücken in die sog. „reale, alltägliche" Welt zurückkehren kann.

Dabei ist etwas wichtig: Diese Form der Theaterarbeit, bei der der Prozess, das schöpferische Forschen und Gestalten im Vordergrund steht, ist, wie bei den weiter oben vorgestellten theaterpädagogischen Modellen auch für Menschen interessant, die mit Theater und Schauspiel wenig oder keine Erfahrungen haben. Vielmehr wäre es wünschenswert, dass ihnen dieser Weg offen steht, was Jerzy Grotowski, der große polnische Theatermacher und –forscher unterstreicht:

> „Handeln in der Sphäre der aktiven Kultur, das einem das Gefühl gibt, sein Leben zu verwirklichen, seinen Horizont zu erweitern, ist für viele eine Notwendigkeit, bleibt aber die Domäne einiger weniger. ... In bestimmten, ..., Labordimensionen arbeiten wir an Mitteln, die Sphäre der aktiven Kultur *auszudehnen*. Was das Privileg einiger we-

niger ist, können sich auch andere aneignen. Ich spreche nicht von einer Massenproduktion von Kunstwerken, sondern von einer Art persönlicher kreativer Erfahrung, die für das Leben eines Einzelnen oder sein Leben mit anderen nicht unwichtig ist" (Grotowski, cit. in Turner 1989, S.186).

4. Wesentliche Aspekte und Merkmale von Theaterpädagogik

Ich fasse nun über die Grenzen bestimmter Konzepte und Modelle hinaus Merkmale, Ansprüche und Ziele von Theaterpädagogik zusammen. Dabei bilden Texte von TheaterpädagogInnen den Hintergrund für meine Perspektive, die eine für diese Arbeit eine Orientierung schafft.

Die Merkmale und Aspekte sind eng miteinander verwoben, verweisen aufeinander, überlagern sich und lassen sich analytisch nicht einfach trennen. Zusammengehalten werden sie durch die Klammer, Theaterpädagogik als ästhetische, soziale und pädagogische Praxis zu verstehen, die getragen wird von (Theater)Spiel und Spiellust, von der Einbeziehung des Körpers und der sinnlichen Wahrnehmung. Sie steht in engem Bezug zur Lebenspraxis und zum Handeln. Im pädagogischen Sinn stellt sie einen Raum zur Erweiterung von Erfahrungen und für experimentelle Lernprozesse zur Verfügung. Im sozialen Sinn fördert sie Gruppenkultur, kollektives Handeln, Sozialbezug und die (kritische) Auseinandersetzung mit gesellschaftlichen Vorgängen.

Zuvor gehe ich noch darauf ein, was mit Theaterpädagogik als „ästhetischer Praxis" gemeint ist.

4.1 Theaterpädagogik im Kontext einer ästhetischen Praxis: Die Suche nach Zwischenräumen

Theaterpädagogik wird als kreativ-ästhetische Praxis, als Teil einer ästhetischen Bildung begriffen. Das bezieht sich auf

- das unmittelbare Erleben und die sinnliche Wahrnehmung,
- gestalterisch-schöpferische Prozesse, die an der Lebenspraxis orientiert sind und
- die dabei entstehenden Sicht- und Handlungsweisen.

Ästhetische Praxis ist – im Sinne der Aisthesis (Barck u.a. 1998) – mit dem unmittelbaren Erleben und der sinnlichen Wahrnehmung verknüpft. Die Kraft der Wahrnehmung, so Seitz (vgl. 1995, S.348), vermittelt Wachstum und Erkenntnis, sie ist die Voraussetzung für Erkenntnisprozesse. Die spielerische Praxis ist dabei grundlegend für die ästhetische Praxis, sie eröffnet, erprobt und präsentiert verschiedene Sichtweisen zur Welt, sie hat eine geschärfte Wahrnehmung als Voraussetzung und Folge (vgl. Seitz 1995, S.60). Theaterspiel sollte ein „Laboratorium der Wahrnehmung" sein (Hoffmann 1998, S.5).

Darüber hinaus geht es um einen künstlerisch, schöpferisch-gestaltenden Vorgang, der an der Lebenspraxis orientiert ist und in dem die Wahrnehmung zu etwas Neuem zusammengefügt, synthetisiert wird. Das bezieht sich darauf, das Theaterspiel schon seit jeher als künstlerisch-kulturelle Ausdrucksform von Menschen verstanden wurde:

> „Theater ist die ästhetisch-kreative Tätigkeit, die dem Menschen am unmittelbarsten ist und zugleich in ihren Ausdrucksformen am komplexesten, denn Theater ist primär ein künstlerischer Ausdruck der menschlichen Körpers, der Sprache und der Mimik..." (Hoffmann, 1998, S.5).

Dabei geht es nicht um eine bestimmte Auffassung oder Theorie der Ästhetik bzw. einer elitären Vorstellung von Kunst. Vielmehr geht es darum, Kunst selbst zu machen und dadurch zu erfahren, wie sie gemacht wird.

Theater als ästhetische Praxis ist im pädagogischen Zusammenhang zudem an der Lebenspraxis orientiert und mit der Frage konfrontiert, wie komplexe Situationen sinnlich (ästhetisch) erfassbar sind (vgl. Schmidt/Suhdal 1995, 122), oder anders ausgedrückt, wie durch sinnlich-schöpferische Arbeit ein unmittelbarer, direkter oder neuer Zugang zu einem Thema oder einer bestimmten Problematik hergestellt werden kann (vgl. Prewo 1986, S.47). Im Zusammenhang mit der „Probe für eine Lebenspraxis", so Richard (vgl. 1993, S.159f.), können reale Vorgänge durch ästhetische Vorgänge neu, manchmal erstmals verstanden , d.h. sinnlich erlebt und praktisch angeschaut werden. Dazu Turner, auf Dilthey Bezug nehmend:

> „Gerade durch den Prozess der Darstellung wird das, was normalerweise hermetisch in den Tiefen des soziokulturellen Lebens verschlos-

sen, der Alltagsbeobachtung und dem Verstand nicht zugänglich ist, ans Licht befördert,..." (Turner 1989, S.17).

Dourmien-Koudela (vgl. 1991, S.254) spricht von der Weltergänzung durch Poesie und von der Kunst als integralen Bestandteil des alltäglichen Lebens. Die Kunst des Theaterspiels bietet Möglichkeiten, die Welt zu sehen, ihre Strukturen offen zu legen, sich inmitten der Pluralität zu bewegen, sie ermöglicht neue, bislang nicht bewusste Sicht- oder Handlungsweisen (Seitz 1995, S.54ff.).

„'Was ein Rad zum Rad macht (...), ist die Leere zwischen den Speichen'. Dafür ist die Wahrnehmung zu sensibilisieren. Die Aufmerksamkeit auf die Räume im Dazwischen zu geben ist prinzipiell überall möglich - dem spielenden, bewegenden und inszenierenden Vermögen der Menschen fällt dies besonders leicht" (Seitz 1995, S.351).

In Anlehnung an Dewey spricht Seitz (vgl. ebd. S.350) von drei gesellschaftlichen Kräften: der Gewohnheit, der Gewalt und der intelligenzgesteuerten Tätigkeit. Die Gewohnheit ist normalerweise die stärkste Kraft, die erst in gesellschaftlichen Krisen zu wirken aufhört. In der ästhetischen Praxis tauchen Zwischenräume auf, die

„Zwielichtigkeit der Ordnung ist es, die die Eigenproduktivität der Lücken provoziert und damit die Voraussetzungen liefert, durch künstlerische Verfahren und ästhetische Praxis den alten Boden aufzumischen und damit auch lebensweltlich neues Terrain zu bilden" (Seitz 1995, S.350).

„In einem anderen Kontext fällt das bis dahin Vertraute auf, es wirkt fremd und fern, der leichte Zugriff ist erschwert. ... der plötzliche Umschlag ist es, der die Gewohnheit ‚entblockt', das Kippmoment, das die Sinne oszillieren läßt und eine plötzliche Entblindung der alternativen Möglichkeiten provoziert" (ebd., S.345).

4.2 Theater-Spiel und Spiellust

Übereinstimmend sehen TheaterpädagogInnen das Spiel eng mit den Theater verbunden. Die Lust am Spiel wird als Wurzel und Voraussetzung von Theaterspielen verstanden (vgl. Brandes 1993, S.17; Klosterkötter 1994, S.65). Die Mischung aus Spiellust, schöpferischer Gestaltung und Wissenserfahrung mit sich selbst und den anderen macht das Wesen von Theaterpädagogik aus. Die Freiräume durch das Spiel als „lustvollem Sein" werden gerade in einer Gesellschaft bedeutsam, in der das scheinbar chaotisch-planlose Spiel keinen besonderen Stellenwert hat: Das Spiel mit dem Unvorhersehbaren, Anomischen, Utopischen, Unfertigem und Experimentellen, das als „schwebend kreative Basis" geschaffen wird, ist die Voraussetzung für szenische Gestaltungsfähigkeit und Kunstfertigkeit (Klosterkötter 1994, S.65). Gelingendes Spiel ist

> „...Motor und Mentor der Formgebung, ist ein wesentlicher Maßstab für die Qualität theaterpädagogischer Bildungsarbeit. ‚Hier geht Spontaneität mit angeeignetem Denken in Strukturen ein Bündnis ein'" (Ruping 1998, S.23).

Theaterpädagogik in ihren unterschiedlichen Ausprägungen bewegt sich zwischen Prozess und Produkt, Selbsterfahrung und Schauspielkunst, zwischen Spontaneität und Gestaltung, das Medium dazu ist das Spiel:

> „Zum Spiel in jeder Form gehören Phantasie und Humor, Zeit und Muße, die Fähigkeit, sich selbst in Geschichte und Tradition begreifen zu können, Selbstvertrauen und die Bereitschaft etwas zu wagen, spontanes, schöpferisches Tun. Im Spiel werden Wesensmerkmale des Menschen wiederfindbar/freigesetzt. ... Dem Spiel ist eigen, dass es den Menschen aktiviert, weil es spannend ist, Neuigkeiten und Überraschungen bereit hält. Das Spielfeld – ob Spielbrett, Theater oder Lebensbühne – kann so arrangiert sein, dass es durch räumliche, thematische oder zeitliche Anordnungen dazu reizt, sich ins Spiel zu begeben. ... ‚Spielen heißt, sich einer Art Zauber auszuliefern, sich selbst den absolut anderen vorzuspielen, die Zukunft vorwegnehmen, die böse Welt der Fakten Lügen zu strafen. Im Spiel werden die irdischen Wirklichkeiten ganz plötzlich zu Dingen des vorübergehenden Au-

genblicks, die man jetzt hinter sich läßt, die man los wird und in der Vergangenheit begräbt" (Schaub 1998, S.8).

So braucht der Mensch das Spiel, um seine Existenz zu erleben (Seitz 1991, S.179). Von Friedrich Schiller ist der Ausspruch bekannt, dass der Mensch nur spielt, „wo er in der vollen Bedeutung des Wortes Mensch ist, und er ist nur da ganz Mensch, wo er spielt". Huizinga (1956) sieht das Spiel als entscheidende Grundlage kulturellen Schaffens und der kulturellen Entwicklung. Das verweist auf die prinzipielle Fähigkeit aller Menschen zu spielen und in weiterer Folge ‚Theater' zu spielen:

> „Jedermann hat künstlerische Fähigkeiten ... jeder kann können Theater spielen" (Boal 1989, S.69).

> „Jeder kann schauspielen, jeder kann improvisieren: jeder, der den Wunsch verspürt, kann Theater spielen lernen. ... wir lernen durch Erfahrung und Erleben" (Spolin 1993, S.17).

Das Spiel birgt als Wesensmerkmal Freiheit, Zwanglosigkeit und Zweckfreiheit in sich, denn

> „Spiel(en) kann nicht dies oder das garantieren, ist kein plattes input-output Denken" (Thesen 1998, S.9).

Turner 1989 (vgl. S.192) sieht ein weiteres Merkmal des Spiels darin, dass es die Macht besitzt zu unterhalten und dass es demokratisiert. Für Seitz (vgl. 1995, S.191ff.) sind im (Theater)spiel noch Momente der inneren Unendlichkeit, Scheinheiligkeit, Ambivalenz, Geschlossenheit und Gegenwartsbezug ausschlaggebend. Freude, Genuss, Lachen, Spinnereien, Liebe werden durch Regeln und Strukturen ermöglicht, ohne die es keine Freiheit gibt (ebd. S.344).

Die Regeln und Strukturen des Spiels ermöglichen, dass Routinen des Alltags überschritten werden können:

> „Im Spiel geschieht etwas Außergewöhnliches, etwas, was oft den Rahmen des Alltags sprengt. Menschen treten auf vielfältige Weise miteinander in Kontakt, verhalten sich oft anders als gewöhnlich, heben – wenn auch nur vorübergehend – gesellschaftliche Normen auf. Spiel kann verändernd wirken, es ist zweckfrei, letztendlich nicht or-

ganisierbar, muß sich ereignen und spricht die unterschiedlichsten Sinne an" (Schaub 1998, S.8).

Prewo formuliert es so:

> „Unsere Fantasien sind voll gespickt mit unrealistischen Radikalitäten, die darauf drängen, sich innerhalb eines geeigneten Freiraumes zu vergegenständlichen. Diesem Drang müssen wir spielerisch nachkommen, sonst treibt er sein Spiel mit uns. ... Träume, Spinnereien und Fantasien, die zunächst als nicht lebbar eingestuft werden, weil sie in der Realität keine experimentierfreudige Probebühne finden, können im Spiel realisiert werden, zu einer neuen Sichtweise realer Alltagsprobleme führen und eine neu gelebte Wirklichkeit zur Folge haben" (Prewo 1986, S. 9f.).

Das verweist auf die quasitherapeutische Funktion des Theaterspiels (vgl. Weintz 1999, S.160f.): das probeweise Erfinden von neuen Bewegungsabläufen, inneren und äußeren Haltungen, vielfältigen Ausdrucksformen, die Interaktionen mit anderen SpielerInnen kann dazu anregen, eingeschriebene Automatismen und Blokkierung auf sinnlich-körperlichen, seelischem oder geistigem Gebiet aufzuweichen. Das Theaterspiel kann gewohnte Rollenzuweisungen durchbrechen helfen und ungenützte Stärken, brachliegende Fähigkeiten aktivieren (vgl. Ruping 1991b, S.60).

> „Jeder Mensch kann schön, erotisch, witzig, elegant, ästhetisch oder kraftvoll sein – man muss nur sehen, wo er es versteckt" (Renk 1997, S.50).

Anders als in einem therapeutischen Setting wird dieser Prozess besonders durch die Arbeit an und mit der Rolle ermöglicht bzw. innerhalb des „Spiel-raumes". Die Frage dabei ist, welche Theatermetapher für die individuelle Suche einer Person geeignet ist.

> „Spiel(en) und Theater sind eine Folie, auf der Menschen sich auch im Zuschauen wahrnehmen können, eine Verarbeitung von Erfahrungen, von Streß oder Gelerntem vornehmen können, ohne dass sie direkt dazu angeleitet werden – ein Stück Selbsttherapie und ein Vorschuss auf die Selbstbildungsmöglichkeiten von Subjekten" (Thesen 1998, S.10).

Voraussetzung dafür ist aber auch, sich als ganze Persönlichkeit auf das Spiel, eine Situation oder Rolle einzulassen, denn die Chance für Persönlichkeits- und Identitätsbildung, von mehr an Handlungskompetenz, geschieht vor allem dann, wenn es über die Klischees hinausgeht und zu einer Auseinandersetzung und zum Kennenlernen mit/von fremden, neuen Ausdrucksmöglichkeiten führt.

> „Die tatsächlich heilende Wirkung des Theaters beruht auf der Kompetenz der rechten, d.h. ganzheitlichen, bildhaften, tätigen Erkenntnis. Die befreiende Wirkung basiert auf dem Kunstaspekt des Theaters, d.h., auf der schöpferischen Tätigkeit" (Trötschel 1994, S.40).

Spielerisches Agieren kann sich auf Alltagshandeln auswirken. Neuroth (vgl. 1994, S.37f.) sieht die Stärke des Theaterspiels in seiner Dialektik von Spiel und Ernst: Zum einen geht es um die Lust an der Verwandlung, um Phantasie, Spaß und Darstellen, andererseits ist es „echtes Erleben und Ernst", ein Spiegel der eigenen Lebenswelt: Spiel deckt den restriktiven Charakter des „Ernstes" der Alltagspragmatik auf und kann daher zur Reflexion der alltäglichen Wirklichkeit anregen. Der Theateranthropologe Turner (vgl. 1989, S. 41) meint dazu, dass die Möglichkeit, im Spiel „unordentlich" sein zu können, mit dem dumpfen Gefühl zusammenhängt, zuviel an Ordnung zu verspüren.

Abschließend nochmals Seitz:

> „Spielen bedeutet zwar in eine andere Welt zu treten, aber nicht, um diese *durch* das Spiel zu vergessen, sondern um *im* Spiel mit dem Gegebenen umzugehen und das Festgefahrene weiterzutreiben" (Seitz 1998, S.171).

4.3 Körperorientierung und Sinnesbezug

„Ohne Körper geht gar nicht" ist der Titel einer theaterpädagogischen Publikation (Korrespondenzen 1993). Das verweist auf ein wesentliches Element von „Theaterpädagogik", das unbestritten ist: den menschlichen Körper, mit seinen Wahrnehmungs-, Bewegungs- und Ausdrucksmöglichkeiten.

Das Spiel und das Theaterspiel basieren auf dem Körper, das mimetische Bedürfnis der Menschen, die „versucherische Lust sich zu verwandeln" bezieht sich – wie schon bei alten Kulten und Ritualen – auf das Erleben des eigenen Körpers (vgl. Vidal 1991, S.65). So ruft das körperliche „Warm-up" in der Gruppe ein Gefühl der Freude hervor, weil es Möglichkeiten bereitet, mit dem eigenen Körper freier umzugehen als im Alltag (vgl. Feller 1998, S.132). Renk (vgl. 1997, S.44) spricht von der notwendigen Fähigkeit, andere Wirklichkeiten zu denken und mit dem Körper zu erfahren: Erfahrung und Wissen im Theaterspiel haben eine körperliche Basis, da mit dem Körper...

> „...über eine Situation, eine Figur, ein Problem nachgedacht wird ... Gut durchdachte Körperarbeit ist für Laiendarsteller hilfreich, weil sie psychische und gedankliche Sperren dort abbaut, wo sie gespeichert sind: im Körper" (ebd. S.45).

Diese körperliche Zugangsweise aktiviert die Körpererinnerung, das sogenannte Körpergedächtnis:

> „In unseren körperlichen Handlungsformen, den Gesten, Haltungen und Tonfällen ist vieles aufbewahrt, was unserem bewussten Denken und Fühlen längst entglitten ist; im spielerischen Probehandeln eignen wir es uns wieder an..." (Steinweg u.a. 1983, S.162).

Das verweist nicht nur auf die psychischen sondern gerade auch auf den gesellschaftlichen Zusammenhang: Gesellschaftliche Regeln und soziale Muster werden im Zuge der Körpersozialisation quasi einverleibt, sie werden zu gesellschaftlichem Körperwissen, wobei das körperlich-nachahmende, mimetische Lernen eine große Rolle spielt (vgl. Scheller 1998, S.20f, Gebauer/Wulf 1998, S.24ff, 40ff.). Haltungen und Lebensweisen, Routinen und Gewohnheiten zeigen sich körperlich, soziale Verhältnisse können dadurch körperlich konkret werden. Körperliche und soziale Erfahrungen prägen sich wechselseitig, damit werden die subjektiv-körperlichen Voraussetzungen für gesellschaftliche Bedingungen erforschbar werden.

> „Die Bewegungsmöglichkeiten der Körper, ihre mimischen und lautlichen Ausdrucks- und Verhaltensmöglichkeiten sind ebenso Medium und Resultat unserer gesellschaftlichen Art und Weise zu leben, wie

letztere durch unsere Körpererfahrungen mitgeprägt sind" (Uptmoor 1998, S.112).

Gebauer/Wulff sprechen in diesem Zusammenhang von „Mimesis". Dieser Begriff schlägt eine Brücke zwischen dem individuellen, gestaltenden und körperbezogenen Handeln und den gesellschaftlichen Strukturen und Prozessen, die sich über (körperbezogene) Gewohnheiten und Routinen vermitteln (vgl. 1998, S-7-21, 300-304). Gesellschaft und Subjekt erzeugen sich in mimetischen Differenzierungsprozessen gegenseitig, in diesem Sinn gehören gesellschaftliche Praxis und soziale Ästhetik zusammen. Das Wechselspiel des „Formen und Geformt –Werdens" verweist u.a. darauf, dass körperliche Bewegungen kulturell vorgegeben, jedoch von den einzelnen Akteuren selbst ausgebildet werden: durch das „Mimetische" wird die Welt mit-gestaltet, verflechten sich die „Aufführungen", über Sinne und Körper verbindet sich das Individuum mit der sozialen Welt. Am sozialen Handeln ist maßgeblich der Körper beteiligt. Gebauer/Wulff sprechen vom Körper als „Fundament des mimetischen Weltverständnisses" – durch Bewegungen, die auf andere Bewegungen Bezug nehmen (Gesten), durch körperliche Aufführungen (Zeigen, Darstellen) und durch eigenständiges und bezugnehmendes Handeln.

„Im mimetischen Handeln wird ein praktisches Wissen über die Umwelt gebildet, Bewegungserfahrungen mit der Welt werden im Körpergedächtnis aufbewahrt" (ebd., S.300).

Die starke Körperorientierung des sozialen Handelns ist als implizites Wissen (vgl. Polanyi 1985) präsent, aber nicht explizit in unserem Bewusstsein, was einem (post)modernen, gesellschaftlichem Umgang mit Körper und Sinn zu entsprechen scheint.

Da ist von Rationalisierung (Weber), von Disziplinierung (Foucault), von Entsinnlichung und Selbstzwang (Elias) die Rede. Der ‚individuelle', d.h. fertige, abgeschlossene, streng abgegrenzte Leib „siegt" über den „grotesken", den werdenden, (ver)schlingenden, überall hinwachsenden, aus seinen Öffnungen fließenden und triefenden Leib (vgl. Vaßen, 1998, S.31). Auch Weintz (vgl. 1998, S.43) spricht von der Desensibilisierung und Entkörperlichung in einer mediatisierten und ‚verhübschten' Wirklichkeit: Die Räume für unmittelbares Wahrnehmen, für ungeschönte, authentische Erfahrungen schwinden, die sinnlich fundierte Erkenntnis, das aktive Eingreifen ist kaum mehr möglich und die präsente und direkte Kommunikation wird mehr und mehr durch entsprechende Medien ersetzt. Gerade angesichts dieser Vorgänge zeigt sich die Bedeutung des Theaterspiels als ästhetisches und soziales Handeln, das das Körperlich-Sinnliche „revalidiert", in dem neben der rezeptiven Wahrnehmung auch komplexe Möglichkeiten körperlich-sprachlichen Selbstausdrucks und konkreten Gestaltungsvorgängen geschaffen werden.

Schöller (1993, S.25) meint, dass Theaterpädagogik der „Analphabetisierung der Wirklichkeitswahrnehmung" entgegenwirken kann, dass der theatrale Vorgang eine „Wirklichkeitsschule" darstellt und die Beziehung mit der Wirklichkeit herstellt, als Voraussetzung für Einmischung und Teilhabe. Es geht darum, genauer wahrzunehmen und die Sinne zu schärfen, sich von vorgefassten Deutungen und Annahmen zu befreien, um direkten, unmittelbaren Kontakt mit Dingen und Menschen herzustellen (vgl. Spolin 1993, S.29). Der körperliche Ausdruck, das Verstofflichen und Verkörpern ist die ‚Tür zur Einsicht', wie auch alles Leben körperlichen Beziehungen entspringt. Auch Ruping (1991, S.64ff.) spricht davon, dass es um das Vermögen geht, Phantasien und Assoziationen gleich in szenisch-körperliche Realität umzusetzen. Das setzt voraus, sich mit allen Sinnen auf offene Situationen einzulassen.

Der eigene Körper, dessen gestische, emotionale, stimmliche und auch sprachliche Ausdruckskraft entwickelt wird, wird gleichzeitig zur Stimme für Träume, Sehnsüchte und Visionen. Die theaterpädagogische Arbeit setzt am Sinnlich-Begreifbaren, am körperlichen und emotionalen Erleben an, das in ästhetisches Gestalten und theatralen Ausdruck überführt wird. Es wird mit dem gesamten Körper wahrgenommen, zum Ausdruck gebracht und kommuniziert.

Die „Achtung vor der Praxis der Körpers als Achtung vor dem Menschen" (Seitz 1995, S.347) ist daher ein zentrales Anliegen von Theaterpädagogik. Sie eröffnet neben dem Aufzeigen von konventionellen, routinemäßigen Ausdrucks- und Bewegungsformen auch die Herausbildung neuer körperlicher Erfahrungen und Identitäten (vgl. Uptmoor 1998, S.114f.). Es stellt eine Möglichkeit dar,

> „...eine Einheit von Denken und Körper zu erfahren – das, was unsere Kultur als Übung der Sozialisation und des Wissen-Lernens zweigeteilt hat" (Stastny 1995, S.127).

Ideologien drücken sich in den Gewohnheiten und Routinen körperlich aus, die Alternativen dazu müssen auch körperlich gefunden werden (vgl. Auslander 1995, S.128f). Abschließend nochmals Hanne Seitz (1995, S.213) zur ästhetischen Praxis des Körpers:

> „Durch bewegendes, spielendes, inszenierendes Tun kann das Vertraute und Schon -Gewußte in die Schwebe kommen, zu neuer Erschütterung oder neuem Glück führen, können neue Erfahrungsgehalte und Einsichten eingespielt werden, ohne sich sofort in den Boden einer rationalen Ordnung einnisten zu müssen".

4.4 Die Orientierung an der Lebenspraxis und am Handeln

Theaterpädagogik versteht sich als handlungsorientierte Praxis. Dabei ist die Mehrfachbedeutung des englischen Wortes „to act" interessant, auf die Tuner (vgl. 1989, S.161) verweist, kann es doch mit Spielen, Darstellen, Theaterspielen und Handeln übersetzt werden, ohne Unterschied, ob es auf der Theaterbühne oder auf der Bühne des Lebens stattfindet. Insofern ist Theaterpädagogik

> „...im Bereich der kulturellen Bildung als Vermittler zwischen Theater und Leben tätig" (Enge 1993, S.12).

Sie verbindet Theater und Leben, obwohl der Unterschied zwischen „Leben" und „Spiel" wichtig ist, weil es unterschiedliche Konsequenzen von Handeln auf der Lebens- oder der Spielbühne geben kann. Und so warnen TheaterpädagogInnen wie Hentschel (vgl. 1996, S.45ff.) oder Vaßen (vgl. 1997, S.61ff), es sich mit der Ähnlichkeit von theatralen Prozessen in Alltag und im Spiel bzw. auf der Bühne zu leicht zu machen. Gerade „Theatralität" wurde in letzter Zeit zu einem wichtigen Begriff innerhalb der kultur- und sozialwissenschaftlichen Diskussion, mit dem es gelingen soll, gesellschaftliche Vorgänge wie öffentliche Inszenierungen, Politik, Sport, Feste, Erlebnis- und Spektakelkultur aber auch zwischenmenschliche Beziehungen – man denke nur an den dramaturgischen Ansatz von Erving Goffman – zu untersuchen. Vaßen (ebd.) ist der Auffassung, dass die Alltagstheatralik in Form von Haltungen, Gesten, Körperlichkeit in der Theaterpädagogik schon seit langem eine Rolle spiele, gleichzeitig bestehe die Gefahr, dass

Theaterspiel und –pädagogik als eigenständige, handlungsorientierte und ästhetische Praxis sich nicht deutlich genug von theaterähnlichen Erscheinungsformen und Inszenierungen des Alltags abhebt. Zwar nährt sich Theaterspiel bzw. –pädagogik als ästhetische und psychosoziale Praxis zu einem großen Teil aus sozialen Handlungen des gesellschaftlichen Alltags, löst diese aber in gewissem Grad aus deren ursprünglichen Kontext, um sie einer kreativen und ästhetischen Bearbeitung zuzuführen.

Diese Auseinandersetzung mit Alltagshandeln basiert selbst auf Handeln; die Handlungen selbst stehen im Mittelpunkt, die trotz des künstlichen und ästhetischen Raumes als nicht weniger real erlebt werden. Handlungen werden erfunden, es steht das ganze Kontinuum von Handlungsmöglichkeiten zur Verfügung, sie werden körperlich, emotional und energetisch erlebt (vgl. Stastny 1995, S.131ff.). Während unsere pädagogische Tradition Handeln und Wissen trennt, indem sie den Lernprozess als Wissensprozess, als Plan vom Handeln als Vollzug, als Realisierung des Plans unterscheidet, fallen sie bei der Theaterarbeit zusammen, wird Wissen als Handeln vermittelt. Das ist aber nur erfahrbar, wenn die Position des Beobachtenden, Außenstehenden verlassen wird, um in sie zu treten, inmitten der Situation zu stehen und auszuprobieren, im Geschehen zu agieren oder Lösungen im Handeln zu finden, während des Handelns. Im Gegensatz zu einem Handlungsautomatismus bietet das Theaterspiel unzählige Möglichkeiten, ja es ermutigt dazu, im Probehandeln verschiedene, neue Lebensentwürfe, Ansichten zu erspielen, auszuprobieren bzw. mit ihnen zu experimentieren, was auch heißt, dass diese im Sinne des Übens von Entscheidungsfreiheit – wieder verworfen werden kann (vgl. Thesen 1998, S.9).

Dem Wesen der Improvisation entsprechend können Ergebnisse eines derartigen Spielprozesses nicht vorausgesagt werden, was als stimmig erlebt wird, entscheidet sich im Tun.

Das szenische Spiel regt die „normenüberschreitende" Vorstellungskraft an. Es ist möglich, Wünsche und Ideen nach einer veränderten Realität durchzuspielen, im Theaterspiel können Entwürfe für ein befreites Leben erprobt und Angebote von Spielräumen für Lebenswünsche geschaffen werden. Schmidt/Suhdal (1995, S.129) sprechen von der Chance, Wirklichkeit so zu schaffen, „"...wie sie nicht ist bzw. wie sie sein könnte". Das bleibt nicht im utopisch-Imaginativen verhaftet, sondern findet den Rückbezug im physisch, emotionalen Erleben, Wahrnehmen und Handeln.

> „'Spiel kann verstanden werden als ein Durchspielen von Möglichkeiten, das Spielräume eröffnet und den allzu festen Wirklichkeitssinn mit einem Möglichkeitssinn durchsetzt' ... Ästhetische Praxis macht erinnerbar, daß der Zaun, um ein solcher zu sein, den Zwischenraum voraussetzt" (Seitz 1995, S.350).

Im szenischen Spiel ist es möglich, Situationen zu schaffen, in denen „Regeln, Gewohnheiten, Vorurteile und herrschende Machtstrukturen ungültig werden" (Seitz 1995, S.344) und neue Handlungsansätze gewohnte Alltagscodes überschreiten können. Und das kann sich auf die eigene Lebenspraxis auswirken: Wenn der „praktische Sinn", wie Bourdieu meint (vgl. Gebauer/Wulff 1998, S.48), d.h., die für die soziale Praxis notwendigen Verhaltensweisen, nur in der Praxis, im praktischen Zustand vermittelt werden können, kann die Praxis des Theaterspiels zu neuen Handlungsweisen im sozialen Alltag führen. Die fundamentale Kraft des Theaters besteht – so Schweinschwaller/ Rainer (vgl. 1999, S.19) – darin, dass es echt und künstlich zugleich ist, dass es Realität erschaffen und damit spielen kann, dass Spielverläufe bestimmt und geändert werden können: Theaterpädagogik stellte in diesem Sinn einen Probenraum für das wirkliche Leben zur Verfügung. Diese Auffassung wird besonders von jenen Richtungen in der Theaterpädagogik vertreten, die einen stark politischen und sozial-engagierten Hintergrund haben, wie das „Theater der Unterdrückten":

> "Wenn Unterdrückte anstelle der Schauspieler ihre Handlungsvorschläge realisieren, wird die Realisation des Theaters sie dazu aktivieren, die Handlung auch im richtigen Leben auszuführen" (Neuroth 1994, S.45f.).

> „The process is not complete until we take our discoveries back into reality and apply them" (Diamond 1995a, S.36).

Das Theatermachen und –spielen führt zurück ins Praktische, „to extrapolate into his real life the actions he has rehearsed in the practice of theatre" (Boal 1995, S. 40). Was besonders beim „Theater der Unterdrückten" gefordert und geübt werden kann ist, sich mit der Welt in Verbindung zu setzen und auf die Herausforderungen zu reagieren: Realität wird dynamisiert (Neuroth 1994, S.51). Freire meint dazu:

> „Menschen tauchen aus ihrer Überflutung herauf und gewinnen die Fähigkeit, dort, wo sie enthüllt wird, in die Wirklichkeit einzugreifen" (Freire, zit. in Ruping 1991c, S.298).

Und dadurch ändern sich auch die Möglichkeiten, an dieser Wirklichkeit teilzunehmen:

> "Wenn man gelernt hat, dies in der Welt des Theaters zu realisieren, dann stellt sich automatisch ein unbeschwerter und direkter Kontakt mit der Außenwelt ein: Dies erweitert die Fähigkeit des Schülers, sich mit seiner eigenen Welt der Phänomene auseinanderzusetzen und sie individueller zu erfahren" (Spolin 1993, S. 29).

Theaterarbeit ist Übung zur Wirklichkeit, zur Teilhabe (vgl. Stastny 1995, S.133).

4.5 Zur pädagogischen Haltung: Erfahrungsräume eröffnen und sich experimentell, forschend verhalten

Die Praxis der Theaterpädagogik benötigt eine pädagogische Orientierung, in der es weniger um erzieherisches Bessermachen, um Vermittlung eines vorgegebenen Wissens, der richtigen Lehre oder um eine bestimmte Didaktik geht. Vielmehr schafft die Theaterpädagogik Erfahrungsangebote. Sie wird ihrem pädagogischen Interesse gerecht, wenn sie die Sprache der Kreativität, die Theaterkunst und die Lebenskunst in Berührung bringt (vgl. Hoffmann 1998, S.5). Ruping meint dazu:

> „Theaterpädagogik führt die Schrittfolgen und Zielbestimmungen bildender Prozesse in die Krise der vagabundierenden Arbeitsweise der Kunst. Die Darstellende Kunst bindet sich dabei ganz an die beteiligten Menschen, die den ästhetischen Prozeß durch ihre Handlungen und Haltungen, durch ihren Eigensinn, ihre Widerstände und Neigungen in Form bringen ... Dieser Vorgang verpflichtet seine Protagonisten auf einen besonderen sozialen Gestus. Er ist geprägt von Neugier, Experimentierfreude und der Lust, die anderen und das andere zu be-

obachten uns sich einzuverleiben. Er setzt Wachheit für das Nicht-Planbare voraus, den Mut, ungewöhnliche Rahmen zu erproben, vom Eigenen zu lassen und sich selbst aufs Spiel zu setzen. .... Die pädagogische Verpflichtung bindet jeden Kunstanspruch an Prozesse der (Selbst-)Bildung der Mitspielenden, die mit sich und an sich, handelnd oder betrachtend, in geselliger Verständigung und spielerischen Vergegenständlichungen, zu der ihnen eigenen Gestaltungsfähigkeit fortschreiten" (Ruping 1998, S.23).

So fordert Seitz – in Übereinstimmung mit TheaterpädagogInnen unterschiedlicher Provenienz – eine Orientierung in Richtung Erziehungsästhetik, bei der der wahrnehmende Pädagoge den wissenden Erzieher oder Helfer ablöst.

„Eher sollte den Menschen etwas vor die Sinne gelegt werden, etwas Widerständiges, etwas, das Sinn und Sinne verwickelt, woran Neugier und Experimentierlust sich entwickeln kann. Nicht Fallgruben, sondern Aufgaben, Regelexperimente, ungewohntes Handwerkszeug an dem sich Sinn wieder einfinden kann" (Seitz 1995, S.344).

Den TeilnehmerInnen wird ein Rahmen zur Verfügung gestellt, in dem sie vielfältige Lernerfahrungen machen können, die zu neuen Sichtweisen führen, die Gelegenheit zum Experimentieren und zum Verknüpfen von altem und neuem Wissen bieten. Dabei spielt das Vertrauen auf Wissen und Potential der TeilnehmerInnen eine wichtige Rolle (vgl. Rainer 1999, S.10).

„Theaterpädagoge und Theaterpädagogin sind weniger als Spiel-*Leiter* denn als Spiel-Möglichmacher (engl. *fascilitator*) gefordert. Ihre Kunst ist weniger die des Dirigenten und (Be-)Lehrens als die der Hebammen (gr.*mäeutik*). Munterer Eklektizismus führt darin weiter als getreue Jüngerschaft" (Ruping 1998, S.23).

Die Kunst des Spielens, des Theater-Machens ermöglicht sensible, eigensinnige, brüchige kontroversielle Erfahrungen; es gibt in dem Sinn kein „richtig" oder „falsch", vielmehr ist das Erleben, Erfahren und Scheitern erlaubt, um selbst, zusammen mit anderen neue, bessere Möglichkeiten im Sozialen wie im Ästhetischen zu finden. Während die Pädagogik eher an Verhaltenszielen und Werten orientiert ist, ist das „Ästhetische Lernen" zunächst am Wahrnehmen, an einem verfremdeten Blick, dem Verlangsamen von Lernprozessen, der Unterbrechung von Automatismen und dem Abarbeiten an Widersprüchen und Widerständen orientiert (vgl. Koch u.a. 1995, S.12ff.). Dieses Lernen findet mit allen Sinnen und Gegebenheiten wie Raum, Zeit, Gegenstände, Auftreten, Körperlichkeit, gestisch-mimisch-sprachliche Handlungen und Interaktionen statt. Es ist erfahrungs- und handlungsbezogene Praxis, die mit folgenden Fragen verbunden ist (vgl. Scheller 1998, S.13):

Was können wir im Spielen eigener und fremder Rollen und Szenen über soziale Prozesse, über uns und andere Menschen lernen?

Wie können gerade auch in pädagogischen Institutionen Lern- und Erkenntnisprozesse initiiert werden, die nicht von den konkreten Lernsituationen, den konkreten Wahrnehmungen, Vorstellungen und Erfahrungen der Beteiligten abstrahieren, sondern diese und „die körperlichen und sprachlichen Ausdrucks- und Verhaltensweisen bewusst aktivieren und als Inhalte und Potentiale in den Erkenntnisprozess mit einbeziehen"?

Das Lehren und Lernen im Medium des Theaterspiels ist kreativ, subjektrelevant und sozialverbindlich (vgl. Koch u.a. 1995, S.22), der Prozess des Lernens und Forschens ist ein gegenseitiger und experimenteller, mehr ein unterhaltsamer als ein aufklärender: Begeisterung statt Beschulung und eine Haltung von Präsenz sind wesentlich. Brecht spricht von einer nicht nur für die Theaterarbeit notwendigen Haltung- es geht darum das Lehrhafte mit dem Unterhaltsamen verbinden (vgl. Koch 1988, S.63ff.). Ausgehend von einer Kritik an der Warenförmigkeit und Verdinglichung pädagogischer Prozesse und Institutionen fordert Brecht ein an den gesellschaftlichen Verhältnissen orientiertes, lustvolles und fröhliches Lernen, das gleichzeitig künstlerisches Lernen sein kann, wofür sich besonders der Ort des Theaters eignet. Dort sollen Menschen als Zuschauer wie Schauspieler „befreit arbeiten", sich produzierend betätigen; die produktive Lebensfähigkeit soll gesteigert werden.

Dabei sei nochmals an die forschend-experimentelle Grundhaltung beim „Lehrstückspiel" erinnert. Brecht meinte, dass sich darin naturwissenschaftlich-kritisches Denken und soziologisch eingreifendes Denken und Experimentieren vereint. Anschauungen sollen kritisch untersucht werden, praktikable Entscheidungen, die für das Verhalten von Folge sind, sollen herbeigeführt werden, Theorie aus einem praktischen Zweck heraus entstehen (vgl. Koch 1988, S. 46). Die forschende Haltung versucht Wissenschaft und Alltäglichkeit zu verbinden und meint Erkundung, Befriedigung von Neugier, Fragehaltung, Suchbewegung, Entdeckerfreude, Wissenschaft in Aktion bzw. als Handlung (vgl. ebd., S.55).

Die Bühne wird zum Laboratorium, zum offenen Versuchsraum (vgl. Vidal 1991, S.61) für „soziologisches Experimentieren" mit Alltagshandlungen und -haltungen. Auch beim „Theater der Unterdrückten" ist die forschende, untersuchende Haltung maßgeblich, Boal spricht von „Probe, Analyse, Suche". Für Klosterkötter (vgl. 1994, S.65) stellt die Spiellust die Herausforderung zum experimentellen Forschen dar, sie regt dazu an, Wirklichkeit zu erfahren, zu begreifen, zu entdecken, zu gestalten und zu erfinden. Ruping (1991b, S.79) begreift Kunst in diesem Zusammenhang als gemeinsam geleistete Aneignung von Wirklichkeitssegmenten, worin alles aufgehoben ist...

„...was der einzelne in seiner Einmaligkeit und die Gruppe in den Prozeß einbringen: als Bild, als Szene, als Stück".

Dazu bedarf es, so Brecht, der Vielfalt der Methoden und Offenheit verschiedenen Medien gegenüber (vgl. Koch 1988., S.69ff). Alle in der Gesellschaft vorhandenen Methoden (oder Techniken) der Erkenntnis sind zu benutzen, soweit sie letztlich auf die Handlungsperspektive gerichtet sind. Fragen und Fragehaltungen – auch jene nach der Methode – sind wichtiger als Antworten. Für Prewo (vgl. 1986, S.45ff.) stellt die Haltung der Suchenden, Fragenden im Vordergrund. Sollten Antworten gefunden werden, wäre es wichtig, sie auch auf andere Arten zu bekommen oder möglichst viele und vielfältige Perspektiven an einem Thema oder Problem erfahrbar zu machen.

4.6 Gruppenkultur und kollektives Handeln, Sozialbezug und Gesellschaftskritik

Ein wichtiges Element von theaterpädagogischer Arbeit ist die Gruppe: Schmidt/Suhdal (vgl. 1995, S.124ff.) sehen Theaterspiel und -pädagogik als Gruppenkultur, die Mitglieder einer Theatergruppe sind zudem Mitglieder einer Gesellschaft. Trötschel (vgl. 1994, S.44) spricht vom Theater als Gemeinschaftskunst. Und bei aller Unterschiedlichkeit von theaterpädagogischen Verfahren sind Spiele und Übungen, die Vertrauen, Offenheit und Kooperation in einer theaterspielenden Gruppe erzeugen sollen, wesentlich für die Theaterarbeit. Das Erleben eines wertschätzenden Gruppenklimas setzt umgekehrt Kräfte und Energien für die kreative Arbeit frei und ermöglicht eine Gegenerfahrung zur gesellschaftlichen Individualisierung und Isolation.

„Hier wird erfahrbar, daß der Mensch ein zoon-politikon, ein Gesellschaftstier ist, das zu seiner vollen Entfaltung unter anderem auch bestimmte Formen der Gesellung braucht" (Trötschel 1994, S.44).

Theater ist kollektives Handeln, in dem gemeinsame Erfahrungen, Lebensgeschichte(n) und Ziele zum Ausdruck gebracht werden. Dem entsprechen die Forschungen von Turner (1989), der dem Theaterspiel eine Reihe von sogenannten „Communitas"-Eigenschaften zuschreibt. Und sowohl im Lehrstückspiel nach Brecht, wo es um Selbstverständigungsprozesse lernender Kollektive mittels Theaterspiel geht, wie auch in den verschiedenen Ausprägungen des „Theaters der Unterdrückten", wo die generativen, verbindenden Themen der Mitglieder einer Gruppe oder Gemeinschaft mittels des Bildertheaters gefunden werden sollen, gibt es eine starke Orientierung an der Gruppe und an kollektiven Themen. Auch in der Entwicklung des sog. „Freien Theaters" wurde Prozess der Gruppe als wesentliches Agens in der Theaterarbeit gesehen.

In engem Zusammenhang mit der Gruppenkultur steht der Sozialbezug und der gesellschaftskritische, politische Anspruch, der in unterschiedlicher Ausprägung bei vielen TheaterpädagogInnen eine Rolle spielt. Ehlert (vgl. 1993, S.33ff.) spricht davon, dass Theaterpädagogik auf gesellschaftliche Zusammenhänge und deren Sichtbarmachung gerichtet ist. Klosterkötter (vgl. 1994, S.70) fordert die Schärfung des politischen Blicks von Theaterpädagogik und Schmidt/ Suhdal (vgl. 1995, S.130) sehen Theater als Einmischung in bestehende Kulturen, indem es etwas an die Gesellschaft zurückspiegelt. In den Alltag eingreifen, mit anderen Lernorten sich verzahnen (vgl. Koch 1988, S.76ff.), hat Brecht gemeint: Lernprozesse sind auch als gesellschaftlich-öffentliche zu verstehen, dabei sind Orte, Institutionen und Medien zu vernetzen und mit Kunst in gesellschaftliche Wirklichkeiten eingreifen.

Turners Begriff des „Sozialen Dramas" (vgl. 1989, S.95ff.) kommt in den Sinn: In verschiedenen Formen der Darstellung spiegeln sich soziale Probleme, Krisen und Konflikte wider. Koch (vgl. 1995, S.17) plädiert dafür, die ästhetische Erfahrung des Theaterspiels mit neuem sozialen und politischen Lernen zu verbinden und es mit der Frage zu verknüpfen, wie in modernen, pluralen Gesellschaften Geselligkeit, Gerechtigkeit und Gemeinschaft entstehen können:

> „Es geht darum, den Menschen die Gemeinschaftsentwürfe und das Handeln in unmittelbarer Geselligkeit unter Beibehaltung vieler subjektiver Fremdheiten und Eigenheiten zu ermöglichen und zugleich universelle, gesellige und gesellschaftliche Formen des kommunalen Agierens zu gestalten" (ebd., S.17).

Vom politisch-gesellschaftskritischen Anspruch in der Theaterpädagogik war bereits im Zusammenhang mit dem Lehrstückspiel die Rede, er spielt auch im „Theater der Unterdrückten" eine große Rolle: Zusammenhänge zwischen individueller Erfahrung, gesellschaftlicher Wirklichkeit und politischen Strukturen sollen sinnlich, körperlich erfahrbar werden, Handlungen und Haltungen im Zusammenhang mit Macht und Ohnmacht bearbeitet und Anregungen für politische Veränderungsprozesse geschaffen werden Das Theater als Handlungsspiel soll zur Vorprobe politischer Haltungen und Theorien werden (vgl. Vidal 1991, S.61). Dieser emanzipatorische Anspruch von Theaterpädagogik wird allerdings auch in Frage gestellt, sehr deutlich etwa von Paris/Paris (vgl. 1993, S.14), die meinen, dass Theaterspielen die Gesellschaft am Laufen hält, es führe zwar zu vermehrter Kreativität und Selbstbewusstsein, schade aber niemanden und sei daher systemkonform.

Andere wie Renk (1997, S.44) meinen dagegen, dass Theaterspiel insgesamt ein „anarchistisches Potential" in sich berge, vor dem es Angst gäbe, dass aber gleichzeitig einem Bedürfnis entspräche. Es konfrontiert uns mit einem Widerspruch: Das Leben verändert uns, unser Bedürfnis wächst, unsere Wirklichkeit und uns selbst neu zu entwerfen, was aber das gesellschaftliche Gleichgewicht, das Konservativ-Bewahrende an gesellschaftlichen Strukturen stört, das sich um uns gebildet hat.

Für Hanne Seitz (1995, S.68) liegt gerade darin das Potential von ästhetischen Praktiken wie Spiel, Bewegung und Inszenierung:

„Gesellschaftliche Verkehrsformen sind gemacht und veränderlich, der analytische Verstand mag diese analysieren können, doch nur ästhetisches Denken liefert die Basis dafür, deren Struktur und Ordnung nicht nur zu entschlüsseln, sondern mit dieser kreativ und produktiv umzugehen."

Nachbemerkung

Im ersten Teil stellte ich mir die Aufgabe, in Form begrifflicher, erfahrungsbezogener, theoretischer und phänomenologisch-hermeneutischer Annäherungen an die Theaterpädagogik eine Perspektive und einen Rahmen zu schaffen, der für den vorliegenden Text Grundlage ist. Ich fasse nochmals wichtige Elemente meines Zugangs zusammen, der von verschiedenen Konzepten und Ansätzen, geprägt ist:

Das Spiel und die Spiellust sind die treibenden Kräfte der Theaterpädagogik, Theaterspiel wird als Ausdrucksform für alle Menschen angesehen: Aus ZuschauerInnen werden MitspielerInnen und umgekehrt. Ich verstehe Theaterpädagogik als ästhetische und soziale Praxis im Sinne des Wahrnehmens, Gestaltens sowie des Findens neuer Perspektiven und ‚Räume im Dazwischen'. Dabei spielt die Aufhebung der Spaltung in Körper und Geist, von Emotion und Ratio eine groß Rolle, es geht um ganzheitliches, d.h. Sinne, Körper, Gestik, Mimik, Gefühle, Raum, und Zeit einbeziehendes Handeln.

In meinem Verständnis von Theaterpädagogik wird das Theaterspiel zum handlungs- und erfahrungsbezogenen Lernlabor mit der Möglichkeit des dramatischen Probehandelns, des szenischen Experimentierens mit Handlungen und Haltungen. Im Sinn des „neues sozialen Lernen" eröffnet es Räume für neue, ästhetische und psychosoziale Erfahrungen und für gemeinsame Such- und Forschungsprozesse. Das Lernen und Erkennen steht mit dem Selbstspielen in engem Zusammenhang.

Theaterpädagogik steht in Bezug zur Lebenspraxis, zur gesellschaftlichen Wirklichkeit, besonders zu Konflikt- und Gewaltsituationen. Sie ist auf Gruppen und kollektives Handeln gerichtet und regt zur gesellschaftlichen und politischen Auseinandersetzung an. Theaterpädagogik kann zur Übertragung von Handlungsalternativen in das gesellschaftliche Leben beitragen.

Diese Elemente werden in den folgenden Teilen immer wieder auftauchen und auf die Bereiche städtischer Alltag und öffentlicher Raum bezogen.

TEIL II

MIT THEATERPÄDAGOGISCHEN METHODEN AUF DEN SPUREN STÄDTISCHER GEWALT- UND MACHTVER-HÄLTNISSE

Entwicklung und Stationen eines Themas zwischen praktischen Beweggründen, Experimentierlust und theoretischem Interesse

Vorbemerkung

Mit der im Prolog entwickelten theaterpädagogischen Perspektive wende ich mich nun städtischen Gewalt- und Machtverhältnissen zu.

Die Gestaltung dieses Teiles spiegelt eine Entwicklung wieder, die in den letzten Jahren von folgender Grundfrage getragen wurde:

> *Wie ist es mit Hilfe von theaterpädagogischen Methoden möglich, Formen von Gewalt, Ohnmacht und Unterdrückung im städtischen Alltag und im öffentlichen Raum erlebbar, bewusst und veränderbar zu machen?*

Diese Frage wurde zunächst aus einem praktischen Erkenntnisinteresse gestellt. Subjektive Erfahrungen und Erlebnisse mit städtischer Wirklichkeit in theaterpädagogischen Workshops und Projekten waren dafür ausschlaggebend. Parallel dazu wurden Bezüge zu theoretischen Fragen und Diskussionen gesucht und entwickelt.

Da ich wissenschaftliches Arbeiten auch als Dokumentieren von Erfahrungen und Einsichten, von Denk-, Lern- und Lebensprozessen verstehe, will ich nun erläutern, was zu dieser Frage geführt hat, welche prägenden Erfahrungen und Einsichten dabei entstanden sind.

> „Mein Wunsch und der vieler Studierender, sich zu- und einordnen zu können in einen Orientierungsrahmen, den die Wissenschaftsgeschichte setzt, um in dieser Überfülle von Theorie(elemente)n, Didaktiken, Interessen und Informationen nicht vollkommen die Übersicht und damit sich selbst zu verlieren, müßte, wie ich meine, in der Nähe dessen reflektiert werden, was ich einmal die Rekonstruktion der eigenen Denkgeschichte nennen will. Das gelingt wohl erst, wenn man/frau sich die Erlaubnis gibt, eine subjektive Denkanordnung entstehen zu lassen mit Blick darauf, wie Erfahrungen, Erlebnisse, Informationen usw. jeweils aufgefaßt und bearbeitet werden" (Peskoller 1988, S.269).

Daher gehe ich in diesem Teil „projekt-bio-graphisch" vor und halte mich im wesentlichen an die Chronologie dieses Entwicklungsprozesses, um zu zeigen, wie die Fragen und Themen im Zusammenspiel von praktischen Erfahrungen und theoretischen Gedanken über die Jahre entwickelt wurden, wie mich bestimmte Intuitionen und Ideen bewegt haben.

Manches davon war vom Zufall geprägt bzw. stellte sich erst über das Experimentieren und Reflektieren ein. Im szenischen Probehandeln konnten neue Ideen und Handlungsweisen entstehen, die über gewohnte, alltägliche Wahrnehmungs- und Deutungsmuster hinausreichten und bis dahin nicht vorstellbar waren.

Inhaltlich geht es um drei Bereiche:

> Im ersten Abschnitt (ab S.84) wird – ausgehend von Erfahrungen bei einem Theater-workshop - der Frage nachgegangen, wie sich Geschwindigkeit und Abstraktion als Formen struktureller Gewalt der Stadt auf Körper, Bewegungen, Sinne und Empfindungen auswirken und wie es mit theaterpädagogischen Methoden möglich ist, zu Eigenzeit und Eigenbewegungen zu finden.

> Der zweite Teil (ab S. 120) stellt räumliche Machtverhältnisse in den Mittelpunkt, die zur ‚Monofunktionalisierung' des öffentlichen, urbanen Raumes und zur Ausgrenzung von Gruppen und Lebensweisen geführt haben. Anhand von praktischen Beispielen wird gezeigt, wie Theaterpädagogik innerhalb bestehender städtischer Strukturen Spiel- und Handlungsräume eröffnen und zu vielfältigen Nutzungen und lebendigen Aneignungen öffentlicher Räume anregen kann.

> Dieser Bedeutungsverlust des öffentlichen Raumes spielt auch im dritten Abschnitt (ab S.142) eine Rolle: Ausgehend von einer Straßentheateraktion zu sozialer Ungleichheit, wird anhand von Richard Sennett die Krise urbaner Öffentlichkeit erörtert, die in historische und theoretische Reflexionen mit anderen AutorInnen weitergeführt wird. Abschließend wird gezeigt, wie es mit Theaterspiel und besonders mit dem Forumtheater möglich ist, Wege der ‚Wiederbelebung' öffentlichen Lebens anzuregen.

Wie sind diese Abschnitte zu lesen?

Jeder der drei Abschnitte beginnt mit einem Bericht über einen theaterpädagogischen Zugang zur Stadt. Auf Basis von Tagebucheintragungen, Notizen und Protokollen zeige ich, welche Formen städtischer Gewalt- und Machtverhältnisse bewusst wurden, die sonst als ‚normal' erscheinen, aber auch, welche neuen, ungewohnten Erfahrungen und Sichtweisen eröffnet wurden. Diese Einsichten auf Basis theatraler Lern- und Forschungsformen werden in theoretische Diskussionen weitergeführt und entwickelt. Daraus entstehen neue Fragen, die zu Anstößen werden für weitere theaterpädagogische Vorgangsweisen.

Mit dieser Darstellungsweise verdeutliche ich das Pendeln und die Schnittstellen zwischen praktischen und theoretischen Einsichten. Im Zusammenhang mit szenisch-theatralen Lern- und Forschungsformen scheint mir diese Darstellungsform naheliegend zu sein: In der theaterpraktischen Arbeit sind die Einbeziehung des Körpers, das Einlassen auf unmittelbare Erfahrungen und Erlebnisse beim Spielen eine wesentliche Voraussetzung für Lern- und Erkenntnisprozesse. Daher ist die Darstellung weniger systematisch-umfassend, sondern an der Entwicklung orientiert. So manches, was zum Thema gehören würde, wird nicht behandelt und zu einer Frage oder einem Thema werden nicht alle theoretischen Bezüge hergestellt. Ich will vielmehr zeigen, welche Erlebnisse und Erfahrungen für theoretische Einsichten, Reflexionen und Suchprozesse ausschlaggebend waren, bzw. wie sich umgekehrt theoretische Auseinandersetzungen auf die praktische Arbeit auswirkten, in dem auf spielerisch-experimentellen Weg neue Ideen im Umgang mit städtischen Gewaltformen gefunden wurden.

Die Ausführungen verdichten sich schließlich zu Thesen bzw. Fragestellungen, die zur Basis der weiteren Forschung im Rahmen der projektorientierten Lehrveranstaltung „Theater der Unterdrückten, Alltag in der Stadt und öffentlicher Raum" wurden.

II.1 Geschwindigkeit und Abstraktion: Die strukturelle Gewalt der Stadt

II.1.1 Geschwindigkeit als Gewalt: Workshop „Verkehrstheater", März 1991

Vorspann: In Zeitlupe

„mitten in der überlaufenen fußgängerzone der grazer altstadt. ich bewege mich so langsam es nur geht, fast in zeitlupe. mein ganzer körper ist daran beteiligt, ich spüre jede bewegung und meine verschiedenen körperregionen.

einige menschen vor, hinter und neben mir tun das auch. wie verwandelt komme ich mir vor, ich erlebe die straße und ihre benutzer/innen auf ungewöhnliche art und weise: ich habe zeit, jede/n mir entgegenkommende/n genau wahrzunehmen und zu betrachten, ihm/ihr in die augen zu schauen, anzulächeln oder einfach die stimmung aufzunehmen.

so deutlich habe ich die gebäude, ihre fenster und fassaden, die farben und pflastersteine noch nie wahrgenommen. es ist sehr wohltuend für mich und meine sinne. ich genieße es, soviel zeit zu haben. die gier, langsam zu sein, wird grösser, ich will gar nicht aufhören damit. später, als ich wieder versuche, 'normal' zu gehen, merke ich, daß ich viel entspannter und langsamer gehe als vor dem „zeitlupenexperiment".

für die umgebung ist es eher irritierend, daß sich eine kleine gruppe von menschen so langsam bewegt. viele schauen verängstigt oder ablehnend drein, andere machen einen großen bogen um uns herum, obwohl es genug platz zwischen uns gibt. einige melden sich zu wort: „unterm hitler hätte das nicht gegeben", „ das sind sicher drogensüchtige ... oder von einer sekte", „geht's lieber arbeiten". ein mann bleibt stehen, schaut sich das in ruhe an und meint: „ich habt soviel zeit, ihr seid sicher für den frieden!"

(Tagebuch, 5.3.1991)

Dieses Erlebnis war eines der prägendsten, seit ich mich mit der Verbindung von theaterpädagogischen Methoden und städtischem Alltag beschäftige. Es zeigte, wie eine kleine Veränderung der Bewegungsart in der Stadt zu Irritationen in der Umgebung führte. Eine mir bis dahin nicht in der Deutlichkeit bewusste *Geschwindigkeitsnorm für FußgängerInnen* wurde offensichtlich verletzt. Ähnlich wie bei den sog. „breaching-experiments" der Ethnomethodologen (vgl. Ritzer 1983, S.214ff.) führte die Übertretung einer sozialen Konvention zu eine Reihe von Reaktionen der Umgebung auf dieses Brüchig-Werden der gewohnten sozialen Realität. Damit stellt sich die Frage nach der Bedeutung und dem sozialen Sinn dieser „Gehnorm":

Was lässt die Menschen in der Herrengasse wie nach einer einstudierten Choreographie gleichförmig dahinströmen?

Wer oder was bestimmt das Tempo?

Wieso wird es für viele Menschen problematisch, wenn sie auf diese Weise aus ihrem Trott gerissen werden?

Das „Zeitlupenerlebnis" war außerdem ein gutes Beispiel dafür, wie durch das Erproben einer neuen, ungewohnten Bewegungsform ein körperbezogenes Wissen entstand, das in Folge zu einer veränderten, bewussteren und verlangsamten Gehpraxis führen konnte. Die Erfahrung, mit dem ganzen Körper zu erleben, wie sich eine andere, in Widerspruch zum herrschenden Schritttempo stehende, Geh-Geschwindigkeit, anfühlt bzw. was sie ermöglicht, lässt zusätzliche Bewegungs- und Handlungsoptionen im städtischen Alltag erahnen.

Wie kam es zu dieser neuen, verlangsamten Bewegungserfahrung?

Im Frühjahr 1991 wurde ich vom VCÖ-Steiermark, der sich als Anwalt der „schwächeren", „langsameren", nichtmotorisierten VerkehrsteilnehmerInnen verstand, dazu eingeladen, einen Theaterworkshop zu leiten. Der Hintergrund des Workshops hatte mit dem Anliegen zu tun, das politische Engagement für eine ‚sanftere', alternative Verkehrspolitik mit dem eigenen Erleben als Verkehrsteilnehmer/in und Stadtbenutzer/in zu verbinden. Eine Reihe von Konflikten und Reibungen im städtischen Alltag würden nur unbefriedigend gelöst, gleichzeitig hänge es von der Wahl des Verkehrsmittels ab, wie Konflikte in der Stadt wahrgenommen würden. Theatermethoden sollten zum sensibleren Erleben und Wahrnehmen des Verkehrsalltags beitragen und dazu, Lösungen für Konflikte zu suchen bzw. Konflikte von verschiedenen Seiten her durchzuagieren.

In der Vorbereitungsphase verwendete ich das Buch *„fahren-fahren-fahren..."* von Paul Virilio[1]. In dieser bereits 1978 entstandenen Aufsatzsammlung thematisiert Virilio das Verhältnis von Geschwindigkeit, Wahrnehmung, Körper und

---

[1] Paul Virilio ist Architekt und Urbanist, Theoretiker der Geschwindigkeit und Begründer einer Wissenschaft, die er „Dromologie" nennt. In ihr überlagern sich Technikgeschichte, Kriegsstrategie, Urbanistik, Ästhtetik, Physik und Metaphysik (Barck u.a. 1998, S.474f).

Krieg. Einige Passagen daraus waren so anregend für mich, dass sie sich auf die Auswahl von Übungen und Methoden, die ich beim Workshop anwenden wollte, auswirkten. Daher möchte ich die Perspektive Virilios etwas genauer darstellen:

Der Beitrag von Paul Virilio: Geschwindigkeit und Wahrnehmung, Körper und Stadt

Virilio spricht - in Anlehnung an den deutschen Faschismus - von der „totalen Mobilmachung", die der kapitalistischen Produktionsweise innewohnt. Ein „Arsenal von Techniken zur rationellen Programmierung der Körper" soll dazu führen, aus einer Masse „bewegliche Maschinen" zu machen. Diese an den frühen Foucault von „Überwachen und Strafen" (1977) erinnernde Auffassung stellt auch in Friedenszeiten die Basis für einen Kriegszustand dar, der die menschlichen Körper in die historisch jeweils vorherrschenden Waffensysteme integrieren soll. Dazu gehört, dass die Menschen ständig in Bewegung gehalten werden:

> „Ziel des 'großen Konsumfestes' ist es..., das Menschenmaterial in Fahrt zu halten: 'Die Autowerkstatt an der Ecke, der kleine Funk-Club sind gleichsam Trainingslager, und wenn es darauf ankommt, kann sich dieses Training (wir würden sagen: diese Dressur) leicht und innerhalb kürzester Zeit in die Fähigkeit umsetzen, den komplexen Apparat des Krieges aufzubauen.' Die Jugendlichen, die zu Tausenden Auto fahren, sich mit den Gesetzen der Kraftübertragung und des Verkehrs beschäftigen, sich an motorische Ausdauer gewöhnen, erhöhen unbewußt die militärische Kapazität der Vereinigten Staaten" (Virilio 1978, S.15).

Vor dem Hintergrund dieser technologischen Mobilisierung stellt sich Virilio folgende Fragen:

> *Was für einen Einfluss auf die Wahrnehmung und das Erleben hat es, wenn die Menschen mit immer höheren Geschwindigkeiten in Fahrzeugen unterwegs sind?*
>
> *Wie ändern sich dadurch die Bewegungsqualitäten, die sinnliche Erfahrung und die Beziehung zum eigenen Körper?*

Virilio bezeichnet das Automobil als „Projektor, dessen Geschwindigkeit wir mit der Schaltung regeln" (ebd. S.19). Je höher die Geschwindigkeit ist, desto undeutlicher wird das vorbeihuschende Bild der durchquerten Landschaft. Virilio zitiert Victor Hugo:

> „Die Schnelligkeit ist unerhört, die Blumen am Wege sind keine Blumen mehr, sondern Flecken oder eher noch rote und weiße Striche. Keine Punkte mehr, nur noch Striche" (Hugo zit. in Virilio 1978 S.22f.).

Virilio vergleicht Autos mit dem Kino, dem Fernsehen, mit der Dunkelkammer, da sie die Dinge unserer Alltagswelt zu bewegten Partikeln werden lassen, im Widerspruch zu einer sinnesbezogenen Pädagogik.

> „Wenn die PÄDAGOGIK ursprünglich die Verbindung des Sinns und des Fußmarsches in den Gärten Akademos' war, wenn die langsame Annäherung einen sinnvollen Zusammenhang zwischen den Elementen der durchschrittenen Welt stiftete, so schieben die hohen Geschwindigkeiten die Bedeutungen ineinander, bis sie sie schließlich ganz auflösen wie das Licht die Farben auflöst. Doch dieses Flimmern der Geschwindigkeit führt zum Erblinden, zum blinden Passagier. DIE REISE WIRD ZUR STRATEGIE DER VERSCHIEBUNG, ZUM REINEN PRO-JEKT, zu einem Gleiten des Gefühls, des Takts und der Taktik von der Erfahrung zur strategischen Übung" (Virilio 1978, S.25).

Hohe Geschwindigkeit kann zu somatischen Beschwerden führen wie Schwindelgefühl, Übelkeit, Ohrensausen, Sichtstörungen, Bild- und Farbausfälle – allesamt Vorboten der Bewusstlosigkeit, - der Boden der Erfahrung löst sich auf:

> „Ablösung der Netzhaut, Bruch der Nähe und endgültiger Übergang zur Vermittlung durch das Fahrzeug - Merkmale einer Gesellschaft, die dazu übergeht, die Mittel (der Übertragung, der Kommunikation) für den Zweck, für das Ziel zu halten" (ebd., S.26).

Für Virilio ist diese Mittel-Zweck Gleichstellung von Fahrzeugen eine Form der Gewalt, die sich auf den Körper und die Kontakte auswirkt:

„Aufbrechen heißt sich fortbegeben, vom Quai ablegen, aus dem Hafen auslaufen, losfahren, heißt aber auch mit seiner Ruhe brechen, <u>auf die Gewalt der Geschwindigkeit abfahren</u>, jene unvermutete Gewalt, die das Fahrzeug erzeugt, jene Schnelligkeit, die uns so jäh von den durchquerten Orten losreißt und der wir uns im allgemeinen Verkehr hingeben.

Jeder Aufbruch ist auch ein Abbruch unseres Kontakte, unserer direkten Erfahrung; die Bewegung, die das Fahrzeug vermittelt, zerreißt und foltert den Körper, dem seine Eigenbewegung genommen wird - eine sensorische Deprivation des Passagiers. Mitgefahren, mitgefangen - die Gewalt der Fahrt läßt uns keinen anderen Ausweg als weitere Beschleunigung und Verlust des Unmittelbaren. Durch ihre Gewalt wird die Geschwindigkeit gleichzeitig <u>Geschick</u> und <u>Ziel</u>. Wir gehen nirgends hin, wir begnügen uns damit, aufzubrechen und Lebendiges abzubrechen, zugunsten der Leere und der Schnelligkeit" (ebd. S.80).

Ebenso bezeichnet Virilio hohe Geschwindigkeit als eine Form der Gewalt. Das Fahrzeug stellt sich als Projektor dar, das die unmittelbare Erfahrung abbricht. Vor dem Hintergrund dieser Ausführungen war für die Vorbereitung des Workshops und für die weitere Arbeit interessant, dass Virilio an einigen Stellen explizit auf die Stadt und den – weitestgehend eingeschränkten - Umgang mit dem Körper Bezug nimmt. Während die Bedeutung und Geschwindigkeit der technologisch motivierten Bewegungsformen zunehmend größer wird, setzt der sitzende, stehende oder liegende Stadtmensch nur noch selten

„....in Bewegung, was doch sein erstes Fortbewegungsmittel darstellt: seine unteren Gliedmaße ... Immer mehr wird die verstädterte Menschheit zu einer sitzenden Menschheit" (ebd. S.38).

Zwar werden bestimmte Orte und Plätze für geregelte, geordnete körperliche Übungen vorgesehen – durch Sport soll der Verkümmerung entgegengewirkt werden. Aber die ‚Repression der Animalität' des Menschen ist für Virilio charakteristisch, wenn er den Gebrauch des Körpers in der Stadt untersucht:

> „... entgegen der geläufigen Ansicht ist nämlich die Stadt nicht der Ort ungeheurer physischer, sondern der nervöser Aktivitäten. Zum einen werden im Raum der Stadt die Aktivitäten des Körpers zunehmend abgebremst und durch die technischen Prothesen, Fahrstühle, Rollbänder, Rolltreppen, Automobile ersetzt (...) Ganz zu schweigen von sich ständig mehrenden Verboten, die den Städter betreffen und ganz legal seine ihm noch verbliebene Bewegungsfreiheit einfrieren. All diese Faktoren tragen dazu bei, die körperliche Bewegung einzuschränken beziehungsweise abzuschaffen..." (ebd., S.37f.).

Soweit zu dieser kurzen Darstellung - Virilio regte mich dazu an, über die Ein- und Beschränkungen körperlicher Bewegung in der Stadt nachzudenken und darüber, wie sich die Qualität von Wahrnehmung, Begegnung und Bewegung bei verschiedenen Geschwindigkeiten verändert. Daraus ergaben sich die leitenden Fragen für den Workshop „Verkehrstheater", die mir eine Orientierung bei der Auswahl von szenischen Spielen und Bewegungsübungen gaben. Ich erwartete mir davon eine sinnlich-körperliche, auf unmittelbarem Erleben bezogene Untersuchung der folgenden Fragen:

Inwieweit wird Geschwindigkeit als Gewalt erlebt?

Wie beeinflusst die Art der Fortbewegung die Perspektive in „Verkehrskonflikten"?

Wie erleben die TeilnehmerInnen ihre eigenen Bewegungsmöglichkeiten in der Stadt?

Der Verlauf des Workshops

Der viertägige Workshop fand im März 1991 mit insgesamt 12 TeilnehmerInnen, davon zwei RollstuhlfahrerInnen, in Graz, in einem Studio für Tanz- und Bewegung statt.

Zunächst wurden Spiele und Übungen zum Kennenlernen und Miteinander vertraut werden durchgeführt, weiters ging es um verschiedene Arten der Raumerkundung, die für die meisten eher ungewöhnlich waren. Der Schwerpunkt lag in der Folge bei Bewegungs-, Begegnungs- und Wahrnehmungsübungen, die helfen sollten, Möglichkeiten jenseits des alltäglichen Repertoires zu entdecken und zu erleben.

Bereits in dieser Phase entwickelte die Gruppe enorme Kreativität. Das zeigte sich etwa bei der Übung, möglichst viele, verschiedene Gangarten zu finden: kleine Schritte oder Riesenschritte, seitwärts, hüpfend, drehend, rückwärts, in Spiralen, in Zick-Zack, am Boden rollend, kriechend, ziellos, geschmeidig, flüssig, langsam, gebückt, aufrecht, ängstlich, freundlich, traurig: in verschiedenen Körperhaltungen und Emotionen mit verschiedenen Geschwindigkeiten (möglichst schnell und zielgerichtet, sehr langsam und fließend...) und Energiequalitäten.

Für viele war es das erste Mal seit ihrer Kindheit, Bewegungsmöglichkeiten in dieser Vielfalt zu erleben, es steigerte die Lust nach mehr.

Daneben ergab sich eine wesentliche Einsicht, die durch Ausprobieren von verschiedenen Geschwindigkeiten und Qualitäten in der Fortbewegung hervorgerufen wurde:

> Schnelleres Tempo im Gehen hat eine stark eingeschränkte Wahrnehmungsfähigkeit zur Folge, v.a. wenn es auf ein bestimmtes Ziel gerichtet ist.

Die Vorbeikommenden wurden in erster Linie als Hindernisse wahrgenommen, die der eigenen Zielgerichtetheit im Weg standen, das Fortbewegen führte zu Geradlinigkeit und Fixiert sein auf das Ziel, das gar nicht schnell genug erreicht werden konnte und sollte. Der Atem wurde schneller und flacher, Stressgefühle wie Ärger und Unruhe traten auf.

Diese Körpergefühle weckten Assoziationen zum städtischen Alltag. Was Virilio für die veränderte Wahrnehmung in schneller werdenden Fahrzeugen beschreibt, konnten die TeilnehmerInnen selbst als Gehende erleben:

> „Obwohl der Fußgänger selber ein Fahrzeug ist, ein METABOLISCHES FAHRZEUG mit eigenem Tempo, gibt es eine Identität und Identifikation des Körpers mit seiner Geschwindigkeit; leben, LEBENDIG sein heißt Geschwindigkeit sein. Ich kenne meine Geschwindigkeit, so wie ich den Körper kenne, der sie produziert. Auch mein lebendiger Körper ist ein dauerndes Umschalten, ein Geschwindigkeitswechsel; mein Leben, meine Biographie, das alles sind GESCHWINDIGKEITEN" (Virilio 1978, S.20).

Die Gruppe probierte Formen von Begegnungen in verschiedenen Varianten aus, in dem sich die TeilnehmerInnen zunächst in zwei Reihen gegenüberstanden, und in verschiedenen Geschwindigkeiten, Gangarten und Emotionen aufeinander zugingen, um besonders den Moment der Begegnung genau wahrzunehmen (vgl. Batz/Schroth 1984, S.103ff.). Eine weitere, körperbezogene Einsicht folgte daraus:

<u>Begegnungen werden mit zunehmender Geschwindigkeit als unangenehm und bedrohlich empfunden. Kontakt kann nur bei genügend Zeit, in angemessenem Tempo oder bei Stillstand entstehen.</u>

Das auf diese Weise geschärfte und verfeinerte Sensorium ließ stimmige von nicht stimmigen Begegnungen besser unterscheiden und erinnerte an viele unbefriedigende Begegnungen in der Stadt:

Sind „Nicht-Begegnungen" nicht gerade die Charakteristik städtischen Lebens?

Die Gruppe wollte es herausfinden und entscheidet sich dazu, den Workshop in die Stadt zu verlegen:

Übungen wie das beschriebene „Gehen in Zeitlupe", aber auch andere Gangarten wie Rückwärts-Gehen, beschleunigtes Gehen; Gehen nach verschiedenen Bodenmustern u.ä.m. wurden in der Fußgängerzone nochmals probiert.

Lange Streifzüge durch die Stadt auf den eigenen Beinen, bei denen die Gruppe sich nicht nur an die räumlich vorgegebenen Geh-Wege hielt, sondern ihre eigenen Wege wählte, ließen die Stadt auf neue, ungewohnte Weise erleben.

Endlich gab es dafür Zeit.

Das dabei Sein von zwei Rollstuhlfahrerinnen machte Macht- und Ausgrenzungspraktiken in der Stadt bewusst. Die Gruppe konnte mit ihnen erleben und von ihnen erfahren, wie behinderten Menschen das Benutzen des öffentlichen Raumes nicht nur durch bauliche Hindernisse erschwert und verunmöglicht wurde:

> „Mir halten sie manchmal einen Fünfziger vor die Nase und sagen: ‚Der da ist für Sie, aber dann verschwinden Sie bitte, so was wie Sie wollen wir hier nicht sehen'" (eine Rollstuhlfahrerin).

Als die Gruppe wieder im Studio angekommen war, machte sich zunächst Erschöpfung bemerkbar und später Erleichterung darüber breit, der Stadt wieder 'entkommen' zu sein. Nach ein paar weiteren, diesmal eher dynamischen und ‚lauten' Übungen gab es ein großes Bedürfnis nach Austausch und Diskussion in der Gruppe, die ich im Folgenden zusammenfasse:

Resümee: Thesen zu Stadt, Körper und Geschwindigkeit

Im Wechsel vom „Schonraum Studio", in dem wir unseren Bewegungs-Wünschen und Gefühlen Ausdruck verliehen, in dem wir stimmige, befriedigende Bewegungen und Begegnungen erleben konnten und Zeit hatten, uns über städtische Erfahrungen auszutauschen und dem „schonungslosen Stadtraum" wurden uns Regeln und Beschränkungen, Normen und Praktiken im städtischen Raum erst wieder bewußt: Vieles, was den TeilnehmerInnen in ihrem städtischen Alltag bislang als selbstverständlich, als normal erschien, stellte sich nun für manche als etwas Beschränkendes, Gewaltvolles, als Unterdrückung dar. Die sensiblere, ungewohnte Wahrnehmung erlaubte, die Stadt und ihre Wirkungen auf Körper, Sinne und Gefühle zu „spüren", zu „begreifen", die Gruppe bot Schutz und Vertrauen, sich über diese unangenehmen Erfahrungen zu verständigen und sie mit anderen zu teilen.

Die Einsichten der Gruppe zu Thesen über Gewaltwirkungen der Stadt wurden verdichtet auf Plakate geschrieben, – sie ergänzten, bestärkten und erweiterten die Auffassungen von Virilio, und sie werden im weiteren Verlauf dieser Arbeit immer wieder eine Rolle spielen:

A) Stadt heißt zumeist: so schnell wie möglich an verschiedenen Orten sein zu müssen, schnelles Wechseln und ständiges Fortbewegen, sonst wird man zum Hindernis oder erlebt die anderen als Hindernis. Wesentlich ist das schnelle Erreichen von Zielen, für Menschen wie für Fahrzeuge. Es geht darum, den Körper diszipliniert in den reibungslosen Ablauf einzugliedern.

„Den Geschwindigkeitsregeln für Straße und Schienen würden Regeln für Fußgängern folgen... ein Code der niedrigen metabolischen Geschwindigkeiten, eine Verwaltung der geläufigen Bewegungen... " (Virilio 1978, S.49).

B) Die Gewalt der Geschwindigkeit zeigt sich im Spüren von Druck, möglichst schnell zu sein: über die Straße gehen, beim Linksabbiegen als Radler die Autos im Rücken spüren, ständig schauen und aufpassen - wie auf der Flucht - sich vor den schnelleren, größeren, gerüsteten Fahrzeugen in Acht zu nehmen. Umgekehrt die Ungeduld als Autofahrer/in mit den langsamen:

„Ich spür die Fußgängerin, den/die Radlfahrerin gar nicht, kein feeling" (eine Teilnehmerin).

„Die Unzufriedenheit der Städter mit dem Rahmen ihres Lebens wird enorm gestiegen sein, und der Zerstörung der Nähe zu anderen wird wahrscheinlich in dem Maße gesteigerte Aggressivität folgen, wie es eine Kausalität zwischen Hypergeschwindigkeit und Hypergewalt gibt. Man braucht dann sich nur die Beziehungen zwischen Autofahrern und Fußgängern und ihre Verhaltensweisen bei vertauschten Rollen anzusehen. Die Dynamik der Geschwindigkeit wird alles beleben, was in der Statik der Infrastruktur angelegt war: die Gewalt der Geraden" (Virilio 1978, S. S.35).

C) Die Verkehrsregeln durchsetzen den Alltag, sie sind vielfach geprägt vom Recht des Schnelleren.

„So wie die BRÜCKE eine STRASSE ist , die den Fluß überquert, so ist die Straße eine Brücke, die den Wald durchquert, sind alle <u>Straßen Brücken, Punkte, die zu Strichen geworden sind.</u> Geraden, die endlos weiterlaufen.

Die allererste Funktion der GESCHWINDIGKEIT ist es daher, den Sinn und die Bedeutung der Geraden und - was weniger deutlich ist - des RECHTS und der Gerechtigkeit festzulegen" (ebd. S.23).

D) Die Bewegungsmöglichkeiten für GeherInnen sind eingeschränkt bzw. durch bauliche Maßnahmen vorgegeben und durch Zeichensysteme vorgeschrieben. Andere Möglichkeiten kommen kaum in den Sinn, wir funktionieren.

„In den USA mehren sich die städtischen Verordnungen: das Anti-Bummel-Gesetz (Cincinatti), Verbot sich auf Grünplätzen zu versammeln (Pleinfield), Verbot sich auf den Bürgersteig zu setzen (Boulder)" (ebd. S.61).

E) In der Stadt werden die Sinne abgestumpft, umso wichtiger ist es, Möglichkeiten der eigenen Wahrnehmung, des eigenen Körpers auszuprobieren:

„Der Verlust kinetischer und taktiler Eindrücke, von Geruchseindrücken, wie sie die direkte Fortbewegung noch lieferte, läßt sich nicht durch eine vermittelte, eine Medien-Perzeption, durch das Vorbeiziehen der Bilder an der Windschutzscheibe des Autos, auf der Kinoleinwand oder gar dem kleinen Fernsehbildschirm ersetzen" (ebd. S.39).

F) Menschen, die nicht auf ihren eigenen Füßen gehen können, werden be- bzw. verhindert, bekommen Ablehnung, Wut, Aggression zu spüren:

„Es ist für mich ein ständiger Kampf, wenn ich auf der Straße bin, und mich ärgert es, wenn die anderen nicht um ihre Rechte kämpfen, und ich so alleine bin" (eine Rollstuhlfahrerin).

Basis dieser Thesen war der spielerisch-experimentelle Umgang der Gruppe mit der Stadt und die Reflexion der dabei gemachten Erfahrung. Methoden aus der Theaterpädagogik ermutigten zum bewussten, nicht alltäglichen, sinnlich und körperbezogenen Ausprobieren und Handeln, wodurch es möglich wurde, Regeln, Normen und Gewaltwirkungen städtischen Lebens unmittelbar zu erleben und bewusst zu machen. Die „Repression der Animalität" wurde durch das Kennen lernen des viel größeren Bewegungspotentials unmittelbar erfahrbar. Über das Selbst-Spielen fand die Gruppe zu neuen, körperbezogenen Möglichkeiten des alltäglichen Handlungsrepertoires im städtischen Raum, wurden Zwischenräume im Bestehenden entdeckt und neue Sichtweisen auf Gewohntes entwickelt.

Die im ersten Teil entwickelte Perspektive ein experimentellen, erfahrungs- und handlungsorientierten Theaterpädagogik als Erkenntnisform wird dadurch nachvollziehbar.

Die Gewaltaspekte, die durch diesen Zugang ins Bewusstsein rückten, gewannen auch dadurch an Bedeutung, dass sie neben der Nähe zu theoretischen Ideen von Virilio in der Folge durch Forschungen zur Gewalt der Stadt Bestätigung fanden, im besonderen durch die Studie der Erziehungs- und Kulturwissenschafterin Helga Peskoller (1993) mit dem Titel: „Gewaltkomplexe in der Stadt Graz aus weiblicher Sicht", die ich im folgenden vorstelle:

II.1.2 Die Stadt als Labor für Automation

> „Die Stadt, so die These, ist das Labor, in dem man üben kann, wie man am besten automatisch wird, d.h. wie es glücken kann, ohne Gefühl und Regungen Tätigkeiten schnell zu verrichten oder rastlos Menschen zu kontaktieren (das Problem ist nur, dass die Stadt real ist)" (Peskoller 1993, S.108).

Im Frühjahr 1993, also rund zwei Jahre nach dem Workshop „Verkehrstheater" stieß ich auf diese Textpassage. Sie stellt verdichtet die Essenz der Untersuchung über „Gewaltkomplexe in der Stadt Graz aus weiblicher Sicht" dar. Die Ergebnisse der Studie verliehen den Erfahrungen und Einsichten beim Workshop „Verkehrstheater" neues Gewicht und setzten diese in einen erweiterten theoretischen Zusammenhang, denn:

Ähnlich wie Virilio sieht Peskoller die Basis für städtische Herrschaft und Gewalt in der totalen Mobilmachung, in der zunehmenden Geschwindigkeit und Beschleunigung städtischen Lebens. Weitergehend als Virilio bezeichnet sie die Stadt, als Labor für Automation, das auf den reibungslosen Ablauf aller abzielt, was ein Abstumpfen der Sinne und Empfindungen zur Folge hat.

Der Umgang mit sich selbst und den anderen ist von Zweck und Nutzen bestimmt, konkrete Verbindungen und Beziehungen werden ausgelöscht und vergessengemacht, damit einher geht der Verlust und Zerfall des Sozialen.

Zunächst wende ich mich zwei Aspekten ihrer Studie zu, die für die vorliegende Arbeit anregend und bestärkend waren. Ich schildere ihre Vorgehensweise bzw. ihren Forschungsansatz sowie ihr Verständnis von struktureller Gewalt:

Mit vagabundierendem Denken, feministischer Orientierung und künstlerisch-experimentellen Methoden auf den Spuren städtischer Gewalt

Peskollers Gewaltstudie geht ursprünglich von einem breit angelegten, offenen Konzept aus. In dessen Mittelpunkt steht ein Strukturbegriff von Gewalt bzw. Macht. Er soll in Verbindung gebracht werden mit verschiedenen Gewaltkomplexen wie Räumen, Körper (-schaften), Institutionen, Sprache(n), Bildern, Denkformen und der Politik, die v.a. auf jene wirken, die nicht ganz zu vergesellschaften sind, weil sie entgegen der ‚NORMalität' leben wie Kinder, Mädchen, Jugendliche, Frauen, Mütter, AusländerInnen, Flüchtlinge und Behinderte, alte Menschen, Kranke, Irre oder Andersartige (vgl. Peskoller 1993, Materialienband, S.270ff.).

Peskoller versucht, weitestgehend deren Blickwinkel und Sichtweisen einzunehmen. Sie orientiert sich an den Prämissen feministischer Forschung, wie sie von Wildt (1986) oder Thürmer-Rohr (1987) formuliert wurden, und an einer weiträumigen sozialwissenschaftlichen Rahmentheorie, die ihrerseits aus „vagabundierenden Denkansätzen und unterschiedlichen, auch experimentell-künstlerischen Methoden" besteht. Inspirierend für meine eigene Arbeit waren ihr Vorgehen,

- ...eigene Erfahrungen und Erlebnisse ebenso wie die „ergangenen" Gedanken und Einsichten als wesentliche Quelle von Erkenntnis anzusehen und sie mit Diskursen über feministische Stadtkritik und strukturelle Gewalt in Beziehung zu setzen,
- ...mit einer Vielzahl von Betroffenen Gespräche zu führen, Fragen zu diskutieren, Workshops zu veranstalten, Filmprojekte zu gestalten, dabei möglichst parteilich, im Sinne einer StellervertreterInnenposition zu agieren,
- ...prozessorientiert vorzugehen, sich nicht penibel an vorgegebene Schemata von Methoden zu halten, sondern immer wieder zu experimentieren und „selbst in der Schwebe zu bleiben" (Peskoller 1993, S.123), was nach einem „multisynchronalen Arbeitsstil" verlangte, der der Komplexität von Frauenrealitäten gerecht werden konnte:

  „Unerläßlich waren künstlerische Mittel wie Fotografie, Videos, Literarisches und Auto-Bio-Graphisches. Es kam auf die Montage an, auf die konkrete Stelle, wo etwas plaziert wurde, was zum Einsatz gelangte (und wieder abgesetzt wurde). Dieses Verfahren läßt sich weder im Voraus festlegen noch im Nachhinein exakt begründen" (Peskoller 1993, S.123).

- ...die Methoden selbst immer wieder kritisch zu befragen, inwieweit sie nicht selbst Gewalt reproduzieren,

- ...anhand konkreter Beispiele Grundsatzfragen zu stellen und nicht bei Antworten und Lösungen stehen zu bleiben, sondern jede Erkenntnis als Anlass „für weiter in die Tiefe und in die Breite wirkende Fragen, Enttarnungen und Selbstenthüllungen" zu nehmen. (Wildt zit. in Peskoller 1993, S.120). Das schließt auch radikales Infragestellen mit ein, das sich an individuellen, kollektiven erlebten oder erkannten Widersprüchen entzündet.

Das Projekt erstreckte sich über mehr als drei Jahre und wurde in einem umfangreichen, bilderreichen, sehr interessant und spannend zu lesenden Bericht dokumentiert. Die Ergebnisse der Studie sind nicht einfach wiederzugeben, zu komplex und vielschichtig verlaufen die verschiedenen Linien und Fäden, wodurch die Radikalität der Thesen und Grundfragen erst nachvollziehbar wird. Zusammenfassend gehe ich nun auf Peskollers Gewaltbegriff und einige darauf aufbauende Thesen ein:

Der Begriff der (strukturellen) Gewalt

Peskoller beginnt ihre Überlegungen zum Gewaltbegriff mit der Wiedergabe von unterschiedlichen Situationen, Begebenheiten und Geschichten, die ihr von Frauen und Männern aus Graz und Innsbruck erzählt wurden (vgl. Peskoller 1993, S.89-94). Ihnen ist gemeinsam, dass niemand von einer Person unmittelbar verletzt oder malträtiert wird, dass nur die Gewalterleidenden auszumachen sind, während die Art der Gewaltanwendung schwer zu benennen ist:

> „Irgendwie sind sie Beispiele normal ... Außerdem befinden wir uns in einer Stadt" (ebd., S.95).

Die Gewaltformen sind ‚unsichtbar', sie sind in Rechte, Regeln und Verfahrensweisen herrschender Institutionen eingebaut:

> „Aber dennoch wirken sie sich aus und haben sich weiter materialisiert in Stufen und Gehsteigkanten. Im Straßenverkehr, in der Bauweise von (öffentlichen) Gebäuden, im sozialen Umgang miteinander und innerhalb von Anstalten oder Gerichtssälen, in den fix abgepackten Bananen des Supermarktes,.. Diese ‚normalen' Gewalttätigkeiten bestimmen unseren Tagesablauf, erfassen unser Erleben und nehmen Einfluss auf unser Denken" (ebd., S.95).

Peskoller wendet sich in der Folge dagegen, Gewalt eindeutig zu definieren, hat doch gerade Gewalt eine lange Geschichte, „reicht überall hin und ist ständig präsent". Zudem erzeugen Definitionen „die Illusion, einer Sache habhaft zu werden" (ebd., S.96), sie stellen einen Abstraktionsvorgang dar, der Dinge, Menschen, Lebewesen aus ihrem Zusammenhang reißt und sie sind ein Produkt von Machtverhältnissen. Die Autorin schlägt in der Folge ein Pendeln zwischen Geschichten und Definitionen vor und beginnt beim Gewalt-Begriff des Friedensforschers Johann Galtung aus den 70er Jahren:

> „Gewalt liegt dann vor, wenn Menschen so beeinflusst werden, dass ihre aktuelle somatische und geistige Verwirklichung geringer ist als ihre potentielle Verwirklichung" (Galtung 1975, S.9).

Dabei bezieht Galtung die „Verwirklichung" auf vier wichtige Dimensionen menschlicher Grundbedürfnisse: Überleben, Wohlfahrt, Freiheit und Identität. Die Innovation Galtungs liegt in der Erweiterung des Begriffs der personalen, direkten Gewalt um die indirekte, strukturelle Gewalt. Bei dieser Form der Gewalt gibt es keinen sichtbaren Akteur:

> „Die Gewalt ist in das System eingebaut und äußert sich in ungleichen Machtverhältnissen und folglich in ungleichen Lebenschancen" (ebd., S.12).

Dabei sieht Galtung das Überleben bzw. die Wohlfahrt eher durch personale, direkte und Freiheit bzw. Identität durch strukturelle, indirekte Gewalt bedroht. Ähnlich definiert auch Grymer (zit. in Peskoller 1993, S.96) strukturelle Gewalt als „unlegitimiert beschränkte oder verweigerte Entwicklung und Lebensbedingungen". Peskoller knüpft zwar an Galtung und Grymer an, kritisiert aber, dass sie

> „...von einem Außen, einem Gegenüber, von ‚den anderen', die einen beschneiden oder hemmen" (Peskoller 1993, S.96)

...auszugehen scheinen. In bezug auf die strukturelle Gewalt der Stadt, bei der - denken wir an den Autoverkehr und seine Gewaltwirkungen - die „Stadtbewohner gleichermaßen Ausübende wie Erleidende sind", wie Göschel (1994, S.1334) feststellt, greift diese Auffassung nicht weit genug. Es ist

> „...kaum mehr möglich, Stadtstrukturen so eindeutig als Gewaltanwendung einer Gruppe über eine andere zu bestimmen, daß daraus klare politische Mehrheiten gegen Phänomene struktureller Gewalt, z.B. gegen den Autoverkehr zu mobilisieren wären. ... Gewalt richtet sich entweder nur gegen kleine oder gegen transitorische Gruppen als Gewaltopfer, aus denen keine politische Mehrheiten zu gewinnen sind, oder alle sind betroffen, haben aber auch Nutzen, sodaß ‚Strukturreformen' erfolgen müßten" (ebd., S.1335).

Die StadtbewohnerInnen sind selbst – wenn auch zumeist unbewusst – MitspielerInnen und MittäterInnen. Daher geht Peskoller über die Vorstellungen der Friedensforscher hinaus. Sie findet zu ihrem eigenen Begriff von Gewalt, der sich an Norbert Elias' „Selbstzwangsapparatur" (1976), Michel Foucaults „Biomacht" (1989), Paul Virilios „dromologischer Fahrgesellschaft" (1978) und Jean Baudrillards „Implosion" (1978) orientiert.

> „Ich gelangte zur Gewissheit, daß ... die ‚strukturelle Gewalt' direkt zusammenhängt mit unseren Selbst-Disziplinierungspraktiken, mit dem Normalwerden also, das unspektakulär, aber beständig vor sich geht, unmerklich, d.h., daß man sich daran nicht einmal erinnern kann, wie was vor sich ging war und wann sich was ausgewirkt hat oder auswirkt" (Peskoller 1993, S.97).

Für Peskoller ist strukturelle Gewalt das vorläufige Ergebnis einer langen Kette von Enteignungs-, Unterdrückung- und Disziplinierungsvorgängen, die im Zuge des Zivilisationsprozesses staatlich installiert wurden,

> "...mittlerweile individuell in sich hineingenommen und zwar immer auf Kosten von Lebendigkeit, der Natur und Frauen. Damit einher

geht eine radikale Einschränkung des Denk- aber auch des sozialen Handlungsraumes: eine schrittweise Entsinnlichung und Entkörperlichung, insbesondere der Frauen durch das Abstraktwerden der Lebensbedingungen" (Peskoller 1993, S.100)

Diese Formen der Gewalt haben mit einem Empfindungsloswerden zutun: Weil alles so schnell geht, kann man in der konkreten Situation kaum mehr reagieren, weil man die Beschneidung gar nicht merkt:

> „Damit ist die Chance vertan, sich am rechten Ort zu wehren, zu handeln einerseits und andererseits zieht man keine Konsequenz aus dem Erlebten, da das Erlebte zu keiner Erfahrung gerinnt und unverarbeitet bleibt. Die Selbstbeschleunigung in den Städten läßt keine Zeit zum Verdauen, man wird zum Pulverfaß oder fällt in einen Zustand, wo die Sinne dumpf werden" (ebd., S.97).

Die Folgen: Vergessen, getrennt, gespalten sein, ein Sinn(es)-los werden, die Produktion von Leere, die wieder aufgefüllt wird mit

> „....Weitermachen, Weiterlaufen, Zirkulieren ohne Ausfall und Stopp. Nur nicht zu langsam oder gar stehenbleiben" (ebd., S.98).

...."rastlos-reibungslos-regungslos" eben, wie der Titel der Studie heißt. Diese Prozesse sind begleitet von Gefühlen wie Angst und Wut, die ins Leere gehen und schließlich (selbst)zerstörerisch werden können. Die wiederholten Irritationen im städtischen Alltag führen zu Kräfteverschleiß, Erschöpft sein und „stilleren", längerfristigen Deformationen an Psyche, Körper und Beziehungen:

> „Da diese Schädigungen und Verletzungen langsam vor sich gehen, nimmt man lange nicht Notiz davon und zieht keine Konsequenz daraus. Sie wuchern und brauchen auf. Zurück bleibt ein Gefühl des Zerstreutseins (wie wenn man zu viel fernsieht) und der Lähmung. So zumindest einige Beobachtungen anderer und meine eigenen" (ebd., S.100).

Diese psycho-physischen Folgen struktureller Gewalt sind die andere Seite der „erstarrten Machtverhältnisse". Solange Macht, im Sinne von Arendt (1990) und Foucault (1976) als Verhältnis, als etwas Bewegliches erscheint, gibt es noch Handlungs- und Interventionsmöglichkeiten:

„Nur wenn Macht erstarrt, nicht mehr verschiebbar ist, wenn sozusagen auf der einen oder anderen Seite nichts mehr ist, das sich zur Wehr setzt und eingreift, dann wird die Macht zur Gewalt" (Peskoller 1993, S.99).

Insofern wäre es – so Peskoller – in bezug auf die Stadt wichtig, jene Machtverhältnisse bewusst zu machen und zu erkennen, die diese Normen und Regeln definieren und durchsetzen, die sich als strukturelle Gewalt manifestieren. Ich fasse sie zusammen und ergänze sie durch die Position und Sichtweise anderer AutorInnen:

Städtische Gewalt- und Machtverhältnisse

- Aus der Sicht von Politik und Ökonomie wird die Stadt als abstraktes Herrschaftsgebilde begriffen, kontrolliert und geplant, was vielfach im Widerspruch steht zu den tatsächlichen, alltäglichen Bedürfnissen und BewohnerInnen, besonders zu sog. ,Randgruppen' und von Frauen, die „in der Stadt am meisten zu tun haben" und „in der Stadtplanung am wenigsten berücksichtigt" werden (vgl. Peskoller 1993, S.438). Diese abstrakte Herrschaft wird von politischen, ökonomischen und technologischen Kräften bestimmt und beinhaltet das Tabu der Nichtveränderbarkeit. Die StadtbewohnerInnen sind an diese hierarchisch strukturierten Planungsprozesse gekoppelt, womit ihnen die Zuständigkeit für den unmittelbaren Wohn- und Lebensort entzogen ist, was ein „abstraktes Verhältnis, d.h. Beziehungslosein zur eigenen Umgebung" zur Folge hat (ebd. S.1993, S.102). Die Planungen basieren auf der Auswertung statistischen Materials, die Sprache der Statistik zerteilt den alltäglichen Tagesablauf. „Widersprüche und Unvollständiges werden glattgebügelt für ein vereinfachendes Modell der Planung" (ebd., S.104).
- Das alles erzeugt ein berechenbares, geordnetes und normiertes Bild von Stadt, angelehnt an den Funktionalismus Le Corbusiers, dessen Phantasie eine Kunststadt mit reibungslosem Ablauf des städtischen Lebens gewesen ist (vgl. Peskoller 1993, S.101, Sennett 1991, S.218ff.). Die Stadt ist von einem hohen Abstraktionsgrad der Lebensbedingungen geprägt. Stadtplanung, so Peskoller

„... funktioniert gleich wie die (eigene) Körperdisziplinierung: Zerstückelung – Umform(ier)ung – Neuzusammensetzung. Das sind die Schritte, mit denen man aus einem formlosen Teig, aus einem untauglichen Körper einen mit Macht besetzten macht; durch die man aus einer Stadt, die unübersichtlich, unberechenbar bis chaotisch ist, einen kalkulierbaren Ort fabriziert (zumindest scheinbar)" (Peskoller 1993, S.105).

Ziel ist die lückenlose Eingliederung in einen Produktions- und Verwertungsprozess, die Körper werden an Orte, Funktionen und Zeitvorgaben gewöhnt und an „Maschinen" gekoppelt.

- Neben der Isolierung – „jedes Individuum hat seinen Platz und auf jeden Platz fällt ein Individuum" (ebd., S.105) - geht es um die Bindung an die Kunstzeit: Anpassung an äußere Zeitplanung und Kontrolle von innen her gehen Hand in Hand, möglichst jeder Augenblick soll ausgeschöpft werden (vgl. Foucault 1976, S.186f., Sennett 1991, S.228).

- Die Stadt wird zum Labor, um Automation einzuüben. Voraussetzung und Folge ist ein immer höherer Abstraktionsgrad der Lebensbedingungen, der auf einen reibungslosen Ablauf zielt.

„Täglich durchquert man weite Strecken... und denkt an etwas anderes oder schläft, liest oder macht sonst was" (Peskoller 1993, S.110).

„Je unkörperlicher etwas ist, desto leichter zirkuliert es. Dasselbe gilt für die Wahrnehmung: Imagination statt Sinnlichkeit" (ebd. S.438).

- Basis städtischer Herrschaft sind die Mobilmachung und Beschleunigung, deren Gewalt im Auslöschen und Vergessenmachen konkreter Verbindungen und im Verlust sinnlicher, taktiler und körperlicher Empfindungen besteht.

„Unsere Wahrnehmung pendelt sich auf Augenhöhe ein. Alles wird zur Abbildung (nichts berühren)" (ebd., S.111).

Die Folge ist der Verlust von sich selbst (und den anderen = des Sozialen): es kommuniziert, man wird gehandelt, man tut ‚ganz normal' weiter:

„Der Umgang mit uns selbst (und mit den anderen) ist ein technologischer, bestimmt von Zweck und Nutzen. Das beste wäre, überhaupt keinen Körper mehr zu haben, dann stünde er uns nicht mehr im Weg.

Immaterialität als d i e (Un)Gestalt modernster Kommunikation, der Mensch ist vom Transportmittel zu einem Medium geworden" (ebd. S.107).

- Die Männer und Frauen sind in das städtische Zeichensystem eingebaut, auf Zeichen reagieren, mit Zeichen verkehren sie, wodurch ihnen mehr und mehr die reale Handlung abhanden kommt. Die städtischen Zeichen repräsentieren die herrschenden Normen und Gesetze. Es ist nicht möglich, über sie zu diskutieren, da sie eine einseitige und eindeutige Kommunikationsform mit den StadtbenutzerInnen darstellt. Die Interaktion Mensch -Zeichen löste im städtischem Raum die Interaktion von Mensch zu Mensch weitestgehend ab.

  „Der Verkehr als permanenter Krieg wird durch Zeichen geregelt. Dasselbe gilt für die Kommunikation. Man könnte sagen, der Verkehr verkehrt soziale Beziehungen in geregelte Beziehungen" (Peskoller/Stark 1991, S.7).

  Obwohl Menschen innerhalb komplexer Zeichensysteme gut funktionieren, kommt es immer wieder zu Unfällen, da eigenmächtiges Handeln weitestgehend ausgeschaltet ist, Berührung ist Unfall.

- ...und schließlich:

  „Panik im Leerlauf, ohne äußeren Anlaß. Das ist Gewalt, die einem gesättigten Ensemble innewohnt. DIE IMPLOSION" ... (einer Gewalt), die nicht mehr aus der Ausweitung eines Systems resultiert, sondern aus einer Sättigung und Schrumpfung... Diese Gewalt ist Folge einer maßlosen Verdichtung des Sozialen, das den Zustand eines überausgesteuerten Systems erreicht hat, eines überlasteten Netzes (...), den Zustand einer hypertrophen, alle zwischenräumliche Bahnungen besetzenden Kontrolle" (Baudrillard 1978, S.75ff.).

  „Wenn Implosion bedeutet, daß eine weitere Ausdehnung nicht mehr möglich und die Folge ein Schrumpfen bis zum völligen (in-sich-) Zusammenbrechen ist, dann trifft dieses ‚Eingehen' als erstes diejenigen, welche sich ohnehin wenig ausdehnen können. Menschen, die durch die Geschichte hindurch weniger Platz als andere zur Verfügung haben, um sich zu entfalten; denen es an Strukturen (sprich Lebensbedingungen, die das Leben fördern) fehlt. Sie erfahren die ‚globale

Übersättigung des Systems' am schnellsten und am drastischsten. (Sie sind es, die das Schrumpfen anderer auffangen und auszugleichen versuchen)" (Peskoller 1993, 115).

Anregungen, Kritik und Weiterführung: Strukturelle Gewalt und Zwischenräume

Absichtlich habe ich Peskollers Thesen zur Gewalt der Stadt nicht weiter kommentiert. So wirken sie geballt, sie sind drastisch und provokant, radikal und konsequent. Zum einen berührt und verdichtet der Text, in dem subjektive Erlebnisse und Makrotheorie aufeinandertreffen, auch meine eigenen Stadterfahrungen und stellt eine Reihe interessanter theoretischer Bezüge her. Zum anderen wirkt er selbst wie die Gewalt der Stadt: er zieht in seinen Bann, lässt nicht los und scheinbar keinen Ausweg zu.

Reproduziert der Abstraktionsgrad der dargestellten Thesen die zunehmende Abstraktion des städtischen Lebens?

Ist die Auffassung von der Stadt als Labor, in dem man lernt, wie man am besten rastlos, reibungslos, regungslos, also automatisch wird eine Art ‚Endpunkt' aus dem es, ähnlich wie bei Foucault's Beschreibung und Analyse der „Disziplinargesellschaft", kein Entrinnen gibt, weil die Techniken der Überwachung und Selbstkontrolle so perfekt und allumfassend geworden sind?

Dazu schreibt Michel de Certeau in seinem bekannten Essay „Kunst des Handelns" folgendes:

> „Wenn es richtig ist, dass das Raster der ‚Überwachung' sich überall ausbreitet und verschärft, dann ist es umso notwendiger, zu untersuchen, wie es einer ganzen Gesellschaft gelingt, sich nicht darauf reduzieren zu lassen: Welche populären (...) Praktiken spielen mit den Mechanismen der Disziplinierung und passen sich nur an, um sie gegen sich selber zu wenden und welche ‚Handlungsweisen' bilden schließlich auf Seiten der Konsumenten (oder ‚Beherrschten') ein Gegengewicht zu den stummen Prozeduren, die die Bildung der soziopolitischen Ordnung organisieren?" (de Certeau 1988, S.16).

Certeau spricht von den „abertausend Praktiken", mit denen sich Menschen Räume, die durch die herrschende soziokulturelle Orientierung organisiert sind, wieder aneignen. Und diese Praktiken setzen sich aus Gewohnheiten, Routinen und Improvisation zusammen. Sie zeigen sich u.a. in Interaktionsprozessen, bei denen es Spielraum gibt zwischen den Erwartungsstrukturen einerseits und den Verhandlungs- und Improvisationsstrukturen andererseits, womit wir wieder bei szenischem Spiel und der Improvisation angelangt sind, denn: Peskoller spricht davon, dass sozialwissenschaftliche und künstlerisch experimentelle Methoden die „normalgewordene" Gewalt der Stadt wieder bewusst und spürbar machen können. Der Workshop „Verkehrstheater" zeigte ansatzweise, wie das möglich war. Aber darüber hinaus können ästhetische Praktiken wie die Theaterpädagogik Spiel- und Handlungsmöglichkeiten, „Räume im Dazwischen" (Seitz 1995) eröffnen, die vorher noch nicht da, für die Menschen nicht verfügbar waren. Aus diesem Grund ist Peskollers Auffassung von der Stadt als Labor und ihr Gewaltbegriff für mich Ausgangs- und nicht Endpunkt: Er war Anregung und Inspiration, wie Peskoller selbst sagt, „zu p r o b i e r e n , statt festzuschreiben, zu beweisen oder zu legitimieren" (Peskoller 1993, S.440). Das möchte ich im folgenden anhand einiger Überlegungen darstellen. Dabei beziehe ich mich auf die Erfahrungen beim Workshop „Verkehrstheater" und auf die theoretischen Ideen und Merkmale der Theaterpädagogik, wie sie im ersten Teil entwickelt wurden.

- Während die Stadt den ‚störenden' Körper verdrängen will, „weil alles umso leichter zirkuliert, je unkörperlicher es ist" (Peskoller 1993, S.458), geben ihm die Formen des szenischen Spiels und der Theaterpädagogik viel Bedeutung und Raum. Dem lebendigen, präsenten, empfindsamen, ausdrucksfähigen und vielschichtigen Körper gilt in der Theater- und Bewegungsarbeit die Aufmerksamkeit: Bewegungs-, Sinnes- und Körperübungen können Gewaltwirkungen der Stadt bewusst machen und neue, körperlich orientierte Handlungsmöglichkeiten erlebbar machen. Deutlich wurde das beim „Gehen in Zeitlupe", das vor dem Hintergrund der städtischen Beschleunigung, dem rastlosen und schnellen Funktionieren, neues Gewicht bekommt: Das vorgegebene Tempo bewusst zu verlangsamen ist ein Beispiel dafür, gegen das alltäglich Vertraute, eine Norm zu handeln, und sich eine neue Geschwindigkeit in der Fortbewegung anzueignen, sich an eine Erfahrung von „Eigenzeit" anzunähern. Die Alltagslogik, das Normale, zu unterbrechen ist ein wichtiges Prinzip theaterpädagogischer

Prozesse. Es heißt, wie beim „Gehen in Zeitlupe", sich der Herrschaft von äußerer Zeitkontrolle und zunehmender Geschwindigkeit zu widersetzen, und jenseits vorgegebener Grenzen, die zunächst gar nicht als solche wahrnehmbar waren, zu handeln. Damit eröffnet sich die Chance für qualitativ andere Begegnungen. Erlebtes kann durch die Verlangsamung in theatralen Prozessen, durch das ‚Anhalten' der Zeit im ‚Schonraum' des Studios wieder zu einer Erfahrung gerinnen bzw. können sich neue Sichtweisen entwickeln.

- „Wer sich nicht bewegt, kann seine Fesseln nicht spüren" heißt es in einem Lied, aber das Spüren der Fesseln kann zunächst Schmerz erzeugen, der „normalerweise", im Getriebe des Alltags vermieden werden will. Übertragen auf die Theaterpädagogik heißt es: Erst das Spielen und Experimentieren mit Bewegungs- und Handlungsmustern macht Beschränkungen und Machtwirkungen wieder deutlich und veränderbar. Es spielt gerade im „Theater der Unterdrückten" eine große Rolle, sensibel zu werden für Formen von Gewalt und Unterdrückung, die schon so alltäglich geworden sind, dass sie gar nicht mehr bewusst auffallen, oder schon so eingeschliffen sind, dass an eine Veränderbarkeit nicht mehr geglaubt wird:

    „The power of many Theatre of the Oppressed techniques is precisely to deritualize our lives, to crack something open and make us vulnerable" (Schutzman 1995, S.218).

    Voraussetzung dafür ist, ein Klima und eine Atmosphäre zu schaffen, in der Gefühle und Regungen mehr Platz bekommen als im städtischen Alltag, sich von den Prozessen in der Stadt ‚berühren' zu lassen und in Kontakt mit ihnen zu treten: Damit wird der Stadt nicht nur als „Abbild" begegnet, das ‚beziehungslose Verhältnis' zur Umwelt wird zu einem sinnlich-physischen Kontakt.

- Interessante Anknüpfungspunkte lassen sich mit den eher introspektiv oder therapeutisch orientierten Techniken von Boal wie der „Polizist im Kopf" oder „Regenbogen der Wünsche" herstellen: Diese Techniken wurden ja entwickelt, um internalisierte Formen von Unterdrückung zugänglich zu machen und die ihnen zugrundeliegenden Faktoren und Mechanismen aufzuspüren und zu verstehen (vgl. Neuroth 1994, S.72ff.; Boal 1995 und 1999). Ausgehend davon können sie einen Beitrag dazu leisten, Selbstkontroll- und Selbstdisziplinierungspraktiken, die mit der strukturellen Gewalt der Stadt in Zusammenhang stehen, auf spielerisch experimentelle Weise wieder bewusst, angreifbar und veränderbar zu machen.

- Theaterpädagogik und szenisches Spiel, besonders das „Theater der Unterdrückten" ermöglichen, jene Gewalt- und Unterdrückungsformen sichtbar zu machen, die in unmittelbaren Interaktionen zwischen „Protagonist" (="Unterdrückter") und „Antagonist" (="Unterdrücker") auftreten. Es besteht kein Zweifel, dass derartige gewaltvolle Interaktionen auch im öffentlichen Raum eine Rolle spielen können. Eine andere Frage ist, inwieweit sie sich auf jene indirekten, strukturellen Gewaltformen beziehen kann, bei denen das „gewalttätige" Gegenüber zu fehlen scheint, weil wir es mehr mit „unsichtbaren" Gewaltformen zu tun haben, die „in bestehende Rechte, Regeln und Verfahrensweisen herrschender Institutionen" eingebaut sind und sich in Bauweisen und abstrakter Stadtplanung vermitteln: Können jene Formen städtischer Gewalt, die sich im „normalen" Umgang miteinander und innerhalb von Anstalten und Institutionen zeigen, zugänglich gemacht werden?

Ich halte es aus folgenden Gründen für denkbar: Scheller (1983, S.67) spricht im Zusammenhang mit dem Lehrstückspiel davon, dass Gewalt und Herrschaft zwar mehr und mehr von Personen in Institutionen gewandert sind. Dennoch wird auch strukturelle Gewalt durch Menschen und ihre Beziehungen aufrechterhalten. Auch dort, „wo Herrschaft ... ‚ins Funktionale abgerutscht' ist", sind wir als Personen körperlich anwesend und leihen dem „System von Sachzwängen unsere Haltungen".

Meist passiert dies ohne Reflexion, was zur Verschleierung von Herrschafts- und Machtverhältnissen führt, die bis in die kleinsten Beziehungen reichen,

> „... bis dorthin, wo sie (die Macht, M.W.) an den Individuen rührt, ihre Körper ergreift, in ihre Gesten, ihre Einstellungen, ihre Diskurse, ihr Lernen, ihr alltägliches Leben eindringt" (Foucault 1976, S.32).

Diese Verschleierung trägt zur abgesprochenen Erstarrung der Machtverhältnisse bei, weil es nichts gibt, was sich wehrt oder eingreift. Foucault spricht von der „fröhlichen Wissenschaft des Judo" (ebd., S.24f.), bei der es darum geht, nicht passiv zu bleiben, sondern die Macht immer wieder herauszufordern. Das wird im „Theater der Unterdrückten" bewusst gemacht und geübt, während beim Lehrstück der Selbstverständigungsprozess vor allem nach den eigenen, asozialen Haltungen im gesellschaftlichen Alltag fragt. Das wird vor allem dort wichtig, wo abstrakte Herrschaft in Widerspruch oder in der Verweigerung, im Nichtwahrnehmen zu alltäglichen Bedürfnissen und Notwendigkeiten agiert:

> „Strukturelles wirkt sich persönlich aus, und wird durch und in Personen verkörpert und umgekehrt, Personen stehen in bestimmten Strukturen und haben Strukturen zur Verfügung, um darin tätig zu werden, zu entscheiden" (Peskoller 1993, S.95).

Von der anderen Seite her betrachtet heißt es, dass sich ebenso in direkten Interaktionen städtische Strukturen und Machtverhältnisse spiegeln können. Boal formuliert es so:

> „Die kleinsten Zellen der Gesellschaft (das Paar, die Familie, die Nachbarschaft, die Fabrik usw.) und ebenso die kleinsten Ereignisse in unserem sozialen Leben (ein Unfall an der Straßenecke, eine Kontrolle in der U-Bahn usw.) beinhaltet alle moralischen und politischen Werte der Gesellschaft, all ihre Strukturen von Herrschaft, Macht und Unterdrückung.
>
> Die großen sozialen Themen schlagen sich in den kleinsten persönlichen Ereignissen nieder. Wenn wir über einen individuellen Fall sprechen, sprechen wir ebenso über die zugrunde liegenden, allgemeingesellschaftlichen Prinzipien" (Boal 1999, S.47).

Es gilt also herauszufinden, wie sich in jedem persönlichen Verkehrsverhältnis etwas vom Wesen der gesellschaftlichen Totalität widerspiegelt (vgl. Heller 1978).

Abschließend weise ich darauf hin, dass die Möglichkeiten der Theaterpädagogik nicht überschätzt werden dürfen: Strukturelle Gewalt kann dadurch nicht „abgeschafft" werden. Aber gewaltvolle Prozesse und Strukturen können bewusst werden, um sich zu fragen, wo wir als StadtbewohnerInnen selbst zu ‚MitspielerInnen' geworden sind, und wie wir unser ‚Spielverhalten' ändern können. Zwischenräume lassen sich entdecken und erleben, wovon ein weiteres Beispiel erzählt:

II.1.3 Auf Eigenwegen zur Eigenzeit: Theaterworkshop "Stop and Go - Graz hat`zzzz", März 1994

Einstieg

> „Ich war gestern im Kaufrausch, bin hektisch von einem Geschäft zum nächsten geeilt und habe schließlich nicht das bekommen, was ich wollte."
>
> „Obwohl einzelne Arbeitsschritte ständig beschleunigt werden, gibt es in unserem Büro deswegen nicht mehr freie Zeit."
>
> „Ich habe immer Interesse am Thema Zeit, aber ich habe zuwenig Zeit dafür ... ich bin froh, dass ich mir heute Zeit nehmen konnte .... meistens gibt es zuwenig Zeit für sinnvolle Dinge."
>
> „Mein Freund ist im Rollstuhl. Ich bin dadurch mit der Langsamkeit sehr vertraut, und ich muss es sein: manchmal macht das Stress, wenn ich es eilig habe, weil es viele Hindernisse gibt."

Diese Aussagen stammten von Männern und Frauen aus sehr unterschiedlichen Bereichen wie Raumplanung, Behindertenbetreuung, Physiotherapie, Schule, Universität, Architektur, Theater und Jugendarbeit. Sie alle haben am Laboratorium „Stop and Go. Graz Hat'zzz" im Rahmen der „Alternativen Universität Graz 1994" zum Thema „Zeit" teilgenommen, das sich folgenden Fragen widmete (vgl. Frantz u.a. 1994):

Gib es noch Orte der Langsamkeit?

Wie komme ich mit dem Tempo der Stadt zurecht bzw. was ist daran faszinierend?

Welche Möglichkeiten bestehen, unser Tempo zu verändern bzw. auf die Geschwindigkeit der Stadt einzuwirken? Was würde es bedeuten, an schnellen Orten langsam zu sein oder zu verweilen?

Was verändert ein neuer Blick auf alltägliches Geschehen? Was erwarten wir uns von einer bewegten Stadt?

Diesen Fragen wurde spielerisch-experimentell, körper- und handlungsbezogen nachgegangen, es wurde ein Raum eröffnet, Erfahrungen jenseits des „rastlos-reibungslos-regungslos" zu ermöglichen, aus normalen, alltäglichen Geschwindigkeits- und Bewegungsmustern vorübergehend aus- und in eine neue Praxis einzusteigen.

Das Konzept für das Labor, an dem außer mir noch Felicitas Konecny und Bertram Frantz mitarbeiteten, war dem des Workshops „Verkehrstheater" nicht unähnlich. Allerdings rückte der Umgang mit Zeit und Geschwindigkeit noch mehr in den Vordergrund.

So entwickelten wir eine spezielle Variante des „Zwei-Kulturenspiels": Bei diesem Spiel wurden zwei Gruppen gebildet, die eine konträre Auffassung über den Wert der Geschwindigkeit hatten: Für die einen war es ein kulturelles Ziel, möglichst langsam zu sein, für die anderen, möglichst schnell unterwegs sein. Die beiden Gruppen machten sich unabhängig voneinander Gesten für Begrüßung, für Zuneigung und Ablehnung, für Angst und Freude aus, außerdem legten sie einige Regeln im Umgang und Tun fest. Normale Sprache war nicht erlaubt, die Verständigung erfolgte nonverbal. Dann begegneten sich die beiden Kulturen, um herauszufinden, was passierte, wenn eine Kultur, bei der Schnelligkeit einen hohen gesellschaftlichen Wert darstellte auf eine Kultur träfe, bei der Langsamkeit ein wesentliches Prinzip der gesellschaftlichen Beziehungen wäre.

Mit diesem Spiel sollte dazu anregt werden, über die in der eigenen, realen Kultur vorhandenen Geschwindigkeitsnormen und die zumeist verdeckten Konflikte und Gewaltverhältnisse nachzudenken, die sie mit sich bringen. Außerdem sollte nachvollziehbar werden, wie Geschwindigkeitsnormen auf Körper, Sinne, Wahrnehmung und Begegnungen wirken können.

Eine weitere Übung hatte mit peripherer Raum- und Geschwindigkeitswahrnehmung zu tun. Bei der „kollektiven Gruppenbeschleunigung" wuchs die Gruppen-Geschwindigkeit nach und nach, ohne dass eine Einzelperson das Tempo vorgab.

Stellvertretend für die vielen Erfahrungen und Erkenntnisse des Laboratoriums möchte ich anhand der Übung „Raum-Wege" zeigen, was die Übertragung einer anderen, neuen Bewegungsqualität in städtische Räume bewirken kann. Die Übung legt den Focus weniger auf die Geschwindigkeit, als auf die vielfältigen Bewegungsmöglichkeiten im Raum.

Anweisung ist die folgende: Zu zweit sollen möglichst viele unterschiedliche Wege durch den Raum ausprobiert werden. Ohne sich abzusprechen beginnt eine/r der beiden mit einer Bewegung im Bezug zum Raum. Der/die andere führt diese Bewegung sofort mit aus, bis er/sie selbst einen Impuls für einen neuen Raumweg verspürt und den ersten dadurch unterbricht, in dem er/sie mit einem neuen Raumweg anfängt, bis er/sie wieder vom anderen unterbrochen wird u.s.w..

Um einen Eindruck davon zu bekommen, was bei den Raumwegen erlebt und erfahren werden konnte, folgen nun zwei Erfahrungsberichte (Frantz u.a. 1994, S.28ff.): Der erste Bericht stammt von einem Teilnehmer und beschreibt, welche ungewohnten Perspektiven bei der Übung im Studio entstanden sind, und wie sie gleichzeitig an städtische Erfahrungen erinnern. Der zweite Text stammt von mir selbst. Er gibt verdichtet wieder, wozu es führte, die Übung Raumwege zu zweit in der Stadt auszuführen:

Raum-Wege: Im Fluss der Bewegung zum eigenen Tempo....

1) im Studio

Wortlos auf halber Menschenhöhe. Nik hinter mir in gleicher Bewegung auf unserem Weg durch den Raum, kreuzen uns Paare auf unterschiedlich hoch/tief, einfach/verschnörkelt, kurvig /eckig liegenden Bahnen. Die zuerst noch behutsame Erkundung der Raumwege wird zunehmend durch die eigene und angesteckte Spontaneität der Beteiligten abgelöst.

> *Der Fußboden wird zum See*
>
> *Der Sessel zum Weg,*
>
> *der Fußboden zum Seil,*
>
> *der Vorhang zum Stacheldraht,*
>
> *der Fußboden zum Knieboden.*

Die Wände, der Boden und die Decke des Raumes beginnen zunehmend zu verschwimmen, und daraus tauchen Menschen mit Bewegungszeichen auf, deren Lebensdauer sich durch die Verschiedenheit der Ausdrücke weiter entwickelt.

> *Gestaltet der Mensch den Raum?*

Vor der Tür die Fußgängerzone einer großen Stadt:

Aufrechter Gang, Hektik, zurechtfinden oder

Einfach nachgehen/geben, Auslagenfenster

Streifen, Zusammenstösse mit Passanten

vermeiden, VORSICHT STRASSENBAHN!

Hinter der Tür die Raumforscher.

Aber wo kann ich mich verstecken, wenn es mir zuviel wird, der einsamen Pensionistin, dem grantigen Straßenbahnfahrer und der aufmerksamen Plattenverkäuferin auf meinen Raumwegen zu begegnen?

Vielleicht hinter dem Mitgeher

in der Fußgängerzone?

(aus: Frantz u.a. 1994, S.28)

2) in der Stadt

lassen das stadtgeschehen, der stadtraum und seine architektur

RAUMWEGE

wie wir sie im studio probiert haben, überhaupt zu?

raumwege, die sich auf ungewöhnliche, ver-rückte weise ins verhältnis zum bestehenden setzen, die bestimmt werden von körperlichen impulsen die im fluss der bewegung entstehen, die bestimmt werden von ständigen veränderungen der bewegungsart und der freiheit der entscheidungen?

auf welche städtischen hindernisse und einschränkungen werden wir treffen? werden wir unsere raumwege überhaupt 'nehmen' können, so wie wir wollen angesichts der vielen anderen passant/inn/en? werden sie auf uns reagieren? werden wir auf sie reagieren?

ich bin froh, dass ich dieses ‚experiment' nicht alleine, sondern mit einer partnerin durchführe.

wird es möglich sein, dass wir uns verständigen können über unsere jeweiligen raum-weg-absichten, ohne mit einander zu reden?

können wir uns soweit wahr-nehmen?

los geht's:

ein fuß vor den anderen die gehsteigkante entlang.

in großen   weiten   sprüngen   über die Straße.

drehungen als fortbewegung. die nächsten meter im rückwärtsgehen.

*   vor einem   werbeplakat wie gebannt stehenbleiben.   wir schleichen mit dem   rücken zur hauswand,   schritt für schritt.*

*   im nächsten moment folge ich einer waagrechten, mit staub angefüllten ritze und bewege mich dabei in zeitlupe.   sehe   ständig meinen finger über die ritze schweben.*

*   überraschend: wir können uns bewegen, wie wir wollen. Es sind fast keine*

*   autos unterwegs.*

ich schlage einen haken nach links   finde mich wieder in einem hof mit allerlei gerümpel, schutt. mittendrauf steht eine vertrocknete fichte, ein weihnachtliches relikt. wir fangen an, sie zu schmücken: mit leeren cola-dosen, mit alten karton-streifen, mit draht, mit plastik...

> *tong ting tang tang*
>   *stop keine einfahrt*
> *teng teng teng teng*
>   *fußgängerzone*
> *tong ting tong*
>   *nur rechts abbiegen erlaubt*
> *tang   tang   tangting ting*
>   *einfahrt freihalten*

So werden aus roten, blauen, weißen verkehrstafeln musikinstrumente. klingen verkehrstafeln. rote, blaue, weisse musikinstrumente.

klangräume statt verboten und geboten.

im zickzack von der einen zur anderen verkehrstafel. ich springe sie an und bringe sie mit meiner hand zum klingen.

wir sprinten in einen hof bis wir mit unserer stirn an einer mauer anstoßen. ich hebe meinen kopf in richtung himmel.

steile perspektiven. die wand entlang schlängelt sich efeu bis in das blau.

wir hüpfen von einer steinplatte zur nächsten. im zickzack. passant/inn/en schauen verwundert. manche lachen. das nimmt noch zu, als wir den fugen der steinplatten mit gesenktem körper und mit 90 grad richtungswechsel folgen.

> *in der sporgasse wird der trubel der menschen immer dichter. wir bleiben auf den gegenüberliegenden gehsteigkanten stehen und schauen uns an. minutenlang. ich fühle mich wie ein teil einer lichtschranke. wir gehen dann langsam die steigung hinunter. zwischendurch bleiben wir stehen und schauen uns wieder an. dann wechseln wir permanent die seiten, mit schnellen schritten und möglichst gerade.*

nun geht's nicht mehr weiter. wir sind am hauptplatz angelangt. wir werden mit einem massiven bewegungsryhthmus konfrontiert. wir sind im "langer-samstag-

nachmittags-einkaufsrummel" gelandet. wir finden schutz im überdachten wartehäuschen der GVB am hauptplatz.

starr. wortlos. regungslos sitzen wir auf der kalten metallbank.

straßenbahn fährt ein -
    tür auf -
        leuten steigen aus -
        leute steigen ein -
    tür zu -
straßenbahn fährt weg -

straßenbahn fährt ein -
    tür auf -
        leuten steigen aus -
        leute steigen ein -
    tür zu -
straßenbahn fährt weg -

straßenbahn fährt ein -
    tür auf -
        leuten steigen aus -
        leute steigen ein -
    tür zu -
straßenbahn fährt weg -

der rhythmus ist unausweichlich, unerbittlich. ich komme mir vor wie am puls der stadt, der von maschinen und zeitintervallen vorgegeben wird. es ist kaum auszuhalten. ich bekomme das gefühl, mich immer weiter in das wartehäuschen verkriechen zu müssen. jeder impuls für weitere raumwege ist verschwunden. ich möchte mich nicht mehr bewegen. ich möchte mich nicht mehr miteilen. ich...

steige in die nächste straßenbahn ein, ursula kommt mit.

wir sitzen und schweigen. draußen ziehen die häuserwände wie im film vorbei. ich sitze weiterhin unbeweglich. die maschine ist für mich in bewegung.

endstation. SCHLOSS EGGENBERG

alle aussteigen.

bis zum schlosspark gehen wir durch eine schöne allee mit großen, breiten bäumen. wir laufen wie im slalom um die bäume. wir berühren sie im vorbeigehen. wir gehen so zwischen den bäumen, dass wir uns nicht sehen können. endlich können wir auch miteinander reden.

wir treten durch das tor und stehen mitten auf dem noch winterbraunen gras. ursula nimmt mich bei der hand und ich verschließe meine augen. sie führt mich durch die wiese. ich spüre meine füße wieder und den weichen boden darunter, die erdkrumen und die unebenheit. sie tut meinen füßen gut. jeder schritt ist eine eigene erfahrung, zugleich eine reise ins ungewisse. ich genieße die langsamkeit, die stille und die gute luft. wir sind der hektik entflohen. wir können wieder unser eigenes tempo gehen.

später wollen wir wieder in die stadt zurück.

was ich mir einige monate später dazu denke?

(aus: Frantz u.a. 1994, S.29ff.)

Resümee: Neue Wege in vertrauten Räumen finden

Diese Erfahrungen zeigen, wie es möglich ist, mit den vorhandenen räumlichen Vorgaben, Bewegungen und Geschwindigkeiten zu spielen und etwas zu realisieren, was vorher noch nicht da gewesen ist, mit dem dazu nötigen Mut zum Risiko: Die Übung „Raumwege in der Stadt" braucht die Bereitschaft, sich auszusetzen, sich mit möglichst großer Offenheit und Präsenz sich auf das Vorhandene einzulassen und den Impulsen zu folgen, mögen sie auch noch so ‚verrückt' sein. Erst das bringt auf neue, ungedachte, ungeplante Spuren und Wege, vergrößert die Bereitschaft und die Lust, neue Teilhabe im öffentlichen Raum auszuprobieren, sich mit der Stadt in Beziehung zu setzen.

Dabei forderte die Erfahrung, am Puls der Stadt zu sein, der von den Zeitintervallen, vom Rhythmus der ein- und ausfahrenden Straßenbahnen vorgegeben ist und im Widerspruch zur vorher erlebten Eigenzeit steht, geradezu heraus, das eigene Tempo wieder zu finden, von der „Regungslosigkeit im Leerlauf" zu einem Ort zu gelangen, der Empfinden und Fühlen wieder zulässt. Der Schlosspark wurde als Kraftquelle wiederentdeckt, als Ort der Langsamkeit, ohne Plan oder Absicht gefunden.

Gleichzeitig war bemerkenswert, wie viele Möglichkeiten innerhalb der bestehenden baulichen Vorgaben gefunden werden, denn die eingeschränkten Bewegungs- und Nutzungsmöglichkeiten hängen eng mit der Stadtarchitektur zusammen:

> „Die Art und Weise, wie räumliche Umwelt in Gebrauch genommen werden kann, ist durch die Art und Weise seiner Entstehung bestimmt. D.h.. alles, was uns umgibt, beinhaltet die Gebrauchsanweisung des Erfinders" (Peskoller 1993, S.92).

Während die Leiblichkeit, der Körper als wesentliche Quelle der Weltaneignung fungiert – nur durch ihn ist Raum erfahrbar und in der (Erfahrung der) Bewegung wird Raum angeeignet (vgl. Nissen 1997, S.130) – begrenzt und beschränkt der gestaltete Raum den Bewegungsspielraum der leiblichen Existenz, besonders in der Stadt. Dazu nochmals Virilio:

> „Zum anderen beschleunigt sich die Verknappung von Zwischenräumen im Gewebe der Stadt wie im Inneren der Gebäude: Schmälerung der Bürgersteige, der Wohnungen, der Zimmerhöhe... Ganz zu schweigen von den ständig mehrenden Verboten, die den Städter betreffen und ganz legal seine ihm noch verbliebene Bewegungsfreiheit einschränken bzw. abschaffen. .... Mit zunehmender Verengung der Dimension und der Weite der körperlichen Betätigung wird das Individuum durch die Schnurgeraden der Stadtgeometrie (...) linear gemacht" (Virilio 1978, S.37f.).

> *Wie wirkt es sich auf unser Denken und dessen Bewegung aus, wenn wir in erster Linie damit beschäftigt sind, die vorgegebenen, -gezeichneten, -geschriebenen und -gebauten Wege einzuhalten, wenn unsere Körper sich diszipliniert in den reibungslosen Ablauf fügen?*
>
> *Kommen wir dabei überhaupt noch auf andere Ideen?*
>
> *Oder sind Übungen wie die „Raumwege" Beispiele dafür, wie räumliche Gebrauchsanweisungen bewusst und überschritten werden können?*

Anstelle einer Beantwortung vorerst noch eine Anekdote, die in den nächsten Abschnitt führt: Bei einer Lehrveranstaltung zur ‚Bildungssoziologie' beschäftigte uns u.a. die Frage, wie und wozu die Stadt ihre BewohnerInnen erzieht und sozialisiert. Eine praktische Aufgabe zu dieser Auseinandersetzung bestand darin, mit einer Gruppe von 4-5 KollegInnen für etwa eine Stunde in die Stadt zu gehen und darauf zu achten, wo Wirkungen und Merkmale städtischer Erziehung sichtbar und erlebbar werden. Einer Gruppe widerfuhr dabei folgendes:

> "Wir sind zu fünft Richtung Schillerplatz gegangen. Schon bald stellte sich heraus, dass es nur sehr schwer möglich ist, zu fünft nebeneinander zu gehen und miteinander über die Frage nach der Erziehung zu diskutieren. Außerdem schauten uns die anderen FußgängerInnen ungläubig und verstört an, so, als ob es ungewöhnlich, bedrohlich für sie sei, dass fünf Menschen miteinander den Gehsteig benutzen wollten. Wir sind dann ins Reden gekommen, wie sehr wir alle gewohnt sind, den vorgegebenen Wegen und Bahnen zu folgen, und dass diese auch so angelegt sind, dass man sie nur so benutzen kann. Plötzlich finden wir uns mitten auf der Straße wieder, ohne dass wir gewusst haben, wie wir darauf gekommen sind. Zuerst haben wir uns geschreckt, dann mussten wir alle lachen. Viel mehr Platz gab es auf einmal..." (aus einem Reflexionsbericht).

Befreiendes Lachen in einem Moment, wo die Beschränkungen fallen bzw. "übertreten" werden.

Freies Bewegen, Denken und Philosophieren halten sich nicht unbedingt an vorgegebene Wege, sie brechen aus den Schablonen aus.

Und dabei kann Unerwartetes, Neues passieren, können vorher nicht gekannte Denk-, Handlungs- und Wahrnehmungsmöglichkeiten entstehen, die gerade in bezug auf den städtischen Raum sehr eingeschränkt scheinen, wie ich im folgenden Abschnitt zeigen werde:

II.2 Urbane Raum- als Machtverhältnisse

II.2.1 Eine Straße als Gewalt- und Machtverhältnis. Forschen als sinnliches Wahrnehmen, Spielen und Handeln, Sommer 1992

Einstieg: Einladung zu einem Gedankenspiel

„Stellen Sie sich einmal vor...

...Sie haben gerade die Grazer Messe besucht. Als Sie diese verlassen, bemerken Sie einen alten Mann, der im Stossverkehr die Moserhofgasse an der Einmündung in die MünzgrabenStraße überqueren möchte. Ein Polizist regelt die Kreuzung, aber der Autoverkehr ist so dicht und schnell, dass der Mann sehr lange am Straßenrand stehen muss. Endlich ist der Zebrastreifen frei, und der Mann geht los. Doch mitten auf der Fahrbahn bleibt er stehen und sagt: "Ich gehe hier nicht weg, bis mir jemand sagt, wo hier die Rechte für uns Fußgänger und Fußgängerinnen bleiben!" Er lässt sich weder durch das aufgebrachte Hupen der Autos noch durch die Handzeichen des Polizisten beeindrucken. Als dieser auf ihn zugeht, kommen noch weitere PassantInnen auf die Straße, sie wollen wissen, was da los ist. Der alte Mann erklärt dem Polizisten seine Absicht. Dieser fordert ihn auf, an den Straßenrand zu gehen, aber die Umstehenden mischen sich ein: "Ich will auch wissen, wo meine Rechte sind!" - "Ich bleibe auch hier stehen!" - "Ich auch!" Der Polizist wiederholt die Aufforderung, die Fahrbahn zu verlassen, aber seine Autorität reicht nicht aus, die Menschen umzustimmen. Inzwischen sind so viele Leute dazugekommen, dass die Straße völlig blockiert ist...

Fällt es Ihnen schwer, sich auf diese Vorstellung einzulassen?

Was, glauben Sie, könnte passieren?

Wird der Polizist Verstärkung anfordern?

Wie reagieren die AutofahrerInnen?

Kommt es zu Diskussionen und/oder Gewalttätigkeiten?

Beteiligen Sie sich daran?

Erfährt die Presse von dieser "wilden Demonstration"?

Wie wird sie darüber berichten?

Auf welcher Ebene wird die Vorgangsweise der Polizei beschlossen?

Wann erfahren die PolitikerInnen von dem Ereignis?

Stellen Sie sich vor....

...fünf junge Leute in einer Wohngemeinschaft möchten ein Gartenfest machen. Sie schicken an ihre Bekannten - unter anderem an Sie - eine Einladung mit folgendem Wortlaut:

> *"Wir machen ein Fest!!! Bring all your friends and family! Und einen Beitrag für's leibliche Wohl, Musikinstrumente & Schlafsäcke nicht vergessen! Am 4. Juli um 15 Uhr in der Münzgrabenstraße 103. Felicitas, Fritz, Michael, Sigrid, Sylvia."*

Als Sie mit Ihren FreundInnen in der Münzgrabenstraße ankommen, sehen Sie eine große Menschenmenge vor dem Haus. Was ist passiert? Wie sich herausstellt, haben die Eingeladenen den Text ganz wörtlich genommen und kommen wirklich mit allen ihren FreundInnen und der ganzen Familie. Im Garten ist schon längst kein Platz mehr und immer noch kommen Gäste zu Fuß, auf Fahrrädern, Motorrädern, in Autos, Bussen und mit der Straßenbahn, bis die Straße vor dem Haus voll ist. Und sie setzen sich einfach auf den Boden, machen Musik, essen, trinken, reden ...

Kommen die NachbarInnen aus ihren Häusern um mitzufeiern?

Wer ruft die Polizei?

Was tun die FußgängerInnen, Rad- und AutofahrerInnen, die nicht passieren können?

Wer wird von den JournalistInnen interviewt?

Wird nach Verantwortlichen gesucht?

Wie reagieren die Festgäste auf die Aufforderung der Polizei, die Straße zu räumen?"

(vgl. Konecny/Wrentschur 1993, S.351)

Unterwegs mit fremden Blick: Die Einschränkung der Vorstellungskraft als Gewalt

Diese beiden Textstellen leiten eine Forschungsbericht ein, den ich gemeinsam mit Felicitas Konecny als Teil des Projekts *„Gewaltkomplexe in der Stadt Graz aus weiblicher Sicht"* verfasst habe (vgl.Konencny/ Wrentschur 1993). Wir haben diese „Phantasie"-Geschichten bewusst an den Anfang gestellt, um die Vorstellungskraft der LeserInnen (heraus)zu fordern und um zwei Grundfragen bzw. -themen, die sich im Laufe des Forschungsprozesses herauskristallisiert haben, zu verdeutlichen:

Zunächst geht es um die Münzgrabenstraße als Verkehrsader, in der die Bewegung der Verkehrsströme nicht zur Zufriedenheit aller Beteiligten funktioniert und zumeist verdeckte Machtverhältnisse zu einem offenen Konflikt eskalieren. Das beinhaltet folgende Fragen:

> *Wie kann ein anderer Umgang mit bestehenden Verkehrskonflikten gefunden werden? Können bestehende Machtverhältnisse bewusst und veränderbar gemacht werden?*

Weiters wird die Münzgrabenstraße als öffentlicher Raum angesehen, in dem sich Menschen aufhalten müssen/wollen, weil sie sonst nirgends Platz finden.

> *Wie können Straßen als Lebensräume gestaltet werden, welche Vorstellungen und Utopien können Menschen darüber entwickeln?*

Die Spannung zwischen diesen beiden Aspekten begleitete uns durch den ganzen Arbeitsprozess, in dem wir uns zunächst von der Frage leiten ließen, wie sich herrschende Verkehrskonzepte, -programme und –gesetze auf das Leben, den Alltag und die Interaktion der Betroffenen auswirken (vgl. ebd., S.352).

Zum einen war uns wichtig, Methoden zu finden, mit denen die Gewaltwirkungen des herrschenden Verkehrssystems auch sinnlich wahrnehmbar, d.h. zu sehen, zu hören, zu riechen, zu spüren und zu begreifen sind.

Zum anderen beschäftigte uns die Frage, wie Menschen in einer Straße Phantasie entwickeln, als Vermögen

> „...sich etwas auch dann vorstellen zu können, wenn es nicht anwesend ist. .... im Raum abwesende, vergangene und zukünftige Dinge zu vergegenwärtigen" (Kamper 1990, S.282f.).

Diese zweite Frage hatte mit der Einsicht zu tun,

> ...wie wir selbst an räumliche und bauliche Strukturen gewöhnt sind und uns außer der 'vorhandenen' Benutzung und Gestaltung einer Straße kaum mehr etwas anderes vorstellen können. Das Vorhandene schränkte unsere Denk- und Wahrnehmungsmöglichkeiten radikal ein.

Das änderte sich etwas mit unserer Forschungspraxis, bei der wir die meiste Zeit auf der Straße verbrachten:

Mit jeder Wahrnehmung und Beobachtung, mit jeder Szene und Situation, die wir in dieser Straße erlebten, entstanden Ahnungen, Bilder, Vorstellungen von dem, was außerdem noch sein könnte. Thesen, die wir bildeten, gaben uns somit immer auch Auskunft über das, was **nicht** ist und ließen uns weiter fragen:

> *Wieso haben bestimmte Ereignisse und Verhaltensweisen in den vorhandenen Normen und Strukturen Platz und andere nicht?*
>
> *Wie ordnen sich die von uns erlebten Szenen darin ein und mit welchen Methoden werden andere Möglichkeiten ausgeschlossen, und zwar so weit, dass es sogar schwer fällt, sie auch nur zu denken?*

Dabei half uns ein „quasi-theaterpädagogischer" Zugang: Er ließ uns die Lust entdecken, mit dieser städtischen Realität zu spielen, d.h. uns "außerhalb" der Realität zu stellen und uns gleichzeitig auf sie einzulassen und uns mit ihr zu konfrontieren. Wir gingen hinaus auf die Straße, allerdings nicht nur in durchquerender Absicht. Wir nahmen uns Zeit, probierten dabei verschiedene Rollen und Perspektiven aus. In Anlehnung an die Aufforderung von Bertolt Brecht konnten wir sagen: Wir begegneten dem Alltäglichen auf ungewöhnliche Weise, wir sahen das Vertraute als fremd an:

> „Wir waren Journalist und Photographin, die versuchten, immer am Ort des Geschehens zu sein und dieses ins Bild zu kriegen; wir gingen spazieren, um frische Luft zu atmen, die Sonne zu sehen und uns die Beine zu vertreten; wir waren BeobachterInnen voller Neugier und Entdeckungslust; wir waren selbst Betroffene, die sich dem Lärm,

dem Gestank, dem Stress und der allgegenwärtigen Gefährdung durch motorisierte Fahrzeuge ausgesetzt fühlten; wir waren WissenschafterInnen, die auf ihre theoretischen Fragen Antworten suchten; wir waren politische AktivistInnen, die sich Veränderungsmöglichkeiten für das Vorhandene überlegten; wir waren DetektivInnen auf penibler Beweissuche, wir waren junge, hungrige Wölfe und gaumenverwöhnte Ziegen auf der Suche nach Essbarem..." (ebd., S.354f.).

Dieser ungewöhnliche, nicht alltägliche Zugang bescherte uns eine Reihe von Einsichten und Erkenntnissen, die Grundlage wurden für unseren Forschungsbericht. Die Form des Textes, einer Collage aus Szenen, Dialogen, Thesen, Exkursen und Monologen spiegelte unsere Arbeitsweise wider, die sich aus der genauen Beobachtung von Szenen in der Straße, aus eigenem Handeln, aus unseren Gesprächen, Reflexionen, der Herstellung theoretische Bezüge und der Verdichtung von Erkenntnis in Thesen zusammensetzte.

Im Folgenden gebe ich einige wichtige Ergebnisse wieder, die sich – ausgehend vom Beispiel einer Straße in Graz – auf Machtverhältnisse, Ausgrenzungen und Diskursen im urbanen öffentlichen Raum beziehe. Zum Teil ergänze und vertiefe ich sie durch Ansichten anderer AutorInnen. Zuvor gehe ich noch kurz auf den Wandel von Bedeutungen und Nutzungen urban-öffentlicher Räume ein:

II.2.2 Thesen zu Machtverhältnissen im urban-öffentlichen Raum

Vorbemerkung: Der Bedeutungsverlust öffentlich-urbaner Räume

Öffentlich-urbane Räume erlebten in den letzten Jahrzehnten einen tiefgreifenden Wandel. Waren sie lange Zeit durch multifunktionale, d.h. soziale, politische, ökonomische und kulturelle) Nutzungen charakterisiert, setzte sich nach und nach das ‚monofunktionale Prinzip' durch, das in erster Linie vom ökonomischen Nutzen geprägt ist. Viele öffentliche Räume, die von einer besonderen Qualität und Pluralität des Verhaltens und der Interaktion, von der Komplexität von Erfahrung und der Konzentration von Menschen geprägt waren, wodurch Lebendigkeit und Vielfalt entstehen konnten, mutierten zu Orten, an denen Konsum und Verkehr im

Vordergrund standen. Der urbane Raum, ursprünglich Marktplatz, Kommunikations- und Repräsentationsort, entwickelte sich dadurch von einem Aufenthalts- zu einem

Bewegungs- und Lagerraum, was besonders auf Kosten der nichtmotorisierten StadtbenutzerInnen ging. So ist ab den 30er Jahren in Österreich die Priorität für den fließenden und ‚ruhenden' Verkehr gesetzlich verankert (vgl. Hiess/Rosinak 1995, S.11). Seit damals ist in Österreich jede nicht verkehrsmäßige Nutzung öffentlichen Raumes genehmigungspflichtig.

Sennett (vgl. 1991, S.11) schreibt davon, dass die Griechen die Fülle städtischen Lebens noch sehen konnten. Dagegen sind die modernen Städte geprägt von der Spaltung zwischen äußerem, materiellem Leben und innerer, subjektiver Erfahrung. Im Zusammenhang mit der „Protestantischen Raumethik", die als Grundlage für die Gitterstruktur amerikanischer Städte diente, um diese möglichst neutral, steril, geordnet und überschaubar zu gestalten, erfolgte die Absage an die sinnliche Wahrnehmung und die Leugnung von Vielfalt und Komplexität. Die Folge: Verödung der Schauplätze, nichtssagende, neutrale Räume als Ausdruck ökonomischer Verhältnisse, die Menschen, Dinge, Grundstücke als abstrakte Einheiten behandelt, die man kaufen und verkaufen konnte (vgl. ebd., S.80ff.). Die zunehmende Bedeutungslosigkeit der öffentlichen Sphäre spiegelt sich in der Organisation des öffentlichen Raumes wider, der zu einer Funktion von Bewegung reduziert wurde. Der Raum wird durchquert, aber nicht mehr benutzt. Dazu beigetragen hat besonders der Autoverkehr:

> „Die moderne Fortbewegungstechnik ersetzt den Aufenthalt auf der Straße durch den Wunsch, die Hemmnisse der Geographie zu tilgen .... um der Bewegungsfreiheit willen in einem Privatauto eingeschlossen (kommt man) gar nicht mehr auf den Gedanken, daß die Umwelt eine andere Bedeutung haben könnte als die, unserer Fortbewegung zu dienen" (Sennett 1986, S.29f.).

Damit einher geht die Abwertung der (sozialen) Bedeutung von Raum, die an die Erfahrung von Leiblichkeit und Sinnlichkeit geknüpft ist. Die auf Räume bezogene Sicherheit des Handelns und der Sinnfindung schwindet. Orte werden zu „Nicht-Orten" ohne Identität, Erinnerung und Vergangenheit (vgl. Auge 1994,

S.92f.), sie werden durchquert, schnell verlassen und bestehen nur in der Gegenwart für den beschleunigten Verkehr von Personen und Gütern.

Wie wirken sich diese Veränderungen auf Machtverhältnisse, auf Praktiken von Ausgrenzung und Diskurse aus?

Machtverhältnisse, Ausgrenzungen und Diskurse

Beziehungen von Menschen in urbanen, öffentlichen Räumen werden geprägt vom ungleichen Machtverhältnis zwischen „ungepanzerten" und „gepanzerten" VerkehrsteilnehmerInnen und dem prinzipiellen Recht des Schnelleren. Während es bei den einen unmittelbar riskant und lebensgefährlich ist, einen „Fehler" zu begehen, d.h. die komplexen Anforderungen des Verkehrssystems nicht erfüllen zu können, steigt die Sicherheit (und damit die mögliche Risikobereitschaft) der gepanzerten VerkehrsteilnehmerInnen (Gurten, Airbags, ABS, Knautschzonen etc..). Das Verkehrssystem kann als „permanenter Krieg in Friedenszeiten" (siehe oben, S.86-94) bezeichnet werden, auf dem „Schlachtfeld Straße" sterben in Österreich jährlich mehr als tausend Menschen, in Europa kamen nach dem 2.Weltkrieg ungefähr 2 Millionen Menschen durch Verkehrsunfälle ums Leben.

Diese „Unfälle" werden in den meisten Fällen auf menschliches Versagen zurückgeführt, die systemimmanente, strukturelle Gewalt in Form der „Implosion"

wird tabuisiert. Der Schutz der „Schwächeren" reicht buchstäblich nur bis zur nächsten Ecke. Die - nicht selbstverständliche - Grundannahme bei der Gestaltung von Verkehrsflächen ist nämlich, dass sich die Autos auf einem durchgängigen Netz von Fahrbahnen bewegen, während das "Fußwegenetz" aus dauernd von Fahrbahnen durchschnittenen Stücken besteht. Sehr plakativ ist in diesem Zusammenhang das als "Verkehrsinsel" bezeichnete Element der Straßengestaltung. Wie wichtig die "Überbrückung" der Fahrbahnen für FußgängerInnen genommen wird, zeigt sich u.a. an der Länge von Ampelphasen, am Bau von schlecht benutzbaren Unter- oder Überführungen und an der Zahl von Unfällen auf Schutzwegen, die teils durch eine mangelhafte Gesetzgebung, teils durch die Ausübung des Rechtes der Stärkeren entstehen. Als "Schutz" für die FußgängerInnen wird sogar ihre Aussperrung von bestimmten Verkehrsflächen durch Ketten und Geländer apostrophiert (vgl. Konecny/ Wrentschur 1993, S.379f.).

Alle VerkehrsteilnehmerInnen sind, sobald sie die Straße benutzen, der Straßenverkehrsordnung (StVO) "unterworfen". Erinnert werden diese Vorschriften durch allgegenwärtige Zeichen wie Bodenmarkierungen, Lichtsignale und Schilder. Es geht darum, alle Menschen an ein System anzupassen, sie möglichst kontrollierbar und berechenbar zu machen, was die potentielle und strukturelle Gewalttätigkeit des Verkehrssystems zum Verschwinden bringt. Als gewalttätig werden nur mehr die "Verletzung der Gesetze" oder das Fehlverhalten ("Fahrlässigkeit", "menschliches Versagen") von Einzelnen kriminalisiert. Diese Disziplinierung für dieses System beginnt schon früh: Das Stehen bleiben am Straßenrand muss zum Reflex werden, das "Gesetz des Stärkeren" wird den aufwachsenden StadtbewohnerInnen "einverleibt", lange bevor wir Erklärungen über die Gefährdung durch Autos verstehen können. Aber den Zwischenstufen der Lieder und Sprüche, der Verkehrsspiele und des Besuchs des "Verkehrskindergartens" folgt nach und nach die Rationalisierung dieser Disziplinierung; die Initiation ins Erwachsensein durch das Bestehen der Fahrprüfung bildet zweifellos ihren Höhepunkt (vgl. ebd., S.381f.).

Die ungleichen Machtverhältnisse sind eng mit der Raumaufteilung von Boden verbunden, der in der Stadt ein knappes Gut darstellt. So beträgt etwa der Mindestabstand, den parkende Autos zu Gebäuden einhalten müssen (sofern kein breiterer Gehsteig dazwischenliegt) nur 60cm. Interessanterweise wird in der Bauentwurfslehre nach Neufert als Mindestdurchgangsbreite für einen Menschen

69cm angenommen. Für Menschen mit Handgepäck oder zwei aneinander vorbeigehende Menschen werden entsprechend höhere Breiten veranschlagt. Bei ähnlichen Normen für die Mindestfahrbahnbreiten gäbe es nur im Schritttempo befahrbare Einbahnen. Eine Bestandsaufnahme von Verkehrsflächen würde zu dem Schluss führen, dass die Platzverteilung von einer Priorität des (fließenden und ruhenden) Autoverkehrs ausgeht und Geh- bzw. Radwege den Status von Restflächen haben. Kaum Berücksichtigung finden Nutzungen, die nicht dem Begriff "Verkehr" unterzuordnen sind (Aufenthalt, Versammlung, Spiel... von den Reservaten der "FußgängerInnenzonen" in den "Cities" einmal abgesehen). Auch Vegetationsflächen wird nur im Zusammenhang mit dem Verkehr als "Abstandsgrün" oder "Lärmschutzhecke" eine Existenzberechtigung im Straßenraum zugestanden (vgl. ebd., S.386f.).

(Ein kleines Beispiel aus derselben Zeitung: Es wird deutlich suggeriert, wem die Straßen und Plätze ‚eigentlich gehören', zumal die Meldung über den Umweltpreis für den langsamsten Läufer eine kleine Randnotiz ein paar Seiten später darstellt...)

Dieser räumliche Ausdruck ungleicher Machtverhältnisse geht einher mit unterschiedlichen Nutzungs- und Aneignungsmöglichkeiten städtischen Raumes. Sie gehen zu Lasten von Frauen, Kindern, Jugendlichen und anderen „ohnmächtigen", sozial schwächeren Bevölkerungsgruppen. Vor allem „auffällige" Gruppen wie Obdachlose, Punks, Bettler, die nicht in das ästhetisierte, kommerzialisierte, konsumorientierte, dynamisch-erfolgreiche (innerstädtisches) Bild passen oder mit dem bürgerlichen Kodex von Sauberkeit, Ordnung und Schnelligkeit in Konflikt geraten, haben es schwer, sich ihren öffentlich-urbanen Lebensraum zu bewahren.

„Die Stadt wird funktioneller für die Funktionierenden und repressiver für die anderen" (Häußermann/ Siebel 1987, S.226).

Diese Entwicklung wird begleitet vom Vordringen von „unterstrafrechtlichen Partikularnormen" (Ronneberger 1997), die bestimmtes Verhalten als ordnungswidrig sanktionieren oder eine Umwidmung von öffentlich zugänglichen Orten mit sich bringen:

„Damit rücken Themenfelder in den Vordergrund, die von keiner strafrechtlichen Relevanz sind, wie etwa die Unsauberkeit auf Straßen und Plätzen, Vandalismus und Betteln. In diesem präventiven Konzept von öffentlicher Sicherheit findet eine Vermischung von sozialpolitischen, ordnungspolitischen und polizeilich/ strafrechtlichen Bereichen statt, die vor allem auf eine Intensivierung der sozialen Kontrolle abzielen" (Ronneberger 1997).

In der Auseinandersetzung um Orte und Plätze manifestieren sich die Machtverhältnisse:

„Die Fähigkeit, den angeeigneten Raum zu dominieren – sowohl materiell wie symbolisch – ermöglicht es, unerwünschte Personen und Ereignisse auf Distanz zu halten und umgekehrt subalternen Gruppen stigmatisierte und entwertete Territorien zuzuweisen. Die Struktur der räumlichen Verteilung sozialer Klassen und Nutzungsweisen läßt sich somit als Resultat sozialer Auseinandersetzung um ‚Raumprofite' (Pierre Bourdieu) auffassen. Bei der Herrschaft über den Raum handelt es sich um eine der privilegiertesten Formen von Machtausübung, da die Manipulation der räumlichen Verteilung von Gruppen sich als Instrument der Manipulation und Kontrolle der Gruppen selbst einsetzen läßt" (ebd.).

Den Machtverhältnissen entsprechen Form und Inhalt der Diskurse über Verkehrspolitik und Gestaltung urbaner Räume. Themen oder Fragen, die mit grundsätzlichen Problemen und Widersprüchen des derzeitigen Verkehrssystems zu tun haben, bleiben zumeist ausgeklammert. Straßen werden zu "Verkehrsadern" reduziert, sie werden nicht als Lebensraum von Menschen mit unterschiedlichen Sichtweisen, Interessen und Bedürfnissen diskutiert. Wenn es um BürgerInnenbeteiligung geht, haftet ihr oft der Schein "inszenierter Demokratie" an, die in vielen Bereichen des öffentlichen Lebens zu finden ist. Zwar werden bei Maßnahmen, die einen Großteil der Bevölkerung betreffen, BürgerInnen vermehrt zu Diskussionen eingeladen, Beschwerdetelefone eingerichtet, Fragebögen verschickt und BürgerInnenversammlungen abgehalten; meist werden die Menschen aber erst gefragt, wenn die Problemfindung durch "Experten" (selten durch "Expertinnen") schon erfolgt ist. Dadurch sind die Möglichkeiten, die oft sehr unterschiedlichen Einwände, Interessen, Bedürfnisse Anregungen etc. in die Projektierung zu integrieren, von vorneherein sehr eingeschränkt. "Mitbestimmung" reduziert sich daher oft auf die Abstimmung über geringfügige Variationen bereits erfolgter Planungen (vgl. Konecny/Wrentschur 1993, S.399ff.). Diskussionen scheinen uns in ähnlicher Weise kontrolliert, selektiert, kanalisiert und organisiert zu sein wie das Verkehrssystem selbst und zwar

> "...durch gewisse Prozeduren, deren Aufgabe es ist, die Kräfte und die Gefahren des Diskurses zu bändigen, sein unberechenbar Ereignishaftes zu bannen, seine schwere und bedrohliche Materialität zu umgehen" (Foucault 1991, S.11).

Ich lasse diese Thesen zunächst unkommentiert. Sie wurden in der Folge zum Anstoß für eine weitere theaterpädagogische Intervention. Bevor ich dazu komme, gehe ich noch – auf Basis von Literatur - darauf ein, wie sich die veränderten (Macht)Bedingungen im öffentlichen Raum auf die Sozialisation von Kindern auswirken können:

Exkurs: Zur Sozialisation von Kindern im öffentlichen Raum

Die Einschränkung von lebendigen Aneignungs- und Nutzungsmöglichkeiten und der Ausschluss anderer Lebensweisen vom urbanen-öffentlichen Raum haben negative Auswirkungen auf die Sozialisation von Kindern und Jugendlichen: Straßenräume werden von Ahrend (1997, S.197ff.) als zentrale, unersetzliche Sozialisationsräume für Kinder und Jugendliche angesehen, in denen sie zum einen körperliche Geschicklichkeit, Reaktionsfähigkeit, also motorische Kompetenzen, andererseits soziale Kompetenzen entwickeln können: Sie lernen, sich mit dem Verhalten fremder Erwachsener auseinander zu setzen, sie beobachten Menschen, erkennen Normen, stellen sie in Frage und reagieren auf Unvorhergesehenes. Wichtig ist dabei das gemeinsame Erleben, das Reden darüber, d.h. das Entstehen von sog. „Kinderöffentlichkeiten", besonders dort, wo Kinder nicht ständig betreut, beaufsichtigt oder kontrolliert werden (vgl. ebd., S.204ff.). Die Straße als Bildungs- und Sozialisationsraum müsste demnach für raumgreifende Bewegung, für die Beobachtung von Bekannten und Fremden, für die Interpretation der Entwicklung und Veränderung und für die Herstellung von Kinderöffentlichkeit brauchbar sein (ebd., S.206). Die Erfahrung von Kindern und Jugendlichen im öffentlichen Raum ist aber zumeist eine andere, sie werden mit konträren Regeln konfrontiert (vgl. Ahrendt 1997, S.202f.):

- Sie dürfen sich nicht selbst verantwortlich in den Straßen aufhalten, weil es zu gefährlich ist.

- Sie erleben, dass Autofahrer stadträumlich bevorzugt werden.

- Sie stoßen vielfach rasch an die normierten Grenzen vorhandener Arrangements und werden angehalten, woanders zu spielen. Sie treffen auf die bisweilen sehr niedrigen Wahrnehmungsschwellen der Bürgerschaft, von denen das spielerische Treiben oft als Belastung wahrgenommen und als abweichendes Verhalten aufgefasst wird.

- Sie lernen, dass es einen Zugang zu einem Auto braucht, um dort hinzukommen, wo sie ohne Aufsicht, wild und regelfrei die Umgebung erkunden können.

Diese Entwicklung führte dazu, dass die hochgradige Funktionalisierung von urbanen-öffentlichen Räumen einherging mit Tendenzen zur Verinselung von Spiel-, Aufenthalts- und Lernorten von Kindern (Hörster 1997, S.107), bei gleichzeitigem Überpädagogisieren durch die immer dichteren Netze kommunaler Kinder- und Jugendinitiativen und -beratungsstellen. Nissen (vgl. 1997, S.165) zeigt, dass das Aufwachsen von Kindern in der Stadt durch die Prozesse der Verhäuslichung, Verinselung und Institutionalisierung ungünstig begleitet wird, was ständige Betreuung und Kontrolle, eingeschränkten Bewegungsraum und Entsinnlichung zur Folge hat. Sie sieht die Ausgrenzung von Kindern aus urbanen öffentlichen Räumen noch in anderer Weise als problematisch an: Räume sind die Voraussetzung für Begegnung und für soziales Handeln, für soziale Identität und den Aufbau von Beziehungen. Außerdem besteht eine Wechselwirkung zwischen Raum und Handeln und zwischen dem Gestalten von Räumen und dem Gestaltet-Werden von Räumen. Nissen spricht von der für die soziale Entwicklung wesentlichen Aneignung von Räumen und meint damit,

> „...sich den physikalischen (aber auch: sozialen, geistigen Raum) handelnd so zu erschließen, daß *Orientierung*, also Handlungsentwurf und –realisation, in ihm möglich ist" (Kruse/Graumann, zit. in Nissen 1997, S.154).

Das setzt einen aktiven und selbstbestimmten Umgang mit räumlichen Gegebenheiten und Strukturen, ein Verändern, Umdeuten und Umfunktionieren voraus. Aneignung von Raum meint aber Räume weniger als Objekte und Sachen zu besitzen, als vielmehr Haltungen, Handlungen und Verhaltensweisen ihnen gegenüber auszuführen, die in hohem Maße von Körperlichkeit und Bewegung geprägt ist. Die städteräumliche Entwicklung, die für den Verkehr immer mehr und für Kinder/ Jugendliche immer weniger, unkonventionellen Raum zur Verfügung stellt, macht diese Formen der produktiven und kreativen Aneignung nahezu unmöglich. Das geht in weiterer Folge besonders zu Lasten der Mädchen, die – so kommen unterschiedliche Studien zum Ergebnis-, sich seltener als Jungen draußen aufhalten bzw. vielmehr ans Haus gebunden sind, mehr Restriktion erleben und aufgrund der geschlechtsspezifischen Sozialisation über weniger Mut und Neugier zum Erforschen und Erkunden verfügen.

Resümee: Die normative Kraft des Faktischen oder vielfältige Nutzungen?

Dieser Abschnitt begann damit, die ‚normale Vorstellung' in Frage zu stellen, dass öffentliche Räume in den Städten in erster Linie für Verkehr und Konsum zur Verfügung stehen und damit alternative Nutzungs- und Aneignungspraktiken bereits in der Vorstellung und oder im Denken ausgeschlossen werden. Dieser Einschränkung der Vorstellungskraft entspricht, dass die Entwicklung städtischer Orte von der Tendenz zur Monofunktionalität und von Machtverhältnissen geprägt ist, die räumlich, rechtlich, politisch und diskursiv zu Lasten von nichtmotorisierten StadtbenutzerInnen geht und verschiedene soziale Gruppen und Aneignungsformen ausschließt. Diese ‚normative Kraft des Faktischen', das, was als ‚normal' gilt, ist jedoch die Folge von historischen Veränderungen, mit denen sich die StadtbewohnerInnen weitestgehend arrangiert haben, wodurch das in ihnen liegende Konfliktpotential kaum noch sichtbar ist. Selbst eine Autorin wie Ahrend (vgl. 1997, S.199), die sich in ihrem Beitrag kritisch mit den eingeschränkten Möglichkeiten in städtischen Räumen für die Sozialisation von Kindern befasst, stellt die überproportional vorherrschende Verkehrsfunktion nicht in Frage. Zu ihrer Definition von öffentlichen Raum zählen Räume zwischen Verkehr und privatem Raum, und nicht einmal von der Idee her, die Verkehrsflächen.

Wenn aber davon ausgegangen werden kann, das eine elementare Form der Öffentlichkeit in vielen Gesellschaften mit Stadtkultur jene der alltäglichen, räumlich erlebbaren Öffentlichkeit auf städtischen Straßen und Plätzen darstellt,

> ... was bedeutet es, wenn diese Straßen und Plätze an Bedeutungs- und Nutzungsvielfalt verlieren?

Umgekehrt gefragt:

> Wie entstehen Möglichkeiten, Straßen und Plätze vielfältiger zu nutzen?

Dazu schildere ich einen weiteren Spielversuch:

II.2.3 Stellen Sie sich vor: Wir nehmen uns öffentlichen Raum! Eine Lehrveranstaltung, Frühjahr 1995.

Zu Idee und Ablauf

> Wie könnte Phantasie und Vorstellungskraft über eine andere, lebendige und vielfältige Nutzung urbaner Räume entstehen, die über das Vorhandene und Gewohnte hinausreichen?
>
> Was kann zu einer anderen Praxis mit dem urbanen Raum ermutigen?

Diese Fragen stellten wir uns im Frühjahr 1995 im Rahmen der Lehrveranstaltung „Öffentlicher Raum: Rituale und Delikte", die ich gemeinsam mit Felicitas Konecny konzipierte und leitete. Dabei wurde versucht, mithilfe des szenischen Spiels Vorstellungen und Wünsche für eine alltags- und normenüberschreitende Benutzung des öffentlichen Raumes zu entwickeln. Neben verschiedenen anderen theaterpädagogischen Zugängen sollte folgende Übung diesen Wünsche einen Boden bereiten:

Übung:

Die TeilnehmerInnen überlegen sich zunächst drei unterschiedliche Handlungen für den öffentlichen Raum: eine zum öffentlichen Raum gehörige, normale Handlung, eine verbotene oder zumindest negativ sanktionierte Handlung und eine Wunsch-Handlung, etwas, das sie schon immer einmal im öffentlichen Raum tun wollten.

Zunächst werden die drei Handlungen abwechselnd, individuell und ohne Sprache ausgeführt, um sie von ihrer körperlichen, emotionalen Seite, von ihrem inneren und äußeren Ablauf her kennen zu lernen. Dazu sind alle TeilnehmerInnen im Raum verteilt und nehmen auch nicht untereinander Kontakt auf. Erst jetzt beginnt die eigentliche Improvisation: Drei Personen betreten die Spielfläche und nehmen jeweils eine Ausgangshaltung für eine der drei gefundenen Handlungen ein. Auf "Los!" beginnen alle drei damit, ihre Handlungen auszuführen und miteinander zu improvisieren. Was nun passiert, benötigt zum einen erhöhte Präsenz, Wahrnehmung und Flexibilität der SpielerInnen, um sich auf die jeweiligen Szenen einzustellen, zum anderen kommt es zu ungewöhnlichen, überraschenden Begegnungen, aus denen sich interessante Situationen und Geschichten entwickeln. Ein Stück "anders gelebter" öffentlicher Raum, die „Utopie" wird erlebbar und sichtbar. Das provoziert wieder Fragen und Diskurse über die Nutzung öffentlicher Räume und führt zu Vorschlägen von Handlungen für den "realen" öffentlichen Raum, wozu ich im Folgenden einige Beispiele anführe:

Eine auf der Straße essende Frau trifft mit einem Mann zusammen, der gerne Leute anquatscht. Sie werden beide von einer Frau angebrüllt, die ihre Aggressionen gerne zur Schau stellt. – *Wie gehen wir mit Aggression im städtischen Alltag um? Wo können wir sie zeigen? Ist es möglich auf der Straße zu essen? Wie gelingt Kontakt im öffentlichen Raum? Wie geht man mit aufdringlichen „Gschichtldruckern" um?*

In einer anderen Szene liegt eine Frau am Boden, um sich zu sonnen, eine andere Person versucht einen Platz für ein Gebet zu finden, und genau da will ein Mann durchgehen, der mit seinem spitzen Stab Mist aufsteckt. – *Wie geht es denjenigen, die zu bestimmten Zeiten, egal wo sie sich gerade aufhalten, Gebete praktizieren wollen? Wo gibt es Liegemöglichkeiten in der Stadt oder gibt es sie nur im Park? Würde es provozieren, sich in der FUZO zu sonnen?*

Eine Frau, die Federball spielen will, wird um Geld angebettelt, während eine andere Frau ständig versucht, zwischen ihnen durch zu gehen: „Verzeihen Sie bitte, ich muss da durch...", wiederholt sie immer wieder. – *Wo gibt es Spielmöglichkeiten, wenn man nicht in einen Klub, Verein möchte? Wie gehen wir mit der eigenen Hilflosigkeit, Ohnmacht um, wenn wir angebettelt werden?*

In einer weiteren Szene schiebt eine Frau ganz hektisch ihren Einkaufswagen vor sich her und wird dabei von einer im Weg stehenden Buchleserin behindert, was zu einem lauten Konflikt führt. Erst als sich eine weitere Person dazu gesellt und die beiden anderen bewundert: "Oh, wie schön ist ihr Gewand!", beruhigen sie sich wieder. – *Wie erleben wir die Regel, möglichst schnell einzukaufen und sich dabei nicht zu unterhalten? Welche Konflikte gibt es zwischen langsamen und schnellen StadtbenutzerInnen? Gäbe es Platz für Erstaunen und gegenseitige Bewunderung?*

Die Szenen führen nicht nur zu einer intensiven Diskussion und zu einem Erfahrungsaustausch: sie regen die Phantasie an und eröffnen der Gruppe eine Vielzahl von Ideen und Wünschen, die meist im Widerspruch zur gewohnten, herrschenden Praxis stehen. Einige von ihnen zähle ich auf:

- als musizierende Gruppe PassantInnen zum Mitmachen anregen

- sich immer dann, wenn einem/r die Luft ausgeht, oder es zu stressig wird, durch ein kleines Gruppenritual Energie geben

- je nach Wetter ein Picknick in der Fußgängerzone oder in einer Einkaufspassage veranstalten, um nicht immer was konsumieren zu müssen, wenn man Hunger hat
- versuchen, mit fremden Menschen ins Gespräch zu kommen
- als Sandwich-Männer und -Frauen mit Wortaufschriften Sätze bilden und durch die FUZO gehen
- möglichst beteiligt und präsent durch eine Straße gehen
- in einem Supermarkt Flugblätter verteilen und die Menschen zum Beitritt in den "Club zur Verzögerung der Zeit" einladen
- sich mit verbundenen Augen durch die Herrengasse führen lassen
- Kleidungsstücke vor Geschäften anprobieren und mit ihnen ein Gruppenfoto machen
- als lebende Statuengruppe auf dem Hauptplatz stehen
- Geld an PassantInnen verschenken
- einen Gruppentanz in der Fußgängerzone durchführen etc....

Die Gruppe einigt sich darauf, einige dieser Wünsche in städtische Realität umzusetzen. Dazu müssen – neben verschiedenen organisatorischen Hindernissen – noch Ängste und Zweifel überwunden werden:

Wie sinnvoll sind die Ideen?

Für wen tun wir das?

Wie wird die Umgebung darauf reagieren?

Wie können wir uns vor Abwertung und persönlicher Verletzung anderer StadtbenutzerInnen schützen?

Eine Teilnehmerin drückt es so aus:

„Wie werden uns die anschauen, wenn wir mitten in der Passage am Boden sitzen und picknicken?"

Eine andere Teilnehmerin dreht die Perspektive um:

> "Aber stell' Dir doch einmal vor, du siehst welche am Boden essen. Im schlimmsten Fall würdest du halt daran vorbeigehen."

Die Gespräche nehmen Raum bis tief in die Nacht, allen ist das Interesse und die Spannung anzumerken. Schritte in eine „neue, unbekannte Stadtwirklichkeit" brauchen offensichtlich viel Vertrauen, Zeit und Klarheit. Das war für mich die wesentlichste Erkenntnis in diesem Prozess.

Wie würde es uns wohl am nächsten Tag ergehen?

Lebendige Geh-Versuche in eine andere Stadt-Praxis

Wir hatten Glück.

Die Sonne strahlte vom Frühjahrshimmel, als wir einen Vormittag lang den öffentlichen Raum nach unseren Wünschen benutzten.

Das Picknick auf der Straße fand wirklich statt. Nicht nur, dass es wunderschöne und reichhaltige Dinge zu essen gab. Es war ein befreiendes Gefühl, sich in der Stadt Platz zu nehmen, ohne etwas konsumieren zu müssen. Überraschenderweise gefiel es den meisten PassantInnen: "Ah, das mache ich auch einmal", war nicht nur einmal zu hören, viele konnten sich ein freundliches Gesicht nicht verkneifen, wenn sie uns sahen.

An einer anderen Ecke, wo wir unsere Teller, Messer, Gabeln und Töpfe auspackten, um damit eine Stunde lang rhythmisch zu musizieren, gab es interessante Wirkungen: Man konnte richtig wahrnehmen, ab welchem Punkt Menschen, die diesen Klang-Rhythmusraum betraten, von dieser Schwingung erfasst wurden, teilweise stehen blieben, ihr Tempo verlangsamten oder mit irgendeinem Teil ihres Körpers auf den Rhythmus reagierten und mit uns musizierten. Außerdem war interessant, wie durch die Konzentration auf den Rhythmus der normalerweise in diesem Bereich sehr dominante Verkehrslärm fast nicht mehr zu hören war und uns in der Gruppe eine besondere Form der Verbindung, des Getragen-Werdens ermöglicht wurde.

Überraschend war zudem die Erfahrung als Sandwich-Mann bzw. –Frau durch die Stadt zu gehen. Auf der Vorder- und Rückseite standen jeweils zwei verschiedene

Begriffe: RAUM FINDEN, ZEIT HABEN, STIMME HÖREN, AUGEN ÖFFNEN. Je nachdem, in welcher Reihefolge und von welcher Seite die Begriffe zusammengestellt und gesehen wurden, ergaben sie neue Assoziationen und Bezüge zum städtischen Alltag.

Es machte nicht nur Spaß sich in ständig neuen Kombinationen aneinander zu stellen und zu gruppieren. Vor allem TouristInnen waren von diesem anscheinend „zwecklosen" Spiel fasziniert, stellten uns nach ihren Vorstellungen um und auch sich selbst dazu, suchten den passenden architektonischen Hintergrund, um das alles noch auf ein Foto zu bannen.

Was mich persönlich beeindruckte war der Versuch, auf zwei verschiedene Arten möglichst rasch durch eine Straße zu laufen. Das eine Mal versuchte ich möglichst schnell und geradeaus zum Ziel zu kommen - es war wie immer: Die Menschen waren für mich Hindernisse, die viel zu oft meinen Weg kreuzten. Immer wieder musste ich abstoppen, unterbrechen, die Energie staute sich in mir auf und ließ mich ärgerlich werden. Das andere Mal entschied ich, mich auch möglichst schnell, aber aus einem Gefühl von "innerem Fluss" heraus zu bewegen, d.h. mit der Vorstellung, dass es ständig Bewegungsimpulse im Körper gibt, die ausgeführt werden. Und siehe da - ich hatte Lust an der Bewegung und Spaß daran, auf alles zu reagieren, was mir entgegenkam: Ich umlief die Entgegenkommenden, schlüpfte zwischen ihnen durch, federte mit meinen Schritten und zog mehrere Schleifen. Mir kam das Ganze vor wie ein leichtfüßiger Tanz, und ich hatte das Gefühl, bei diesem Mal mein Ziel auch nicht später zu erreichen als sonst.

Und zu guter letzt war es eine wichtige Erfahrung, dass es auch im öffentlichen Raum Möglichkeiten gab, uns als Gruppe für unser „Atem-Energie-Schöpf-Ritual" zurückziehen zu können, wenn es zwischendurch zu hektisch war.

Resümee: Ausnahmen entgrenzen Regeln – Spielräume wecken Freiräume in öffentlichen Räumen

> „Am Anfang habe ich mir gedacht, das schaut doch blöd aus, je länger es dauerte, desto mehr hat es mir getaugt" (eine Teilnehmerin).

Auch wenn Stadt und die urbanen-öffentlichen Räume von Gewaltstrukturen geprägt sind, die unsere Bewegungs-, Handlungs- und Vorstellungsräume einschränken, zeigen gerade die letzten Beispiele, dass die Freiräume im öffentlichen Stadtraum (noch) nicht ausgeschöpft sind. Sie stellen erlebte und erfahrene Ausnahmen vom alltäglichen "Gebrauch" der Stadt dar. In ihnen kündigen sich weitergehende, ungewöhnliche Schritte in eine bewusstere und lebendigere Stadtkultur an.

> „Die Handlungsmöglichkeiten entstehen dort, wo wir uns auf dieses - entweder Anpassung an städtische System oder Veränderung des Systems - nicht mehr einlassen. Wenn wir mit den einfachen Situationen, die wir alle täglich erleben, zu arbeiten beginnen, wenn wir sie anschauen, zerlegen, drehen und wenden, dann werden darin auch die großen Strukturen sichtbar, die uns schon zur Selbstverständlichkeit geworden sind. Wenn wir uns dieser NORMalität verweigern, indem wir in diesen Situationen anders handeln, dann wird der Verkehrsalltag insgesamt sehr wohl als ‚veränderbar' erlebt. Und wenn Machtverhältnisse einmal ‚begreifbar' sind, dann können sie uns nicht mehr ganz vereinnahmen, sie werden ‚angreifbar'" (Konency/Wrentschur 1993, S.388).

War es schon einmal anders?

Gab es schon einmal eine ähnliche Situation, in der eine Lösung gefunden wurde?

In der „lösungsorientierten Kurztherapie" nach Steve de Shazer (1989) sind diese Fragen nach Ausnahmen wesentliche Impulse für Veränderung und Heilung: Das Erinnern oder Bewusstwerden einer einzigen Ausnahme, in der es eine andere Lösung gab, lässt die folgende „Ausrede" nicht mehr zu: „Das kann ich nicht, das darf ich nicht, das gibt es nicht...". Übertragen auf den öffentlichen Raum wird die Suche nach ‚gelungenen Ausnahmen im städtischen Alltag zu einer entscheidenden Quelle für das Vertrauen in und in die Kraft für Veränderung.

Dass die „wirklichen Hindernisse" für eine Veränderung oftmals „im Kopf" zu Hause sind, zeigte sich auch daran, dass sich die „wirklichen Polizisten" bei unseren Aktionen nicht einschalteten. Es scheint also weit mehr an Aneignung und Nutzung von öffentlichen Stadträumen möglich zu sein, ohne Grenzen anderer zu verletzen. Die einzige wirkliche Grenze hing wieder mit der baulichen Struktur zusammen: Auch in der Fußgängerzone waren es die Schienen der Straßenbahn, die an die Lebensgefahren durch den Verkehr erinnerten – die Grenze zwischen dem Möglichen und Unmöglichem verlief buchstäblich um Haaresbreite.

Und was doch für alle Beteiligten überraschend war: Entgegen vieler Befürchtungen waren PassantInnen durchaus froh, dass sie sich an unseren kleinen Stadtexperimenten und -spielen beteiligen konnten. In diesem Sinn war diese Erfahrung gleichzeitig eine Ermutigung dazu, Wünsche und Begehren für eine andere Stadt Wirklichkeit werden zu lassen und dementsprechend zu handeln.

In Bezug auf den theaterpädagogischen Hintergrund zeigte sich, dass die Spiel- und Experimentierlust dabei half, die sinnes- und körperbezogene Vorstellungskraft zu wecken. Sie wurde zum Motor für lebendige Aneignungsmöglichkeiten jenseits der üblichen Benutzung öffentlicher Räume, sie weckte verborgene Wünsche, Sehnsüchte und Ideen für das Leben in der Stadt.

Szenisches Spiel ermutigte zur „nicht-normalen" Benutzung öffentlicher Räume, forderte auf, sich mit inneren und äußeren Kontrollinstanzen auseinander zu setzen und bereitete vor, auf die Umwelt spontan und flexibel zu reagieren. Lebendige Teilnahme im öffentlichen Raum entgegen der vorgegebenen Gebrauchsanweisung wurde im Spiel geprobt und in die städtische Realität getragen, was wieder neue Ideen und Wünsche hervorbrachte.

Leider blieb es in dieser Gruppe bei dieser einmaligen Ausnahme und Erfahrung von Veränderung. Wie sie in der Folge im städtischen Alltag nachwirkte, blieb genauso offen wie die Frage, wie es wohl sein würde, mit einer Gruppe längerfristig und kontinuierlich auf diese spielerisch-experimentelle Weise mit städtischer Wirklichkeit in Kontakt zu treten. Formen der Theaterpädagogik erwiesen sich als Anregung zur Wiederaneignung von öffentlichem Raum. Dass sie auch Medium zur Belebung des öffentlichen Lebens sein können, zeige ich im folgenden Abschnitt:

II.3 Wandel und Krise der urbanen Öffentlichkeit

II.3.1 Straßenaktionen machen Mut: Theater als Öffentlichkeitsarbeit und Belebung des öffentlichen Raumes, Dezember 1991

Einstieg: „Achtung-fertig-los!"

Dezember 1991. Unter dem Titel „ausgesperrt-eingespart" führten die steirischen Sozialinitiativen landesweite Aktions- und Streiktage durch, um gegen Kürzungen im Sozialbereich zu protestieren, die die Existenz einer Reihe von Sozial-Projekten gefährden würden. Vor dem Landhaus in der Herrengasse, in einem Teil der Fußgängerzone in der Grazer Innenstadt, ist ein Informationsstand errichtet.

Auf der gegenüberliegenden Straßenseite sitzen vier Menschen um einen Tisch herum, spielen Karten und trinken Tee. Ihre Kleidung ist betont 'häuslich', sie tragen Morgenmantel und Jogginganzug.

In einiger Entfernung von den vier Ecken des Tisches stehen vier Menschen: Einer hält eine Blumenvase, eine andere hält ein Gemälde in ihren Händen, ein dritter steht da wie ein Kleiderständer, die vierte schließlich hält ein Radio, aus dem Musik ertönt. Die Szene steht 'quer' zum Strom der FußgängerInnen: Die Platz zwischen der "Szene" und der Hauswand bzw. Straßenbahnschiene macht eine Entscheidung notwendig: Durchgehen oder Ausweichen!? Manche PassantInnen entschließen sich zum "Durchgehen", werden aber von einem schrillen Pfiff aufgeschreckt, einer vom Tisch springt auf und sagt in empörter Stimme:

"Sagen Sie, gehen Sie immer durch fremde Wohnungen, ohne anzuklopfen, ohne zu fragen? Das ist Hausfriedensbruch! Ich mache Sie darauf aufmerksam, daß wir hier wohnen, da wir nirgends sonst eine Wohnung finden, die wir uns leisten können!!"

Die "Eindringlinge" reagieren sehr unterschiedlich: verunsichert, verwirrt, aggressiv, zornig, nachdenklich, lächelnd. Zum Teil lassen sie sich in ein Gespräch verwickeln, oder sie versuchen so schnell wie möglich aus dieser Situation zu entkommen, und die 'Wohnung' zu verlassen. Andere PassantInnen bleiben einfach stehen und schauen zu, was da passiert, äußern sich:

"Ihr faule Bagage, tut's liaba arbeiten, früher hätt's des net geb'n...!!"

Andere drücken ihre Zustimmung aus:

"Das ist eine gute Aktion, um auf das Wohnungsproblem in Graz ... die Obdachlosigkeit aufmerksam zu machen."

Eine andere Gruppe zeigt sich eher unentschlossen, sie weiß mit der Szene nichts rechtes anzufangen:

"Was soll denn das sein? Wofür ist das gut? Kann mir das wer erklären?"

Teilweise entspinnen sich Diskussionen unter den "ZuschauerInnen".

In Flugblättern, die von den "Eckmenschen" verteilt werden, wird auf die Streik- und Aktionswoche verwiesen. Einige Zeit später ist diese Szene wieder "verschwunden". Der FußgängerInnenstrom nimmt wieder seinen gewohnten Lauf.

Diese "Straßenszene" entstand im Anschluss an eine theaterpädagogische Lehrveranstaltung, die Augusto Boals Konzept des "Theater der Unterdrückten" zum Inhalt hatte. Die Erfahrung des gemeinsamen Spiels in der Gruppe, die dabei erworbene Fähigkeit, mit verschiedenen Techniken und Methoden des Theaters soziale und politische Themen kommunizierbar zu machen, führte zum Wunsch, sich damit öffentlich-politisch zu engagieren.

Für die DarstellerInnen selbst war es wie ein kleines, persönliches Wunder, hier zu spielen, was für sie drei Tage zuvor noch ein Ding der Unmöglichkeit gewesen war. Einige sagten in der Nachbesprechung, dass sie schon während des Workshops und der Vorbereitung immer wieder mit ihren Grenzen konfrontiert gewesen waren, sich ihr Mut aber nach und nach vergrößerte, über diese Grenzen zu gehen. Abgesehen davon bereitete es ihnen eine Menge Spaß und Lebendigkeit, sich auf diese Weise öffentlich zu präsentieren.

Im Rahmen der oben beschriebenen Streik- und Aktionswoche der Sozialinitiativen konnte der Unmut über Kürzungen im Sozialbereich in konkrete Szenen übersetzt werden, mit denen PassantInnen direkt und überraschend angesprochen und konfrontiert wurden. Neben der geschilderten „Wohnung auf der Straße" wurden etwa mit großer Begeisterung Lose an die PassantInnen verteilt, die sich - in der einkaufwütigen Vorweihnachtszeit - förmlich darum rissen, und dann doch etwas überrascht waren über deren Inhalt:

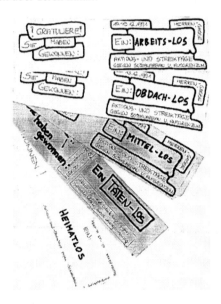

Weitere „Gewinne" waren: Asyl-Los, Lieb-Los, Leider-Nix-Los....

Sie alle sollten daran erinnern, dass soziale Ausgrenzung etwas ist, womit jede/r auch unvermutet und unverschuldet konfrontiert sein kann.

Was aber waren Folgen dieser "nicht-klassischen" Form von Öffentlichkeitsarbeit?

Einige PassantInnen wurden angeregt, am Info-Tisch der Sozialinitiativen vorbeizuschauen, sich Info-Material anzusehen und eine Protestresolution zu unterschreiben. Außerdem verließen einige Menschen für einen Moment die gleichförmig dahin trottende und strömende FußgängerInnenmasse, sie blieben stehen und bezogen Stellung. Nun waren unterschiedliche Ansichten und Haltungen erkennbar, selbst Gefühlen wie Wut, Neugier, Skepsis oder Freude wurde Ausdruck verliehen. An einer Stelle, wo Menschen normalerweise versuchen, möglichst schnell oder möglichst un-berührt aneinander vorbeizuhuschen, entstand zumindest für kurze Zeit ein Raum für öffentliche Diskussionen und Stellung nahmen zu einem sozialen Problem, zu einem gesellschaftlichen Konflikt.

Theaterspiel ermutigte und ermöglichte schon innerhalb weniger Tage, auf einer Straße etwas Nichtalltägliches zu tun.

Theaterspiel erwies sich als lustvolle und kreative Art, politische, soziale oder ökologische Anliegen zu präsentieren und dazustellen.

Theaterspiel wirkte sich auf die Realität im öffentlichen Raum aus. Eine Aktivistin der Sozialinitiativen meinte dazu:

„Ich habe mich immer gefreut, wenn ihr euren Auftritt hattet. Das war auf einmal so ein Schwung und eine Lebendigkeit in der Herrengasse, die auch mich beflügelt hat."

Mich beflügelte in weiterer Folge ein Bild:

‚Rückwärtsgewandte Visionen' einer anderen Stadtkultur: Pieter Bruegel und Richard Sennett

Als ich dieses Bild im Frühjahr 1992 im Wartezimmer eines Arztes das erste Mal sah, beeindruckte es mich sehr.

Wie viel an Lebenslust und Verrücktheit, welch verschiedene Charaktere und gemeinsame Spielarten, wie viele seltsame Situationen und Begegnungen sind darauf zu sehen?

Wie viele Menschen tummeln sich da auf der Straße? Welche Kraft und Lebendigkeit, Energie und Intensität entfaltet sich in diesem Treiben und dem Austausch der Menschen?

Das Bild ging über die von mir beschriebenen Erfahrungen mit Straßentheateraktionen hinaus: Hier gab es ein Treiben, ein Spielen, ein Darstellen und Agieren, das bis dahin in meiner Vorstellung vom Leben auf öffentlichen Plätzen und Straßen nicht vorhanden war. Das Bild strahlte eine eigene Kraft aus, entfachte ein Feuer und regte Ideen, Gedanken und Visionen über das Leben in öffentlichen Raum an. Es zeigte etwas, was auch in unseren Städten vor einigen hundert Jahren noch stattgefunden haben könnte, aber mittlerweile nahezu verschwunden war.

Natürlich, das Bild war eine „Projektion" des Malers und es nährte meine eigenen Projektionen und Visionen, wie aufregend und lebendig das öffentliche Leben in Städten ausschauen konnte. Die Beschreibung beim Originalgemälde im Kunsthistorischen Museum in Wien bestätigte, dass es die dargestellten Bräuche wirklich gegeben hätte, dass Bruegel sie aber nebeneinander, synchron dargestellt hätte ohne eine didaktisch-moralische Absicht.

Dennoch, dieses offensichtliche Nebeneinander und Miteinander verschiedener Wirklichkeiten und Spielweisen auf dem Bild faszinierte mich:

Verweist es auf unterdrückte, ausgegrenzte, verdrängte Lebens- und Interaktionsweisen in der Stadt, die wir uns heute kaum noch vorstellen, geschweige denn praktizieren können?

Wodurch wurde es verdrängt, was rückte an seine Stelle?

Was bedeutete eine gemeinsame, gesellige (Theater-)Spiel-Kultur im öffentlichen Raum für die sozialen Kontakte und Beziehungen in der Stadt und für die Kreativität der Menschen?

Dazu wurde ich etwa zu dieser Zeit bei Richard Sennett, den Stadtsoziologen aus New York fündig, dessen Grundfrage zu seinem Buch „Civitas. Die Großstadt und die Kultur des Unterschieds" (1991) die folgende ist:

Wie konnte die ursprünglich auf Interaktion angelegte Stadtkultur der Antike zu nur lose verbundenen Orten des Partikulären zerfallen?

Die Stadt, so Sennett, sollte wieder ein Ort der Begegnung mit anderen werden, sollte den Begriff des Heterogenen erfahrbar machen. Dieses eher utopisch orientiertes Plädoyer löste bei mir eine Reihe von Inspirationen aus, die mit dem Aufeinandertreffen von Stadt und Spiellust, von öffentlichem Raum und Darstellung zu tun hatten, mit dem, was ich in Bezug auf die Stadt mit Lebendigkeit, Interaktion und Begegnung, Vielfalt und Differenz in Beziehung gebracht habe, und was ich mit besonderen, lebenswerten Momenten im städtischen Leben verbinde.

Genau davon handelt Sennett's klassisch gewordener Text: „Verfall und Ende des öffentlichen Lebens. Die Tyrannei der Intimität" (1986), auf den ich nun näher eingehe, um zu einer Diskussion über die Krisen und Probleme urbaner Öffentlichkeit zu gelangen:

II.3.2 Richard Sennett und der Verfall des öffentlichen Lebens in der Stadt

In seiner breit angelegten Studie zeigt Sennett auf Basis umfangreichen historischen Materials, wie sich das öffentliche Leben in den westlichen Städten zwischen dem Beginn des 18. und Ende des 19. Jahrhunderts wandelte und viel von seinem Gewicht und seiner Bedeutung verloren hatte. Öffentlichkeit als Forum gesellschaftlicher Erfahrung, der Begegnung mit Fremden und sozialer Interaktion wich nach und nach einer Kultur und Ideologie der Intimität. Die Privatsphäre in Form der bürgerlichen Familie und persönlichen Freundschaftsbeziehungen koppelte sich zunehmend vom öffentlichen Gemeinwesen ab, während eine Reihe offener Verhaltensstile und Möglichkeiten, Interessen und Standpunkte in der Öffentlichkeit expressiv zu vertreten, verschwanden.

Worin äußert und zeigt sich dieser Wandel zu mehr „Intimität"?

Welche Veränderungen der öffentlichen Sphäre wirken bis in die Gegenwart nach?

Anhand verschiedener gesellschaftlicher Bereiche und Handlungsfelder wie dem Umgang mit Kleidung und Körper, dem Verhalten auf der Straße, auf Plätzen, in Cafehäusern, Theatern und Konzertsälen, der Beziehung von Politkern, Künstlern zu ihrem Publikum beschreibt Sennett Phänomene, die sich auch in gegenwärtigen Gesellschaften zeigen. Einige Grundtendenzen sind die folgenden:

- Der Rückzug ins Private, die ideale bürgerliche Familie und die persönlichen Freundesbeziehungen werden zum „Refugium vor dem Schrecken der Gesellschaft", das Interesse am öffentlichen Leben und am Gemeinwesen geht zurück, parallel dazu wächst das Interesse an der Frage nach dem Selbst, während der Sinn für sinnvolle soziale Interaktionen außerhalb des einzelnen Selbst schwindet (vgl. Sennett 1986, S.15f. und 36).

    „Wenn Komplexität als Bedrohung des Selbst erlebt wird, ist sie nicht länger eine wünschenswerte soziale Erfahrung" (ebd., S.235).

- So werden Öffentlichkeit und Stadt zu einem passiven Spektakel, beraubt ihrer Bedeutung als Form von Geselligkeit. Damit sind die Grundlagen von Zivilisiertheit und Urbanität unterhöhlt:

„Zivilisiertheit bedeutet, mit den anderen so umzugehen, als seien sie Fremde, und über diese Distanz hinweg eine gesellschaftliche Beziehung zu ihnen aufzunehmen. .... Unzivilisiertheit ist es, andere mit dem eigenen Selbst zu belasten. Unzivilisiertheit bedeutet Einschränkung der Geselligkeit, verursacht durch diese Last" (ebd. S.336).

- In gleichem Maße wie die Städte kaum mehr Orte sind, wo komplexe Gesellschaftsgruppen miteinander in Beziehung kommen, wird die Fähigkeit geringer, mit „Fremden auf eine emotional zufriedenstellende Weise umzugehen und doch Distanz zu ihnen zu wahren" (ebd., S.35). Und das hat Auswirkungen auf die Entwicklung der Persönlichkeit

    „Was dabei verloren geht, ist die Vorstellung, daß der Mensch erst in der Auseinandersetzung mit dem Unbekannten wirklich erwachsen wird. Unbekannte Dinge und fremde Menschen können die altvertrauten Vorstellungen und überkommenen Wahrheiten durcheinanderbringen; dem unbekannten Terrain kommt im Leben des einzelnen eine positive Funktion zu, denn es lehrt ihn, Wagnisse einzugehen. Die Liebe zum Ghetto, zumal zum mittelständischen Ghetto, verwehrt dem Menschen die Chance, seinen Wahrnehmungs- und Erfahrungshorizont zu erweitern und die wertvollste Lektion zu erlernen, nämlich Fähigkeiten auszubilden, die festgefügten Voraussetzungen des eigenen Lebens in Zweifel zu ziehen" (ebd., S.372).

- Schweigen wurde zu bestimmenden Form, in der man das öffentliche Leben auf der Straße erleben konnte, ohne sich überwältigt zu fühlen bzw. ohne das Gefühl zu haben, von anderen 'durchschaut' zu werden. Dem Recht auf Schweigen, auf einen unsichtbaren Schutzschirm, in Ruhe gelassen zu werden, entspricht, dass das öffentliche Leben zu einer Sache des Beobachtens, der passiven Teilnahme, zu einer Art von Voyeurismus wurde. Erfahrung in der Öffentlichkeit geriet zur bloßen Beobachtung, sie war „nicht länger Produkt von gesellschaftlichem Austausch" (ebd., S.46). An die Stelle von sozialer Interaktion rücken Passivität und schweigendes Beobachten, um keine Empfindungen anderen gegenüber preisgeben zu müssen.

- Die elektronischen Medien tragen zum Absterben des öffentlichen Lebens bei, sie haben den Kontakt zwischen gesellschaftlichen Gruppen überflüssig gemacht, der menschliche Bemühungen erfordern würde, gleichzeitig werden sie selbst zu intimen Einrichtungen.

  „Normalerweise aber sitzt man, zumal wenn man der Sendung wirklich aufmerksam folgt, allein oder im Kreise der Familie vor dem Fernseherapparat. Vielfalt der Erfahrung, Erfahrungen in gesellschaftlichen Bereichen, die dem intimen Kreis fern liegen - zu diesen beiden Grundvoraussetzungen von Öffentlichkeit stehen die 'Medien' im Widerspruch .... Die Apparate gehören zum Waffenarsenal im Kampf zwischen sozialer Interaktion und individueller Wahrnehmung... Die Massenmedien steigern das Wissen der Menschen von dem, was in der Gesellschaft vor sich geht, erheblich, zugleich jedoch schränken sie die Fähigkeit, dieses Wissen in politisches Handeln umzusetzen, erheblich ein. Auf das, was der Fernseher verlautbart, kann man nichts erwidern, man kann ihn nur abstellen - eine unsichtbare Handlung. .... Das Radio oder der Fernseher bietet dem Zuhörer oder dem Zuschauer keine Gelegenheit zur Unterbrechung. Wenn man sich während einer Rede eines Politikers vor dem Bildschirm ereifert bekommt man nicht mit, was er als nächstes sagt. Um alles zu verstehen, muß man still sein" (ebd. S.358)

und an anderer Stelle:

„Passivität liegt in der >Logik< dieser Technologie. Die Massenmedien befestigen das Schweigen der Menge, das in den Theatern und Konzertsälen des 19. Jahrhunderts Gestalt anzunehmen begann. Sie befestigen die Vorstellung vom körperlosen Zuschauer, vom passiven Zeugen... . Man sieht mehr und interagiert weniger" (ebd. S.359).

Was trug zu diesem Wandel der öffentlichen Sphäre bei?

Für Sennett fanden diese Veränderungen vor allem in der Phase des Übergangs vom „ancien regime" zu einer weitestgehend kapitalistisch-städtischen-säkularisierten Gesellschaft statt. Genau so wenig, wie diese historischen Veränderungen von heute auf morgen und als Bruch zu alledem, was war, vor sich gingen, veränderte sich das öffentliche Leben nach und nach. Zum Teil existierten verschiedene Praktiken eine Zeit lang noch parallel.

Sennett beschreibt diese Tendenzen am Beispiel der europäischen Metropolen Paris und London ab etwa 1750, dennoch gehen seine Thesen darüber hinaus und reichen bis in die Gegenwart. Sein Text ist an manchen Stellen zwar sperrig zu lesen, und in mir stellte sich manchmal das Gefühl ein, dass Sennett beinahe jede Situation und jede Geschichte zur Untermauerung seiner Auffassungen verwendet. Dennoch sind seine zahlreichen Beobachtungen und Interpretationen faszinierend und anregend.

Ich möchte das zunächst exemplarisch am Aufstieg des 'Warenhauses' veranschaulichen. In diesem Bereich sind die Veränderungen des öffentlichen Lebens zuerst in aller Deutlichkeit zu Tage getreten. Auch dabei zeigt sich,

„....wie im Leben der Menschen an die Stelle einer durch aktiven Austausch geprägten Öffentlichkeit eine andere, intensivere, aber weniger gesellige Öffentlichkeitserfahrung tritt" (ebd. S.186).

Der Aufstieg des Warenhauses

War es zunächst die ganze Theatralität, die Käufer und Verkäufer entfalten mussten, um den Preis zu steigern oder zu drücken, und schaffte das stilisierte Wechselspiel eine soziale Verbindung zwischen den beiden, änderte sich diese Beziehung durch die Einrichtung von Festpreisen als Folge der Massenproduktion in Fabriken weitgehend:

„In einem Geschäft, in dem große Mengen von Waren verkauft werden, muß es zahlreiche Angestellte geben, und das heißt: ‚Kann oder will der Unternehmer seine Ware nicht selbst verkaufen, so muß er zumindest ihren Preis festsetzen. Er kann seinen Angestellten nicht zutrauen, daß sie ebenso geschickt und erfolgreich zu feilschen verstehen wie er'" (ebd. S.187).

Damit einher ging die Veränderung der Rolle der Käufer, die mit zunehmenden Warenangebot und Konsumreizen, zu einer passiven Figur wurden:

> „Güter von mittlerer Qualität mit einer Gewinnspanne, wie sie früher bei Gütern schlechter Qualität üblich war, und Verbraucher, die mehr Geld ausgeben, um mehr zu besitzen - darauf lief die ‚Standardisierung' der Waren hinaus. Den Händlern von damals,..., war klar, daß sie vor dem Problem standen, die Menschen zum Kauf all dieser seltsamen Güter zu bewegen. Sie suchten die Lösung darin, daß sie das Geschäft in ein Spektakel verwandelten und die angebotenen Waren assoziativ eine Bedeutung verliehen, die ihnen an sich abging" (ebd. S.189).

In spiegelverglasten Schaufenstern wurde das Unerwartete, Nicht-Alltägliche ausgestellt, Schaufensterdekorationen wurden immer aufwendiger und phantastischer, eine neue „Konsumpsychologie" war die Folge, die Karl Marx als „Warenfetischismus" bezeichnete:

> „Die Aufmerksamkeit konnte von den gesellschaftlichen Bedingungen, unter denen die Gegenstände hergestellt worden waren, auf die Gegenstände selbst abgelenkt werden, wenn diese etwas Geheimnisvolles, Bedeutungshaftes gewannen - einen Hof von Assoziationen, die mit dem Gebrauch nichts zu tun hatten" (ebd. S.190).

Waren wurden in einen attraktiven, mit der Herkunft und dem Gebrauchswert nicht in Zusammenhang stehendem Kontext präsentiert. Die Ware schien alles zu sein, besonders, wenn sie aufgrund des äußeren Erscheinungsbildes „mystifiziert" werden konnte. Sie entwickelten sich zum scheinhaften Ausdruck der Persönlichkeit des Käufers:

> „In der Welt des Einzelhandels zeigen sich die ersten Anzeichen für eine Wandel der öffentlichen Sphären im 19. Jahrhundert. Die eine zentrale Auswirkung des Kapitalismus auf das öffentliche Leben in der Mystifikation der öffentlichen Erscheinungsbilder" (ebd. S.192).

Letztlich führte es zu einem der vielen Unterscheidungen zwischen der bürgerlichen Konstruktion von privat und öffentlich: Während man sich in der Privatsphäre mit den anderen beim Austausch direkt ausdrückte, die Interaktion bestimmend war, schien sie in der Öffentlichkeit zu verschwinden.

> „In der <Öffentlichkeit> beobachtete man und gab man zum Ausdruck, was man kaufen wollte, was man dachte, was man guthieß - dies freilich nicht als Ergebnis einer kontinuierlichen Interaktion, sondern nach einer Phase passiver, schweigender, konzentrierter Aufmerksamkeit" (ebd. S.194).

Zwar war die Großstadt eine „fiebernde <comedie>", wo sich einander Fremde aufgrund des Aussehens und der Kleidung entzifferten, wobei nur wenige Menschen dabei eine Rolle spielten. Das von Sennett konstatierte Unbehagen der Gesellschaft hatte damit zu tun, das eigene Fühlen mehr und mehr einzuschränken, um nicht anderen die Empfindung willkürlich zu offenbaren:

> „Der eigenen Gefühlen ist man sich nur dann sicher, wenn man ein Geheimnis aus ihnen macht; einzig in seltenen Augenblicken, an verborgenen Orten kann man es sich erlauben, zu interagieren. Doch eben diese Zurücknahme von Ausdrucksbereitschaft veranlaßt den anderen dazu, näher zu rücken, um zu erfahren, was man empfindet, was man will, was man weiß. Diese Fluchtbewegung ist geradezu der Ursprung der zwanghaften Intimität..." (ebd. S.195).

An die Stelle von Theatralität und sozialer Interaktion rücken Intimität, Passivität und schweigendes Beobachten, um keine Empfindungen anderen gegenüber preisgeben zu müssen. Sennett zeigt diese Tendenzen eindrucksvoll am Wandel der Spiel- und Theaterpraxis auf:

Die Straße als Bühne, die Gesellschaft als Theater

Dem schon in der römischen Antike geborenen Begriff des „theatrum mundi" verlieh die neuzeitliche, westliche Stadtkultur zunächst noch Bedeutung. Demnach war die Gesellschaft die Bühne, das Theater, an dem sich die Menschen als SchauspielerInnen beteiligten. Ästhetisches Handeln war Bestandteil gesellschaftlicher Prozesse, und lange Zeit galten Straßen und Plätze selbst als Orte für DarstellerInnen:

> „Die Schauspielerei in Gestalt von Umgangsformen, Konventionen und rituellen Gesten ist der Stoff, aus dem öffentliche Beziehungen

geformt werden und ihre emotionale Bedeutung gewinnen" (ebd., S.48).

Der Mensch in der Öffentlichkeit verfügte über die Identität als SchauspielerIn und DarstellerIn, und dies erzeuge soziale Verbindung zwischen ihm/ihr und den anderen. Außerdem erforderten das (Schau)Spielen und Handeln stets Vertrauen in Regeln und Konventionen, die über unmittelbare Bedürfnisse und Interessen hinausreichen.

Auch Theateraufführungen fanden in erster Linie auf der Straße statt. Es war dabei für die PassantInnen selbstverständlich, sich am Schau-Spiel zu beteiligen. Selbst als die Aufführungen in die dafür vorgesehenen Bauten verlegt wurden, war es noch bis in die Mitte des 18. Jahrhunderts für das Publikum durchaus üblich, auf den jeweiligen "Bühnen" mitzuspielen:

> "Und je nach Lust und Laune stolzieren die unbekümmerten Jünglinge auf der Bühne umher und winken den Freunden in den Logen zu. Es macht ihnen nichts aus, zusammen mit den Schauspielern im Blickpunkt des Geschehens zu sein, im Gegenteil, es gefällt ihnen. Die Offenheit und die Spontaneität der Publikumsreaktionen dieser Zeit gründen in der Vorstellung, daß Zuschauer und Schauspieler sich in ein und derselben Welt befinden und daß sich dort wirkliches Leben abspielt, etwas, das dem Publikum sehr nahe ist. Niemand nimmt Anstoß, wenn Mithridates zu Füßen des Nachbarn von nebenan, tot zu Boden fällt. Im Publikum provoziert ein solcher Tod Gefühlsäußerungen, die einen modernen Besucher peinlich berühren würden: '...sie versetzten sich in den Schmerz der dargestellten Charaktere ganz hinein. Offen brachen sie in Tränen aus, ... nach einer Sterbeszene weinten Männer wie Frauen; die Frauen kreischten, fielen mitunter auch in Ohnmacht'" (ebd., S.105).

Innerhalb des Theaters konnte sich das Publikum in umfassender Weise expressiv verhalten, was an anderen öffentlichen Orten kaum mehr möglich war.

Aber schon einige Jahrzehnte später wurde die Trennung von SchauspielerInnen und Publikum auch im Theater manifest. Das "Mitspielen" des Publikums beschränkte sich lediglich auf den Applaus am Schluss, ansonsten schwieg es und schaute dem zu, was auf der Bühne gezeigt wurde. Die Zurückhaltung im Theater wurde v.a. zum Merkmal des bürgerlichen Publikums, das sich so vom Arbeiterpublikum abgrenzen wollte. Es wurde zu Pflichtübung, sich über Leute lustig zu machen, die ihre Gefühlsregungen zu erkennen gaben; Spontaneität erschien als primitiv, es kam darauf an, die eigenen Regungen durch Schweigen zu beherrschen.

> „Die eigenen Gefühle im dunklen, stillen Saal zurückzuhalten, wurde zu einer Regel des Anstands" (ebd., S.266).

Dieses zunächst rein städtische Phänomen der „Selbstdisziplinierung" trat später auch bei volkstümlichen Straßentheateraufführungen auf, es galt und gilt bis heute als unangemessen und 'unzivilisiert', während einer Theatervorstellung 'einen Ton von sich zu geben'. Und dieses Verhalten in den Theaterhäusern ähnelte dem auf der Straße:

> „Wer keinerlei Reaktionen zeigt, wer seine Gefühle vebirgt, der wird unverletzlich, kann sich gar nicht ungeschickt benehmen ... Passives Schweigen in der Öffentlichkeit ist ein Mittel, um sich zurückzuziehen; solange sich das Schweigen aufrechterhalten läßt, so lange ist der Schweigende aus dem gesellschaftlichen Verband selbst entlassen" (ebd., S. 270 und 273).

Das Verschwinden der gesellschaftlichen Spielkultur

Sennett bringt diese Entwicklung in Zusammenhang mit dem Verlust der gesellschaftlichen Spielkultur, die bis ins 17. Jahrhundert von Kindern und Erwachsenen gleichermaßen getragen und gestaltet wurde, bis sie nur mehr die Angelegenheit von Kindern wurde. Sennett bezieht sich auf die von Aries beschriebene Trennung bzw. Unterscheidung von Kinder- und Erwachsenenwelt, in der Kinder nicht mehr als kleine Erwachsene, sondern als eigenständige, verletzliche Lebewesen gesehen wurden. Sie rührte aus der allmählich vollzogenen Differenzierung zwischen Kinder- und Erwachsenenspielen:

> „Noch im späten 17.Jahrhundert gab es kaum eine Grenze zwischen Spielen, an denen Kinder, und Spielen, an denen Erwachsene ihren

Spaß hatten, das heißt, es gab kaum Kindervergnügungen, für die sich nicht auch die Erwachsenen begeistert hätten. Puppen in aufwendigen Kleidern interessierten alle Altersstufen, ebenso Spielzeugsoldaten. Der Grund hierfür ist, daß es damals noch nicht die scharfe Scheidung der verschiedenen Lebensalter gab. Da der junge Mensch schon in sehr frühem Alter zum heranreifenden Erwachsenen wurde, hatten seine Vergnügungen nichts Eigentümliches an sich" (ebd., S.126).

Erst gegen Ende 17. und zu Beginn des 18.Jahrhunderts wurden bestimmte Arten von Spielen für die Kinder vorgesehen, andere wurden ihnen überhaupt verboten. Dies traf auch auf das gemeinsame Singen und Musizieren zu, das den Erwachsenen, ebenso wie das Geschichten erzählen,

> „....immer weniger passend, ja kindlich vor(kam); andererseits begannen sie sich für Märchen - in gedruckter Form - zu interessieren, die man still lesen konnte. Diese gedruckten Märchen wiederum galten als ungeeignet für Kinder" (ebd., S.127).

Dieser Vorstellungswandel hing damit zusammen, dass das Leben in der kosmopolitischen Stadt als Domäne der Erwachsenen verstanden wurde, da das Kind nicht in der Lage war,

> „....seine gesellschaftliche Stellung zu signalisieren oder, wenn es von Stand war, mit seinem Äußeren spielerisch umzugehen. ... Der öffentliche Bereich,..., war dem Spiel der Erwachsenen vorbehalten, außerhalb der Öffentlichkeit vermochte der Erwachsene nicht zu spielen. Um 1750 hätte es einen Vater in Verlegenheit gebracht, die Puppen seines Sohnes anzuziehen, obwohl er genau das gleiche Spiel spielte, wenn er sich selbst zum Ausgehen ankleidete" (ebd., S.127f.).

Aber bereits hundert Jahre später verfielen die Prinzipien des Schauspielens und der Darstellung von Emotionen in der Gesellschaft und im öffentlichen Leben, dem „Übergang von der Kindheit zum Erwachsenenalter entsprach der Verlust der Spielerfahrung". Der Moment des Spiels wich aus der Vorstellung von Wirklichkeit, was mit dem Verdrängen des kindlichen Vermögens zusammenhängt „gesellig zu sein und sich gleichzeitig für die Qualität des Ausdrucks zu interessieren" (ebd. S.406).

Für das "unterhaltsame und gesellige Spiel" in seinen verschiedenen Formen war in einer städtischen, kapitalistisch-säkularen Welt nur wenig Platz, weil es in Gegensatz zur zunehmenden Ökonomisierung, Rationalisierung und Disziplinierung die Befreiung und Freiheit von ökonomischen Zwängen und die Zeit für Muße voraussetzte.

Was waren die Folgen des Verlusts der gesellschaftlichen Spielkultur?

Kinder können über das Spiel die Fähigkeit der Selbst-Distanz erlangen, die sie

"...in die Lage versetzt, zu gleicher Zeit gesellig und expressiv zu sein" (Sennett 1986, S.410).

Das Spiel lehrt Kinder

"...'etwas zu spielen', indem es sie lehrt, Verhaltenskonventionen als glaubwürdig zu behandeln. Konventionen sind Verhaltensregeln, die in einer Distanz zu den unmittelbaren Wünschen und Strebungen des Selbst stehen. Wenn Kinder gelernt haben, auf Konventionen zu vertrauen, sind sie in der Lage, ihre expressiven Fähigkeiten in der Erkundung, Abwandlung und Verfeinerung dieser Konventionen zu vervollkommnen" (Sennett 1986, S.338).

Zum Spiel gehört außerdem die Lust, Regeln zu verändern und zu verfeinern und damit die Fähigkeit zu entwickeln, sich die Welt plastisch vorzustellen (vgl. ebd. S.339):

„Im selbst-distanzierten Spiel lernt das Kind, daß es Regeln erarbeiten und umarbeiten kann, daß Regeln keine unverrückbaren Wahrheiten, sondern Konventionen sind, die unter seiner Kontrolle stehen" (ebd. S.404).

Regeln werden zur Möglichkeit, Handeln zu objektivieren, gleichzeitig gelten sie nicht als absolute Gegebenheiten. Kinder sozialisieren einander auch, indem sie erläutern, wie die Produktion der jeweiligen Spielregeln zustande kam. Menschen in passivem Zustand kommen nicht auf den Gedanken, institutionelle Regeln in Frage zu stellen bzw. mit ihnen zu spielen:

„Die Institution erscheint als eine absolute, fixierte Realität, durch die sie sich, gestützt auf die eigenen Anlagen, ihren Weg bahnen müssen.

> Es stellt sich nicht die Frage, ob ihnen die institutionelle Struktur zusagt, es geht nur darum, ob sie sie als Gegebenheit akzeptieren. Sofern sie sie akzeptieren, können sie ihre Regeln nicht >problematisieren<, und die Energien des Spiels sind erloschen" (ebd. S.418).

Während in vielen anderen Kulturen und Gesellschaften, das Spielvermögen von Erwachsenen bis ins religiöse Ritual hinein realisiert und verfeinert wird, hat der Niedergang der öffentlichen Sphäre die Vorstellung der Selbst-Distanz in Mitleidenschaft gezogen:

> "Damit ist es schwerer geworden, als Erwachsener zu spielen. Man kann sich nicht mehr vorstellen, mit seiner Umgebung, seiner gesellschaftlichen Stellung, seinem äußeren Erscheinungsbild spielerisch umzugehen, weil diese Momente inzwischen wesentliche Bestandteile des eigenen Selbst geworden sind" (ebd., S.339).

oder an anderer Stelle:

> „Sie (die Erwachsenen, M.W.) können mit der Wirklichkeit nicht spielen, weil diese Wirklichkeit nur insofern von Belang ist, als sie intime Bedürfnisse widerzuspiegeln verspricht. Die Selbst-Distanz, die das Kind im Spiel erlangt, und die es in die Lage versetzt, zu gleicher Zeit gesellig und expressiv zu sein, wird im Erwachsenenleben durch die kulturell bedingte Mobilisierung einer entgegengesetzten psychischen Energie zunichte gemacht" (ebd., S.410).

Zu spielen hieße aber, die Leidenschaft nicht in die Enthüllung der eigenen Handlungsmotive und die Motive der anderen zu richten, mit denen die Erwachsenen in Berührung kommen, sondern vielmehr

> "...(die) ganze Leidenschaft auf von Regeln beherrschte Situationen zu wenden und den eigenen Ausdruck in dieser Situation als Umarbeitung und Vervollkommnung dieser Regeln zu betrachten" (ebd. 1983, S. 396).

oder, wie es Bourdieu formuliert:

> "Der gute Spieler, gewissermaßen das Mensch gewordene Spiel, tut in jedem Augenblick das, was zu tun ist, was das Spiel verlangt und er-

fordert. Das setzt voraus, daß man fortwährend erfindet, um sich den unendlich variablen, niemals ganz gleichen Situationen anzupassen" (Bourdieu, 1992, S.83).

Die ihrer Kunst beraubten SchauspielerInnen

Mit dem Verlust des Spiels als ästhetische Aktivität, die auf kreatives Handeln vorbereitet und damit vielgestaltige Lernmöglichkeiten für gesellschaftliches, politisches und rituelles Handeln schaffen könnte, geht auch die im Spiel erzeugte "Energie für den öffentlichen Ausdruck" verloren. Mit dem Vordringen der Persönlichkeit in die öffentliche Sphäre ändert sich auch radikal das Verhältnis von Straße und Bühne. Der öffentliche Raum leert sich, die Menschen hören auf, sich expressiv zu verhalten. Anstelle der Darstellung von Masken, Emotionen, Gesten und Rollen tritt die Offenbarung des Selbst. Die Kunstfertigkeit, die hier vertan wird, ist die Schauspielerei, denn erst in Gestalt von Umgangsformen, Konventionen und rituellen Gesten werden öffentliche Beziehungen geformt und gewinnen ihre emotionale Bedeutung.

„In dem Maße, wie das Forum der Öffentlichkeit durch die gesellschaftlichen Verhältnisse beeinträchtigt und zerstört wird, werden die Menschen daran gehindert, ihre schauspielerischen Fähigkeiten zu gebrauchen. Die Angehörigen einer intimen Gesellschaft werden zu Künstlern, die ihrer Kunst beraubt sind" (Sennett 1986, S.48).

Die Theatralität steht in einem „feindlichen" Verhältnis zur Intimität und in einem freundlichen Verhältnis zu einem entfalteten öffentlichen Leben. Die Menschen aber haben im Laufe der letzten beiden Jahrhunderte aufgehört, " selbst etwas darzustellen" (ebd., S.394). Sie verlieren den Glauben in ihre eigenen expressiven, schöpferischen Fähigkeiten, Empfinden zum Ausdruck zu bringen.

„Mit der Zunahme des Ungleichgewichts zwischen Öffentlichkeit und Privatsphäre haben die Menschen an Ausdruckskraft verloren. Wenn sie alles Gewicht auf die psychologische Authenzität legen, werden sie im Alltagsleben >unkünstlerisch<, weil sie nicht mehr von der für Schauspieler fundamentalen Kreativität zu zehren vermögen, der Fähigkeit, mit externen Selbstbildern zu spielen und sie mit Gefühl zu besetzen" (ebd., S.58).

Dagegen werden die KünstlerInnen zu besonderen, 'überlegenen' Wesen, die aufgrund ihrer besonderen Begabung und ungewöhnlichen Techniken ihre eigenen Empfindungen und Anschauungen in der Öffentlichkeit deutlich und ungehemmt zum Ausdruck bringen können. Damit einher geht die Spezialisierung bzw. die Sonderstellung von DarstellungskünstlerInnen in der Gesellschaft. Darstellungs-Kunst wird zur Sache besonders dafür ausgebildeter Menschen.

„Das Schweigen förderte die Abhängigkeit der Menschen von der Kunst und ließ ihre Unabhängigkeit in der Isolation von der Gesellschaft suchen. Damit zerbrach die Grundlage von öffentlicher Kultur. Das Verhältnis von Bühne und Straße hatte sich verkehrt. Die Quelle der Kreativität und Phantasie im Bereich der Künste vermochten das Alltagsleben nicht mehr zu speisen und zu inspirieren" (ebd., S.280).

Aber auch für das politische Handeln gilt ähnliches:

„Aus Angst vor der Leere (der menschlichen Beziehungen, M.W.) begreifen die Menschen das Politische als einen Raum, indem sich die >Persönlichkeit als solche< Ausdruck verschaffen soll. So werden sie zu passiven Zuschauern des Politikers, der sie mit seinen Absichten und Empfindungen abspeist, statt über sein Handeln zu sprechen" (ebd. S.331).

Ob PolitikerInnen als Persönlichkeit glaubhaft und überzeugend wirken, wird zur entscheidenden Frage. Die stummen ZuschauerInnen wollen in ihnen bestimmte Persönlichkeitsmerkmale wiederfinden, sie dienen als Projektionsfläche für ihre Bedürfnisse. Damit einher wird der Blick für Macht und Herrschaft und die damit im Zusammenhang stehenden Interessen, Gegensätze und Konflikte verstellt.

Die ZuschauerInnen verlieren das Gefühl, selbst aktive Kraft, "Publikum" zu sein, das "passive Schweigen in der Öffentlichkeit" wird schließlich zum gewohnten Verhalten. Die Menschen werden zu stillen, isolierten Beobachtern und Zeugen der anderen., aus Angst und Unsicherheit, dem eigenen Empfinden Ausdruck zu verleihen. Das öffentliche Leben schweigend vorüberziehen lassen und sich in der Passivität die Intensivierung der eigenen Empfindung zu holen, erspart den Menschen im öffentlichen Raum soziale Interaktionen zu betreiben, die die Empfindung verwirren könnten.

> „Schweigend, unter dem Schutz der Isolation bewegt er sich im öffentlichen Raum, beobachtet das Leben auf der Straße und hält sich durch Phantasien und Tagträume an der Wirklichkeit schadlos" (ebd. S.254).

Anregungen – Kritik – Diskussion

Sennetts Text ist in mehrfacher Hinsicht für diese Arbeit anregend gewesen. Er richtet den Blick auf die städtischen, öffentlichen Beziehungen und Interaktionen und darauf, wie der Bedeutungsverlust öffentlicher Räume einhergeht mit Verlust von öffentlichen, geselligen und lebendigen Interaktionen, aber auch der politischen Öffentlichkeit. Sennett spricht vom „Verfall des öffentlichen Lebens" in einem zweifachen Sinn:

Er bezieht sich auf öffentlich-gesellige Räumen der Gesellschaft wie Plätze, Cafes, Theater etc. und auf die politische Öffentlichkeit mit den Voraussetzungen Diskurs und Verabredung.

Das vorangegangene Kapitel und die Ausführungen von Sennett haben aber gezeigt, dass durch die Monofunktionalität der öffentlich-urbane Raum an Bedeutung verliert. Die ‚Tyrannei' der Intimität und der Rückzug ins Private sind Ausdruck für das geringer gewordene Interesse städtischer BürgerInnen für öffentliche Angelegenheiten; sowohl im politischen, als auch im öffentlich-geselligen Sinn. Dabei sind mit seiner kritischen Beschreibung gleichzeitig normative Überlegungen angestellt, wie städtisches Leben sein könnte:

Dem Habitus des konsumorientierten, passiven und teilnahmslosen Städters, der schwierigen, komplexen und fremden Situationen und Personen lieber aus dem Weg geht, wird jener gegenübergestellt, der sich an Interaktionen beteiligt und Kontakt und Austausch mit Personen sucht, die er/sie persönlich nicht kennt. Denn städtische Sozialisation bedeutet zumeist, sich daran zu gewöhnen, Fremde nicht anzusprechen, sondern vielmehr folgendes Verhalten an den Tag zu legen:

> „Man senkt die Augen, um dem Fremden zu signalisieren, daß man nichts Böses vorhat; man vollführt das Fußgängerballett des Einander-aus-dem-Weg-Gehens, damit jeder eine Bahn hat, auf der er frei ausschreiten kann; wenn man einen Fremden ansprechen muß, beginnt man mit einer Entschuldigung usw." (Sennett 1986, S.377).

Das erinnert an das „rastlose-reibungslose-regungslose" Funktionieren der StädterInnen, wie es Peskoller beschreibt. Während sie aber kritisch von der Stadt als „Lernlabor für Automation" spricht, fordert Sennett, dass die Stadt „Schule für öffentliches Handeln" sein sollte:

> „In dem Maße, wie die Menschen lernen können, ihre Interessen in der Gesellschaft entschlossen und offensiv zu verfolgen, lernen sie auch, öffentlich zu handeln. Die Stadt sollte eine Schule solchen Handelns sein, das Forum, auf dem es sinnvoll wird, anderen Menschen zu begegnen, ohne dass gleich der zwanghafte Wunsch hinzuträte, sie als Personen kennzulernen." (ebd. S.428).

Wichtig erscheint mir auch Sennetts Auffassung vom darstellerischen, geselligen Spiel als konstituierendes Element von Öffentlichkeit. Das ...

> „...Zusammenspiel von *Ästhetik und Gesellschaft*, und zwar im Sinne von *leiblichem Ausdruck*, genauer von demonstrierender Darstellung eigener Befindlichkeiten in interaktiven Prozessen des öffentlichen Lebens" (Weintz 1998, S.65.) ...

... setzte schauspielerische Fähigkeiten voraus und erinnert gleichzeitig an eine sehr lebendige öffentliche Kultur. Die Ausführungen von Sennett verweisen darauf, dass es noch bis in die Mitte des 19.Jahrhunderts sehr verbreitet war, die Straße als „öffentlichen Raum" für die Darstellung von Interessen und Standpunkten zu verstehen. Und dabei kam gerade der Schauspielkunst große Bedeutung zu. Vielleicht können wir uns nur schwer vorstellen, dass die ...

> „...uralte Kultur der Straße in den Wegen, Routen, 'Strichen' und Plätzen immer mehr gesehen (hat) als das bürgerliche Konstrukt eines geordneten, sicheren Warenverkehrs" (Batz/Schroth 1984, S.162).

Die Geschichte der Straßen und Plätzen wurde und wird von gesellschaftlichen Konflikten, Kämpfen und „Säuberungsprozessen" begleitet, der eine Reihe von

Lebensformen und gesellschaftlichen Gruppen zum Opfer fielen. Den Hinweis, dass diese Beeinträchtigung einer lebendigen öffentlichen Kultur, der städtischen Demokratie und der Rückzug ins Private in Verbindung gebracht werden mit der Verdrängung vom geselligen Schauspiel aus dem öffentlichen Leben und der Behinderung der dazu notwendigen darstellerischen Fähigkeiten der Menschen, verdanke ich den Ausführungen von Sennett.

Bevor ich darlege, wie Theaterpädagogik und besonders die Theaterformen Augusto Boals Wege zeigen, auf die Krise der öffentlichen Kultur zu reagieren, werde ich auf einige Fragen eingehen, die der Text für mich offen lässt bzw., wozu mich eine über Sennett hinausgehende Diskussion interessiert und angeregt hat:

Welche Bedeutung haben Spiel und Darstellung im öffentlichen Leben?

Wie sehen andere AutorInnen diese „Krise des öffentlichen Lebens?

Trägt der Begriff Öffentlichkeit in dem von Sennett gemeinten interaktiven Sinn überhaupt noch, wenn sich Menschen nicht mehr begegnen müssen, um zu ‚kommunizieren'?

Kann eine auf Interaktion und Geselligkeit basierende, politisch-urbane Öffentlichkeit entstehen, wenn es die dafür notwendigen Räume kaum mehr gibt bzw., wenn „Öffentlichkeitsarbeit" mit Computer, Telefon und Pressearbeit betrieben wird?

Ich diskutiere diese Fragen, indem ich mich auf entsprechende Diskurse und Texte beziehe. Mir geht es im Folgenden darum, ein wenig über Sennett hinaus zu denken und weitere Elemente und Dimensionen zu berücksichtigen, die bei der Krise der urbanen Öffentlichkeit eine Rolle spielen.

Zunächst interessiert mich, wie die Bedeutung von Spiel und Darstellung im städtischen Leben gesehen wird:

Spiel und Darstellung im öffentlich-urbanen Leben

Wenn wir den Blick auf die Ergebnisse historischer Forschung richten, ist es interessant, dass vor der bürgerlichen Öffentlichkeit spielerische, darstellerische und rituelle Elemente im öffentlichen Leben der Stadt sehr verbreitet waren. Der Anthropologe und Historiker Burke setzt in seiner Studie im Italien der Rennaissance und der frühen Neuzeit an, wenn er – angelehnt an die ‚Theatermetaphorik' von

Erving Gofman – davon erzählt, wie wichtig es war, in der Öffentlichkeit in Form von Gestik, Körpersprache, Kleidung und Haltung „eine gute Figur zu machen" (Burke 1987, S.130f.). Schon im Zusammenhang mit der Geschichte der Theaterpädagogik war von der Spiel-, Feier und Lachkultur der ‚kleinen Leute' im Mittelalter die Rede, in der die theatrale Darstellung in all ihren Formen – der Rede, des Geschichtenerzählens, des Verkleidens, des Tanzes, des Theaterspiels usw. – als Ausdrucksmittel des öffentlichen Lebens genommen wird:

> „In diesem Leben entwickeln die Menschen ihre Ausdruckspotentiale, mit denen sie praktisch wie ästhetisch ihr Leben ausfüllen. Ein ungeheures Panorama theatraler Ereignisse findet überall in den Städten, auf den Messen und den Marktplätzen seine Darsteller wie Zuschauer: Der Karneval, die Umkehrung des gesellschaftlichen Lebens in den Spielhandlungen der verkehrten Welt, die Säkularisierung der christlichen Spiele, die Fest- und Feierkultur als theatrale Veranstaltung im Marktplatztheater, kurz: öffentliche Zusammenkünfte wie Fest und Feier, die öffentliche Information und Agitation, Politik und Revolte, Teile des Handelns und der Heilkunst werden theatral inszeniert" (Richard 1993, S.151).

Der Karneval bot eine Vielzahl an Masken, Scheinkämpfen und Schauspielen, gleichzeitig besaß er eine politische Funktion: die Verhältnisse wurden auf den Kopf gestellt, verbotene Orte betreten und die herrschenden Geschlechter karikiert und parodiert (vgl. ebd. S.146ff.). Kaschuba (vgl. 1992, S.257ff.) spricht im Zusammenhang mit dem Karneval von der ‚verkehrten' Welt, die von Statusumkehr, Rollentausch, Masken, Spielszenen und Spottreden geprägt war. Die Parodie wurde zur regelrechten Strategie, zum Konzept der öffentlichen Diskurse über soziale Missstände, zur kritischen Betrachtung und zur Konterkarikierung von Herrschaft. Der respektlose und freie Erfahrungs- und Meinungsaustausch kollidierte aber mit dem obrigkeitsstaatlichen Monopolanspruch auf Öffentlichkeit und Kommunikation, der den „Kampf gegen die Narrenkappe als Tarnkappe" führte. Burke bringt weitere Beispiele, wie Elemente einer Spiel- und Ritualkultur auch zu politischen Manifestationen werden konnte, da sie eine klare Botschaft an die Herrschenden richteten (=expressive Funktion), für den Zusammenhalt der Gemeinschaft und für deren legitimatorischen und organisatorischen Rahmen sorgten (vgl. Burke 1987, 155ff.).

Kaschuba beschreibt eine Reihe von anregenden historischen Beispielen aus Deutschland, die zeigen, dass schon vor der liberal-bürgerlichen Öffentlichkeit, gesellschaftliche Auseinandersetzungen mit rituellen und darstellerischen Formen, über symbolische Inszenierung von Konflikten auf dem Marktplatz und der Straße stattgefunden haben (Kaschuba 1992, 242f.). Kaschubas Text erscheint als Plädoyer dafür, dass auch populäre Kulturmuster als Prozess aktiver Verarbeitung von Erfahrungen und Erwartungen verstanden werden können, als Vehikel und gesellschaftliche Artikulation: Populäre Riten und Feste schließen Politik mit ein, sie bilden ein tragendes Element der öffentlichen politischen Kultur, eine Art politischer Volksschule der Straße und Plätze. Sie verstehen sich als Form der Öffentlichkeit, der Sozialkritik und der gruppenübergreifenden Mobilisierung im Sinne einer Kultur des Wortes, der Geste, des kollektiven Erlebens und der sinnlichen Erfahrung (vgl. ebd. 243f.). Und sie treten als symbolische Konfliktstrategien, in den spielerisch überzogenen Verhaltensfreiheiten demonstriert werden, vor allem dort auf, wo die spätabsolutistische Etatisierung und Sozialdisziplinierung voranschreitet und die „störende(n) populäre(n) Fest- und Geselligkeitsformen" verdrängt (ebd., S.247). Volkskulturelle Praktiken, als Abwehrreaktionen betroffener Gruppen in Modernisierungskonflikten sind dabei nicht nur reaktiv gegen Sozialdisziplinierung wirksam, sondern können als politisches Energiepotential sozialer Bewegungen, Alltag und Geschichte aktiv mitzugestalten, verstanden werden.

Kaschuba hebt in seinem Beitrag jene Seite der Volkskultur hervor, die auch als Medium des sozialen Dialogs zwischen gesellschaftlichen Mehrheiten und Eliten verstanden werden können:

> „Sie ermöglicht Diskurse, Formen der Interessensartikulation und der Konfliktaustragung, für die bis dahin kein anderes öffentliches Forum existiert" (ebd., 248).

Das prototypische Bild war jenes vom Volk auf der Straße, dessen Bräuche und Rituale Medien einer populären Straßenöffentlichkeit verkörpern. So ist es nicht verwunderlich, dass der Begriff Straße im bürgerlichen Gebrauch als Synonym für plebejische, populare und proletarische Kultur verwendet wurde, der später entschieden ‚bekämpft' werden sollte. Im Zusammenhang mit der Leere und Verödung öffentlicher Schauplätze schreibt Sennett (1991, S.53),

„"... daß auf der Straße kein Leben ist, bedeutet nichts anderes, als dass es dieser Bourgeoisie gelungen ist, sich die Massen vom Leibe zu halten und sie in die engen Mietskasernen ein paar Blocks weiter westlich bei den Docks zu pferchen".

Kaschuba weist darauf hin, dass das gesamte Spektrum des Volksvergnügens nach und nach als Störung des „ordentlichen Lebens" sanktioniert und in weiterer Folge stärker kontrolliert wurde (vgl. Kaschuba 1992, S.265), was als Indiz für die öffentlich-politische Kraft der populär-kulturellen Praktiken interpretiert werden kann. In diesem Zusammenhang ist es interessant, dass gerade die Entwicklung des „Freien Theaters in Europa" seit den 70er Jahren untrennbar mit der Wiedereroberung und -aneignung von Straßen und Plätzen als Spielorte verbunden ist. Viele Gruppen sehen sich als Erben der Fahrenden und Vaganten, der Gaukler und Wanderkomödianten, und dass sie auf der Straße spielen, ist zumindest eine „milde Erinnerung an die radikale Existenz" (Batz/Schroth 1984, S.162) ihrer spielenden und musizierenden Vorfahren, die noch keine Angestellten in einer routinemäßig ablaufenden Theaterinstitution waren.

Im Wesentlichen zeigt sich also, dass die Verbindung von Spielkultur und öffentlich-politischer Kultur vor jener von Sennett beschriebenen Phase weitaus mehr Bedeutung hatte, bevor sie aus politischen und sozialdisziplinären Gründen verschwand. Sie währte insgesamt viel länger und war mit der Alltagskultur der Menschen stark verbunden. Insofern ergibt sich daraus noch stärker als bei Sennett die Vorstellung einer lebendig-interaktiven und darstellerisch politischen Öffentlichkeit, die in mancher Hinsicht bis in die jüngere Gegenwart fortwirkt. So zeigten die StudentInnendemonstrationen 1996 in Wien, wie spielerische und darstellerische Kreativität einerseits als symbolische Manifestation politischen Willens zu verstehen war und andererseits zur Belebung der Straßen und Plätze führte:

> „Welche ein Genuß auch, all die langweiligen Straßen und Plätze der Innenstadt zu beleben, unsere so verhäuslichten verkrampften Angst vor dem öffentlichen Raum .... eine lange Nase zu drehen und mit Lust denselben zu erobern, für kurze Zeit in Besitz zu nehmen, zu verändern" (Ivanceanu 1996, S.30f.).

Während ‚normale' Demonstrationen sich nahtlos in festgefahrene und vorgegebene Strukturen fügen und in ihnen verschwinden – es bleiben keine Spuren -, gab es Spontankundgebungen, Sparmönche , sinkende Schiffe, Vorlesungen in der Operpassage und U-Bahn. Diese Praktiken ließen eine andere Dimension öffentlicher Räume wieder aufleben, ähnlich wie wir sie bei der oben beschriebenen Straßentheaterszene erlebt hatten.

Sennett's Bild einer funktionierenden Öffentlichkeit, in der Schauspieltugenden das Verhalten der Menschen in der Öffentlichkeit prägten, um mit Fremden in Kontakt zu treten und politische Interessen zu artikulieren, währte historisch gesehen nur für eine kurze Phase, bevor die von ihm beschriebene Teilnahmslosigkeit, Passivität und das Schweigen in den öffentlichen Räumen eintrat und die Beteiligung der Menschen an öffentlichen Angelegenheiten zurückging.

Kann daraus der Umkehrschluss gezogen werden, dass die Menschen in den Städten durch das Erlernen von kommunikativen und darstellerischen Ausdrucksmitteln „öffentlichkeitskompetent" werden können und sich wieder mehr an öffentlichen Angelegenheiten beteiligen?

Oder ist dieser Ansatz zu idealistisch und moralisch?

Dieser Ansicht ist Kuzmics, der kritisiert, dass Sennett den gesellschaftlichen Machtstrukturen nicht genügend Rechnung trägt, die zur Ausprägung des politisch apathischen, seine Schauspieltugenden nicht einsetzenden „Sozialcharakters" führten (vgl. Kuzmics 1989, S.183):

Öffentlichkeit und Machtstrukturen

Kuzmics erkennt es zwar als gelungenen Beitrag von Sennett an, die „funktionsunfähige Öffentlichkeit" sowohl im politischen Sinn (Diskurs und Verabredungen) wie auch im räumlichen Sinn (Plätze, Cafes...) als Defizite des demokratischen Systems zu beschreiben und die (politischen) Akteure als ganze Menschen, d.h. auch mit ihrer Körperlichkeit und ihren Gefühlen anzusehen. Aber Sennett drehe die Kausalität um, wenn er meinte, die Menschen suchten sich ihr Selbst aus, um einen besseren Blick auf gesellschaftliche Realität zu bekommen (vgl. ebd., S.185).

Vielmehr waren der Rückzug in die Intimität, als Suche nach privatem Glück, und der Wunsch nach Abgrenzung vom trügerischen Schein des Hofadels mit politischer Ohnmacht verbunden. Die politische Machtlosigkeit führte zur Formulierung realitätsfremder Ideale, zum „Marketing-Charakter" und „Fassaden-Ich" des 20.Jahrhunderts. Sie waren Ergebnis, nicht Ursache der Entfremdung in der Welt moderner Bürokratien und Persönlichkeitsmärkte.

Kuzmics bezweifelt außerdem, ob die Öffentlichkeit der Großstadt überhaupt als politische verstanden werden kann etwa im Gegensatz zum absolutistischen Hof, wo die Machtbalance, wo Rang und Prestige tatsächlich von Gesten, Masken, Handlungen und in face-to-face Interaktionen maßgeblich abhängig waren. Anstelle der Zwänge der (höfischen) Gesellschaft treten später ökonomische, begleitet von dem „Zwang zu Langsicht und Selbstkontrolle" in immer länger und komplexer werdenden Handlungsketten in Beruf und Amt. Die Macht spielt sich vielmehr hinter den Kulissen ab, es gibt keinen „Verfall von Öffentlichkeit" sondern neue Organisationsprobleme in Politik, Wirtschaft und Staat:

> „ ... die Verinnerlichung des Bürgers ... ist eine klare Konsequenz aus dem völlig anderen Aufbau einer Struktur, die dem einzelnen seine wichtigsten Lebenschancen vermittelt: die Systeme von Rang, Ehre und Würde werden durch das Geld ersetzt" (ebd., S.183).

Zwar beherrschen die Großbürger das ‚öffentliche Schauspiel', durch das Wachsen der Städte muss aber auch der öffentliche Mensch ‚neu geschaffen' werden und nicht jeder in der Stadt wird zum politischen Akteur.

Durch den Beitrag von Kuzmics wird der Blick mehr als bei Sennett auf die veränderten Machtstrukturen in den Städten gelenkt, wenn vom Verfall der Öffentlichkeit die Rede ist. Allerdings bietet Kuzmics keine Überlegung an, was aus der politischen Machtlosigkeit führen kann, und wie die hinter den Kulissen wirkende Macht wieder sichtbar und öffentlich werden kann.

Daran knüpfen die Ausführungen von Fraser (1986), wenn sie Zusammenhänge zwischen den politischen Strukturen von Öffentlichkeit und der Nicht-Beteiligung der Menschen herstellt. Anders als Kuzmics plädiert sie aber für Aktualisierung des Konzepts von Öffentlichkeit, worauf ich nun etwas näher eingehe:

Fraser (vgl. 1986, S.151ff.) setzt an der Habermas'schen Idee von Öffentlichkeit an, um diese kritisch weiterzuentwickeln, weil sie ihre Ideale nie verwirklichen konnte: Öffentlichkeit wird bei Habermas als Schauplatz, als institutionalisierte Arena diskursiver Interaktionen in modernen Gesellschaften verstanden, auf dem politische Mitbestimmung durch das Medium des Gesprächs ausagiert wird, wobei sich BürgerInnen über gemeinsame Angelegenheiten beraten.

Fraser gibt zunächst zu bedenken, dass diese Form der bürgerlichen Öffentlichkeit von Ausschlüssen begleitet war. Sie stand in erster Linie dem elitären, bürgerlichen Mann offen und war das „männlich ideologische Konzept" zur Legitimation einer Form von Klassenherrschaft, die Frauen und Angehörige der unteren, unterdrückten Schichten von vornherein ausschloss.

Schon in der griechischen Polis, die so gerne als Vorbild für unser politisch-demokratisches System genommen wird, konnten nur die „freien Bürger" Mitglied sein, jene, die dieses Engagement des Mannes durch ihre Versorgungsleistung als Frauen und Personal überhaupt erst ermöglichten, hatten keine Chance auf Teilhabe.

Andererseits wird übersehen, dass es dazu konkurrierende Öffentlichkeiten, z.B. wie jene von Frauen gegeben hat, und dass die Beziehung von herrschenden zu „Gegen-Öffentlichkeiten" immer schon von Konflikten geprägt war (ebd., S.155ff.). Fraser spricht in diesem Zusammenhang von der großen Bedeutung sogenannter ‚subalterner Öffentlichkeiten', die geprägt sind von Widerstandsbeziehungen zu dominanten Öffentlichkeiten, und die darüber hinaus wichtige soziale Identitäten herausbilden, als wichtige Voraussetzung dafür, mit eigener Stimme zu sprechen. Das ist für Fraser auch deswegen von Bedeutung, da bürgerlich-liberale Öffentlichkeit soziale Ungleichheiten nicht beseitigt, sondern aus der Diskussion ausgeklammert hat. So fordert auch Beck (vgl. 1996, S.146) im Zusammenhang mit der Zivilgesellschaft, dass die Springquellen sozialer Ungerechtigkeiten zum Thema öffentlicher Debatten werden und dass es auch Indikatoren wie soziale Teilhabe als integralen Bestandteil politischer Freiheit geben muss.

Damit soziale Ungleichheit in den öffentlichen Diskursen thematisiert und schließlich beseitigt werden kann, müssen sich vielfältige und eben auch Öffentlichkeiten marginalisierter gesellschaftlicher Gruppen herausbilden. Diese brauchen öffentliche Räume zur Herausbildung ihrer sozialen Identität, gleichzeitig müssen öffentliche Räume geschaffen werden, in denen die unterschiedlichen Gruppen über ihre Unterschiede hinaus in Verhandlungen treten.

Damit nicht genug: Fraser verweist im Zusammenhang mit der Trennung von Staat und Zivilgesellschaft auf die ungleiche Beziehung von ‚stärkeren' zu ‚schwächeren' Öffentlichkeiten: Letztere bekommen in letzter Zeit zwar mehr Bedeutung in der Beratung ‚starker' Öffentlichkeiten bei der Meinungsbildung, nicht aber bei der Entscheidungsfindung, woraus sich Frasers Forderung nach Orten der Meinungsbildung und der Entscheidungsfindung als zentrales Merkmal von Empowerment (hier verstanden als Selbstbemächtigung und Teilhabe an Macht) darstellen würde. Politische Partizipation setzt Öffentlichkeit voraus, bzw. ist an sie gebunden und die wiederum braucht Räume, die öffentlich zugänglich sind bzw. die eine Möglichkeit zur Entstehung von Öffentlichkeit geben. Wo es diese Räume wie Agora, Salon, Bürgerhaus, Stadtteilzentrum etc. nicht gibt, ist politisches Handeln nicht möglich, eine Erfahrung, die vor allem Frauen machen mussten und müssen: Ihnen stehen soziale und öffentliche Räume nicht in gleicher Weise zu wie Männern. So fordert List für Frauen wie Männer:

> „Wir brauchen ... Intimität, Nähe, Beziehungen, ein sozialberufliches Umfeld und schließlich eine Form der Öffentlichkeit, um unseren Handlungsspielraum als BürgerInnen ... aktiv zu gestalten" (List, zit. in Nissen 1997, S. 139).

Das ist gerade vor dem Hintergrund neuerer Ansätze aus der Sozialisationsforschung bedeutend (Nissen 1998, S.116f), in denen der Einzelne nicht nur anpassungsfähiges Objekt, sondern zugleich handelndes Subjekt seiner politischen Umwelt ist.

Diese Position stellt eine Brücke dar zwischen dem möglicherweise zu idealistischen Ansatz von Sennett und der Sichtweise von Kuzmics, der dem handelnden Akteur im Zusammenhang mit urbaner Öffentlichkeit nur wenig Machtchancen einräumt.

Allerdings muss dabei noch auf einer andere Form der Ausschließung, die bürgerlich-liberale Öffentlichkeiten praktizieren, eingegangen werden, die Sennett nicht entsprechend berücksichtigt: Diese Form der Ausschließung hat mit der Dichotomisierung von „privat" und „öffentlich" zu tun, sie basiert auf der Definitionsmacht darüber, welche Themen als öffentliches, alle betreffendes, allgemeines Interesse bezeichnet werden und welche ins ‚Reich des Privaten' gehören:

Das Persönliche ist politisch, das Private ist öffentlich

Aus feministischer Perspektive gibt es kritische Überlegungen zu den Begriffen „Privat und Öffentlich": Hausen (vgl. 1992, S.81ff.) weist darauf hin, dass die im 18.Jahrhundert aufkommende Dichotomisierung von privat und öffentlich zum gesellschaftliche Konstrukt für die Geschlechterbeziehungen und deren Fixierung im 19.Jahrhundert wurde. Mit öffentlichem Leben wurde Erwerb, Staat, gewaltvoller Kampf, die politische und kulturelle Gestaltung verbunden, was als Männerangelegenheit angesehen wurde. Dagegen wurden Kinderaufzucht, der häusliche Zirkel und Kreise, die Familie, das Heim und der Herd als das Private den Frauen zugesprochen. Auch wenn diese Dichotomisierung historisch in dieser Strenge nicht haltbar ist, weil die Autonomie ‚öffentlicher Männer' nur scheinbar bestanden hat und die politische Einflussnahme von Frauen nicht zu übersehen war, hat sich mit der Dichotomisierung von ‚privat' und ‚öffentlich lange Zeit die Geschlechterzuschreibung gehalten.

Ähnlicher Ansicht ist Fraser (1996, S.155ff.). Sie spricht davon, dass es immer schon konkurrierende Öffentlichkeiten von Frauen gegeben hat und es ein Verdienst der Frauenbewegung war, dass bislang privat gehaltenen Themen wie „Gewalt in der Familie" in die Öffentlichkeit rückten. Mit der Prämisse „das Persönliche ist politisch" wurde dazu angeregt, individuelle Erfahrungen zu veröffentlichen, zu verallgemeinern und damit mit den gesellschaftlich-politischen Verhältnissen in Beziehung zu bringen.

Dennoch wird die Partizipation von Frauen an der Öffentlichkeit auch nach Erweiterung der formellen Teilnahmeerlaubnis durch die Vorstellungen häuslicher und ökonomischer Privatheit behindert. Themen wie der ‚Privatbesitz' bleiben im Zentrum einer Rhetorik der Privatheit bzw. werden mir den Zwängen des Marktes, weniger mit den Eigeninteressen der besitzenden Klassen begründet, was die Reichweite der Debatte begrenzt.

Dieser Ausschließungsprozess gilt nicht nur den Frauen. Immer wieder machen Gruppen, die an die Öffentlichkeit wollen, die Erfahrung, zum Privaten verurteilt zu sein. Ihnen wird – wie schon anderer Stelle von mir beschrieben (S.170ff.) - ein Zugang zum öffentlichen Raum verwehrt und so stellen sich folgende Fragen (vgl. Krusche 1996, S.43):

Wer entscheidet, was öffentlich ist und was nicht?

Wer darf sich in öffentlichen Räumen aufhalten, sie benutzen, wer darf ins Private verwiesen werden?

Wer verwaltet die Zugänge?

Andererseits – und hier knüpfe ich wieder an Sennett an – gibt es so etwas wie die ‚Privatsphäre des Politischen', den Rückzug ins Private: Politische Ansichten werden als Privatsache bezeichnet, wenn sie in den eigenen vier Wänden bleiben sollen: „Es braucht niemand draußen zu wissen, was wir politisch denken". Das habe – so Sennett (1991, S.176f.), der auf Hannah Arendt Bezug nimmt, mit einem Mangel an Willenskraft zu tun, mit der fehlenden Bereitschaft, sich in und mit der Welt auseinander zu setzen. Diese Willenskraft sei aber die Voraussetzung von politischem Handeln als notwendigem Experiment in einer Welt, „in der man nicht so leben kann, wie man sie geerbt hat". Und obwohl von AutorInnen wie Rossi (1973) oder Mitscherlich (1974) der Widerspruch von öffentlich und privat, von Vertrautheit und Isolation, von intimen Zuhause und anonymer Versorgung als typisch und notwendig für Städte angesehen wird, wird der zunehmende Rückzug ins Private auch bei ihnen als Gefahr für die Demokratie gesehen. Zu diesem Rückzug ins Private haben in starkem Maße die Massenmedien, die Informations- und Kommunikationsmedien beigetragen.

Haben diese, wie Sennett meint, auch zur Folge, dass der Willen und die Fähigkeit zu öffentlichen Begegnungen verringert wurde?

Mediatisierte Öffentlichkeit und die Schwierigkeit der (Nicht)Begegnung

Was bei Sennett in bezug auf die modernen Massenmedien anklingt, wird von anderen AutorInnen noch verstärkt: So hat etwa für Virilio (vgl. 1991, 345f.) das öffentliche Bild den öffentlichen Raum abgelöst, in dem früher soziale Kommunikation stattfand: die Funktion von Straßen und Marktplatz haben Bildschirme,

Plakatwände und elektronischen Anzeigen übernommen, und es ist eine Frage der Zeit, wann „Sehmaschinen" die menschlichen Augen ersetzen. Auch Betz (1996, S. 47ff.) fragt sich, wohin die Öffentlichkeit als Phantasma, das erst geschaffen werden muss, verschwunden' ist angesichts des ‚Siegeszuges' der Massenmedien. Das sogenannte Private wird vom Öffentlichen durchkreuzt und entgrenzt. Als jüngstes Beispiel dafür kann die rasant umgreifende ‚Handy-Kultur' im städtischen Raum angesehen werden. Betz zeigt anhand der Geschichte des Telephons, dass es für die Herstellung von Öffentlichkeit keinen unmittelbaren Kontakt mehr braucht, da die „Medienmaschine" zur Entfernung und Entsinnlichung beiträgt. Dabei stellt das „Fräulein vom Amt", die Telephongesprächsvermittlerin...

„...auf dem Weg vom geträumten Umgang einer sinnlich-erfahrbaren Öffentlichkeit zu ihrer Simulation in digitalisierte Bilder eine Zwischenstation dar"(ebd., S.48).

...und das ziemlich genau zu jener Zeit, als der öffentliche Raum zu einem der Fortbewegung mutierte. Der Körper des „Fräuleins vom Amt" wird zum Ort, der die Funktion des alten städtischen Treffens, Vermittelns übernimmt; als in die Maschine einverleibte Schnittstelle wird sie zum „Maschinenkörper", zum Hersteller und Vermittler von Öffentlichkeit.

Die soziale Dimension der Stadt, das Leben und Lernen im öffentlichen Raum scheint umso mehr zu verschwinde, je mehr die Stadt auf die neuen Kommunikationsmedien zugeschnitten wird (vgl. Häußermann/ Siebel 1987, S.226).

Im Gegensatz dazu gibt es die Auffassung, dass trotz oder gerade wegen der Informations- und Kommunikationstechnologie, deren Benutzung so manche Handlungen im öffentlichen Raum überflüssig machen, die lebendige Stadt wieder an Bedeutung und Marktwert gewinnt. Die „Erlebniswelt City" wird zum neuen Zugpferd.

Allerdings bleibt die Frage bestehen, ob allein damit die Voraussetzungen für ein gelingendes öffentliches Leben geschaffen werden können. Vielmehr scheint es, dass die Menschen zuwenig Verhaltensrepertoire für nichtinstitutionalisierte Umgangsformen für Begegnungen und Konfliktlösungen zur Verfügung haben, was Rathmeyer (1994) in einem Text über „Jugendliche im öffentlichen Raum" bzw. Sozialisation von Jugendlichen in der Öffentlichkeit erörtert.

Bezogen auf die z.T. schwierige Situation zwischen Jugendlichen und Älteren z.B. in öffentlichen Verkehrsmitteln stellt Rathmeyer fest, dass die Menschen nicht aggressiver, sondern sprachloser geworden sind: Konflikte werden kaum mehr offen und verbal geführt, direkter Kontakt wird vermieden. Erwachsene fühlen sich zwar öfters gestört, äußern ihren Ärger aber nicht direkt, sondern in Form von missbilligenden Blicken, durch Körpergesten ausgedrückte Abscheu oder Selbstgespräche. Wenn etwas ausgesprochen wird, dann oft in Verbindung mit abwertendem, verächtlich-klassifizierendem und moralisch-beschuldigendem Unterton. Ähnlich wie die weiter oben diskutierte Einschränkung einer produktiven Sozialisation von Kindern im öffentlichen Raum, ist auch für Jugendliche keine integrative Imagination der eigenen gesellschaftlichen Zukunft zu erwarten, wenn sie eine gesellschaftliche Öffentlichkeit erfahren, die von Ablehnung, Kommunikationsverweigerung, Desinteresse oder sogar Ausgrenzung geprägt ist. Umso wichtiger wäre es, Lernfelder für den konstruktiveren Umgang zwischen Jugendlichen und Erwachsenen zu installieren: „Spielräume des Besprechbaren, Verhandelbaren" (ebd. S.97).

Die Wiedergewinnung von Öffentlichkeit bestünde nach Ansicht Rathmeyers in offener Rede und redlichen Auseinandersetzungen anstelle von Ressentiments, stummer Entrüstung, ungemessenen Wutausbrüchen oder Verhöhnung. Der „öffentliche Mensch" brauche die kommunikative Kompetenz als Existenzvoraussetzung, um interaktiv, eingreifend und angreifbar, zunehmend und zugänglich sein zu können:

> „Wie teilt man Mißfallen mit, ohne den anderen abzuwerten? ... Wie akzeptiert man etwas, ohne distanzlos zu werden? ... Wie setzt man Recht durch, wie verzichtet man gelegentlich darauf? Wie verhält man sich in Situationen struktureller Ohnmacht, wie übt man begrenzte Macht aus, wie teilt man sie" (ebd., S.98)?

Diese neue Kultur der öffentlichen Begegnung, so Rathmeyer, müsste den Körper mehr in die alltägliche Praxis miteinbeziehen, sie brauche aber auch öffentlichen Raum, der derzeit beinahe zu 100% funktionalisiert worden ist, ohne entsprechende Kompensation. Während es für funktionale Aktivitäten von Erwachsenen Raum gibt, steht für jugendkulturelle Verhaltens- und Tätigkeitsweisen kaum Raum zur Verfügung. Rathmeyer plädiert für die Rückführung von monofunktionalen zu multifunktionalen Nutzungsarten öffentlicher Räume, damit öffentliches Leben überhaupt entstehen kann; die müssen auch für nicht reglementierbare und nicht instrumentalisierbare Bedürfnisse für alle Menschen offen stehen.

In einer ähnlichen Weise wie Sennett oder Rathemyer plädiert auch Beck (vgl. 1996, S.143) für die Aufwertung öffentlicher Kultur und Arbeit: Wenn Öffentlichkeit als die Kunst verstanden wird, Fremde in ein dauerhaftes Gespräch zu verwickeln,

„....dann ist öffentliche Arbeit die Kunst, diesen Worten Taten folgen zu lassen".

Öffentliche Arbeit realisiert sich in einem Bereich zwischen Politik, der Sorge für andere und der alltäglichen Kooperation. Sie setzt Tätigkeit, Aktivität und Beteiligung voraus, versteht sich als soziale, solidarische Selbsthilfe und politische Selbstorganisation. In diesem öffentlichen Handeln vergegenwärtigt sie Geschichte und stiftet im Zusammenwirken mit anderen Sinn und politische Institutionen.

II.3.3 Resümee: Zurück auf die Straße ... und weiter zum Forumtheater

Mit den letzten Ausführungen bin ich wieder bei der von Sennett geforderten Aufwertung der öffentlichen Kultur und bei der Stadt als Schule des öffentlichen Lebens angelangt. Dieser Abschnitt begann mit der Schilderung von politisch motivierten Straßentheateraktionen, die das ‚passive Schweigen' und ‚rastlose Strömen' der PassantInnen für kurze Zeit unterbrochen haben. Visionen einer auf Interaktion und Begegnung, auf Spiel und Darstellung basierenden Stadtkultur tauchten auf, die von Sennett bestärkt wurden, wenn er davon ausgeht, dass es noch bis in die Mitte des 19. Jahrhunderts verbreitet war, die Straße als öffentlichen Raum für die Darstellung von Interessen und Standpunkten zu verstehen.

Die Auffassungen von Sennett wurden in der Folge weiterentwickelt: Die Bedeutung von darstellendem Spiel als Element der Alltagskultur, der öffentlichen Interaktionen wie auch der öffentlich-politischen Kultur wurde historisch nachgezeichnet. Die Krise der urbanen Öffentlichkeit wurde auf veränderte Machtstrukturen und Ausschließungspraktiken hin beleuchtet, woraus die Forderung nach vielfältigen, subalternen und ‚starken' Öffentlichkeiten erhoben wurde, worauf Sennett kaum eingeht. Ebenso wurde auf die Problematik der Definitionsmacht über und die Trennung von „privat" und „öffentlich" hingewiesen und darauf, wie sie diese überwunden werden könnten. Die Auffassungen von Sennett wurden dort bestätigt, wo die mediatisierte Öffentlichkeit, die Schwierigkeiten der öffentlichen Kommunikation und Vorschläge zur ihrer „Wiederbelebung" diskutiert werden.

Jetzt kehre ich nochmals zum Theaterspiel zurück und zu den anfangs beschriebenen Straßentheaterszenen, bei denen mit darstellerischen Mitteln soziale Ungleichheit öffentlich thematisiert wurde. Diese Erfahrung führte zur Gründung von „Theater Stehplatz", das in Folge weitere, spontane Straßentheateraktionen aus aktuellem Anlass entwickelte, v.a. dann, wenn soziale und gesellschaftspolitisch engagierte Initiativen sich als Unterstützung ihrer Öffentlichkeitsarbeit lebendige Theater-Einmischungen wünschten.

Allerdings tauchten nach einiger Zeit auch kritische Fragen auf:

Was kann mit diesen Straßenktionen bewirkt werden?

Reicht es uns, PassantInnen damit zu informieren, aufzurütteln oder zu provozieren?

Sind sie immer die richtigen AdressatInnen für unsere Absichten?

Wie offen und interessiert für Auseinandersetzung mit den PassantInnen können bzw. wollen wir sein?

Zu einer Diskussion zwischen SchauspielerInnen und PassantInnen kam es durch unsere Straßentheateraktionen nicht. Wir konnten zwar unsere politischen Standpunkte in einer deutlichen und ausdrucksstarken Sprache vertreten. Die Skepsis, inwieweit dadurch die Bereitschaft zum Mitdiskutieren, die Betroffenheit über die eigene Situation und Änderungsbereitschaft geweckt werden könne, nahm aber zu. Weitere Fragen tauchten auf

Wie können Formen des "politischen Ausdrucks" mit einer Diskussion, einem Dialog, in dem die Beteiligten ernstgenommen werden, verknüpft werden?

Wie kann es dem Publikum ermöglicht werden, aus seiner passiven Zuschauerrolle herauszusteigen?

Welche Voraussetzungen sind dazu notwendig?

Wie kann sich ein Theaterraum in einen öffentlichen, interaktivgeselligen und diskursiv-politischen verwandeln?

Anregungen und Antworten entwickelten sich nach meiner Übersiedlung nach Wien 1992/93 und die Teilnahme an Projekten der Gruppe „Forumtheater" (vgl. I.3.6). Zunächst schildere ich Eindrücke, die ich bei Forumtheateraufführungen gewonnen habe, bei denen ich als Darsteller mitwirkte:

Einstiege ins Forumtheater

1.Ein-Stieg:
Kurz nach Beginn eines Forum-Theater Abends in einem Theatersaal. Nach einleitenden Worten des Spielleiters zur Idee des Forumtheaters und zur Gestaltung des Abends werden die ZuschauerInnen auf die Bühne gebeten, um gemeinsam mit den SchauspielerInnen Aufwärmspiele zu machen. Werden sie die Einladung annehmen können? Von etwa 80 Leu-

ten bleiben nur etwa fünf auf ihren Sitzen, die anderen kommen auf die Bühne und haben viel Spaß daran, sich mit den anderen im Raum zu bewegen und rasch nach wechselnden, äußeren Merkmalen Gruppen zu bilden: Wer hat die gleiche Haarfarbe, Augenfarbe, Schuhgröße? Eine sehr ungewohnte Form, sich miteinander bekannt zu machen. Dann geht es weiter mit einer Zweier-Übung, sie heißt „complete the image"...

<u>2.Ein-Stieg:</u>

Am gleichen Abend, aber viele Stunden später: In einem Beisl in Wien. Mittlerweile ist es halb drei Uhr Nacht geworden. Noch immer diskutiere ich mit einigen Leuten angeregt über die Psychiatrie: Was müsste an ihr verändert werden? Oder sollte sie überhaupt abgeschafft werden? Wie kann man in einer solchen Institution "überleben"? Wie kann man einem "Insassen" helfen? Obwohl kaum jemand von uns diese Institution aus unmittelbarer Erfahrung kennt, ist die Betroffenheit darüber und das Interesse sehr groß.

Zuvor haben wir als "SchauspielerInnen" bzw. "ZuschauerInnen" an einer Forumtheateraufführung mit dem Titel "Abgedreht. Ein Stück Psychatrie" teilgenommen. In der gezeigten Szene versuchte eine Musiktherapeutin sich für einen Patienten einzusetzen, der keine Psychopharmaka in Form einer Depotspritze bekommen wollte. Sie scheiterte an der Macht der Ärzte und an den institutionellen Regeln der psychiatrischen Anstalt, der Patient bekam die Spritze.

Die Szene basierte auf einem realen Ereignis, das ein Mitglied der „Gruppe Forumtheater" erlebt hatte, und das für diese Aufführung dramatisch aufbereitet wurde.

Am Abend hatte es verschiedene Einstiege gegeben, an Stelle der Musiktherapeutin zu versuchen, dem Patienten zu seinem Recht zu verhelfen, sich für ihn zu engagieren oder zumindest die eigene Position gegenüber den "Mächtigen" zu verbessern bzw. Veränderungen anzuregen. In einem Versuch wurde die offene Konfrontation mit den Ärzten versucht; in einem weiteren wurden die eigenen Kompetenzen der Musiktherapeutin in den Vordergrund gerückt; Bemühungen wurden gestartet, das restliche

Personal in die Entscheidung mit ein zu binden; in einem neuerlichen Versuch tauchte ein Presseteam auf, das im Auftrag der Menschenrechtstagung mit dem Primar über die Situation der Patienten reden wollte; ein anderer Mit-Spieler versuchte, den Patienten aus seiner Lethargie zu verhelfen, und mit ihm auf den Fußballplatz zu gehen, womit er auch der drohenden Spritze entkommen würde.

Jeder neue Spielversuch legte etwas vom alltäglichen "Grauen" der Psychiatrie frei, immer mehr Leute fühlten sich an ihre eigenen Erfahrungen in Krankenhäusern erinnert. Zugleich schaffte jeder "Einstiegs-Versuch" wieder neue Ideen und Energien für Handlungsmöglichkeiten für eine Situation, die zunächst als festgefahren und unveränderbar erschien. ZuschauerInnen wie SchauspielerInnen wurden auf diese Weise zu Beteiligten und Handelnden in einer üblicherweise "geschlossenen", der Öffentlichkeit entzogenen Institution, indem sie an einer Geschichte, die sich dort ereignet hat, konkreten Anteil nahmen.

3.Ein-Stieg:

An einem anderen Abend, in Linz beim Verein für psychiatrische Nachsorgeeinrichtungen. Wir, die SpielerInnen sind ziemlich aufgeregt, wissen wir doch, dass sich im Publikum neben BetreuerInnen und TherapeutInnen auch ehemalige KlientInnen der Psychiatrie befinden. Wie werden sie auf unser Spiel reagieren?

Ab dem Moment, wo wir die Psychiatrieszene spielen, ist starke Betroffenheit spürbar. Nach dem ersten Durchlauf der Szene verlassen einige ehemalige PatientInnen den Saal. Sie sind, wie wir später noch von den BetreuerInnen erfahren werden, froh, mit der Psychiatrie nichts mehr zu tun zu haben und wollen nicht wieder damit konfrontiert zu werden. Andere, die dableiben, versuchen dem "Patienten" in der Szene Tipps zu geben, wie er verhindern könnte, die Spritze zu bekommen. Sie solidarisieren sich mit dem 'Ohnmächtigsten' in diesem Gefüge und bestätigen anschließend, dass sie viel von ihrer eigenen Situation wiedererkannt haben: Die Medikamente haben sie genauso stumpf und lethargisch gemacht, und sie haben sich den Ärzten, Pflegern gegenüber abgewertet, ohnmächtig und hilflos gefühlt. Eine Zuschauerin meint, dass ihr das Spiel noch einmal so richtig verdeutlicht hat, wie sehr diese Institution wie eine Macht-Maschine funktioniert. Die einzelnen "Teile" spielen gut zusammen, aber mehr zur Aufrechterhaltung der institutionellen Regeln als zum Wohl der PatientInnen.

In einer sehr belebten Diskussion im Anschluss an das Spiel, erzählen einige von ihren Erfahrungen in der Psychiatrie, was immer wieder von neuem zur Frage nach dem Sinn dieser Institution bzw. nach möglichen Alternativen führt. Dabei ist spürbar, wie sehr diese Fragen mit den konkreten alltäglichen Erfahrungen und den gemeinsamen Erlebnissen beim Spiel in Zusammenhang stehen. Der rege Austausch hat die Trennung von "SchauspielerInnen" und "Publikum" längst aufgehoben.

Neben diesen Erfahrungen, wie Forumtheater zu engagierten Diskussionen und zu einem Bewusstwerdungsprozess anregen konnte, war für mich bemerkenswert, dass Forumtheater wirklich 'funktionierte', d.h., dass zum einen die Menschen aus dem Publikum mitspielten und ihre Ideen zur Veränderung der Situation in die Szene einbrachten, und dass es zum anderen für die Spielenden möglich war, auf Basis des von ihnen erarbeiteten „Handlungswissens", als Rolle darauf zu reagieren bzw. mit den Einstiegen zu improvisieren.

Ähnlich wie bei einem Experiment, bei dem eine Reihe von Bedingungen konstant gehalten werden, trachten die SchauspielerInnen danach, die Szene den möglichst gleichen Verlauf nehmen zu lassen, während das Publikum versucht, dem Geschehen eine Wendung zu geben. Damit beginnt eine Untersuchung darüber, welche „Einflüsse", im Sinne anderer Handlungen die Situation insgesamt und den Ausgang der Geschichte verändern könnten.

Handeln und Erkenntnis werden in einem solchen dramatischen Labor gemeinsam entfaltet, die ZuschauerInnen werden zu aktiven TrägerInnen des Geschehens. Die Beteiligten führen eine Diskussion, wie eine bestimmte soziale, politische Thematik zu verändern sei.

Welche politischen, pädagogischen und künstlerischen Überlegungen und Konzepte begründen das Konzept von Forumtheater?

Forumtheater: Idee und Konzept

Das Forumtheater ist die wohl bekannteste Form des „Theaters der Unterdrückten" von Augusto Boal, mit dem dazu beigetragen werden sollen, die ZuschauerInnen aus ihrer passiven Rolle im Theater wie auch in der gesellschaftlich, politischen Öffentlichkeit zu befreien (siehe I.3.5). Das Publikum soll zum Protagonisten der Handlung werden. Theater als ästhetischer Raum, in dem die Veränderung von Realität geprobt werden kann, wird auf zukünftiges Handeln gerichtet. Am weitest gehenden ist ihm das bei seinem Konzept von Forumtheater gelungen: Forumtheater als öffentliche, theatrale Situation, ermöglicht dem Publikum, alternative Handlungen und Handlungsweisen zu einer vorgegebenen, vorgespielten Szenenfolge auszuprobieren. Theater als solcherart verstandenes pädagogisches und politisches Medium stellt Wirklichkeit nicht nur dar, sondern zeigt ihre Veränderbarkeit durch die Kraft der menschlichen Kommunikation. Und diese Kommunikation geschieht mehr in Handlungen als in Worten.

Wie sieht das Konzept nun in der Praxis aus?

> „Das Theater der Unterdrückten muss ein Handlungsmodell für die Zukunft entwerfen, daher muß es immer von einem konkreten Anlaß ausgehen" (Boal 1989, S.69).

Ausgangspunkt für die Entwicklung einer Forum-Szene sind erlebte soziale und politische Konflikte und Probleme, Unterdrückungs- und Ohnmachtserfahrungen einer Gruppe oder Gemeinschaft. Dabei geht es nicht um abstrakte Ideen, sondern darum, alltägliche, konkrete Situationen aus dem gesellschaftlich-politischen Leben darzustellen, bei dem es das Interesse und den Wunsch nach Veränderung gibt. Eine Gruppe erarbeitet daraus eine theatralische Szene, wobei durch diesen intensiven Erarbeitungsprozess Ursachen, Mechanismen und Dynamiken, die diesen Konflikt beeinflussen, aufgedeckt werden können, was zur Bewusstseinsbildung der Betroffenen beitragen kann.

In der entwickelten Szene soll schließlich deutlich werden, worin der Konflikt, das Problem oder die Unterdrückung bestehen. Diese Ausgangsszene wird auch das "Anti-Modell" genannt, da es einen Ausschnitt sozialer Wirklichkeit zeigt, wie "es nicht sein soll."

Bei einer Aufführung wird die Frage an das Publikum gerichtet:

"Seht her, wir haben dieses Problem? Kennt ihr es auch? Wie würdet Ihr es lösen??"

Bevor probehandelnd nach Lösungen gesucht wird, werden zunächst die (schau)spielerischen Fähigkeiten der Beteiligten geweckt. Zu Beginn einer Aufführung, wird das Publikum eingeladen, den freien Bühnenraum zu "erobern". Unter Anleitung eines Spielleiters/ einer Spielleiterin (="Joker") werden gemeinsam mit den Schauspieler/innen "Aufwärmübungen" durchgeführt. Damit soll auch die Scheu vor dem Bühnenraum genommen werden; die Spiele führen zu ersten "unkonventionellen" Kontakten und Begegnungen unter dem Publikum. Es ist eine für unsere Kultur seltene Erfahrung, wenn 50, 80, oder 120 Menschen gemeinsam spielen und sich von den dabei entstehenden Bewegungen und Energien tragen lassen: Es wird gelacht und ausprobiert. Nur selten passiert es, dass sich Zuschauer/innen daran nicht beteiligen wollen und auf ihren Sesseln sitzen bleiben.

Anschließend wird die Ausgangsszene, das angesprochene "Anti-Modell" gespielt. Das Publikum wird Zeuge einer ungelösten Situation, die für eine/n oder mehrere ProtagonistInnen in einen unbefriedigenden, Ohnmacht erzeugenden Verlauf mündet. Mit der Einladung des Spieleiters/ der Spielleiterin an das Publikum, die Rolle der Protagonistin/ des Protagonisten zu übernehmen und eigene Ideen auszuprobieren, um der Szene einen anderen Verlauf zu geben, beginnt die eigentliche *Forumphase*.

> "Je stimmiger das Bild einer repressiven Situation in Szene gesetzt wird, umso größer wird bei der Aufführung dann auch der Widerstand des Publikums gegen die angebotene Lösung ausfallen. Und gerade dieser Widerspruch des Publikums, das den schlechten sozialen Alltag, wie er vorgeführt wird, nicht mehr hinnehmen möchte, wird zum Motor für das Mitspiel" (Richter 1989, S.76).

Nach einer kurzen Beratung der Zuschauer wird die Szene nun nochmals vom Anfang an gespielt, bis irgendwer aus dem Publikum "Stop!" ruft und damit das Spielgeschehen unterbricht. In diesem Moment "frieren" die Darsteller/innen auf der Bühne in ihren Handlungen ein. Der Zuschauer/ die Zuschauerin schlüpft in die Rolle des Protagonisten/ der Protagonisten und spielt genau an der unterbrochenen Stelle weiter. Nun zeigt sich, was ein Einstiegsversuch bewirken kann, agieren doch die restlichen Schauspieler/innen weiterhin aus ihrem Rollenwissen heraus, sie werden zum Reibebaum für Veränderungswünsche. Und da kann ein engagierter Einstiegsversuch dazu führen, dass sich die Macht der „Unterdrücker/innen" noch viel stärker zeigt als in der Ursprungsversion. Niemand weiß das vor einem Einstiegsversuch, aber jede neue, ausprobierte Spielidee ruft wieder "Einsteiger/innen" auf den Plan. Und das kann eine sehr spannende, bewegende und erkenntnisreiche Dynamik ergeben.

Diese Phase erinnert an eine Art „Ringkampf": es wird mit den „Mächtigen" immer wieder von neuem um eine Verbesserung der Situation, um eine Aufhebung der Ohnmacht bzw. Unterdrückung, um eine Lösung des Konflikts mit alle zu Gebote stehenden Mitteln „gerungen", nur physische Gewalt ist nicht erlaubt. Und dieses „Ringen", „Dranbleiben", „Konfrontieren" bringt nicht nur ständig neues Wissen und neue Informationen über die Situation zum Vorschein. Es hilft, Ansatzpunkte für Veränderungen und Lösungen wahrzunehmen bzw. zu erfahren, wo es strukturelle oder institutionelle Barrieren gibt.

> „Im Laufe eines Abends können unterschiedlichste, von den PublikumsteilnehmerInnen selbst gespielte Lösungsvorschläge für den Konflikt durchagiert und ihren Folgen transparent gemacht werden. Forumtheater folgt hier einem eigenen Aufführungssetting und ermöglich und sucht, durch den Spielleiter geregelt, die Wandlung des Zuschauers zum Teilnehmer und Verantwortungsträger des Geschehens. Handlung und Erkenntnis werden in einem solchen 'dramatischen Labor' gemeinsam entfaltet" (Stastny 1998, S.10).

So können eigene Ideen kritisch überprüft und versuchsweise in die Praxis umgesetzt werden - zunächst einmal in der Theaterpraxis. Dabei ist die "gute Debatte" und die ständige Suche nach Handlungsmöglichkeiten wichtiger als die "einzig" richtige Lösung. Das Theater wird zu einem geschützten Raum sozialen Experimentierens mit der "unliebsamen" Wirklichkeit und der gemeinsamen Suche nach Veränderungsmöglichkeiten. Und all das, meint Boal, stimuliert, bereichert und bereitet den Zuschauer vor für Handlungen im wirklichen Leben (vgl. Boal 1989, S.58 und 68f.)

So werden als Abschluss der Forumphase Lösungsansätze auf ihre Umsetzbarkeit hin diskutiert. In der Geschichte des Forumtheaters führte das manchmal zur spontanen Bildung von neuen Projekt-, Aktions- oder Selbsthilfegruppen (vgl. Richter 1989, S.77), wenn das Forumtheater nicht schon selbst Teil einer politischen Kampagne zur Veränderung von sozialen oder politischen Problemen gewesen war.

Forumtheater in der Diskussion: Würdigung und Kritik

Anlässlich des österreichischen Forumtheaterfestivals „Visionen der Veränderung" in Wien 1999 wurde ein Reader herausgegeben, in dem dokumentiert wurde, in welch unterschiedlichen Praxisfeldern und Projekten Forumtheater in Österreich Eingang und Verbreitung gefunden hat (Wrentschur/ ARGE Forumtheater 1999). Weltweit zählt das Forumtheater zu den bekanntesten der Boal'schen Theaterformen, die je nach kulturellen Kontext eine spezifische Ausprägung erfahren haben, ohne die Essenz dieser Theaterform zwischen politischem Engagement, Pädagogik und Kunst bzw. Kulturarbeit zu verlieren:

Ziel ist es, das Publikum zum Protagonisten, Verantwortungsträger der theatralen Handlung zu machen, Situationen von Gewalt und Unterdrückung in Dialog zu transformieren und Ansätze für verändertes Handeln zu finden, die auch im ‚wirklichen' Leben umgesetzt werden können.

Forumtheater integriert in besonderer Weise ästhetische, soziale und pädagogische Praxis, letztere aber weniger in einem erzieherischen oder belehrenden Sinn, als in einem lernenden, experimentierenden Sinn, wobei Handeln und Erkennen beim Forumtheater unmittelbar verknüpft sind. Forumtheater setzt aber immer auch ästhetische Gestaltungsprozesse voraus, in dem subjektive, positive und historische Lebenserfahrungen von Menschen ernst genommen werden und zu theatralen Szenen bzw. Stücken verdichtet werden, was nicht immer gelingen muss:

> „Wenn diese Verdichtungen virtuos vonstatten gehen können, dann mögen sie im glücklichsten Fall die Brisanz und Widersprüchlichkeit

sowie literarische Form der Brechtschen Lehrstücke erreichen - oder ab sie bleiben als Formexperiment politisch - sozial ohne allzu große Wirkung, indem sie Wirklichkeit nur verdoppeln" (Koch 1991 318f.).

Es besteht die Gefahr, dass Forumtheater in Klischees verhaftet bleibt, sehr einfache Erklärungsmodelle entwickelt und Wirklichkeit nur reproduziert. Denn Forumtheater zu machen, setzt zu entwickelnde, künstlerische Fähigkeiten voraus. Damit es Strukturen gesellschaftlicher Wirklichkeit sichtbar und bewusst macht und dies auf brisante und engagierte Weise darstellt, die zum Mitspielen provoziert und ermutigt, ist viel an Handwerkszeug und Erfahrung, d.h. der kompetente Umgang mit einer Reihe von Arbeits- und Probetechniken notwendig, was entsprechende Zeitressourcen benötigt (vgl. Stastny in Wrentschur 1999, S.5, Piepel 1991, S.126ff.) Wenn es aber gelingt, stellt Forumtheater ein Angebot, einen Spiel- und Erfahrungsraum bereit, der zum Experimentieren einlädt. Es eröffnet das Entdecken und Erleben neuer Handlungsmöglichkeiten gegenüber erstarrten, einengenden Situationen und Strukturen (vgl. Neuroth 1994, S.132). Als unlösbar und unveränderbar erlebte Situationen werden „aufgeweicht", „beweglich", selbst bei belastenden und schwierigen Situationen wird dieser Prozess von Humor und Lebendigkeit begleitet.

Eindeutige Situationen erscheinen bei dieser Art der kreativen und interaktiven Auseinandersetzung als vieldeutig und plastisch, neue Aspekte und Ebenen kommen zum Vorschein. Diese Plastizität ermutigt zu „total creativity" (Boal 1995, S.69) und Spontaneität:

> "Durch Spontaneität werden wir wieder in uns selbst verwandelt. ... (Sie) ist ein Moment persönlicher Freiheit, in dem wir mit der Realität konfrontiert sind, sie wahrnehmen und erforschen und angemessen handeln" (Spolin 1993, S.18).

Forumtheater will besonders jene Protagonisten in der Szene stärken, die sich als ratlos, ohnmächtig, unterdrückt fühlen, in dem sie handlungs- und ausdrucksfähiger werden können, wie es beispielsweise für die Veränderung einer Protagonistin in einer Forumszene geschildert ist:

> "Am Ende schafft sie für sich eine Situation, in der sie befreit ... agiert. Sie verändert innerhalb der Szene ihre Rolle. Es findet eine Entwicklung von der untergeordneten, demütigen bis hin zur selbstbe-

stimmtem und selbstbewußten Ehefrau starr" (Feldhendler 1987, S.44).

Durch die Spontaneität können schöpferische, kreative Möglichkeiten freigesetzt werden, wodurch das unmittelbare Angehen von Problemen und Konflikten erleichtert wird (vgl. Feldhendler 1987, S.58f.). Weiters wird angenommen, dass die kreativen Spielprozesse beim Forumtheater nicht nur den Selbstwert vergrößern, sondern auch das Vertrauen in die eigenen Wahrnehmungs-, Ausdrucks-, Kommunikations- und Handlungsfähigkeit im Alltag stärken.

"Wenn die Unterdrückten anstelle der Schauspieler ihre Handlungsvorschläge realisieren, wird die Realisation in der Fiktion des Theaters sie dazu aktivieren, die Handlung auch im richtigen Leben auszuführen. Um diese Übertragung zu leisten, muß das Theatergeschehen unmittelbar in der Alltagsrealität angesiedelt sein" (Neuroth 1994, S.45f.),

...ohne dass dadurch Wirklichkeit einfach verdoppelt wird. Allerdings bleibt offen – und darüber wurde noch selten geschrieben oder geforscht – was davon in Alltag wirklich nachwirkt, inwieweit die Übertragung gelingen kann bzw. von welchen Rahmenbedingungen sie möglicherweise abhängt, was schon weiter oben diskutiert wurde (siehe S.50ff.).

Zu beobachten ist, dass es sehr viel persönlichen Mut braucht, einen Einstieg bei einer öffentlichen Forumtheateraufführung zu wagen, da in der ästhetisch-theatralen Realität die Situation und Akteure noch zugespitzter erscheinen. Wer hier eine Idee umsetzen kann, so die Annahme – kann wohl darauf vertrauen, sein Handlungspotential auch im Alltag zu vergrößert. Ein Unterschied besteht darin, ob es sich um eine einmalige Aufführung oder einen länger dauernden Workshop handelt, bei dem immer wieder neue Handlungen ausprobiert, reflektiert und verankert werden können. So meint Ruping:

"Deren Umsetzung in Widerstandsformen, d.h. in die herrschende Öffentlichkeit außerhalb der Gruppe bleibt abhängig von den ihr vorgegebenen Handlungsräumen und den Mitteln, die ihr dabei zur Verfügung stehen" (Ruping 1991, S.74).

Ruping kritisiert, dass eine Gefahr beim Forumtheater darin besteht, Konflikte zu individualisieren, in dem Sinne, dass die Menschen selbst verantwortlich sind für ihr Handeln und dafür, Konflikte auszutragen, das Nachdenken über Organisationsformen und die „Selbstverständigung" lernender Kollektive bleiben eher zweitrangig. In diesem Zusammenhang stellt Vaßen die kritische Frage,

"...ob gesellschaftliche Konflikte und Widersprüche deren Erscheinungsbild nicht eindeutig und offensichtlich ist, die kaum sinnlich nachvollziehbar bzw. spontan zu erkennen sind, mit den Mitteln des Forumtheaters erarbeitet und öffentlich und veränderbar gemacht werden?" (Vaßen 1991, S.277).

In eine ähnliche Richtung bezweifelt auch Schutzman:

"Broader societal solutions cannot be explored in forum. ... its potential as a collective tool for policial organisations is limited." (Schutzman 1995, S.145).

Diese Problematik zeigt sich auch darin, dass Forumtheater in der von Boal entwickelten Grundidee polar auf den Konflikt zwischen („unterdrücktem") Protagonisten und („unterdrücktem") Antagonisten gerichtet ist. Veränderung und Befreiung bedeuten dazu notwendigerweise nicht eine gute Lösung für alle Beteiligten.

„Überhaupt besteht die Gefahr beim Forum-Theater, daß es statisch/statuarisch ist und sehr wenig historische Abläufe und Veränderungspotentiale, die schon im Leben der Menschen miteinander gegeben sind, ernstnimmt. .... Mir wäre es wichtig, wenn nach dem Austausch der Personen, die die Rolle des Unterdrückten spielen, ein neues Arrangement, möglicherweise eine Utopie, versucht wird" (Koch 1991 S.218f).

Meines Erachtens sind diese kritischen Kommentare für die Weiterentwicklung des Forumtheaters sehr wichtig, sie fordern Nachdenken darüber heraus, inwieweit die Ansprüche, die Praxis und das Vermögen auseinander klaffen bzw. wie sie korrigiert und differenziert werden müssen, wozu besonders der 3.Teil der Arbeit beitragen will.

Im folgenden stelle ich dar, auf welch vielfältige Weise die Theaterformen Boals und besonders das Forumtheater geeignet scheinen, auf die beschriebenen Krisen der urbanen Öffentlichkeit zu reagieren und Wege für eine andere Kultur der Öffentlichkeit anzubieten:

Resümee: Boals Forumtheater als Antwort auf Sennett und die Krise der urbanen Öffentlichkeit?

Als ich mich - parallel zu den Forumtheaterprojekten – mit Sennetts und Boals Texten beschäftigte, war ich überrascht, wie deren Auffassungen ineinander greifen. Während allerdings Sennett den Niedergang der öffentlichen Sphäre beklagt, erscheinen die Theaterformen Boals als „Reaktion" darauf, gleichsam als „Gegenmodell". Interessant ist, dass Boal ähnlich wie Sennett die

> „...alte Beziehung Schauspieler-Zuschauer(...), genauso wie jedes andere Subjekt-Objekt Verhältnis, das einen Menschen dazu verurteilt, Zuschauer des anderen zu sein..." (Boal 1989. S.7),

... sehr kritisch betrachtet. Das erklärte Ziel von Boal ist es, mit Theatermethoden eine „Kultur des Schweigens" zu überwinden, die bei Sennett in Form der passiven, schweigenden und teilnahmslosen BeobachterInnen im öffentlichen Raum erscheint, unfähig und nicht willens zur Interaktion und Teilhabe. Und dieses Ziel korrespondiert in mehreren Aspekten mit Sennetts Befunden, worauf ich im folgenden detailliert eingehe. Dabei beziehe ich mich auf die oben diskutierten, über Sennett hinausreichenden Aspekte von Öffentlichkeit.

1) Rekultivierung der Ausdrucksfähigkeit durch das Theaterspielen

Boal wertet die theatrale Kompetenz der Menschen, das Spielen, Handeln und gleichzeitige Zuschauen bzw. Bewusst sein als grundlegende, anthropologische Konstante der Menschen (Boal 1999, S.24ff.) und rückt damit in die Nähe von Sennetts Auffassungen der Straße als Bühne und anderer, dramaturgisch ausgerichteter, sozialwissenschaftlicher Theorien wie die von Gofmann oder Turner. Boal will mit seinen Theaterformen gerade auch Erwachsenen wieder Lust auf das Spielen, Ausprobieren und Darstellen machen, was angesichts des von Sennett angesprochenen „Verlustes der gesellschaftlichen Spielkultur" kein leichtes, aber umso wichtigeres Vorhaben ist. Dabei geht es nicht um die Herausbildung professioneller SchauspielerInnen:

> "Keine akrobatischen Leistungen sind angestrebt, sondern das Ausschöpfen all dessen, was in uns angelegt ist, denn nicht nur der Schau-

spieler, jeder kann Theater machen, nicht nur der Künstler kann Kunst machen - jeder Mensch ist ein Künstler" (ebd., S.174f).

Vielmehr sind schauspielerische und darstellerische Fähigkeiten gemeint, die lange Zeit Teil der Alltagskultur waren, bzw. die – so Weintz über Sennett (vgl. 1998, S.65ff.) – der „Tyrannei der Intimität" insofern entgegenwirken, als sie Basis für eine interaktive Ästhetik sind. Das Zusammenspiel von Ästhetik und Gesellschaft, von leiblichem Ausdruck und von demonstrierender Darstellung eigener Befindlichkeit ist wesentlich für interaktive Prozesse des öffentlichen Lebens, für Zivilisiertheit und für die Begegnung mit dem Anderen/Fremden. Auch wenn die Idee an gewisse Grenzen stößt, zeigt sie im Kern, wie wichtig die (Re)kultivierung von Ausdrucksfähigkeit durch die Praxis des Theaterspiels sein kann. Damit knüpft sie an jene volkskulturellen Praktiken an, die die Straßen und Plätze als öffentlichen Raum für politische Manifestationen nutzten.

2) Eingreifen, Handeln und Beteiligen

Während das Leben im öffentlichen Raum im überwiegenden Maße auf Konsum, Fortbewegung und passives Zuschauen ausgerichtet ist, geben die Theaterformen Boals und insbesondere das Forumtheater die Möglichkeit, aktives Handeln und Beteiligen auszuprobieren und zu üben:

> „'Zuschauer', welch eine Beleidigung! Der Zuschauer, das passive Wesen par exellence, ist weniger als ein Mensch. Es tut not, ihn wieder zum Menschen zu machen, ihm seine Handlungsfähigkeit zurückzugeben" (Boal 1989, S. S.66).

Die vormals Zuschauenden werden ermutigt, sich handelnd einzumischen, Anliegen selbst zu vertreten, anstatt sich vertreten zu lassen, die eigene Stimme einsetzen und erheben, als sie an andere "abzugeben". Sie werden zu den Protagonisten der theatralen Handlungen. Forumtheater eröffnet die Möglichkeit, aus der im öffentlichen Raum weitverbreiteten Rolle des "passiven" und „schweigenden Beobachters" zu treten und sich als handelnder, eingreifender Akteur zu erfahren, der soziale Wirklichkeit (mit)gestalten und verändern kann. Forumtheater als Übung für Beteiligung ist selbst ein Mittel zur Beteiligung. Dadurch erhöht sich auch das

Potential, schwierige und konflikthafte Sitationen im öffentlichen Raum zu meistern, von denen Sennett (1986, S.330) spricht:

> „Auch hinter dem Streben, die eigene Individualität in der Nähe zu anderen zu entfalten, verbirgt sich eine spezifische Problematik. Die Krise der öffentlichen Kultur im letzten Jahrhundert hat uns gelehrt, die Härten, Zwänge und Schwierigkeiten, die den Kern der gesellschaftlichen Existenz ausmachen, als etwas Überwältigendes, nicht zu Bewältigendes zu deuten. Als Zuschauer können wir uns ihnen passiv und schweigend nähern, aber sie in Frage zu stellen, uns einzumischen, das scheint nur auf Kosten unserer Selbstentwicklung möglich".

Insofern stellt es einen Proberaum für eine öffentliche Kultur der Kommunikation, der Begegnung, des Konflikts und für ‚öffentliche Arbeit' zur Verfügung, wovon Rathmeyer und Beck gesprochen haben (S. 175f).

3) Die kollektive Kraft des Publikums

Das Hauptaugenmerk liegt beim Publikum, die Trennung von DarstellerInnen und ZuschauerInnen ist weitestgehend aufgehoben: Anders als im sonstigen öffentlichen, gesellschaftlichen und politischen Leben wird das Publikum zur eigentlich aktiven, eingreifenden, expressiven und gestaltenden Kraft beim Forumtheater, dessen Wirkung darin besteht,

> „... daß es aufklärt, betroffen macht, eine Bühne für das Experimentieren mit alternativen Lösungen bereitstellt und ein Forum anbietet, in dem Probehandeln möglich wird. Im Forumtheater werden keine Lösungen suggeriert. Der Zuschauer erhält als Mitspieler vielmehr die Gelegenheit, eigene Ideen zu überprüfen und versuchsweise in die Praxis – zunächst allerdings nur als Theaterpraxis – umzusetzen" (Richter 1989, S.75).

Und im Gegensatz zu sozialen Ausschließungspraktiken oder Ungleichheitsstrukturen herrschender, öffentlicher Diskurse kann jede Frau, jedes Kind, jeder Mann Stellung beziehen, kann die Macht des Wortes und der Handlung ergreifen und zeigen, was er/sie verändern will. Das Publikum experimentiert mit der „unliebsamen Wirklichkeit", um neue Ideen, Lösungen und Ansatzpunkte für Veränderung zu finden. Es wird zu einer kollektiven Kraft, aus dem heraus sich einzelne ermächtigt fühlen, auf neue, ungewöhnliche, grenzüberscheitende Art zu handeln.

In dem Zusammenhang ist der Begriff „Communitas" (vgl. Turner 1989, S.70ff.) sehr gut geeignet, um zu beschreiben, was bei einer Forumtheateraufführung vor sich geht: Turner meint damit die „wesenhafte Wir-Erzeugung", das intensive, gegenseitige Verstehen und die direkte, unmittelbare, totale Konfrontation menschlicher Identitäten. Communitas hat ein spontanes Element und findet im Hier und Jetzt statt. Die Beteiligten sind frei von kulturell definierten Lasten ihrer Rolle, ihres Status und ihres Rufes (vgl. ebd., S.75) Sie scheinen ‚absorbiert' durch einen einzelnen, synchronisierten „Fluss" (vgl. ebd., S.89ff): Dabei verschmelzen Handeln und Bewusstsein, die Aufmerksamkeit wird im Jetzt gebündelt, es setzt ein freiwilliger Ich-Verlust bei gleichzeitiger Kontrolle über die Handlungen ein. Dieses „Fluss-Gefühl" in der Communitas wird in sich selbst als befriedigend erlebt.

4) Veröffentlichen und Artikulation von gesellschaftlichen Erfahrungen

Der Prozess, der zum Forumtheater führt gibt den beteiligten Menschen die Möglichkeit, ihre individuellen, persönlichen Erfahrungen mit einschränkenden und schädigenden Lebensbedingungen zu artikulieren, zu thematisieren und zu veröffentlichen im Sinne der „Tateinheit von Zeigen und Verallgemeinern" (Sloterdijk zit. in Richter 1989, S.71). Der Gegensatz von Intimität (im Erlebnis, Erkenntnis- und Ausdrucksprozess) und Öffentlichkeit (durch Verallgemeinerung, Gestaltung und Präsentation) wird überwunden, in dem die Erfahrungen mit jenen der anderen in Beziehung gesetzt werden – eine Gegenerfahrung zur gesellschaftlichen Individualisierung und Isolation:

> "People feel very isolated. To see their reality named on stage or in a workshop and have the opportunity to say and to do things to actors

who represented those who have power-over them empowers the intervener and the audience" (Spry 1995, S.183).

Forumtheater ermutigt gerade dazu, das Persönliche als das Politische zu sehen bzw. Zusammenhänge zwischen individuellen Erfahrungen und gesellschaftlichen Strukturen bewusst zu machen, in dem

> „...Menschen lernen können, ihre Interessen in der Gesellschaft entschlossen und offensiv zu vertreten und öffentlich zu handeln" (Sennett 1986, S.428).

5) Herstellen von (Gegen=)Öffentlichkeit und Pluralität

Forumtheater erweist sich als Produktionsmittel zur Herstellung von Öffentlichkeit, besonders von subalternen Öffentlichkeiten, es ist ein Medium für Öffentlichkeitsarbeit. Es stellt ein Werkzeug für Gruppen und Gemeinschaften dar, mit ihren Anliegen in die Öffentlichkeit zu gehen. Es schafft einen öffentlichen Raum, in dem sich die Menschen als gesellig Spielende und Agierende begegnen und regt zur (inter)aktiven Diskussion in Handlungen über die dargestellten sozialen und politischen Inhalte und Konflikte an (vgl. Neuroth 1994, S.108-118). Dabei berührt es den „geselligen" Aspekt von Öffentlichkeit, wie den „politischen". Das gesellige Spiel ermöglicht, dass sich einander Fremde begegnen und in weiterer Folge nicht ihre Persönlichkeit und intimsten Geheimnisse offenbaren, sondern in eine gemeinsame, engagierte Auseinandersetzung finden, in der es nicht nur auf individuelles Vermögen, sondern auch auf den Blick für gesellschaftliche Zusammenhänge und Verhältnisse ankommt. Menschen, die sich vorher noch nicht gekannt haben, kommunizieren ohne Rücksicht auf Rangunterschiede und halten sich dabei an gemeinsame Spielregeln. Zum einen wird dadurch dem entgegengewirkt, was Sennett als Gleichsetzung von Unpersönlichkeit und Leere beschreibt:

> „Aus Angst vor der Leere begreifen die Menschen das Politische als einen Raum, in dem sich die ‚Persönlichkeit als solche' Ausdruck verschaffen soll. So werden sie zu passive Zuschauern des Politikers, der sie mit seinen Absichten und Empfindungen abspeist, statt über sein Handeln zu sprechen. Und je mehr die Leute das Politische als einen

Raum verstehen, in dem sie sich in der Teilhabe an einer gemeinsamen, kollektiven Identität voreinander offenbaren, desto eher lassen sie sich davon ablenken, ihre Brüderlichkeit an die Veränderung der gesellschaftlichen Verhältnisse zu wenden" (Sennett 1986, S.331).

Zum anderen intensiviert Forumtheater die Erfahrung von Vielfalt, Pluralität und der Auseinandersetzung mit Neuem, Ungewohntem, Fremden. Koch (1995, S.14.), auf Sennett Bezug nehmend, meint dass das notwendige Wachstum der Menschen auf die Vielfalt angewiesen ist, denn:

„...wer das Leben ernst nimmt, der will sich öffnen, sich ausweiten und nicht verharren".

Und der Augenblick der ‚Wahrheit für die Kunst' tritt dann ein, wenn sie die widerständige Andersartigkeit, den Unterschied in den Dingen ernst nimmt. Eine „Kultur der Unterschiede" geht davon aus, dass Biotope an ihren Rändern und Übergangsstellen am aktivsten und vitalsten sind:

„Nur durch derartige vitale, kulturelle und soziale Begegnungen sind Grenzüberschreitungen, Verschiebungen und Mutationen möglich, aus denen ‚narrative Räume' entstehen können. Das sind Räume der Kommunikation, des Spiels, des Experiments und der Suche, ohne das Eigene aufgeben zu müssen. Solche Räume sind gekennzeichnet durch Öffentlichkeit als politische, Kommunikation als soziale und Differenz als ästhetische Dimension..." (Sting 1995, S.34f.).

Somit erweist sich Forumtheater auch als Gegenmodell zur medial vermittelten Politik, die die RezipientInnen immer mehr in Distanz zum sozialen Geschehen bringen. Während Medien wie das Fernsehen oder Zeitungen tendenziell isolieren, entsinnlichen und in eine konsumorientierte Haltung versetzen, lebt Forumtheater von seiner Unmittelbarkeit und Wirklichkeitsnähe. Es ist oft erstaunlich, wie selbst nicht vertraute, fremde Situationen unmittelbar erlebt werden können und dazu ermutigen, Handlungsstrategien auszuprobieren.

6) Politisches Engagement und Partizipation von unmittelbar Betroffenen

Forumtheater bleibt aber nicht nur auf den öffentlich-theatralen Raum beschränkt: Immer wieder hat sich gezeigt, dass das Forum nicht nur ein schützender Ort des Experimentierens mit der unliebsamen Wirklichkeit, sondern zugleich Ausgangspunkt für neue Initiativen, Erkenntnisse in die Tat umzusetzen, sein kann (vgl. Richter 1989, S.75).

Insofern können Forumtheaterprojekte bzw. Aufführungen die Bildung von aktiven, politisch-gestaltenden Gemeinschaften anregen, unterstützen und begleiten, auch wenn klar ist, dass es dafür entsprechende strukturelle Rahmenbedingungen geben muss.

Der „Wille" und die „Anstrengung" allein genügen nicht: Inwieweit es also gelingen kann, derartige Prozesse in politische und legistische Entscheidungsstrukturen und Organisationen ein- bzw. rückzuführen und im Sinne der politischen Partizipation Möglichkeiten zu schaffen, auf einen politischen Willensbildungsprozess einzuwirken, ist an die politisch-strukturellen Rahmenbedingungen geknüpft. Wie ich an anderer Stelle ausgeführt habe, hat sich das Forumtheater während der Abgeordnetentätigkeit von Boal zu einem demokratischen, partizipatorischen Instrument im Sinne des „Legislativen Theaters" weiterentwickelt, als den Versuch, Politik mit Mitteln des Theaters zu demokratisieren:

> "Er (Boal, M.W.) schickt seine 'Multiplikatoren' in die Peripherien der Favelas, um dort Forumtheater, die 'Probe für die Revolution' zu inszenieren und zu diskutieren. Konflikte, Mängel, mögliche Lösungen werden notiert und im Zimmer 33 vorgelegt" (Rinke 1993, S.11).

Gruppen erarbeiteten Forumtheaterstücke zu ihren Problemen, die an öffentlichen, leicht zugänglichen Orten und Plätzen aufgeführt wurden. Alle Einstiege zur Veränderung der gezeigten Problematik wurden dokumentiert, sie waren Ausdruck des Ideen und Wünsche der Betroffenen. Im Anschluss an die Aufführungen wurde zusammen mit den SpielerInnen, den SpielleiterInnen und JuristInnen analysiert, ob die dargestellten Veränderungsideen Gesetzesmaterie berührten, d.h., ob bestehende Gesetze verändert oder abgeschafft bzw. ob neue Gesetze geschaffen werden mussten. Daraus entstanden Boals politische Veränderungsvorschläge in

Form von Gesetzesinitiativen. Sie wurden aus den Ideen und Anschauungen der unmittelbar Betroffenen abgeleitet (vgl. Boal 1998, Matzhold/Wrentschur 1986).

Die betroffenen Menschen und Gruppen werden auf diese Weise wieder zu „ExpertInnen" für ihre Probleme und Anliegen, die aufgrund ihrer lebensweltlichen Erfahrungen wissen, welche Lösungen und Veränderungen sie wollen und benötigen, um ihre Lage zu verbessern, wobei folgendes Credo gilt:

> „Die Realität, auch die des Theaters, Geschichten und Geschichte nicht als gegeben hinnehmen, sondern immer wissen, daß alles einen ganz anderen Verlauf hätte nehmen können, und immer an die Möglichkeit der Veränderung glauben und darauf hinarbeiten" (Boal 1989, S.173).

II.4 Thesen als Zusammenfassung

Als Abschluss des zweiten Teils formuliere ich zusammenfassend fünf Thesen zu den Möglichkeiten des „Theaters der Unterdrückten" und anderer Formen des szenischen Spiels und der Theaterpädagogik in bezug auf Gewaltformen und Probleme des städtischen Alltags bzw. des öffentlichen Raumes. Diese Thesen stellen die Essenz von Entdeckungen und Einsichten der Jahre 1991 bis 1995 dar, und sie wurden in der Folge zu einer wichtigen Orientierung für die im folgenden Teil beschriebenen projektorientierten Lehrveranstaltung. Das bezieht sich auf die praktische Durchführung des Projekts und auf die mit empirischen Methoden unterstützte Dokumentation und Reflexion.

THESE 1: Methoden des „Theaters der Unterdrückten" und andere Formen der Theaterpädagogik können subtile Unterdrückungs- und Gewaltaspekte städtischen Lebens bewusst machen, die bereits zum Alltag gehörig, selbstverständlich, zur "Normalität" geworden sind. Indem sie an der sinnlichen Wahrnehmung, an der Körpererfahrung und -erinnerung anknüpfen, können sie einschränkende, internalisierte städtische Bewegungs-, Körper- und Kommunikations-Muster ans Licht bringen, unterbrechen, zur Diskussion stellen und verändern.

THESE 2: Methoden der Theaterpädagogik ermöglichen, innerhalb der bestehenden städtischen Strukturen Spiel- und Handlungsräume zu entdecken. Sie können Prozesse der vielfältigen Nutzung und lebendigen Aneignung von öffentlichen Räumen anregen und unterstützen, sie stellen Übungen zur Teilhabe, zur Partizipation an städtischer Wirklichkeit dar.

THESE 3: Spielerisch-experimentelle Zugänge zur städtischen Wirklichkeit regen dazu an, unterdrückte oder unbewusste Wünsche und Vorstellungen über städtisches Leben auszudrücken und Vorstellungskraft zu entwickeln über nicht-vorhandene, nicht-normale Aspekte städtischen Lebens.

THESE 4: Forumtheater eröffnet einen experimentellen Raum, in dem neue Haltungen und Handlungen für einschränkende, belastende, unterdrückende (Konflikt)Situationen gefunden und ausprobiert werden können, die im gesellschaftlichen Alltag nachwirken können.

THESE 5: Forumtheaterprozesse ermutigen dazu, individuelle als gesellschaftliche Erfahrungen zu "veröffentlichen" bzw. Interessen und Themen öffentlich darzustellen. Damit schafft Forumtheater einen geselligen und öffentlichen Raum für kreatives und interaktives Aushandeln (städtischer) Probleme und Konflikte. Das Publikum wird dabei zur aktiven und kollektiven Kraft. So kann Forumtheater zur Bildung einer subalternen Öffentlichkeit beitragen, was umso wirksamer ist, je mehr es mit anderen politischen Initiativen und Institutionen ‚verzahnt' ist.

TEIL III

"THEATER DER UNTERDRÜCKTEN, ALLTAG IN DER STADT UND ÖFFENTLICHER RAUM"

Prozesse, Erkenntnisse und Wirkungen einer projektorientierten Lehrveranstaltung

Vorbemerkung

Der folgende Teil ist von einer projektorientierten Lehrveranstaltung getragen (von nun an als „Projektstudium" bezeichnet), die vom Wintersemester 1996 bis zum Wintersemester 1998 am Institut für Erziehungswissenschaften mit 16 TeilnehmerInnen durchgeführt wurde.

Das Projektstudium mit dem Titel „Theater der Unterdrückten, Alltag in der Stadt und öffentlicher Raum" hatte zum Ziel,

> *Formen und Auswirkungen struktureller und alltäglicher Gewalt in der Stadt mithilfe des "Theaters der Unterdrückten" nach Augusto Boal und anderer theatraler Lernformen über einen längeren Zeitraum hinweg zu erforschen.*

Dieses Projekt war vom Interesse geleitet, verschiedene theaterpädagogische Methoden, die sinnes- und körperbezogene, experimentelle und handlungsorientierte Zugänge zum städtischen Alltag eröffnen konnten, in einer kontinuierlichen Gruppe auf die Probe zu stellen und mitzuerleben bzw. zu reflektieren, was sie auslösen, ermöglichen und bewirken konnten.

Das Projektstudium bot die Möglichkeit, die von mir auf Basis von persönlichen Erfahrungen und theoretischen Reflexionen formulierten Thesen in eine empirisch-qualitative Dimension weiterzuentwickeln. Dabei verstand sich das Projektstudium selbst als Forschungslabor auf Basis theaterpädagogischer Methoden und Verfahren, während für die Dokumentation, Beschreibung und Auswertung des Prozesses Methoden einer qualitativ orientierten Forschung herangezogen wurden.

Wie ist dieser Teil aufgebaut?

Ich stelle zunächst die Ziele und Fragestellungen, den organisatorischen Hintergrund sowie die einzelnen Phasen des Projektstudiums dar, bevor ich näher auf den Forschungsansatz und das Vorgehen eingehe.

Dann schildere ich den Ablauf des Projektsstudiums, um einen Eindruck theaterpädagogischen Lernens und Forschens zu vermitteln. Außerdem beschreibe ich, wie dieser Ansatz von Menschen, die damit größtenteils das erste Mal konfrontiert waren, erlebt und eingeschätzt wurde.

Was wurde an Erfahrungen, Einsichten und Erkenntnissen ausgelöst?
Welche neue Wahrnehmungen und Handlungsmöglichkeiten sind entstanden?
Diese Fragen wurden nicht nur im Verlauf des Projektstudiums selbst gestellt, sondern spielten auch bei den Nachbetrachtungen eine Rolle. In den Nachbetrachtungen werden Ergebnisse aus Interviews dargestellt, die ich ein Jahr nach Ende des Projektstudiums mit den TeilnehmerInnen geführt habe.

III.1 Idee und Hintergrund des Projektstudiums

III.1.1 Ziele und Fragestellungen

Der Idee für das Projektstudium lag die Auffassung zugrunde, dass universitäre Lehre nicht nur als Vermittlungs-, sondern auch als Such- und Lernprozess verstanden werden sollte: Studierende konnten an einem exemplarischen, längerfristigen Forschungsprozess beteiligt sein und diesen auch mitgestalten. Im Unterschied zu einer rein systematischen Vorgangsweise war bei diesem problem- bzw. themenorientierten Prozess ein Einblick in die „Werkstatt" des Forschenden möglich, der gemeinsam mit der Gruppe den auftretenden Fragen nachging und versuchte, sie in ein Forschungsdesign zu übertragen.

Die Fragestellungen, die beim Projektstudium im Zentrum standen, waren mit den im vorangegangenen Abschnitt formulierten Thesen eng verknüpft:

Welche Formen von Gewalt und Unterdrückung im städtischen Alltag und im öffentlichen Raum können mithilfe des "Theaters der Unterdrückten" und anderer theatraler Lernformen bewusst werden? Können einschränkende, unterdrückende Bewegungs-, Wahrnehmungs- und Kommunikationsweisen, die im städtischen Alltag als ‚normal' erscheinen, einer Bearbeitung, Diskussion und Veränderung zugänglich gemacht werden?

Können mithilfe theatraler Lernformen Zusammenhänge zwischen alltäglichen, oft subtilen Gewalterfahrungen und den ihnen zugrundeliegenden, gesellschaftlichen Konflikten und Strukturen sichtbar gemacht werden?

Wie können theatrale Lernformen dazu beitragen, neue Sichtweisen und Handlungsmöglichkeiten der Teilhabe am städtischen Leben und im öffentlichen Raum zu finden? Welche Wünsche nach Veränderung und welche neuen Ideen für das städtische Leben können dadurch angeregt und ausprobiert werden, die über das Vorhandene hinausgehen?

Inwiefern kann Forumtheater dazu beitragen, neue Wahrnehmungs- und Handlungsmöglichkeiten in einschränkenden und unterdrückenden Situationen im städtischen Alltag auszuprobieren und zu finden? Können auf diese Art gefundene Haltungen und Handlungsansätze im gesellschaftlichen Alltag nachwirken?

Können in weiterer Folge Ergebnisse dieses Prozesses „veröffentlicht", d.h. einer öffentlichen Auseinandersetzung zugänglich und im öffentlichen Raum realisiert werden?

Dieser Forschungs- und Bewusstwerdungsprozess auf Basis theaterpädagogischer Methoden ging also einher mit der Suche nach selbstbestimmten, lebendigen Aneignungs- und Handlungsmöglichkeiten im öffentlichen Raum und im städtischen Alltag.

Auf einen wesentlichen Grund für dieses Projektstudium habe ich bereits hingewiesen (S.53ff.): Publikationen über das "Theater der Unterdrückten" weisen auf die Notwendigkeit längerfristiger und kontinuierlicher Projekte mit bestimmten Zielgruppen hin, die über einmalige Seminar- oder Workshoperfahrungen hinausgehen. Erst so können die (Nach)Wirkungen und Möglichkeiten dieser methodischen Ansätze gründlich erforscht werden. Voraussetzung dafür ist das gemeinsame Interesse einer Gruppe an einem bestimmten Thema oder einer Problematik. "Strukturelle und alltägliche Gewalt im städtischen Alltag/ öffentlichen Raum" betrifft all jene, die in einer Stadt leben und studieren auf unterschiedlichste Weise. Insofern war die Erwartung, dass es nicht schwer fallen würde, an vorbewusste, ungelöste Probleme, an Ohnmachts- und Unterdrückungserfahrungen und an Konflikte im städtischen Leben heranzukommen und mit ihnen zu arbeiten.

III.1.2 Organisatorischer und institutioneller Hintergrund

Das Projektstudium wurde als Wahlpflichtfach mit drei Wochenstunden pro Semester angeboten, das nach einem Beschluss der Studienkommission für Pädagogik für verschiedene Fächer anrechenbar war. Das war eine wichtige Voraussetzung dafür, TeilnehmerInnen zu gewinnen, denn Erfahrungen haben gezeigt, dass Studierende bei einem „Freifachangebot" aufgrund des dichten „Pflichtstudienprogramms" kaum mehr Ressourcen frei haben, um sich an einem länger währenden und aufwendigen Projekt zu beteiligen. Die Möglichkeit und die Verpflichtung einer durchgehenden Teilnahme über zumindest ein Jahr war aber eine wesentliche Voraussetzung des Projektstudiums.

Alle InteressentInnen wurden – auch über den Aushang von Flugblättern - zunächst zu einer Vorbesprechung eingeladen, bei der ich über die wichtigsten Ziele, den geplanten Ablauf, Anrechnungsmodalitäten, Bedingungen für die Teilnahme bzw. den Erwerb eines Zeugnisses und wesentliche Vereinbarungen bzw. Spielregeln informierte. Gerade bei einem Projekt, bei dem es um eine längerfristige und intensive Zusammenarbeit gehen sollte, erschien eine transparente Darlegung der Ziele und Erwartungen unabdingbar. Dabei ging es mir besonders um ein Arrangement von Gegenseitigkeit, das die hierarchische Beziehung zwischen HochschullehrerInnen und Studierenden in eine weitestgehend kooperative verwandeln sollte.

Das war auch deswegen bedeutsam, weil das Projekt in einem wissenschaftlichen Verwertungszusammenhang stand, ich also in jedem Fall einen Nutzen daraus ziehen wollte, gleichzeitig die TeilnehmerInnen in keinem Fall zu ‚Objekten meines Forschungsinteresses' degradieren wollte.

Nach der Vorbesprechung am 8.Oktober, an der 20 Studierende teilnahmen, führte ich noch Einzelgespräche mit den InteressentInnen, um sie etwas näher kennen zu lernen, offene Fragen zu besprechen und um zu erfahren, was sie zur Teilnahme am Projektstudium motivierte. Dabei war das Interesse breit gestreut: Praktisch alle waren am Kennen lernen von theaterpädagogischen Methoden interessiert, andere dachten bereits an Anwendungsmöglichkeiten in einem bestimmten Praxisfeld. Interessanterweise war zunächst nur für etwa die Hälfte der

InteressentInnen der städtische Alltag oder die Beschäftigung mit dem öffentlichen Raum ein Beweggrund für die Teilnahme.

Schließlich nahmen 16 Studierende über die gesamte Zeit am Projektstudium teil.

III.1.3 Phasen des Projektstudiums

Das Projektstudium erstreckte sich über mehrere Phasen und umfasste die Zeit zwischen November 1996 und Juli 1998. Da die Darstellung des Projektstudiums im Wesentlichen diesen Phasen folgt, liste ich sie zu besserer Orientierung auf:

Phase 1 (November 1996-Dezember 1996) ...beinhaltete neben der Gruppenbildung über Spiele und Übungen in erster Linie unterschiedliche sinnes- und körperbezogene, experimentell-erfahrungsorientierte Zugänge zu Stadt und deren Gewalt;

Phase 2 (Dezember 1996 -Jänner 1997) ...führte über die Untersuchung und Reflexionen von eigenen städtischen Gewalt-, Ohnmachts- oder Unterdrückungserfahrungen zur Entwicklung von kurzen Szenen, in denen diese Erfahrungen mit theatralen Mitteln verdichtet dargestellt wurden;

Phase 3 (März 1997 – Mai 1997) ...bedeutete die intensive und gründliche Auseinandersetzung mit dem szenischen Material, um zugrundeliegende psychische und gesellschaftliche Strukturen zu erforschen, Ideen und Lösungen für Handlungsmöglichkeiten zu finden und auszuprobieren bzw. Szenen für öffentliche Aufführungen vorzubereiten;

Phase 4 (Mai-Juni 1997) ... führte zu öffentlichen Darstellungen und Interventionen, einerseits als Forumtheateraufführungen, andererseits in Form öffentlicher Projekte und Mitspielaktionen;

Phase 5 (Juni 1997 - Juli 1998) ....beendete das Projektstudium durch verschiedene Formen der Reflexion des Prozesses sowie die Durchführung von Interviews.

Im Anschluss daran erfolgte die wissenschaftliche Nachbearbeitung und Auswertung des Projekts.

III. 2 Forschungsansatz und methodisches Vorgehen

Mein Zugang, meine Erfahrungen und meine eigene Praxis als wissenschaftlich Forschender sind immer wieder von Widersprüchen, Skepsis und vom Ringen um eine eigene Position und Haltung begleitet gewesen (vgl. Wrentschur 1989 und 1990). Das gilt auch für die vorliegende Arbeit: Wenn ich davon spreche, dass ich Einblick geben möchte in die Praxis und den Ablauf des Projekts als „theaterpädagogische Forschungswerkstatt", weiß ich, dass es nicht wirklich einlösbar ist. Die theaterpädagogische Praxis ist vom sinnlich-körperlichen, emotionalen Erleben geprägt. Erfahrungen, Lern- und Erkenntnisprozesse entwickeln sich im Wechselspiel von Aktion und Reflexion, während das ‚Darüber Schreiben' bereits eine eigene, abstrakte Realität und eine andere Ebene der Erkenntnis darstellt. Dennoch will ich möglichst nachvollziehbar und plastisch zeigen, wie sich der theaterpädagogische Prozess entwickelte, und wie ihn die Menschen, die sich daran zum größten Teil das erste Mal beteiligten, erlebten und einschätzten:

Wie wurde vorgegangen?

Welche Methoden kamen zur Anwendung?

Welche Überlegungen spielten dabei eine Rolle?

Was wurde dadurch an Erfahrungen, Einsichten und Erkenntnissen ausgelöst?

Welche neuen Wahrnehmungen und Handlungsmöglichkeiten sind entstanden?

Damit sind Fragen nach den geeigneten Forschungsmethoden angesprochen, die sich zum einen auf die Praxis des Projekts beziehen:

Inwieweit kann dieses Projekt, das sich in überwiegendem Maße szenisch-theaterpädagogischer Verfahren bediente, als Forschungsprojekt bezeichnet werden?

Was macht szenisches Forschen aus, von welchen Überlegungen, Zielen und Grundlagen wird es getragen?

Zu welchen anderen Forschungsansätzen besteht Verwandtschaft in Zielen, Vorgehen und Methodologie?

Zum anderen geht es um die Frage, welche Methoden geeignet scheinen, um den Projektverlauf zu dokumentieren, die Prozesse und Wirkungen der Theaterarbeit auf die am Prozess Beteiligten beschreiben zu können.

Diese Fragen diskutiere ich nun in Grundzügen - sie würden eine eingehendere Auseinandersetzung rechtfertigen, die ich an dieser Stelle nicht leisten kann, weil sie den Rahmen der Arbeit sprengen würde.

Ich setze mich zunächst mit meiner Haltung und Praxis als Forschender während des Projektstudiums auseinander. Diese wurde von der Idee des szenisch-theatralen Forschens getragen, worauf im ich folgenden eingehe (III.2.1).

Anschließend stelle ich dar, welche empirisch-qualitativen Methoden zur Anwendung gelangten (III.2.2).

III. 2.1 Szenisches Spiel und Theaterpädagogik als Forschen

Während des Projektstudiums stand meine Forscherrolle in engem Zusammenhang mit der Rolle des Spielleiters und Theaterpädagogen, ich fühlte mich einem szenisch-theatralen Forschungsansatz verbunden.

Dabei hielt ich mich nicht distanziert beobachtend aus dem Prozess heraus, sondern beteiligte mich immer wieder am Geschehen, indem ich Spiele und Übungen zu einem großen Teil auch selbst ausführte und mich mit meinem Erleben, Erfahren und Wissen in die Gruppe einbrachte. Die Auswahl der Spiele, Übungen und Techniken bzw. der grobe inhaltliche Rahmen in bezug auf die theoretischen Bezüge des Projekts wurde von mir gestaltet und vorgegeben, während die TeilnehmerInnen sich von ihrem Erkenntnisinteresse leiten und tragen ließen: Was sie innerhalb des thematischen und methodischen Rahmens inhaltlich verfolgen wollten, entschieden sie einzeln, in Kleingruppen oder im Plenum. Die TeilnehmerInnen waren also nicht Objekte meiner Forschung, sondern zum größten Teil TrägerInnen dieses Prozesses, in dem sie unbelastet von wissenschaftlichen Interessen oder Hypothesen experimentieren und handeln konnten.

Meine Aufgabe bestand darin, geeignete szenische Methoden und Techniken zusammen und zur Verfügung zu stellen, mit denen die auftauchenden Fragen und

Interessen behandelt werden konnten. Das bedeutete, immer wieder auf den Prozess zu reagieren und neu zu konzipieren. Dabei war es mir wichtig, dabei möglichst transparent und ehrlich zu agieren, d.h. auch die konzeptionellen Überlegungen für einzelne Arbeitsschritte darzulegen.

So gesehen war der Forschungsprozess ein gegenseitiger, der sowohl vom Spiel- und Reflexionsprozess in der Gruppe, den TeilnehmerInneninteressen als auch von meinen eigenen Forschungsinteressen getragen wurde, die in Form der formulierten Thesen als zugrunde liegender Orientierung präsent waren.

Was aber sind Grundlagen und Hintergründe für eine derartige Forschungspraxis?

Es ist ein eher ungewöhnliches und bislang selten praktiziertes Vorgehen, szenisches Spiel und theaterpädagogische Verfahren als Grundlage oder Vertiefung für sozialwissenschaftliche Forschungsprozesse in der Weise zu gebrauchen, dass für die Beteiligten auch neue Handlungsmöglichkeiten eröffnet werden. Zum einen hängt es wohl damit zusammen, dass es eine hohe Kompetenz der Forschenden als SpielleiterInnen benötigt. Andererseits ist es in der Forschungspraxis kaum verbreitet, die Akteure auf unmittelbare Weise in den Forschungsprozess mit ein zu beziehen, gleichsam mit ihnen gemeinsam zu lernen und zu forschen, wenn man von der „Aktionsforschung" oder der „Kollektiven Erinnerungsarbeit" (Haug 1990) absieht. Möglicherweise wird die „Als-ob-Realität" des szenischen Spiels nicht als „real", „echt" oder „wahr" genug eingeschätzt, wenngleich traditionelle wissenschaftliche Methoden wie Befragungen, Interviews oder Experimente ebenso in einer nichtalltäglichen, künstlichen Realität stattfinden.

Gerade in den letzten Jahren gab es aber einige Publikationen, die sich mit der Frage beschäftigten, inwieweit szenisches Spiel in Forschungszusammenhängen angewendet werden, bzw. wie szenisches Spiel selbst die Basis von Forschungsprojekten sein könnte. Bevor ich darauf näher eingehe, zunächst noch eine biographische Notiz:

Forumtheater als Forschen: Erste Ideen

„Ist unsere Arbeit in der Forumtheatergruppe nicht sozialwissenschaftlich im ‚besten Sinn', wenn wir von einem konkreten Problem, einer Geschichte ausgehen, sie immer weiter bearbeiten und befragen? Welche Strukturen spielen da hinein? Von welchen Motiven, Gefühlen, Interessens- und Zwangslagen werden die Akteure bestimmt? Innerhalb welcher Machtverhältnisse und Handlungsspielräume agieren sie? Und in weiterer Folge die Frage: Wie stellen wir das, was wir herausgefunden haben, dar? Es ist wie ein Ringen um die Rekonstruktion sozialer Wirklichkeit ... und das Publikum ist in diesen sozialen und politischen Forschungsprozess miteinbezogen – es forscht kollektiv nach besseren Lösungen für das dargestellte Problem" (Tagebuch 7.10.1995).

Dieses Zitat aus meinem Forschungstagebuch bezieht sich auf die Art und Weise, wie wir in der „Gruppe Forumtheater" Szenen für Aufführungen entwickelt haben: Ausgangspunkt waren jeweils erlebte Geschichten von Ohnmacht, Unterdrückung oder Ratlosigkeit in gesellschaftlichen Konfliktsituationen, die – über eine Reihe von theatralen, improvisatorischen Techniken – zu Stücken entwickelt wurden. In den Erarbeitungsprozess wurden immer auch ExpertInnen aus dem sozialen Feld, an dem wir gearbeitet haben, eingeladen. Informationen, die sie uns gaben, wurden in den szenischen Verlauf eingebaut. Dabei war etwas besonders verwunderlich: Wenn wir die bis dahin erarbeitenden Szenen den eingeladenen „ExpertInnen" zeigten, waren sie zumeist darüber verblüfft, wie wir es geschafft hatten, die Atmosphäre, die Struktur und die Akteure des Geschehens größtenteils so darzustellen, wie sie in der alltäglichen Realität empfunden werden. Dabei waren die Szenen nicht einfach „realistisch": sie waren ästhetisch gestaltet, sie verdichteten Aspekte und Elemente in einen sinnlich wahrnehmbaren, dramatischen Ablauf. Ähnlich wie ein Forschungsbericht reduzierten die Szenen einerseits das komplexe Geschehen sozialer Wirklichkeit auf für das gezeigte Problem wesentliche und markante Merkmale. Andererseits blieben die Komplexität und Vielschichtigkeit erhalten, besonders durch die gründliche Recherchearbeit der einzelnen RollendarstellerInnen, die Informationen über die Situation in ihr Handlungswissen als Rollen einbauten. Dazu ein weiteres Beispiel:

Als ich einmal selbst die Rolle eines Kriminalpolizisten am Bundesasylamt erarbeitete, stieß ich bei einer Improvisation, die zu „Handgreiflichkeiten" führte, auf ein praktisches Problem: Wie reagiert ein Polizist, wenn es am Amt turbulent, handgreiflich, laut und expressiv wird? Diese Frage (...und noch weitere, die den Handlungsspielraum von PolizistInnen betrafen) brachte mich auf die Idee, mit zwei Polizisten Gespräche zu führen: Wie würden sie in einer solchen Situation reagieren? Welche gesetzliche Handhabe gäbe es für ihre Handlungen? Die Information aus dem Gespräch wurde zu einer wesentlichen Quelle meines „Rollenwissens", das durch entsprechende Einstiege des Publikums aktiviert und zugänglich wurde.

Gerade Improvisationen rund um die Szene und ihre Rollen konfrontierten oft mit dem eigenen Nicht-Wissen, das Neugier und Forschergeist weckte. Der theatrale Forschungsprozess führte außerdem dazu,

> "...ein gesellschaftliches Phänomen solange szenisch zu wenden, bis es seinen kollektiven Erfahrungsgehalt offenbart; seine Arrangements sind keine Momentaufnahmen, sondern artifizielle Konstruktionen, die die Vor- und Nachgeschichte ebenso ausstellen wie die Faktizität des Vorgangs" (Ruping 1991, S.18).

Über das Individuelle hinaus wurde das Typische und Allgegenwärtige sichtbar, so konnten Vorgänge durch ‚Vergrößern' verständlich gemacht werden, wie ich es an anderer Stelle über die „Telemikroskopie" des Theaters bei Boal (siehe I.3.5.3) geschrieben habe.

Der Erkenntnisprozess wurde durch die interaktive Forumtheateraufführung noch weiter vorangetrieben und näherten sich dem, was an Brecht mit dem Theater als „soziologischem Experiment" gemeint hatte, in dem es um das kritische, verändernde und erfahrungsorientierte Verhalten während des Experimentierens geht, um das menschliche Handeln und Tätigsein während des Vorgangs als eine Quelle menschlicher Welterkenntnis und –veränderung und als menschliche Praxis (siehe I.2.2.3).

Die Einstiege beim Forumtheater brachten nicht nur das Wissen von möglichen Veränderungspotentialen zu Tage, sondern zeigten deutlich jene Regeln und Strukturen im Zusammenwirken der Akteure auf, die einer Lösung oder Veränderung entgegenwirkten: Sie forderten die Macht- und Herrschaftspraktiken heraus und provozierten andererseits die Frage nach möglichen Strategien im Umgang mit ihnen. Nähert sich Forumtheater in diesem Sinn einer kritisch-emanzipatorischen Handlungsforschung?

Als ich mir diese Frage stellte, kam ich nicht nur in Berührung mit dem handlungsorientierten Forschungsprojekt von Bülow-Schramm/ Gipser (1991, 1995, 1997), in dem explizit mit Forumtheater gearbeitet wurde und wird, sondern ich stieß auf eine Reihe weiterer Projekte auf Basis szenischer Forschungsansätze, die Ähnlichkeiten zu dem von mir vorgelegten Projekt aufwiesen:

Beispiele für Forschungsprojekte auf Basis des szenischen Spiels

Bülow-Schramm/Gipser (1991, 1995, 1997) leiten schon seit mehr als zehn Jahren ein bislang einzigartiges Forschungsprojekt mit dem Titel „Der brüchige Habitus", bei dem kontinuierlich szenisches Spiel und dabei besonders das Forumtheater als Basis einer handlungsbezogenen und emanzipatorischen Forschung angewendet werden. Ausgangspunkt dafür war die Wahrnehmung verschiedener Krisen und Dysfunktionalitäten im Hochschulsystem, woraus sich folgende zentrale Forschungsfrage entwickelte:

> „Gibt es Möglichkeiten für Hochschullehrer insbesondere HochschullehrerInnen, für Studenten und insbesondere StudentInnen, den Hochschulalltag so zu verändern, dass die Studienbedingungen den Interessen und Problemlagen der StudentInnen und HochschullehrerInnen besser angepasst werden können, ohne dass die Ausbildung verflacht oder eigene Forschungs- und Wissenschaftsinteressen einer funktionalen Einübung in vorfindliche Berufsfelder geopfert werden müssen?" (Bülow-Schramm/Gipser 1991, S.318).

Angelehnt an theoretische Ansätze aus der Frauenbewegung, zur Autonomie der Hochschule, dem Habituskonzept von Bourdieu und Methoden der qualitativen Sozialforschung wurde der Anspruch eines „emanzipatorischen Forschungsansatzes" nach Verbindung von Forschung und Aktion v.a. durch Methoden des szenischen Spiels, des Forumtheaters und der versuchsweisen Übertragung von neuen Haltungen und Handlungen in die Praxis zu erreichen versucht (ebd., S.148 und S.318).

> „Die Wiederaneignung schöpferischer Kompetenzen im Prozess der Handlung und der Reflexion beendet im Gestalten neuer Haltungen und Bedeutungen die Resignation und die Passivität. Der Entwurf

neuer Wirklichkeit bedarf der Ergänzung durch Handlungsentwürfe, die den Weg zur politischen Umsetzung aufzeigen ... Mit unserer Forschungspraxis wollten wir die Möglichkeit vergrößern, die StudentInnen- und HochschullehrerInnenrolle bewusst zu gestalten und stellten ins Zentrum des praktischen Vorgehens das szenische Spiel" (Bülow-Schramm/Gipser 1995, S.65).

Unbewusste Verhaltensrituale sowie ihre Auswirkungen auf andere sollten aufgedeckt und reflektiert werden und gleichzeitig neue Verhaltensmöglichkeiten und „praktisch handlungsfähige Kollektive" angeregt werden.

Ebenfalls im universitären Kontext sind auch Projekte von Nitsch/ Scheller (1997) entstanden, in denen Formen des szenischen Spiels als Forschungsmethode verwendet wurden. In dem Projekt „Haltungen und Wirkungen von Männern als Dozenten" wurden – mit einer Gruppe von 30 Studenten – zunächst eigene und fremde Männerbilder und –haltungen szenisch gestellt und bearbeitet, in einer weiteren Phase wurden HochschullehrerInnen von den Studierenden beobachtet und die Wirkung von deren Haltungen erkundet, mit vielfältigen Mitteln des szenischen Spiels vorbereitet und ausgewertet (Nitsch/Scheller 1997, S.704ff.). Darüber hinaus kamen in der Auswertung des Projekts auch andere Methoden wie Interviews, Inhaltsanalysen oder audiovisuell dokumentierte Spielszenen und Gruppengespräche zum Tragen. Nitsch/Scheller kommen zum Schluss,

„....daß szenisches Spiel als Handeln und Wahrnehmen in vorgestellten Situationen und Interaktionsszenen als eigenständige aktivierende Untersuchungsform gesehen werden muss, die aber auch geeignet ist, die üblichen qualitativen Untersuchungsformen Interview und teilnehmende Beobachtung vorbereitend zu intensivieren und selbstreflexiv zu begleiten" (ebd., S.709).

Szenisches Spiel, so Nitsch/Scheller (ebd.), kann

- eine von Lern/Forschungssubjekten praktizierte Untersuchungs-/Auswertungsmethode ihrer Fremd- und Selbstwahrnehmung sein,
- komplexe Phänomene „latenter, vorgestellter, erinnerter Wirklichkeitsmomente im Bewusstsein und in der Gefühlswelt von Menschen sinnlich wahrnehmbar und kommunizierbar machen, die soziales Handeln ebenso prägen wie kognitive Handlungsstrategien",

- kann in besonderem Maße methodische Triangulation und kommunikative Validierung ermöglichen bzw. unterschiedliche qualitative Untersuchungsformen integrieren.

Nitsch/Scheller merken an, dass es dafür aber auch ausgebildete SpielleiterInnen braucht, die entsprechende Spielprozesse initiieren und mit den dabei auftauchenden emotionalen und sozialen Dynamiken umgehen können.

Abschließend noch ein weiteres Beispiel für szenisches Forschen, das dem Thema der vorliegenden Arbeit sehr nahe rückt: die Studie „Gewalt in der Stadt" von Reiner Steinweg (vgl. 1994a, S. 28ff.). Dabei wurde versucht, in einer ämterübergreifenden Arbeitsgruppe vor allem direkte, körperliche wie psychische und institutionelle Gewalterfahrungen – sowohl erlittene wie auch ausgeübte – mittels szenischen Spiels zu bearbeiten. Die von mir bereits vorgestellte Mantelszene (siehe I.2.1) war der Ausgangspunkte für die gruppenbezogene Forschungsarbeit darüber, wie sich Gewalt in der Stadt aus der Sicht derjenigen darstellte,

> „...die im Spannungsfeld zwischen vorgegebenen Strukturen und den Ansprüchen des eigenen Berufsbildes aktiv mit Gewalt umgehen, sich mit ihr auseinander zu setzen, sie gelegentlich auch ausüben müssen und dementsprechend als Täter oder indirekt Mitverantwortliche für die Strukturen gesehen werden: *Beamte* in den verschiedenen Behörden einer Stadt, aber auch Mitarbeiter karitativer und sozialer Einrichtungen" (Steinweg 1994a, S.29).

Das Untersuchungsinteresse galt dabei vor allem den Möglichkeiten der Gewaltvorbeugung und/oder –minderung, die zunächst in verschiedenen szenischen Verfahren gesucht und probiert wurden (vgl. ebd., S.32f.). Die Verläufe und Ergebnisse der Spiel- und Reflexionsprozesse wurden protokolliert, der Gruppe vorgelegt, ergänzt und modifiziert. Sie bildeten – neben Interviews und Gesprächen – die Basis des Forschungsberichts und wurden außerdem zu einer Reihe von legislativen und politischen Veränderungsvorschlägen weiterformuliert, die im Band II der Studien „Wege aus der Gewalt" (Steinweg u.a. 1994b) publiziert wurden.

Merkmale und Prinzipien szenischen Forschens

Die beschriebenen Projekte setzen je nach ihren Forschungs- und Erkenntnisinteressen theaterpädagogische Verfahren in unterschiedlicher Weise ein. Dennoch gibt es einige Merkmale und Prinzipien, die für diese Forschungspraxis kennzeichnend sind. Vieles davon steht in direkter Verbindung mit den von mir beschriebenen Merkmale und Aspekten von Theaterpädagogik:

- Dem Körper kommt mehr Bedeutung zu als in anderen Erkenntnisformen: In der traditionellen Wissenschaftspraxis geht die Anstrengung des Sitzens mit der Abtötung des Körpergewahrseins einher (vgl. Stastny 1995, S.19): Der Körper, mit dem gelernt wurde zu denken, zu erfahren und Erfahrungen zu artikulieren, seine Sensibilität und Mobilität sind kaum mehr anerkannter Bestandteil von Denk- und Erkenntnisarbeit. Dagegen wird der Körper in der theatralen und szenischen Forschung als Quelle von Wissen und Erkenntnis betrachtet, d.h. körperliche Wahrnehmung, Bedeutung und Wertung eines Themas werden in den Forschungsprozess miteinbezogen. Das bezieht sich auf die Anregung der Körpererinnerung und das Bewusstmachen von Körpernormen im Alltag. Ideen, die als körperliche Erfahrungen, als körperliches Wissen existieren, können sichtbar werden, und körperlich-kreatives Handeln kann vielfältige Erkenntnisprozesse initiieren, deren Ergebnisse mehr der Struktur von alltäglichem, unbewusstem Lernen ähneln.

- In starkem Maße geht es um Handlungswissen, um ein Wissen, das im – wenn auch oft zweckfreien - Handeln, innerhalb einer artifiziellen, laborähnlichen Situation entsteht. Ansichten und Thesen werden als bzw. im Handeln gezeigt. Soziale Wirklichkeit kann weiters als Zusammenspiel von Handlungen und deren Interpretationen/ Bedeutungen re-konstruiert werden.

- Vom experimentellen Charakter war bereits die Rede, das „soziologische Experimentieren" (Brecht) versteht sich als veränderter, produktiver Umgang mit Alltagshandeln unter Einbeziehung subjektiver Bewusstseinsphänomene und ihrer Veränderung. Dabei steht die Fülle aller Handlungsmöglichkeiten zur Verfügung, d.h. der „semantische Spielraum unserer Ansichten, ... , in dem wir umgekehrt handeln" (Stastny 1995, S. 136). Parallel dazu interessiert die Frage, was passiert, wenn alltägliche Verhaltensregeln überschritten werden. Im Theaterspiel gibt es zudem eine Reihe von experimentellen Techniken, mit denen Szenen bearbeitet werden können wie: Unterbrechung, Verlangsamung, Variationen, Rückwärtsspielen u.ä.m., wodurch Strukturen und Prozesse in die Sichtbarkeit gehoben werden. In diesem Sinn ermöglicht das szenische Spiel auch „eine kommunikative Validierung und methodische Triangulation (...) zwischen unterschiedlichen Annäherungsweisen an einen sozialen Gegenstand durch häufigen, reflektierten Wechsel zwischen relevanten Wahrnehmungs- und Kommunikationsweisen" (Nitsch/Scheller 1997, S.709). Wesentlich am experimentellen Charakter ist aber die Tatsache, dass die TeilnehmerInnen selbst teilnehmen, dass das Thema der Untersuchung offen, dass die Verläufe transparent sind, und dass wiederholt zwischen unmittelbarer Beteiligung, Beobachtung und Reflexion gewechselt wird, was mit der folgenden Prämisse zu tun hat:

- Die AkteurInnen forschen und reflektieren (in erster Linie) selbst, szenisches Forschen kann als eine - von lernenden bzw. forschenden AkteurInnen praktizierte - Untersuchungs- uns Auswertungsmethode ihrer Selbst- und Fremderfahrungen verstanden werden. Während in der traditionellen Forschung das Wissen der Menschen zumeist in einer einseitig gelagerten Beziehung verwertet wird, wodurch sie zu Objekten der Erkenntnis gemacht werden, wird szenisches Forschen und Handeln zum Bewusstwerdungsprozess der Beteiligten; das Wissen - als Handeln, Bewegen – bleibt bei den Beteiligten, entsteht im Austausch und Kontakt untereinander und im vielfältigen Experimentieren bzw. Reflektieren sozialer Wirklichkeit auf der Folie szenischen Spiels. Außerdem wird Erkenntnis in diesem Kontext nicht als Repräsentation oder als Abbild verstanden, vielmehr geht es um eine andere Qualität eines anderen Wissensprozesses selbst (vgl. Stastny 1995, S.39). Die Wiederaneignung schöpferischer Kompetenz im Prozess der Handlung und der Reflexion führt zur Gestaltung neuer Handlungen und Haltungen. Mit der ästhetischen Handlungskompetenz - im Theater-Spiel voraus geübt, entwickelt, angewandt - wird zugleich eine soziale und sozialwissenschaftliche Kompetenz des Sehens, Handelns, Denkens miterworben (vgl. Koch 1997, S. 81) Manchmal können die im Spiel sichtbar werdenden sozialen Beziehungen, Haltungen, Einstellungen zum Gegenstand einer distanzierten, systematischen Auswertung gemacht werden (vgl. Nitsch/Scheller 1997, S. 704).

- Der Erkenntnis- und Forschungsprozess ist geprägt von Wünschen nach Veränderung, Mitgestaltung und Teilhabe. Hintergrund dafür ist die Ansicht, dass Erkennen von Interessen geleitet und mit Lebenspraxis verknüpft ist. Szenisches Forschen geht bewusst von Interessen und Wünschen nach Veränderung und Teilhabe aus - gerade dadurch können Macht- und Herrschaftsstrukturen freigelegt und bewusst werden, „in der Veränderung der Wirklichkeit erschließen sich erst die genauen Konturen von Unterdrückung und Herrschaft" (Zillmer, zit. in Gipser 1996, S.26). Dies widerspricht einem Tabu der Nichtveränderbarkeit und meint eine Forschung, die aus der Verknüpfung von Forschung und Aktion sowie von der Teilhabe an Wirklichkeit im Sinn von Martin Buber lebt (vgl. Stastny 1995, S.133).

- Voraussetzung dafür ist der Alltags- und Lebensweltbezug, d.h. der eigene Alltag ist Ausgangspunkt für die Forschung, gleichzeitig werden Erfahrungen im szenischen Spiel verdichtet und verfremdet, sie erfahren eine Zuspitzung im ästhetischen Raum. Der Alltag gilt als „Muster für Kunst": Entgegen den alltäglichen Routinen zu Absicherung und Kodifizierung wird hierbei die Brüchigkeit und Unsicherheit im alltäglichen Handeln spürbar, die eine Relativierung des eigenen Standpunktes zur Folge haben kann.

- Dabei ist die Dialektik von Persönlichem und Gesellschaftlichem entscheidend. Szenisches Spiel, so Nitsch/Scheller (1997, S.709) kann „.....die komplexen Phänomene latenter, vorgestellter, erinnerter Wirklichkeitsmomente im Bewußtsein und der Gefühlswelt von Menschen sinnlich wahrnehmbar und kommunizierbar machen, die soziales Handeln ebenso prägen wie kognitive Handlungsstrategien". Szenisches Spiel setzt darüber hinaus die biographische Selbstreflexion als Aktualisierung und Reflexion eigener Erfahrungen vor dem Hintergrund gesellschaftlicher Bedingungen in Gang, mit dem Ziel der Integration von „innerer und äußerer Realität" (Gipser 1996, S.26). Möglich werden soll das Verstehen sozialer Zusammenhänge im Kontext der eigenen Lebenssituation im Gegensatz zur Individualisierung von Risiken und Problemen.

- Theaterpädagogik als Forschen kann auf die Öffentlichkeit rückwirken: Neue Haltungen und Handlungen, die im szenischen Spiel als wirksam und stimmig erfahrbar werden, können im Alltag, in gesellschaftlichen Praxisfeldern im

Sinne einer "pragmatischen Validierung" auf die Probe gestellt werden. Theatrale Darstellung kann aber auch als Veröffentlichung der Forschung durch die Gruppe und Weiterentwicklung der Forschung verstanden werden. Es geht darum, Ergebnisse und Erkenntnisprozesse kommunizierbar zu machen, Akzente zu setzen, die Essenz zu veranschaulichen. Dabei kann die Darstellung selbst Teil der Forschung sein.

Szenisches Forschen als sozialwissenschaftliche Praxis und Kompetenz: Eine Andeutung

Die von mir beschriebenen Merkmale und Ziele szenischer Forschung sagen noch wenig darüber aus, in welchem methodologischen und wissenschaftstheoretischen Kontext sie stehen, d.h., an welchen Regeln der Erkenntnis- und Wahrheitssuche sie sich innerhalb des wissenschaftlichen Systems gebunden fühlen, bzw. inwieweit sie sich diesen überhaupt verbunden fühlen. Da es an dieser Stelle zu weit führen würde, und es – anders als z.B. bei der Aktionsforschung – noch keine ausgearbeitete Methodologie szenischen Forschens gibt, beschränke ich mich im folgenden darauf, einige mögliche Verbindungen zu sozialwissenschaftlichen Ansätzen anzureißen.

Zunächst beginne ich mit einem Aufsatz von Gerd Koch über Theaterspiel als szenische Sozialforschung (vgl. Koch 1997, S.81-87.), der sich als Plädoyer dafür versteht, Theaterpädagogik selbst als Sozialforschung und sozialwissenschaftliche Kompetenz zu verstehen:

> „Meine These ist, dass mit der ästhetischen Handlungskompetenz, die im Theater-Spiel-Vorgang geübt, entwickelt, angewendet wird, zugleich eine soziale Kompetenz, eine Kompetenz sozialwissenschaftlichen Sehens, Handelns und Denkens (mit-) erworben wird. ... Theater-Arbeit bzw. Theater-Spiel kann eine sozialwissenschaftliche Propädeutik sein, in dem sie anschauliche/ anschauende/ ästhetische also szenische Sozialforschung treibt" (Koch 1998, S.81).

Ästhetik wird dabei als besondere Form des Sehens, Wahrnehmens und Beobachtens verstanden, die mit dem ‚theatron' als Schauplatz korrespondiert, wo die „Theoretiker" gezeigte, dargestellte Wirklichkeit (konkret) wahrnehmen und bewerten konnten. Was damals auch der Kenntnis der Regeln der Götter bedurfte, ist heute in den Vordergrund gerückt: Regeln kennen und setzen, Definitionsmacht haben. Ausgangspunkt sind konkret beobachtbare Situationen und Szenen, die im Alltagsleben auftreten – Brecht sah den Alltag als Muster für Kunst – und „dort beginnt auch die Wissenschaft". Andererseits wird die Frage wichtig, wie angesichts der mittlerweile riesigen Wissensmengen entsprechende Umgangsformen und Handlungsweisen gefunden werden können. Zudem gerät in der Wissenschaft der Schein von der Sicherheit in Widerspruch zu Krisen und Unsicherheiten im wissenschaftlichen Prozess selbst. Ebenso ist die alltägliche Wissensproduktion mehr von Unsicherheit als von (herrschaftlicher) Absicherung und Kodifizierung geprägt (vgl. ebd., S.82f.).

Weitere Berührungspunkte zwischen sozialwissenschaftlicher und theaterpädagogischer Arbeit bestehen in der Methodenvielfalt, der forschenden Haltung, der Recherche und der Frage nach der geeigneten Darstellungsweise, die sowohl Teil des künstlerischen wie wissenschaftlichen Vorgangs sein sollte. Wenn Theatergruppen ein Stück selber herstellen, sich auf ihre Welt, ihre Geschichte beziehen und an sie erinnern, dann sind ihre Tätigkeiten: Erkennen, Wiederbeleben, Durcharbeiten, Bewerten, Akzentuieren, ästhetisch Formen, Vorzeigen, auf ein Publikum Reagieren.

Eine weitere Kompetenz, die – so Koch – szenische Forschungsprozesse auszeichnet, ist jene der „soziologischen Imagination", die von C. W. Mills für die von akademischen Konventionen verengte Soziologie gefordert wird: Es geht um das Wiedereinfügen von bildlichen, ästhetischen, phantasiehaften, künstlerischen, unscharfen Momenten in die Sozialforschung, die nicht nur spezialisierten SoziologInnen, sondern allen Menschen zugute kommen sollten, wobei besonders Mill's Regeln für sozialwissenschaftliches Arbeiten viele Anregungen für die Theaterarbeit bieten, wie zum Beispiel:

> „ Das soziologische Denkvermögen besteht ja zu einem großen Teil aus der Fähigkeit, den Blickpunkt zu wechseln. ... Spielerische Intuition und die ernste Frage nach dem tieferen Sinn sind wichtig sowie die Kombination von Ideen..., die zunächst miteinander unvereinbar erscheinen" (ebd., S.89f.).

Genau das ist immanentes Prinzip von theaterpädagogischen Prozessen. Für Koch sollen gerade die Lehrstücke Brechts

> „...sozial bedeutsame Erkenntnisse unter Einbeziehung der je subjektiven Sozialisation, der mit der Brechtschen Spielvorlage Umgehenden ermöglichen ... Die Spielweise findet statt zwischen Soziologie / Geschichte und Eigensinn, gibt Simulationsmöglichkeiten für Sozialisation, soziale Rollenzuweisung, Demonstration von Herrschaft, Knechtschaft und Asozialität, Subjektivität und Kollektivität. Der Brechtsche Text stellt so etwas wie eine Intervention dar: Handlungsforschung, action research, Interventionsforschung, Simulation sozialer Konflikte, Verhaltensforschung, Forschung im sozialen Feld: das sind sozialwissenschaftliche Stichworte, die den Brechtschen Lehrstück-Ansatz in sozialforscherischer Perspektive lesbar machen" (ebd., S.91f.).

Dazu ist anzumerken, dass Kurt Lewin, experimenteller Sozialpsychologe und ‚Urvater' der Handlungsforschung an Brecht's Bearbeitung von „Der Böse Baal der asoziale" sehr interessiert war (vgl. ebd., S.93).

Ähnlich wie für Koch ist auch für Gipser (vgl. 1996, 28ff.) szenisches Forschen mit dem Forumtheater am ehesten als subjekt- und handlungsbezogene Sozialforschung zu verstehen, wobei der Forschungs- und Handlungsprozess gleichzeitig ein Bewusstwerdungsprozess ist. Insofern gibt es zum einen Nähe zu der auf dem Symbolischen Interaktionismus beruhenden Methode der „biographischen Selbstreflexion", andererseits zu dem, was Brecht als „soziologisches Experiment" bezeichnet hat, das mit Wirklichkeitsveränderung verknüpft ist. Gipser ist davon überzeugt, dass damit eine Möglichkeit geschaffen wird,

> „Postulate einer emanzipatorischen Handlungsforschung praktisch umzusetzen" (Gipser 1996, S.30).

An anderer Stelle spricht sie von der selbstreflexiven, experimentellen Handlungsforschung. Diese ‚Spur' wäre interessant zu verfolgen, vor allem aus dem Grund, da bei der Aktionsforschung die Akteure als Forschende eine größere Rolle spielen, genauso wie die Idee, verändernd auf Wirklichkeit Einfluss zu nehmen. Auch die Paradigma-Elemente dialogischer Zugang zur Realität, die Wahrheitsfindung der kritischen Argumentation im Diskurs, das zyklische Modell von Datensammlung, Diskussion und Handeln im Feld sowie das Handlungskonzept ließen sich mit szenischer Forschung gut vereinbaren. Umgekehrt könnte die Handlungs- bzw. Aktionsforschung durch die Erweiterung von unmittelbar handlungs- und körperbezogenen Methoden bereichert werden. Nitsch/Scheller (1997, S.704ff.), sprechen davon, dass sich die Methoden des szenischen Spiels gut für Forschungsvorhaben eignen, die sich auf Bildungsprozesse in Gruppen beziehen, wieder steht der Handlungsaspekt im Vordergrund:

> „Beim Handeln in vorgestellten Situationen und bei der Reflexion solcher Handlungen können erlebte, vorgestellte und zukünftig mögliche soziale Situationen in ihrer sozialen Dynamik, können innere und äußere Haltungen und Beziehungen der beteiligten Personen aktiviert, erkundet und analysiert werden" (Nitsch, Scheller 1997, S.704).

Weitere paradigmatische Nähe, auf die ich an dieser Stelle nicht näher eingehen möchte, ergibt sich zum Symbolischen Interaktionismus und zur Ethnomethodologie, bei denen die Deutungsmuster und aktiven Interpretationsleistungen in der Interaktion eine große Rolle spielen. Interessant wäre wohl auch, sich mit phänomenologischen Ansätzen zu beschäftigen, da sie die Grundlage von interpretativer, alltags- und lebensweltorientierter Forschung darstellen. Letztere findet gerade in der „Theorie des Alltagsbewusstseins" (vgl. Leithäuser 1977) Verbindungen zur Theaterpädagogik, besonders zu den ‚Lehrstücken' und zum ‚Theater der Unterdrückten':

> „Das bedeutet vor allem, alltägliches Bewusstsein und alltägliches Verhalten zu untersuchen, das durch eingeschliffene Routine und Automatismen eine Neuorientierung im pädagogischen Handeln behindert" (Scheller 1998, S.204).

Fazit: Das von mir vorgestellte Projekte hat methodisch die größte Ähnlichkeit mit dem von Bülow-Schramm/Gipser (1991, 1995, 1997), weil dabei auch die Techniken des „Theaters der Unterdrückten" eine große Rolle spielten. Im weitesten Sinn versteht es sich als experimentelle Handlungsforschung: Der Lern- und Erkenntnisprozess in der Gruppe sollte Gewalt- und Machtwirkungen der Stadt nicht nur bewusst machen, sondern im dramatischen Probehandeln neue Wahrnehmungs- und Handlungsmöglichkeiten erschließen. Neben dem Forumtheater kamen dabei besonders die sogenannten „introspektiven und prospektiven Techniken" von Boal zur Anwendung, außerdem wurde in einer eher kurzen Sequenz mit einem Lehrstücktext gearbeitet.

Darüber hinaus wurden folgende Methoden eingesetzt: Spiele und Übungen zur Aktivierung von Spiellust, Ausdruck, Vertrauen, Kooperation in der Gruppe, Elemente des Improvisationstheaters nach Zaporah (1995) und schließlich eine Reihe von Bewegungs- und Körpertechniken zur Sensibilisierung, Flexibilität und Erweiterung der Bewegungs- und Wahrnehmungsmöglichkeiten. Die einzelnen methodischen Schritte wurden je nach Fragestellung und theoretischem Bezug entwickelt und spezifiziert, sie waren nicht Selbstzweck, sondern kreativästhetisches Mittel von Erkenntnis, ähnlich wie Peskoller experimentell-künstlerischen Methoden verwendet, und davon spricht, dass in einem in Schwebe gehaltenen Prozess, gewonnene Erfahrungen und Erkenntnisse Anlass für weitere Fragen sind (siehe S.96f). Im Gegensatz zu ihr, wurde aber keine StellvertreterInnenposition durch die szenisch Forschenden eingenommen, die TeilnehmerInnen waren selbst die Akteure der Forschung.

Ansonsten kamen noch sporadisch Selbst- und Fremdbeobachtung zur Anwendung, die TeilnehmerInnen selbst führten keine weiteren empirischen Erhebungen durch, vielmehr wurden Spiel- wie (reale) Handlungserfahrungen gemeinsam reflektiert und protokolliert.

Was in diesem Rahmen nicht möglich war: Durch meine Rolle als Spielleiter und „szenischer Forscher" wollte und konnte ich nicht auch noch den Blick des „teilnehmenden Beobachters" einnehmen, außerdem wäre ein fixes Beobachtungs- oder Kategorienschema in dieser Phase in Widerspruch zur Eigensinnigkeit, zur Lebendigkeit und zum Eigenleben der theaterpädagogischen Prozesse gestanden. Vielmehr sollten Formen der Dokumentation zur Anwendung kommen, die sich auf den Prozess nicht störend auswirken sollten, worüber ich im folgenden berichte:

III. 2.2 Empirisch-Qualitatives Vorgehen

Meine Rolle als Forscher änderte sich mit dem Ende des praxisorientierten Projekts, als es um die Frage ging, wie der Prozess einer wissenschaftlichen Aufbereitung und Reflexion zugänglich gemacht werden konnte, die den gängigen wissenschaftlichen Kriterien genügt. Im Grunde hieß das, dem handlungs- und prozessorientierten Forschen und Lernen während des Projekts einen eher sprachlich-abstrakten, beschreibenden, analytischen und interpretativen Zugang gegenüberzustellen, was nicht ohne Ambivalenzen ging und mit einer Reihe von Fragen konfrontierte:

Welche Forschungsmethoden können dem komplexen Geschehen des Projektverlaufes gerecht werden?

Wie sollen ganzheitliche Lernerfahrungen beschrieben werden?

Wie kann es zu einem ausgewogenen Verhältnis zwischen eigenen Erkenntnisinteressen, der Beteiligung am Prozess und der notwendigen Distanznahme kommen?

Inwieweit sind gewonnene Einsichten und Ergebnisse in andere Kontexte übertragbar?

Diese Fragen problematisieren den wissenschaftstheoretischen und methodologischen Zugang, der neben den – bereits beschriebenen - Merkmalen des szenischen Forschens die Ebene des empirisch-qualitativen Forschens betrifft:

Ich wollte die Prozesse beim Projektstudium möglichst plastisch und differenziert beschreiben und illustrieren, wobei besonders die TeilnehmerInnen selbst zu Wort kommen sollten. Dazu schien mir eine an den Prämissen qualitativer Forschung orientierte Vorgangsweise am besten geeignet zu sein, weil sie subjektive Sichtweisen der beteiligten Akteure ernst nimmt und selbst ein prozessuales Vorgehen darstellt.

Zwar standen die Entdeckung und Beschreibung fremder Lebenswelten und Deutungssysteme oder unbekannte Aspekte in vertrauten Lebenswelten nicht im Mittelpunkt, was Oswald (vgl. 1997, S.79f.) als wesentliche Gründe für die Wahl qualitativer Forschung angibt. Aber die Anwendung von theoretischen Konzepten und Überlegungen auf einen Einzelfall bildet nach Oswald (vgl. ebd., S.81f) einen weiteren Grund für qualitative Forschung: Als Einzelfall betrachte ich dabei das Projektstudium. Dessen Verlauf und Ergebnisse werden mit theoretischen und konzeptionellen Überlegungen über die Möglichkeiten von Theaterpädagogik (besonders des Theaters der Unterdrückten) in bezug auf Gewaltformen im städtischen Alltag in Beziehung gebracht. Dabei geht es um eine möglichst differenzierte Sichtweise dessen, welche Prozesse die szenischen Methoden und Vorgänge auslösen und wie das in den jeweiligen Alltag nachwirkt. Damit rückt die Studie in die Nähe einer qualitativ orientierten Evaluation (vgl. ebd., S.82), was aber nicht unproblematisch ist, denn:

> *Wie ist es überhaupt möglich „Wirkungen" der szenischen Arbeit auf die TeilnehmerInnen herauszufinden und zu beschreiben?*

Das berührt Fragen einer – bislang kaum existenten - theaterpädagogischen Begleit- oder Wirkungsforschung:

Über Schwierigkeiten einer theaterpädagogischen „Begleit- oder Wirkungsforschung" zu einem möglichen Weg

Mit Ausnahme der Forschungsarbeit von Steinweg (u.a. 1986), in der das Lehrstückkonzept von Brecht einer Art empirischen Test unterzogen wurde, sind theaterpädagogische „Wirkungsstudien" kaum bekannt geworden, während sie in anderen Bereichen, wie etwa in der Erlebnispädagogik an Bedeutung gewinnen und auch theoretisch diskutiert werden.

Eine interessante Arbeit in diesem Zusammenhang ist von Schwiersch (1995) verfasst worden, der sich fragt, wie Wirkungen von Erlebnispädagogik valide erfasst werden, und dabei auf einige Gefahren verweist. Dessen Überlegungen greife ich auf, um sie auf das Projektstudium und dessen „Wirkungen" zu beziehen.

Schwiersch stellt die Frage, woher wir eigentlich wissen können, dass bestimmte Wirkungen in Zusammenhang mit erlebnispädagogischen Interventionen stehen, und ob sie nicht weit weniger das Produkt pädagogischen Handelns sind als ein

> „...sich einstellendes Geschenk des Lebensprozesses" (ebd., S.146).

Und dennoch geht es darum, „Settings" so zu entwerfen und zu gestalten, dass sich die erhofften und erwarteten Wirkungen einstellen können. Dieser Widerspruch trifft auch für theatrale Lernprozesse zu, wenn bei ihnen auch weit weniger als bei der Erlebnispädagogik eine Zielorientierung im Sinne einer bestimmten Verhaltensänderung vorhanden ist.

Ich vertraute in diesem Fall auf die Einschätzung der teilnehmenden Menschen selbst: Wie sich später noch zeigen wird, können sie selbst ganz gut beurteilen, ob sie eine Erweiterung ihrer Wahrnehmungs- und Handlungsmöglichkeiten mit dem Projektstudium in Zusammenhang bringen können oder nicht.

Eine weitere Schwierigkeit besteht darin, dass bestimmte Lern- und Erkenntnisprozesse nur innerhalb bestimmter Settings und Strukturen erfolgen können. Sobald die Menschen aus ihnen heraustreten, setzen bereits andere Formen der Auseinandersetzung und der Verarbeitung ein. Die Frage nach dem Transfer in den Alltag taucht auf, was im theaterpädagogisch Kontext auf die Problematik verweist, wie sich dramatisches Probehandeln im szenischen Spiel zur alltäglichen Realität verhält.

Damit im Zusammenhang steht ein weiteres Problem:

Wirkt Erlebnispädagogik aus sich heraus, indem sie ihre Wirkung im Sinne der Isomorphie, d.h. der Formgleichheit zwischen erlebnispädagogischer Situation, der Aufgabe, dem Setting, der innerpsychischen und gruppendynamischen Struktur entfaltet (vgl. ebd., 160f.)?

Aber wird die Pädagogik dadurch nicht ‚unsichtbar' und ‚verborgen', indem die ‚besserwissenden' PädagogInnen sich eine bestimmte Struktur ausdenken, die für die TeilnehmerInnen gar nicht transparent und nachvollziehbar ist?

Schwiersch gibt zu bedenken, dass das Denken in Wirkungen den Blick auf den Menschen vernebeln kann (ebd., S.140): Will ich etwas erreichen, laufe ich Gefahr, die mir anvertrauten Menschen zum Objekt zu degradieren und sie auf subtile Weise zu missbrauchen. In gewissem Sinn ist der Suche nach Wirkungen die Degradierung zum Objekt inhärent, besonders dann, wenn es explizite pädagogische Zielvorgaben gibt.

Diese Zielvorgaben sind im Zusammenhang mit der Theaterpädagogik und dem Theater der Unterdrückten nicht in der Weise vorhanden wie bei der Erlebnispädagogik. Dennoch besteht die Gefahr einer Funktionalisierung und Instrumentalisierung theaterpädagogischer Lernprozesse, wenn sie nicht um ihrer selbst willen geschätzt werden. Ich versuchte dieser Problematik u.a. dadurch zu begegnen, dass ich – wie an anderer Stelle ausgeführt (siehe S.208ff.) - möglichst ehrlich und transparent meine Vorgansweise darlegte und meine wissenschaftlichen Interessen und Fragen aus dem unmittelbaren Projektgeschehen heraushielt.

Aber hat das zur Konsequenz, von Wirkungslosigkeit zu sprechen bzw. die Frage nach der Wirkung gar nicht zu stellen?

Schwiersch schlägt folgenden Ausweg vor (ebd. S.141):

> „Wirkungen können durchaus gesucht werden, wenn man weiß, daß immer die eigenen Konstrukte gefunden werden, und das Nicht-finden nicht das Versagen der Pädagogik bedeutet".

Wichtiger als das „Abfragen" bestimmter Konstrukte, die möglicherweise der Denkform des Befragten gar nicht entsprechen, ist es,

> „...mit den Menschen in einen guten Kontakt zu kommen" (ebd., S.143),

... der geprägt ist von der Bereitschaft zum Austausch, zur Selbstreflexion und zum Verzicht auf Erziehung.

<u>Fazit</u>: Dieser Vorschlag von Schwiersch kommt in meiner Arbeit insofern zum Tragen, als ich zunächst meine eigenen, sowohl theorie-, als auch erfahrungsgeleiteten Konstrukte und Annahmen formuliere, nach denen ich das empirische Material strukturiere. Aber auch während der praktischen Phase des Projektstudiums, erlaubte ich mir die Geschehnisse und Prozesse durch die Brille meiner Konstrukte zu betrachten, ohne damit den „Wert" der Theaterarbeit in Frage zu stellen und in dem Wissen, dass dabei viele Dinge von mir nicht gesehen werden konnten: Vieles bleibt dadurch draußen und mit großer Wahrscheinlichkeit würden andere in unterschiedlicher Weise ‚selektiv wahrnehmen'. Mir sprangen Dinge ins Auge, für die ich einen bestimmten Blick entwickelt hatte, dessen Entstehungsgeschichte ich in Teil II dargestellt habe.

Darüber hinaus richtete ich das Augenmerk auf ‚zufällige' Geschichten, die im Verlauf des Projekts - bei ungeplanten oder ausgemachten Gesprächen - von TeilnehmerInnen erzählt wurden, weil sie ihnen gerade in den Sinn kamen und sich in ihnen ein inhaltlicher Bezug ‚offenbarte', den ich dankend annahm.

Was ich außerdem noch einschränke: Meine Forschung bezieht sich nicht auf alle Ebenen möglicher Wirkungen des theaterpädagogischen Projektstudiums. Die politische Komponente und die Wirkung der Arbeit auf mögliche Umgebungen und Lebenswelten blieb z.B. weitestgehend ausgeblendet, weil sie weder im Zentrum des Projekts standen und dazu auch kein empirisches Material gesammelt wurde.

Wie und wozu jedoch gesammelt wurde, beschreibe ich im folgenden:

Zum empirischen Material: Sammlung, Auswertung und Darstellung

Sammlung von empirischem Material

Während es Projektstudiums wurden verschiedene Formen von Material erstellt, die zur Basis für spätere Auswertungen wurden:

- Für (fast) jedes Treffen der Projektgruppe wurde ein Protokoll angefertigt, in dem der Ablauf, wichtige Übungen und zentrale Aussagen von Reflexionen, Gesprächen oder Diskussionsrunden angeführt wurden,

- jene Einheiten, die von vornherein einen reflexiven und diskursiven Charakter hatten, wurden größtenteils auf Tonband aufgenommen,

- spezielle Arbeitsschritte wurden mit der Videokamera aufgezeichnet, dazu zählen die Phasen mit den intro- und prospektiven Techniken, sowie die öffentlichen Forumtheateraufführungen,

- Aktionen im öffentlichen Raum wurden zum Teil auch fotografisch begleitet,

- von den TeilnehmerInnen, wie auch von mir selbst wurden außerdem Forschungstagebücher angelegt, die aber nur in meinem Fall in die Auswertung miteinbezogen wurden.

Neben der laufenden Dokumentation des Projektgeschehens wurden noch Interviews durchgeführt: Zum einen stellten sich in den Tagen nach der Forumtheateraufführung am 20.6.1997 neun ZuschauerInnen für ein Gespräch zur Verfügung, das im wesentlichen an einem Leitfaden orientiert war (vgl. Anhang I) und außerdem Merkmale eines „episodischen Interviews" beinhaltete (vgl. Friebertshäuser 1997, S.388). Die Gespräche fanden an Orten wie Cafes oder Büros statt und dauerten zwischen einer halben und einer ganzen Stunde.

Weitere Interviews führte ich mit vierzehn der sechzehn TeilnehmerInnen des Projektstudiums, die alle bis auf einen, Pädagogik studierten, ein Jahr nach Abschluss des praktischen Teils. An diesen Interviews nahmen bis auf zwei Ausnahmen jeweils zwei GesprächspartnerInnen teil. Dabei ging es in erster Linie um eine Einschätzung des persönlichen Erkenntnis- und Lernprozesses, sowie um eine abschließende Bewertung des Projekts. Auch diese Gespräche waren durch einen Leitfaden (vgl. Anhang II) vorstrukturiert, allerdings wurde auch Raum gegeben für das Erzählen relevanter Geschichten bzw. für darüber hinaus gehende Ideen, Gedanken und Fragen.

Im Unterschied zu anderen Interviewsituationen waren sich die Beteiligten durch die intensiven Spielerfahrungen während des Projektstudiums zum Teil sehr vertraut, wodurch sich rasch große Offenheit einstellte. Mir selbst war in der Interviewsituation wichtig, nicht nur als distanziert Fragender aufzutreten, sondern möglichst in der Gegenseitigkeit des Gesprächs zu bleiben, was manchmal hieß, selbst auf Fragen der GesprächspartnerInnen einzugehen bzw. selbst etwas von meinen eigenen Lern- oder Erkenntnisprozessen preiszugeben. Umso wichtiger war, dass alle wesentlichen Fragebereiche vorkamen, wobei es die Entscheidung der GesprächspartnerInnen war, womit sie sich intensiver auseinandersetzen wollten.

Dass die Interviews größtenteils mit jeweils zwei Personen durchgeführt wurden, hatte verschiedene Gründe:

- Durch den langen zeitlichen Abstand zur Praxis des Projekts sollte das „Wiedersehen" mit anderen TeilnehmerInnen die Erinnerung anregen.

- Das Projektstudium war weitestgehend auf Gruppenerfahrungen und -beziehungen aufgebaut, die zu einer rein individuellen Auseinandersetzung im Widerspruch gestanden wären. Andererseits sollte – im Gegensatz zu Gruppendiskussionen – gewährleistet sein, dass sich die beteiligten Personen mit ihren Sichtweisen stärker einbringen können.

- Durch das „paarweise" Auftreten der Studierenden sollte meiner möglichen Dominanz im Gespräch entgegengewirkt werden.

Die Gespräche verliefen weitestgehend in einer angenehmen, entspannten und offenen Atmosphäre, die Erinnerung an das Projekt war in den meisten Fällen rasch wieder da. Allerdings stellte sich heraus, dass nicht immer gewährleistet werden konnte, dass die beiden GesprächspartnerInnen zu allen Themen ihre individuelle Ansicht verbal zum Ausdruck brachten. Meist wurde durch die Körpersprache signalisiert, dass zu einer bestimmten Frage eine ähnliche oder gleiche Auffassung bestand, ohne dass diese expressis verbis wiederholt wurde.

Auswertung

In der Folge stellte sich die Frage, wie die „Materialberge" von etwa 20 Stunden Videobändern und 40 Stunden Tonbandaufnahmen neben einer Reihe von Protokollen und Tagebucheintragungen bearbeitet werden konnten: Das Material musste zunächst für die verdichtende und zusammenfassende Verschriftlichung aufbereitet werden.

Die Interviews wurden wörtlich transkribiert, allerdings ohne Hüsteln, Pausen, Versprecher u.ä.m., weil nicht beabsichtigt war, die Auswertung in psychoanalytische oder tiefenhermeneutische Deutungen der Gruppenprozesse zu führen, bei der alle „semantischen Hinweise" auf Unbewusstes von Bedeutung wären, ebenso wenig wollte ich im Sinne der „objektiven Hermeneutik" latente Sinnstrukturen ermitteln. Mir war es vielmehr wichtig, das Material hinsichtlich bestimmter inhaltlicher Bereiche und Fragestellungen auszuwerten, wozu mich die von Mayring benannte Interpretationsform der „inhaltlichen Strukturierung" inspirierte, wenn ich ihr auch nur in einigen Schritten folgte (vgl. Mayring 1993, S.83ff).

Bei dieser inhaltsanalytischen Auswertung unterstützte mich das Computerprogramm „atlas ti" (Muhr 1997). Dafür wurden zunächst zwei „Hermeneutic Units" (HU) für die entsprechenden Daten angelegt: Die „HU-Projekt-Forum" beinhaltete die Transkriptionen der Interviews mit BesucherInnen der Forumtheateraufführungen, die „HU-Projekt-Gruppe", jene mit den TeilnehmerInnen des Projektstudiums. Werden sie im Text zitiert, erfolgt die Kurzquellenangabe mit „TN" für die Interviews mit TeilnehmerInnen aus dem Projektstudium (Beispiel: TN 4, 30.6.1998) und mit „BS" für BesucherInnen der Aufführungen, beide jeweils mit dem Datum des Interviews versehen (Beispiel: „BS 8, 28.6.1997"). In beiden Fällen entschied ich mich für eine anonymisierte Darstellung, was auch dem Wunsch einiger TeilnehmerInnen am Projektstudium entsprach. Wenn personenbezogene Unterschiede wie Alter, Geschlecht, Ausbildung bei der Auswertung eine Rolle spielen, wird an entsprechender Stelle darauf eingegangen, weswegen hier auf eine diesbezügliche Darstellung verzichtet wird.

Die Video- und Tonbandaufnahmen wurden zum Großteil ebenfalls wörtlich transkribiert, bestimmte Teile wurden gleich beim Abhören zusammengefasst, andere überhaupt weggelassen, wenn sie in überhaupt keinem Zusammenhang mit den inhaltlichen Fragestellungen standen, sondern z.B. organisatorische Themen betrafen. Das so erstellte Material wurde im „atlas-ti"- Programm zur „HU-Projekt-Verlauf", die Kurzquellenangabe erfolgt mit „PRO" mit dem entsprechendem Datum (Beispiel PRO 2, 28.11.1996).

Diese Liste aller in den jeweiligen „Hermeneutic Units" aufgehobenen Materialien findet sich im Anhang III.

In weiterer Folge wurden zunächst die „HU-Projekt-Forum" und die „HU-Projekt-Gruppe" mit „Codes" versehen, die sich aus den in Teil II entwickelten Fragestellungen und Thesen ableiteten (vgl. Anhang IV). Einige „Codes" kristallisierten sich außerdem im Lauf der Bearbeitung der Transkripte heraus. Die Kodierung sollte in der Folge die möglichst rasche Bereitstellung jener Textstellen ermöglichen, die in einem inhaltlichen Zusammenhang standen. Eine Liste der jeweiligen Codes findet sich ebenso im Anhang.

Die Textstellen zu einem bestimmten Code wurden mit Unterstützung des Computers weiterverarbeitet: Unwichtige Passagen wurde gestrichen, Aussagen in eine lesbare Form gebracht. Allerdings ging es mir weniger um eine abstrakte Darstellung der Grundgesamtheit, was im Sinne von Mayring durchgängiges Paraphrasieren und Generalisieren vorausgesetzt hätte. Mir war vielmehr wichtig, verschiedene Aspekte und Differenzierungen herauszuarbeiten, sowie das Material als Illustration für den Prozess zu verstehen. Daher versuchte ich, den Wortlaut und die Art der Sprache möglichst zu erhalten: Schlüsselzitate bildeten jeweils die Grundstruktur der Texte, während die anderen Stellen zusammengefasst wurden. Dabei war es wichtig, sowohl jene Aussagen herauszufiltern, die von ähnlichem Inhalt, als auch jene, die widersprüchlich waren. Während dieser Bearbeitung wurden Codes manchmal weiterdifferenziert, was aber gleich innerhalb des entstehenden Textes und ohne weitere Codierung mithilfe von „atlas ti" geschah. Ein Beispiel für diese Vorgangsweise ist im Anhang V ausgeführt.

In etwas anderer Weise wurde mit der „HU-Projekt-Verlauf" verfahren. Dieses Material war zum einen Grundlage für die Darstellung des Projektverlaufs, mit dem es möglich wurde, die einzelnen Arbeitsschritte zu rekonstruieren. Außerdem wurden die Ergebnisse der Reflexionen und Gruppengespräche zu einem verdichteten, strukturierten und lesbaren Text verarbeitet. Das Material wurde aber auch hinsichtlich einiger bereits für die Interviewbearbeitung wesentlicher Kategorien ‚durchforstet', die in weiterer Folge - wie oben angeführt - wieder zusammengeführt wurden. In manchen Passagen wurden daher Aussagen zu bestimmten Codes aus den Interviews wie auch aus der „HU-Projekt-Verlauf" zusammengeführt und weiterbearbeitet.

Neben dem computererfassten Material flossen außerdem noch die Tagebucheintragungen („TB"), die schriftlichen Protokolle der Studierenden und eigene Aufzeichnungen („MITSCHRIFT") der einzelnen Einheiten in den Text mit ein.

Abschließend weise ich nochmals darauf hin, dass sich die Auswertung des Materials auf den „Einzelfall" des Projektstudiums bezieht, ohne damit den Anspruch einer Verallgemeinerung zu erheben. Vielmehr handelt es sich um den Versuch, das Projekt möglichst stimmig, plastisch und illustrativ zu beschreiben, Tendenzen herauszustreichen und Annahmen über die Möglichkeiten und (Nach-)Wirkungen der theaterpädagogischen Vorgangsweise möglichst differenziert darzustellen. Damit sollen die Anschlussfähigkeit an die Fachdiskussion (vgl. Moser 1997, S.12) und Anknüpfungspunkte für weitere Praxisforschung in diesem Bereich ermöglicht werden.

Ich habe bereits weiter oben davon gesprochen, dass meine Rolle im Projekt von einem hohen Grad an Involviertheit gekennzeichnet und dass in weiterer Folge die Bearbeitung und Strukturierung des Materials stark – und auch bewusst - von meinen eigenen Konstrukten geprägt war, die ich möglichst nachvollziehbar dargelegt habe. Darüber hinaus hat es immer wieder Schritte der Distanzierung gegeben, bei denen auch der Faktor Zeit eine wesentliche Rolle spielte: So wurden die TeilnehmerInnen des Projektstudiums erst ein Jahr nach Ende des Projekts interviewt, und das Material der Interviews und des Projektverlaufs wurden ebenfalls zu einem viel späteren Zeitpunkt weiterverarbeitet, wodurch sich eine gewisse Distanz zum Erleben und unmittelbaren Geschehen einstellte.

Weiters trug „atlas ti" dazu bei, dass der Umgang mit dem Material in nachprüfbarer Art und Weise vor sich ging, in dem wirklich alle Texte in die Bearbeitung und Auswertung einfließen konnten und dass auch jene Aussagen an Wert gewannen, die nicht in das Konzept zu passen schienen.

Abschließend weise ich darauf hin, dass nach Fertigstellung des Textes noch eine kommunikative Validierung erfolgte, indem drei Teilnehmerinnen des Projektstudium den Bericht gelesen und mir daraufhin Rückmeldungen gegeben haben. Alle drei stimmten der Darstellung des Projektverlaufs inhaltlich zu. Beim Lesen konnten sie sich gut an das – mehr als drei Jahre zurückliegende - Projektstudium erinnern bzw. viele Phasen wieder erleben. Zwei von ihnen meinten, dass die Darstellung des Projektstudiums in einer wissenschaftlichen Arbeit ihre Erfahrungen noch in einem anderen Sinn als ‚wertvoll' erscheinen ließ und zu theoretischen Reflexionen anregte.

Darstellungsweise

Die Gestaltung des Textes soll die konzeptionelle, die praktische und die empirische Ebene in ein gutes Verhältnis bringen:

Die thematische Gliederung der Abschnitte entspricht weitestgehend dem chronologischen Verlauf des Projektstudiums. Die einzelnen Kapitel beginnen mit der Wiedergabe von konzeptionellen Vorüberlegungen, mit der Schilderung exemplarischer Übungen, Spielen und Techniken, die zur Anwendung kamen. Dem folgt eine auf dem empirischen Material basierende deskriptive Wiedergabe der inhaltlichen Prozesse in der Gruppe, welche die jeweiligen theaterpädagogischen Vorgangsweisen in Gang gebracht haben. Illustriert werden diese Passagen durch Aussagen einzelner TeilnehmerInnen.

In zwei Nachbetrachtungen werden Ergebnisse der inhaltsanalytischen Auswertung der Interviews mit den TeilnehmerInnen des Projektstudium dargestellt, während Ergebnisse aus den Interviews mit BesucherInnen der Forumtheateraufführung mit der Schilderung des Ablauf verwoben werden.

III. 3 Spielerisch-experimentelle, sinnes- und körperbezogene Zugänge zu Stadt und deren Gewalt

Vorbemerkung

In der ersten Phase des Projektstudiums wurden spielerisch-experimentelle und sinnlich-körperliche Zugänge zur städtischen Wirklichkeit und zum eigenen Alltag hergestellt. Die Einheiten wurden so gestaltet, dass nach vorbereitenden Körper-, Ausdrucks-, Improvisations- und Gruppenübungen die jeweiligen theaterpädagogischen Methoden themenbezogen angewendet wurden. Die dadurch ausgelösten Erfahrungen wurden gemeinsam reflektiert, woraus sich neue Fragen entwickelten.

Der Hintergrund für diese Zugangsweise folgte der im zweiten Teil (siehe II.1.2) entwickelten Idee der strukturellen Gewalt:

- Unbewusste Automatismen, Gewohnheiten und Muster im städtischen Alltag sollten dem Erleben, Empfinden und Denken wieder zugänglich gemacht werden.

- Theaterpädagogische Methoden sollten dazu anregen, den eigenen städtischen Alltag bewusster wahrzunehmen und darauf zu achten, wo Beschränkungen erlebt werden, wo es Momente von Gewalterfahrung, Ohnmacht und Unterdrückung und wo es Wünsche nach Veränderung gäbe.

In der Gruppe wurde nicht von einer bestimmten Gewaltdefinition ausgegangen, sondern an (inter)subjektive Erfahrungen, Situationen und am aktuellen Verständnis angeknüpft, das durch die theaterpädagogische Arbeit weiterentwickelt wurde.

Als wichtiges Prinzip für diese erste Phase galt, dass mit dieser im geschützten Raum sensibilisierten Wahrnehmung immer wieder "Ausflüge" in die städtische Wirklichkeit unternommen wurden. Damit verdichtete sich nicht nur das Erleben, wie städtische Gewaltstrukturen auf Sinne, Gefühle, Körper und Denken wirken. Gleichzeitig wurden Schritte in ungewohnte Aneignungsformen städtischer Räume gesetzt, was durch das Zugehörigkeitsgefühl zur Projektgruppe erleichtert wurde. Der Wechsel zwischen der Arbeit im Seminarraum und verschiedenen

Aktionen und Erfahrungen in der Stadt, sollte neue Blicke auf Bestehendes und Gewohntes, neue Handlungs- und Teilhabemöglichkeiten im urbanen öffentlichen Raum ermöglichen. Die Erfahrungen und Prozesse „drinnen" und „draußen" beeinflussten sich gegenseitig.

III.3.1 Ein Anfang: Gruppenbildung, Spiellust und thematischer Einstieg

(MITSCHRIFT, 22.11.1996)

Wie an anderer Stelle beschrieben (siehe I.4.6) stellt die Bildung einer spielenden, kooperierenden und unterstützenden Gruppe eine wesentliche Voraussetzung für theaterpädagogische Prozesse dar, gleichzeitig wird über die theatralen Übungen und Spiele die Gruppe auf diese Weise erst gebildet. Daher war es vor dem Beginn der praktischen Arbeit wichtig, einige Gruppenregeln zu etablieren, die für das ganze Projekt maßgeblich sein sollten. Ich fasse sie im folgenden zusammen:

- Per "du" und "ich" sprechen, d.h. die unpersönliche „man" - Formulierung möglichst vermeiden
- Das Spiel wird nicht beurteilt oder bewertet: jeder szenische Entwurf ist wertvoll
- Jede/r ist für sich und seinen/ihren Körper selbst verantwortlich; gleichzeitig tragen alle Verantwortung für das Ganze
- Achtsamkeit gegenüber anderen TeilnehmerInnen
- Bei gespielten Szenen gibt es die Trennung zwischen Person und Rolle
- Am Schluss jeder Einheit gibt es einen Kreis, bei dem alle gesehen werden, sprechen und gehört werden, so lange, bis alle dran waren. Dabei kommt es zu keinen Dialog, sondern alle erhalten die Möglichkeit, noch das zu sagen, was ihnen wichtig erscheint.

Darüber hinaus gab es noch weitere Vereinbarungen, die mit dem universitären und wissenschaftlichen Rahmens des Projekts in Zusammenhang standen:

- Zu Beginn einer Einheit wird geklärt, wer das Protokoll schreibt, wie der Ablauf und die Zeitstruktur aussehen; je nach Bedarf gibt es eine Gesprächsrunde zum letzten Mal

- Wer "Material" (Tonband, Zitate, Protokolle, Fotos, Texte...), das in der Gruppe entstanden ist, für eigene Arbeiten verwenden will, fragt/bittet die entsprechenden Personen bzw. die Gruppe

Die praktische Arbeit des Projekts startete am 22.11.1996 mit einer Reihe von Spielen und Übungen, um miteinander in Kontakt zu kommen, aufeinander zu reagieren und die TeilnehmerInnen hinsichtlich verschiedener Merkmale kennen zu lernen, bevor erste spielerischen Partner- und Ausdrucksübungen kam, um die Spiellust anzuregen. Die ersten thematischen Bezüge wurden über folgende Übungen hergestellt. Wesentlich dabei war, das diese Zugänge möglichst sinnlich-konkret, körperlich und im Tun erfolgten:

- Alle suchten jeweils eine typische (eigene oder fremde) Stadtgeste als kurzes Bewegungs- und Stimm/Sprachmotiv, mit denen man sich in der Folge im Raum begegnete und miteinander kommunizierte; zuletzt wurden sie untereinander ausgetauscht und im Kreis besprochen.
- Die Gruppe baute „Rhythmusmaschinen" zum Thema Stadt. Die „Stadt-Maschine 1" bestand aus einem Verkehrspolizisten, einer Fußgängerin, einer Radfahrerin, die von einem LKW abgestoppt wurde, einer Person, die sich auf den Kopf griff, einer weiteren, die abgestoppt, abgebremst wurde, einer Beobachterin, einem, dem es zuviel wurde. Die Maschine war sehr dynamisch und funktionierte reibungslos. In der „Stadt-Maschine 2" werkte jemand mit einem Presslufthammer, es wurde etwas zugewalzt, eine Person konnte diesen Lärm nicht mehr ertragen, eine andere reagierte mit Abstumpfen, Durchdrehen und Ohren zuhalten, eine weitere schlängelte sich durch alle durch, es gab ein Kind, das mehr Zeit brauchen würde und eine Mutter, die es fortzerrte....

"Besonders freundlich ist das aber nicht", sagte eine Teilnehmerin nach der Präsentation der Gesten und der Rhythmusmaschine. Interessanterweise führte der erste „Sprung ins Geschehen einer Stadt" gleich zu einer Reihe von Konflikt- und Gewalterfahrungen, ohne dass sie thematisch angeregt worden waren: Lärm, Stress, abgestoppt und behindert werden, abstumpfen, aggressives Verhalten gegenüber anderen VerkehrsteilnehmerInnen waren nur einige Momente, die in den szenischen Spielen aufgetreten sind und ersten Anlass zu Erfahrungsaustausch und Diskussion gaben.

In der ersten Abschlussrunde waren die Reaktionen darauf unterschiedlich: Einige fühlten sich durch das Spielen jetzt wohler, andere waren überrascht, dass es gleich so intensiv wurde. Neugier und Interesse am Thema wurden geweckt, eine Teilnehmerin sprach vom Kribbeln, das sie erlebte. Für die meisten war es das erste Mal, dass sie mit dieser Arbeit in Berührung kamen:

> „Ich habe so etwas noch nie gemacht, nicht nur, dass die Gewalt im Alltag bewusst wird, auch die Frage kann wichtig werden: Wie kann ich da etwas verändern? (TN, MITSCHRIFT, 22.11.1996)

Dagegen waren andere zunächst eher mit Zweifeln konfrontiert (ebd.):

> „Anfangs stand ich noch mehr bei der Angst..."

> „Ich muss rausfinden, ob ich sinnvolle Zeit verbringe ... in der Gruppe geht es mir gut."

> „Ich habe so lange gezögert, weil ich die älteste bin ...- jetzt freue ich mich und bedanke mich bei euch!"

Ich habe diese erste Einheit etwas ausführlicher geschildert, weil sie zum einen im wesentlichen der Gestaltung weiterer Einheiten ähnelt: Einem personen- oder gruppenbezogenen Aufwärmen zur Weckung der Spielfreude, für Körper, Emotion, Wahrnehmung und Präsenz und Ausdruck folgten spezielle theaterpädagogische Verfahren zur inhaltlichen Auseinandersetzung, die auch verbal reflektiert wurden.

III.3.2 Die Annäherung an städtische Gewaltaspekte über Bewegungen, Bilder und Erfahrungen

(MITSCHRIFT, 23.11.1996)

Neben dem gerade beschriebenen Finden von Stadtgesten und von Stadtrhythmusmaschinen, wurde der erste Zugang zur Gewalt der Stadt analog zur Integralarbeit nach Stastny (vgl. 1995, S. 119-130) hergestellt. In Weiterführung des „Sprachspiel"-Konzeptes von Wittgenstein geht es bei der Integralarbeit um körperliche und sinnliche Aspekte eines Begriffs, sowie um das eigene Erleben. Das

„Integral" macht die Körper- und Handlungsorientierung eines Begriffs deutlich und kann die unterschiedlichen Bedeutungsebenen verknüpfen und vernetzen. Keine einheitliche „Gewalt der Stadt" - Definition war das Ziel, sondern die Vielschichtigkeit des Begriffs, die an die eigenen Erfahrungen anknüpfte:

- Alle TeilnehmerInnen suchten eine Bewegung, eine Graphik und eine Farbe für die "Gewalt der Stadt".

Aus dem Bewegungs-, Farb- und Graphikmaterial wurden von den TeilnehmerInnen Plakate gestaltet, die in der Gruppe vorgestellt und gezeigt wurden. Zuvor sorgten einige Bewegungs- und Ausdrucksübungen für eine intensivere Auseinandersetzung mit dem körperlichen Aspekt des jeweiligen Gewaltbegriffs:

- Besonders durch „Spiegelübungen" wurde versucht die Wahrnehmung zu sensibilisieren und die Bewegungsmöglichkeiten zu erweitern, bevor schließlich jeweils zu zweit das Bewegungsmotiv zur Gewalt der Stadt beobachtet, imitiert und schließlich überzeichnet wurde, um dessen Konturen noch deutlicher zu machen.

Diesen Prozess erlebte die Gruppe als sehr intensiv, sie tauchte in das Thema auf plastische und konkrete Art und Weise ein, was schriftlich nicht wiederzugeben ist. Die Gewalt in der Stadt wurde auf diese Weise mit einer Vielzahl von Aspekten verbunden, die an den unmittelbaren Erfahrungen der Beteiligten anknüpften. Ich kann sie im folgenden nur zusammenfassend aufzählen, wobei ich mich auf jene beschränke, die immer wieder vorkamen, ohne der komplexen und integrativen Darstellung durch Wort, Bild und Bewegung gerecht zu werden:

- Geschwindigkeit, Ruhelosigkeit, Geschäftigkeit und Stress als Merkmal städtischer Lebensweise (selbst die Gewalt-Bewegung führte zu Schwindel und Kopfweh)
- Abstumpfung und Überreizung der Sinne
- hektisches Gehen ohne Weiterkommen; schnell durchlaufen ohne Gefühl
- hastig sein, nichts mehr sehen und hören
- Abschalten der Sinne bzw. Überreizung der Sinne
- Künstliche Zeitstruktur: Verlust des eigenen Tempos ... Verlust des kritischen Denkvermögens
- es gibt kaum Platz für Pflanzen, Tiere und Kinder

- die Verkehrsmittelhierarchie: je schneller und stärker, desto mächtiger;
- die Kreditkarte steht für die Stadt: Menschen werden zu Objekte und "Nummern"
- es kommt zum "Röhrenblick": einkasteln, verurteilen, zu Boden schauen
- Ignoranz begleitet von zweckrationaler und egozentrischer Sicht
- körperliche Steifheit und körperliche Enge
- (körperlos) in der Stadt sein, ohne wirklich da zu sein; Spaltung zwischen Geist und Körper
- Körperlosigkeit in der Kommunikation
- Einschränkung der Bewegungsfreiheit
- blindes Nachmachen von Regeln
- Lärm und Dreck
- das Nichtnehmen des öffentlichen Raumes
- Plätze sind nur zum Konsumieren da
- Akkumulation von Aggression in der Stadt durch Zusammenballung
- die Fenster der Häuser schauen gleich aus, kaum etwas deutet auf Leben hin
- Einsamkeit, Isolation und Anonymität

Diese Aspekte und Elemente tauchten im weiteren Verlauf des Projektstudiums immer wieder auf, schon jetzt bildeten sie die Basis für die weitere Auseinandersetzung. Vertieft wurden in der Folge vor allem jene, an denen das größte praktische Erkenntnisinteresse für eine Auseinandersetzung und für Veränderung bestand. Zuvor ging es aber darum, weitere experimentelle und erfahrungsorientierte Zugänge zur städtischen Wirklichkeit zu eröffnen.

III.3.3 Ein erster Ausflug in die Stadt: Ganz bei Sinnen....

(MITSCHRIFT, 23.11.1996, PRO 1, 23.11.1996)

Bereits in der zweiten Einheit gab es einen ersten Ausflug in die Stadt. Entgegen der „Überreizung" und der „Abstumpfung" der Sinne in der Stadt, sollte der Kontakt zur Stadt über die Konzentration auf ein bestimmtes sinnliches Wahrnehmungsorgan hergestellt werden. Damit wird ein Aspekt der Theaterpädagogik als ästhetischer Praxis angesprochen, die sinnliche Wahrnehmung und den direkten, unmittelbaren Kontakt als Voraussetzung für Erkenntnisprozesse zu verstehen, mit der neue Sichtweisen zur Welt eröffnet und erprobt werden (siehe I.4.1-4.3):

Nach einem Aufwärmen, das die verschiedenen Sinne aktivierte und konzentrierte, wie blind durch den Raum gehen, Geräusche im Körper, im Raum und außerhalb des Raumes hören dann mit mehreren Sinnen zugleich wahrnehmen, gab es folgende Aufgabe: In kleinen Gruppen sollten sich die TeilnehmerInnen durch die Stadt bewegen, wobei ein einziger Sinn den Ton angeben sollte: Die Stadt musste bewusst "ertastet", "gehört", "erblickt" oder "gerochen" werden, was zu interessanten Entdeckungen führte. Dabei eröffneten sich für einige TeilnehmerInnen gänzlich neue, ungewöhnliche Blicke, Perspektiven und differenziertere Wahrnehmungen. Für andere wurden gerade Aspekte städtischer Gewalt dadurch wieder deutlicher, wie eine Teilnehmerin schilderte:

> "Als wir versuchen sollten, die Stadt mit unseren Sinnen wahrzunehmen, meldeten Uschi und ich uns für den Gehörsinn. Wir waren total überwältigt, wie abgestumpft wir schon sind. Im normalen Alltag fällt uns fast überhaupt kein Einzelgeräusch mehr auf, irgendwie geht für uns beide alles in einer Klangwolke unter. Auf unserem Weg durch die Merangasse und die Leonhardstraße bis zum Stadtpark schaffen wir es fast nicht, alle Geräusche aufzuschreiben: Wir haben zuerst Autos gehört, wie sie anfahren, wie sie bremsen, wie sie hupen, wie sie beschleunigen und dann haben wir die Glocken gehört von der Herz Jesu Kirche ... Motorrad-, Mopedlärm, Fahrräder, Stimmen, Das Ampelklicken und das Summen der Ampeln für Sehbehinderte, Fol-

getonhorn, Straßenbahn, das Läuten der Straßenbahn, wenn ein Auto quer über die Schienen fährt wie das rumpelt, das ist arg, Hundegebell, Autotüren zuknallen, der Leonhardbach , wie er rauscht.... das Interessante war, dass der Verkehrslärm im Grunde alles überstrahlt hat, der war immer da, das ist ziemlich gewaltig. Er verschwindet und wird nur dann leise, wenn ich mich auf etwas Anderes konzentriere. Ganz extrem war es im Stadtpark, du hörst immer den Verkehr und auf einmal haben wir ihn total ausgeblendet: du hörst auf einmal die Vögel, das Laub rascheln, Kinderlachen, Rascheln beim Maronibrater, Geschrei, Rollerblader. Wenn man sich konzentrierte, konnte man den Straßenlärm wegschalten. Es war zwar der Lärm immer da ... feineres Hören der Geräusche war trotzdem möglich. Wenn ich jeden Tag so durch die Stadt gehen würde, würde ich wahrscheinlich überschnappen, es war kaum auszuhalten. Als wir uns dann im "Cafe Promenade" einen Kaffee gönnten, ertappten wir uns dabei, dass wir gar nicht mehr abschalten konnten; auch hier klapperte, klirrte und klickte es. Erst jetzt verstehe ich C., wenn sie sagt, sie fühlt sich vom Lärm in der Stadt erdrückt" (schriftliche Reflexion einer Teilnehmerin).

Auch ein „Schauender" erlebte nach zunächst motivierender Gier, alles anzuschauen und sich auf die Schilder und Zeichen zu konzentrieren, eine Form von Überforderung, die die Dominanz des Sehens im städtischen Alltag und das Reagieren auf Zeichen bewusst machte:

„Ich war von Anfang an auf alle möglichen Symbole und Schilder fixiert. Da habe ich mich gar nicht erwehren können. Ich habe Straßenschilder gesehen und Ampeln und es war im Gespräch mit der K. ziemlich interessant, dass ich aufgrund der Schilder und markanten Sachen so feine Unterschiede gar nicht gesehen habe, dass das eine Haustor eine andere Farbe hat als das andere, ist mir überhaupt voll entgangen. ... Und dann sind mir die Symbole und Schilder ‚aufn Keks gangn", das gibt es ja nicht, dass das alles ist, ich habe mir irgendwie aber total schwer getan, mich auf andere Sachen zu konzentrieren, ich war im Kopf ganz fixiert darauf. ...Was mir dann noch aufgefallen ist, dass ich im normalen Umgang mit Stadt mich auf die Schilder und Zeichen verlasse, dann ist mir aufgefallen, dass ich mich nur auf die Leute konzentriere, die mir auf der Straße entgegenkommen, dass ich die anschaue, wer mir entgegenkommt, ob ich ausweichen muss, und dass es praktisch ist, dass die Schilder da sind und jetzt habe ich die Gesichter weggeschalten und dann waren nur noch die Schilder und Zeichen da...." (ein TN, PRO 1, 23.11.).

Währendessen erlebte seine Kollegin unerwartet Neues:

„Ich habe ganz andere Dinge gesehen, da sind wir nicht auf einen gemeinsamen Nenner gekommen: Ich war mit dem Bild der grauen Stadt identifiziert unterwegs, und ich bin draufgekommen, wie bunt es hier eigentlich ist... das ist mir noch nie aufgefallen: Rote Häuser, grüne Häuser, orange Häuser und mir ist aufgefallen, wie die Häuser noch ausschauen, manche sind total schön, das sieht man erst, wenn man nach oben schaut und ich schau nie nach oben... sogar Gesichter gibt es da oben, richtig unheimlich, so bärtige Gesichter, und auf einem Haus war ein Engel, der mir noch nie aufgefallen ist, obwohl ich immer wieder vorbeigehe, und dass ein Haus auf der linken Seite, auch wenn man nach oben schaut ein großes religiöses Bild ist, und ich gehe sicher einmal in der Woche vorbei, das ist mir noch nie aufgefallen... es ist groß und eindrucksvoll" (eine TN, ebd.).

Trotz der Betonung eines Sinnes wurden auch die anderen geschärft, sie ließen sich nicht einfach ausschalten, sondern wurden bestärkt:

„So wie heute habe ich das noch nie so wahrgenommen mit allen Sinnen... ich habe mehr wahrgenommen, mehr gesehen, angegriffen und gehört ... Weil wir von Reizüberflutung geredet haben: Ich habe es gar nicht als Reizüberflutung erlebt, sondern ich war richtig gierig, und dadurch, dass es Zeit gab, war es überhaupt keine Überflutung... das war eher eine Bereicherung für mich" (eine TN, PRO 1, 23.11.1996).

Das Angenehme hing mit dem veränderten Tempo zusammen, dadurch konnte es bewusster geschehen:

„Ich bin dadurch langsamer gegangen... das ist zuerst ziemlich gut gegangen.... am Hauptplatz habe ich mich echt überwinden müssen, dass ich nicht schneller gehe, weil ich das so wenig gewohnt bin anscheinend und ich würde das sicher nicht lange durchhalten. .... Diese viele

Wahrnehmen, das macht mich eigentlich verletzbar" (eine TN, PRO 1, 23.11.1996).

Für die Gruppe der Riechenden war interessant, dass Riechen in der Stadt schlechtes Gewissen bereitete, wenn man bei einer Haustür schnüffelte oder jemanden riechen wollte. Riechen setzte. anders als das Schauen, Nähe voraus und brachte eine starke Verlangsamung mit sich, was als angenehm empfunden wurde.

„Es hat viel ermöglicht, eine totale Offenheit hat es gegeben ... es hat mich auch in Hinterhöfe, in neue Gegenden gebracht" (ein TN, ebd.).

Ähnlich erlebten die Tastenden Überraschungen:

„Es war total angenehm, Sachen anzugreifen, und dann gab es die Gier zu schauen, was hinter den Gebäuden ist, was da drinnen ist und dann sind wir in einige Hinterhöfe reingegangen, einfach so, das würde ich sonst nicht machen, ganz ohne Hemmungen das war uns egal" (ein TN, ebd.)

Die Erotik der Stadt? Die Berührungen ließen die Qualität von Material deutlich werden. Holz, Pflanzen, Bäume und ‚alte Sachen' erschienen angenehm zum Angreifen, dagegen wirkten „neue" Sachen eher uninteressant:

„Die alten Sachen sind individueller, haben eigene Formen und sind interessanter zum Angreifen, bei Holz ist es sehr spannend, bei den alten Häuserfassaden sind mehr Rillen, das ganze ist unregelmäßiger. Glas ist ziemlich uninteressant, das ist ganz regelmäßig, und bei Autos auch. Auf die Dauer wird das nur Häuser Berühren schon langweilig, anders, als wenn ich im Wald gehen würde oder durch einen Park. Interessant war es für die Füße: Der Sand war toll und ganz kurz sind wir einmal über Kopfsteinpflaster gegangen ... das war spannend, das massiert so richtig: Dagegen, Asphalt ist tödlich, wenn man einen ganzen Tag auf Asphalt geht, ist man kaputt, da tun die Sohlen so weh" (ein TN, ebd.).

Das Berühren weckte darüber hinaus noch Experimentierfreude:

„Man spürt die Wärmeunterschiede, bei manchen Wänden war Wärmeputz drauf, manche waren hohl, da kann man Trommelzeichen weitergeben, von einem Haus zum anderen, und das klingt gar nicht so schlecht, wenn man es berührt" (eine TN, ebd.).

Auch für die Gruppe der „Blinden" spielte das Material eine Rolle:

„Der Steinboden ist viel angenehmer als Asphalt" (eine TN, ebd.).

Eine neue und nicht nur für Blinde geltende Einschränkung wurde auf drastische Weise bewusst:

„Aufpassen muss man auf so völlig sinnlose Hindernisse, die plötzlich irgendwo da sind: Plötzlich ist ein Masten da ... oder dann haben sie wieder Ziegel hingeschlichtet am Gehsteig... oder wie sie die Straßenschilder hinstellen, mitten am Gehsteig, das ist mir noch nie aufgefallen" (eine TN, ebd.).

Und noch ein anderer, unangenehmer Eindruck blieb:

„Am Jakominiplatz habe ich den Bus, die Straßenbahn gehört, aber ich habe keine Leute gehört, es war total stumm. Dieser Lärm hat mich irgendwie eingekastelt, wie in einen Raum, wo kein Leben war und nur irgendetwas arbeitet: Da hat es nur gearbeitet, aber es ist kein Leben drinnen. (...) in der Straßenbahn bin ich allein gesessen, ich habe mir kein Bild machen können, schauen sie mich an? Wie schaut es draußen aus? Ich habe zwar Leute lachen gehört und sonst nix, ich hab nicht gewusst, was da passiert... Die einzige Begegnung mit einem Menschen: Da ist wer vorbeigegangen und ich habe den Mantel gespürt, es war ein weicher Mantel..." (eine TN, ebd.).

Drastisch auch die Beobachtung und Assoziation eines Teilnehmers, der sich auf das Schauen konzentrierte:

„Ich habe eine Art von Schlüsselerlebnis gehabt, wie ich da in der Sparbersbachgasse gegangen bin: Da fährt die Straßenbahn vorbei, und die ist innen beleuchtet und da sitzen Menschen drin und die schauen irgendwie und die eine kratzt sich am Aug und dann schaut sie raus. Alle relativ ruhig, traurig, gequält und i hab da so a komische Konnotation gehabt, die Straßenbahn hat für mich wie ein Fremdkörper ausgeschaut und ich habe mir eingebildet, ich sehe da irgend ein

Bild aus den Judenverschiebungen im 2.Weltkrieg, völlig eigenartig"
(ein TN, ebd.).

<u>Fazit:</u> Der Zugang zum städtischen Raum über die sinnliche Wahrnehmung ermöglichte einen unmittelbaren Bezug zur Stadt. Er ließ Gewaltaspekte der Stadt wie die Wirkung des Lärms, der Verkehrszeichen, die Hindernisse, aber auch die der Materialien sinnlich bewusst und erfahrbar werden. Und er erlaubte, mit dem Vorhandenen auf neue ungewohnte Weise in Kontakt zu treten, damit zu spielen und dadurch Neues zu entdecken. Bislang Vertrautes wirkte fremd und weckte die Neugier sowie die Lust am Ausprobieren und Überschreiten von Routinen und alltäglichem Verhalten. Das verweist wiederum auf zentrale Merkmale der Theaterpädagogik (siehe I.4.1.-4.6).

III.3.4 Mit dem ganzen Körper ... in der Stadt

Ausgehend von Auffassungen, die auf Einschränkungen von Körper und Bewegungen im städtischen Alltag hinweisen (vgl. Virilio 1978, S.37f., Sennett 1995, S.449ff.), und vor dem Hintergrund der Ansicht, dass strukturelle Gewalt in der Stadt "das vorläufige Ergebnis einer langen Kette von Enteignungs-, Unterdrückungs- und Disziplinierungsvorgängen" ist, die mit einer „schrittweisen Entsinnlichung und Entkörperlichung der Menschen" einhergeht (Peskoller 1993, S.100), wurde in der Folge die Rolle des Körpers im städtischen Alltag von den TeilnehmerInnen der Projektgruppe näher untersucht, was in drei Schritten vor sich ging:

Zunächst wurde über eine Bewegungsimprovisation die Körpererinnerung aktiviert, bevor in einer Art Selbstbeobachtung einen Tag lang wahrgenommen wurde, wie der eigene Körper im Alltag der Stadt erlebt wird. Ausgehend von diesen Erfahrungen entwickelte die Gruppe Ideen und Wünsche für einen anderen Umgang mit Körper und Bewegung in der Stadt, von denen einige ausprobiert und in der Folge reflektiert wurden.

Anknüpfend an den starken Einbezug des Körpers in der Theaterpädagogik (siehe I.4.3), war meine Vermutung, dass über die körperlichen Aktionen die Körpererinnerung, das implizite Wissen aktiviert werden würde und dass dadurch abgelagerte, abgespeicherte Erfahrungen ins Bewusstsein rücken würden. Dadurch sollte ein weiterer, möglichst unmittelbarer und physisch konkreter Zugang zu städtischer Wirklichkeit ermöglicht werden: Mit dem Körper als ‚Tür zur Einsicht‘, durch bewegendes, spielendes Tun sollte das Vertraute in Schwebe kommen, neue Erfahrungsgehalte und Einsichten ermöglichen und die Brücke zu gesellschaftlichen Prozessen und Strukturen geschlagen werden:

a) Aktivierung der Körpererinnerung über eine Bewegungsimprovisation
(MITSCHRIFT, 24.11.1996)

Am Beginn standen einige Übungen zur Sensibilisierung der Körperwahrnehmung und der Beweglichkeit, wie z.B.:

- Gegenseitiges „Klopfmassage"
- Führen und Geführt werden (eine Person ist blind, die andere führt mit den Händen, die am Steiß und am Hinterkopf angelegt sind)
- Bewegungsübung: langsames, fließendes, den ganzen Körper einbeziehendes Bewegen
- Innerer Fluss (im Duo und als Quartett, abwechselnd bewegen nach der Vorstellung von „inneren Fluss", den Impulsen folgend)

Mittels einer Improvisationsübung sollten nun alltägliche Körpererfahrungen in der Stadt verdichtet zum Ausdruck gebracht werden. Die Übungsanleitung wurde inspiriert von Ruth Zaporahs Idee des „Shift Solos" (Zaporah 1995, S.82) und folgendermaßen angeleitet:

> "Beginnt mit einer (Fort)Bewegung, die ihr aus eurem städtischem Alltag her kennt. Macht sie so lange, bis es einen Impuls für eine andere Stadt-Bewegung gibt usw. Wenn ich 'Stopp! Denk!' rufe, bitte sofort in der Bewegung 'einfrieren' und alles in einem ununterbrochenen Monolog vor euch hersagen, was euch aus dieser Haltung heraus in den Sinn kommt. Die PartnerInnen versuchen, die Qualität eurer Bewegungen und eure verbalen Äußerungen wahrzunehmen!"

Ich selbst beteiligte mich an der Improvisation nicht nur als Spielleiter sondern auch als Mitspieler.

Um einen Eindruck von der Übung zu vermitteln schildere ich exemplarisch meinen Gedankenstrom, der dem Bewegungsstrom folgte:

> "Ich beginne zielstrebig, schnell und eilig durch den Raum zu gehen, wie ich es kenne .... die anderen Menschen sind mir im Weg, ich ärgere mich darüber, wieso sie mir nicht ausweichen ... Wechsel!
>
> Ich halte mir Mund und Nase zu, ich will den Gestank der Stadt nicht mehr riechen, mir fallen meine Radfahrtouren durch die Stadt ein und die Idee, eine Gasmaske dabei aufzusetzen. Mein Atem wird kürzer, ich kann den Ärger und die Ohnmacht nicht ausdrücken, ich nehme es hin... Wechsel!
>
> Ich berühre mit meinen Händen den Boden, stelle mir vor, er ist aus Erde, ich bin im Stadtpark, endlich Ruhe und loslassen ... Wechsel!
>
> Ich setze mich auf, ich bin etwas ängstlich und genervt, es ist stickig und eng, ich sitze in einer U-Bahn, wo ich in grantige Gesichter blicke, je länger ich da sitze, desto mehr nehme ich diese grantige Stimmung an ... Wechsel!
>
> Ich muss aussteigen, wenn ich nicht schnell genug bin, komme ich nicht aus der U-Bahn raus, weil eine bedrohliche große Menge schon darauf wartet, in die U-Bahn hereinzustürmen. Es ist Stoßzeit ... Wechsel!
>
> Ich gehe langsam und schaue in Auslagen... Wechsel!
>
> Ich versuche den Zug zu erwischen, ich bin total gestresst, zu Hause war es noch ganz ruhig, schon wieder ist es fast zu spät... Wechsel!
>
> Ich schlendere durch die Fußgängerzone, esse ein Eis und habe ein kleines Kind an der Hand, meine Geschwindigkeit orientiert sich an der des Kindes... (TB, 24.11.1996).

Im Austausch mit meiner Partnerin, die mich während der Improvisation beobachtete, wurde mir klar, dass ich im plötzlichen Wechseln von einer in die andere Bewegungserfahrung einen wesentlichen Aspekt städtischer Gewaltwirkung auf meinen Körper erlebte. Außerdem zeigte sich, dass in einer Reihe von Situationen Stress, Unruhe und unangenehme Gefühle bzw. Stimmungen aufgetaucht sind, gepaart mit ziemlicher Aggression, da meine „Zielstrebigkeit behindert wird durch die anderen PassantInnen, die mir – wie Objekte – im Weg stehen". Im Gegensatz dazu gibt es Phasen der Erholung und der Langsamkeit.

Bei meiner Partnerin gibt es eine eigene Dynamik: Sie begann mit gesenktem Kopf und endete mit gesenktem Kopf: Zunächst müde und abgekämpft auf dem Weg nach Hause, dann tauchte eine Art von Ausschütteln und ein Hin- und Herschlänkern auf bis zum Zeit-Haben im Park und beim Auslagen Schauen. Eine aggressive Stimmung setzte ein und ein Ärger über schnelle Begrüßungen: Drei Menschen, denen sie in ihrer Vorstellung begegnete, hatten keine Zeit. Aus der Lust auf Kommunikation und an Kontakt wurde Enttäuschung, wie bei einem „Stopp! Denk!" zu hören ist:

> „Jetzt habe ich selbst keine Zeit mehr. Irgendwann wird man selbst so" (MITSCHRIFT, 24.11.).

Auch bei anderen TeilnehmerInnen löste diese Übung nicht nur angenehme Gefühle, Erinnerungen und Assoziationen zum städtischen Leben aus: Die Erfahrung der Spaltung in Geist und Körper war dabei ein zentrales Thema. So meinte eine Studentin, dass sie nie ganz in der Stadt sei, sondern mit den Gedanken zumeist woanders sei, und ein anderer stellte fest:

> "In der Stadt fühle ich mich körperlos" (ebd.).

Eher war es eine Erfahrung, dass die anderen wie man selbst zu Objekten, Hindernissen, Kippstangen wurden. Einigen wurde außerdem klar, dass sowohl der Gewaltbegriff als auch die Stadt selbst über weit mehr Facetten verfügt, als bisher angenommen. Aber die bisherigen, erfahrungsbezogenen Übungen und Vorgangsweisen ließen diese Facetten zum Teil schon sehr konkret erleben.

b) Körper-Selbst-Wahrnehmung in der Stadt

(MITSCHRIFT und PRO 2, 28.11.1996)

Es folgte eine „Hausaufgabe": Alle in der Gruppe bekamen den Auftrag, an einem der darauffolgenden Tage sehr genau darauf zu achten, wie es ihrem Körper in der Stadt ergehe und sich einige Aufzeichnungen davon zu machen. Mit der Wiedergabe meiner Tagebucheintragung zeige ich exemplarisch, was dabei passieren konnte (TB, 27.11.):

> „...einfach gehen, aber die Autos abwarten und in den Bus steigen. Ich halte mich mit beiden Händen an. Jedes Rucken geht durch den ganzen Körper, als ob ich hin und hergeworfen werde – mir fällt meine Gewaltbewegung vom Anfang ein. ... Wechsel in die Straßenbahn. Sie ist ganz voll. Körpergerüche, wenig Platz. Im Lauf der Zeit spüre ich meine Lendenwirbelsäule, sie tut weh, am liebsten würde ich ... eine Dehnungsübung, hier in der Straßenbahn? Es folgt ein zaghafter, unsichtbarer Versuch. .... Später gehe ich zu Fuß. Oh, gut, das gibt Kraft. Mal schauen, riechen, denken, Luft spüren, wie trete ich auf, ein kleines Lied, Leute wahrnehmen, die mir entgegenkommen. ... Abbremsen wegen eines Autos und eines Radfahrer, es stinkt. ... So verstockt gehe ich gar nicht durch die Stadt....".

Eine Studentin, die ich an diesem Tag zu Mittag traf, meinte:

> „Es ist ganz schön gefährlich, so sensibel durch die Stadt zu gehen, den Wahnsinn so zu erleben, ohne den Schutz der Gruppe...." (ebd.).

> „Aber liegt in diesem Erleben und Spüren des ‚Wahnsinns' nicht ein Potential für Veränderung" (ebd.)?

Dann trafen sich alle wieder in der Gruppe, um sich auszutauschen. Nach einigen vorbereitenden Übungen folgte eine PartnerInnenarbeit (MITSCHRIFT, 28.11.1996):

- Die Erfahrungen der Körperselbstwahrnehmung in der Stadt wurden den anderen mittels drei bis fünf Bewegungen gezeigt und anschließend mit der „Gewalt der Stadt"-Bewegung verglichen: Gab es ähnliche Merkmale in den Bewegungen?

Die anschließende Reflexion und Diskussion pendelte zwischen den Polen städtischer Gewalterfahrungen einerseits und neuen Blicken und Perspektiven andererseits. Sie führte bei einigen TeilnehmerInnen zu einer Reihe interessanter, überraschender Einsichten. Es war auffällig, dass eine Reihe von persönlichen Erlebnissen und Geschichten in einer offenen, achtsamen und präsenten Atmosphäre eingebracht wurden. Dabei blieb ein ‚roter Faden' immer spürbar, es wurde zugehört und aufeinander reagiert. Eigene Erfahrungen waren Basis der Auseinandersetzung, die konzentriert und fokussiert verlief (PRO 2, 28.11.1996):

> „Mir ist in den letzten Tagen bewusst geworden, wie sehr meine eigene Stimmung, wenn ich durch die Stadt gehe, davon abhängt, ob ich meinen inneren Rhythmus habe oder nicht. Mit geht es dann gut, wenn der Rhythmus weitergeht, auch wenn ich stehen bleibe oder unterbrochen werde. Dazu fällt mir ein, dass in der Art meiner ‚Gewaltbewegung' kein Rhythmus entstehen kann" (eine TN).

Das Unberechenbare, das Ruckartige, das Nicht-Rhythmische als körperlicher Aspekt des Gewaltbegriffs, Impulse von außen, die aus der Fassung, aus der Mitte bringen. Auch eine andere Teilnehmerin erkannte Bewegungen und Szenen von der Arbeit im Studio in der Stadt wieder wie etwa...

> „ ... immer schneller zu gehen und trotzdem das Gefühl zu haben, am Stand zu stehen und nicht weiterzukommen" (ebd.).

Wieder tauchte das Phänomen der Körperlosigkeit in der Stadt auf, dass der Körper nur dann zu spüren war, wenn etwas Schweres getragen wurde oder das Kreuz weh tat:

> „Das ist mir aufgefallen, dass ich meinen Körper erst wahrnehme, wenn er mir schon sagt: ‚Heh, es tut schon alles weh', und das hat auch etwas mit Gewalt zu tun" (eine TN, ebd.).

Die Gewalt der Stadt meint auch jene, die sich gegen eine/n selbst richtet. Das führte zu weiteren Fragen:

> *Wie lässt sich in der Stadt ein anderer, gesunder Umgang mit dem Körper leben?*
>
> *Gibt es nicht eine große Hemmung, z.B. bei Kreuzschmerzen in der Straßenbahn Dehnungs- oder Lockerungsübungen zu machen, obwohl es die Freiheit dazu gäbe?*
>
> *Woher rührt die Hemmung, es nicht zu tun?*
>
> *Hat es mit den ‚inneren Polizisten" zu tun?*
>
> *Gibt es Angst vor den möglichen Reaktionen?*

Könnte sich aber aus den Reaktionen nicht eine Diskussion über Gesundheit in der Stadt entwickeln?

„Man hat Angst, dass man auffällt, dass die Leute hinschauen, dass jemand etwas sagt, um ‚Gottes willen'" (eine TN, ebd.).

Oder werden die Menschen nicht darauf reagieren, weil es sie selbst ängstigt und sie sich davor fürchten, dass sie ihre Anonymität aufgeben müssten, weil eine Beziehung entsteht?

„Mir ist aufgefallen, dass körperliche Berührung in der Straßenbahn nicht sehr angenehm ist. Vielleicht ist es ein Grund, warum man körperlich nicht so präsent ist: Eine körperliche Berührung, die berührt einen wirklich, die zwingt zur Auseinandersetzung, das wird in der Stadt vermieden" (eine TN, ebd.).

Die Diskussion wurde sehr angeregt, engagiert und turbulent:

Was würde passieren, wenn Menschen in der Stadt Körperübungen machen und dazu noch Laute machen?

Wie wird generell mit „Auffälligen" umgegangen? Wie gehen die TeilnehmerInnen selbst mit „Auffälligen" um?

„Soll ich bewusst wegschauen, nur vorbeigehen, hinschauen, nachschauen? Welche Gefühle laufen da ab? Welches Verhalten ist angemessen?" (eine TN, ebd.).

Mit diesen Fragen wollte sich die Gruppe in weiterer Folge praktisch auseinandersetzen. Es entstanden eine Reihe von Ideen und Wünschen für Körper- und Bewegungsübungen, die die TeilnehmerInnen in der Stadt ausprobieren wollten.

Die Diskussion zeigte außerdem, dass die Körperarbeit tatsächlich die Erinnerung an viele und gerade auch unangenehme Geschichten wecken konnte. Die TeilnehmerInnen wurden ermutigt, sich diese Geschichten zu merken, aufzuschreiben, um sie in weiterer Folge einer szenischen Bearbeitung zuführen zu können.

„Mir sind schon so viele eingefallen, an die ich schon eine Ewigkeit nicht mehr gedacht habe. Sie passen genau zu dem, was wir da gemacht haben" (eine TN, ebd.).

c) Mit neuen Bewegungen in die Stadt

(MITSCHRIFT 29.11.1996, MITSCHRIFT und PRO 3, 4.12.1996):

Als Abschluss der körperorientierten Zugänge führte die Gruppe an einem Vormittag – nach einem gemeinsamen ‚Warm-up' im Seminarraum - verschiedene Körper- und Bewegungsübungen in der Stadt durch.

Im folgenden beschreibe ich einige der jeweiligen Übungen, illustriere sie mit Bildern und Worten aus der Nachbesprechung:

Transformationskreis am Tummelplatz...

- Ein Stimm- und Bewegungsmotiv wanderte im Kreis von einer zu anderen Person, es wurde möglichst genau (stimmlich, körperlich, emotional, gestisch, mimisch...) imitiert; nach einiger Zeit veränderte, transformierte sich das Motiv wie von selbst.

Der Gruppe machte es sichtlich Spaß, für manche war es gar nicht viel Unterschied zur Übung drinnen. Dennoch:

> „Für mich hat es schon in der Stadt mehr Reiz gehabt, weil es der öffentliche Raum war: sich einfach einmal den Platz zu nehmen und das zu machen!" (ein TN, PRO 3).

Die Gruppe wurde dabei als stärkend und unterstützend erlebt, allein wäre es wohl nicht gegangen. So führte es aber dazu, sich selbstverständlich Raum zu nehmen, was auch bei der nächsten Übung eine große Rolle spielte:

... Gang-ART...

- Mit dem/r PartnerIn wurden "ungewöhnliche Gangarten" jeweils paarweise und simultan ausgeführt, solange, bis es wieder eine Idee für eine neue Gangart gab:

    "Was mir aufgefallen ist ... der öffentliche Raum, der gehört auch uns! Das ist mir extrem aufgefallen, wie ihr da über die Straßenbahnschienen ‚gekrochen' seid. Das ist ja sonst immer ganz klar, das ist der Weg der Straßenbahn, aber wie ihr euch den Platz nehmt, das hat mir ganz gut gefallen" (eine TN, ebd.).

Viele waren erstaunt über ihren Mut, sich etwas so Ungewöhnliches zu trauen, in der vordergründigen Nutzlosigkeit des Spiels liegt aber nicht nur Spaß:

„Mir ist aufgefallen, dass es schon urlang her ist, dass ich tatsächlich in der Stadt war, nur weil ich dort sein wollte, und dass ich sonst immer nur durchgehe, und was für mich auch wichtig war: Sobald wir vom Tummelplatz weggegangen sind und gesagt haben, wir machen jetzt das... das war auch für mich so: Ich kann das machen, ich nehme mir den Raum dafür, da war sofort die Lust da. Alle möglichen körperlichen Impulse sind voll da, und das fällt mir ja sonst gar nicht auf in der Stadt. Mir hat das Spaß gemacht, mich zu bewegen, und ich glaube, dass das sonst auch da, aber unterdrückt ist" (eine TN, ebd.).

Dieses Spielen mit dem Raum wirkte sich insofern aus, als die Räume durch diese Form der Aneignung vertrauter wurden. Und mit der Stadt wurde ein motivierendes, energiegebendes und körperlich bewusstes Erlebnis verbunden.

Einige waren sich allerdings nicht sicher, ob es mehr ein Theater-Spiel, als reales „Erobern" war, auch für einen anderen Teilnehmer stand das Spielen von „Rollen" im Vordergrund.

„Indem ich gespielt habe, habe ich eine Rolle gespielt ... und insofern habe ich meine Impulse zurückgeschalten und habe dann irgend eine

> Rolle gespielt, die Rolle als langsam Gehender oder die Rolle, der Gangarten ausprobiert, obwohl das gar nicht meine Impulse waren. Ich habe mir schwer getan, dass ich war, ich habe einfach Rollen gespielt" (Ein TN, ebd.).

Diesen Grenzfall zwischen Rolle und einem absichtlichen, wenn auch ungewöhnlichen Handeln in Form bestimmter Übungen erleben andere wieder als Unterstützung, die fortwirkt:

> „Später gab es eine Situation mit einer Frau, wir haben auf die gleiche Seite ausgewichen und dann wieder in die gleiche Richtung und dann habe ich einfach das Bedürfnis gehabt, das noch fünfmal zu machen und sie hat noch dazu total gelacht" (ein TN, ebd.).

... in slow motion ...

- Die Herrengasse wurde in sehr, sehr langsamen Tempo, beinahe in Zeitlupe durchquert:

Nachdem die Gruppe zunächst in hohem Tempo die Herrengasse durchläuft, was aber kaum jemandem auffällt – „Ich weiß gar nicht, wie schnell ich rennen muss, damit das auffällt, so schnell kann ich gar nicht laufen" (eine TN, ebd.) – wird das Gegenteil versucht:

> "Am meisten passiert ist mir beim ‚Langsamgehen'. Ich war überwältigt, wie wenig bedrohlich ich die vielen Menschen, die da so auf mich

> zugerast sind, empfunden habe, ich konnte während des Gehens Plakate lesen, Menschen anschauen, ab und zu einige Wortfetzen mitbekommen, von dem, was die anderen reden: Ich habe mich wohlgefühlt, obwohl sich außen nichts verändert hat" (eine TN, Reflexionsbericht, 30.11.1996).

Eine Reihe von neuen Eindrücken wurden den Langsam-Gehenden beschert: Der Blick wurde weiter und weicher, er blieb oft an Details und an den Vorbeikommenden hängen, viele Dinge konnten gelesen und gesehen werden. Das Tempo der Stadt erschien für manche langsamer, für andere schneller:

> „Sie zischt vorbei, als würde ich aus dem Zugfenster schauen" (eine TN, PRO 3, 4.12.1996).

Für manche war das nicht nur angenehm, Gefühle von Unsicherheit, dem Geschehen nicht auskommen, auf schnellere PassantInnen nicht reagieren zu können und sich schwach zu fühlen tauchten genauso auf wie Gefühle von Stärke und Macht.

Die Übung brauchte viel Geduld und Konzentration, die von den zum Teil sehr heftigen Reaktionen der PassantInnen herausgefordert wurde.

> „Zu mir sind welche ziemlich aggressiv gekommen: ,Sind die alle total narrisch?' Da habe ich mich ein bisschen unsicher gefühlt, es waren doch alle sehr weit weg. Diese Wucht der Aggression, die da zu mir gekommen ist, hat mich überrascht" (eine TN, PRO 3, 4.12.1996).

> „Ich wurde in einer präpotenten Art und Weise darauf hingewiesen, ordentlich zu gehen und aufzupassen" (eine TN, ebd.).

Sehr deutlich wurde die Norm der hohen Geschwindigkeit: Man erlebte sich als Hindernis, wenn man langsam ging, da es dem Verkehrsfluss im Wege stand. Die Frage tauchte auf, wie es wohl StadtbenutzerInnen gehen würde, die ein geringeres Tempo hätten als andere, wie z.B. ältere Menschen:

> „Ich kann mich jetzt in die Lage von älteren Leuten hineinversetzen; für die muss es furchtbar verwirrend sein, wenn alles so schnell geht" (eine TN, ebd.).

Aber es gab auch positive Reaktionen: Aus einem bestimmten Sicherheitsabstand haben die Leute manchmal zurückgeschaut, jemand hat gesagt: "Du, die haben

Zeit!". Manche beteiligten sich sogar am Langsamen-Gehen, versuchten herauszufinden, worum es geht und sprachen die TeilnehmerInnen an:

> „Zu mir ist einer gekommen, der dann mitgegangen ist. Auf die Frage, warum ich das mache, habe ich gesagt: 'Weil wir die Stadt einmal anders wahrnehmen wollen' und er hat dann gesagt, das kommt ihm vor wie beim ‚Club der toten Dichter': Es erinnert ihn an die Szene, bei der alle auf die Tische steigen, um eine andere Perspektive zu haben. Ich habe es ziemlich mutig gefunden, dass er wirklich ein Stück langsam mitgegangen ist" (eine TN, ebd.)

... Impuls-Bewegungen ....

- Die TeilnehmerInnen bewegten sich frei und spontan nach den inneren und äußeren körperlichen Impulsen, die sie verspürten:

> „Für mich war die Impuls-Geschichte eine der größten Herausforderungen Worauf reagiere ich und wie? Vor allem auf das, was sich rings um mich bewegt: Auf die Bewegungen einer Fahne, drei von der Gruppe sind immer wieder den Gehsteig hinauf und heruntergegangen und das waren so interessante, schiefe Körperhaltungen, auf das habe ich reagiert ... ... und haben dann welche auf den Boden gestampft und das haben zwei andere gehört und so waren wir zu dritt und ohne, dass wir uns wirklich gesehen haben, haben wir mit unseren Füßen einen Rhythmus gemacht, die Aufmerksamkeit dafür war da! Jeder Moment war spannend, was passiert als nächstes: Ich hatte den Impuls, mitten auf der Straße voll loszurennen... Für mich war das klass, ich weiß nicht wie es für die Umgebung war, aber die Kraft und Lust an körperlicher Bewegung waren einfach da" (M.W., ebd.).

Diese Spannung zwischen dem unmittelbaren Ausagieren von körperlichen Impulsen, das als sehr energiegeladen und ‚wild' erlebt wurde und der als aggressiv, gewaltvoll empfundenen Wirkung auf die Umgebung bestimmte diese Übung.

> „Für mich war es sehr befreiend, aber die PassantInnen haben sich geschreckt" (eine TN, ebd.).

> „Ich musste aufhören, es war mir zu wild, es wäre sonst vielleicht etwas passiert, weil ich so wild drinnen und energiegeladen war" (ein TN, ebd.).

Eindeutig positive Erfahrungen gab es dennoch:

> „Für mich war es spannend, mit Material zu spielen, z.B. beim Kriechen bestimmte Pflastersteine zu berühren, oder die Straßenbahnschienen, oder zu sehen, was am Boden ist, die Muster" (eine TN, ebd.).

> „Ich habe dann noch einen behinderten Mann gesehen und habe mir gedacht, dass wir auch so gegangen sind. Die Bewegung habe ich als schön empfunden, es war völlig normal" (eine TN, ebd.).

> „Ich hatte Mut, frech zu sein und Leute auch so zu fragen, wenn ich neugierig bin, was da passiert und das habe ich dann auch getan" (eine TN, ebd.).

... getragen werden.

- Eine/r wurde von den anderen über der Hauptplatz getragen, möglichst alle kamen einmal dran:

Zunächst gab es Hemmungen, diese aus dem Studio vertraute Übung, wo sonst niemand zuschaut, einmal im Freien zu machen, aber sie war ein „erhebender" Abschluss des Vormittags, nicht nur für jene, die getragen wurden:

> „Ich hab die meiste Zeit eine Beobachterrolle gehabt. Am Brunnen sind Leute gesessen, die haben zugeschaut, wie ihr euch gegenseitig getragen habt und dann hat der eine zum anderen gesagt: 'Eigentlich könnten wir uns auch tragen'. Sie haben es zwar nicht gemacht, sie sind dann zwar weggegangen, dennoch war das wie eine - positive – Kettenreaktion" (ein TN, ebd.).

Fazit: Sehr rasch und unmittelbar wurden über körperliche Bewegungen städtische Erfahrungen und die damit verbundenen Gefühle erinnert. Es wurde bewusst, wie die Gewalt der Stadt an den Körpern und Bewegungen ansetzt, wie sie deren Möglichkeiten einschränkt und bis zum Gefühl von Körperlosigkeit führen kann. Die dabei entstehenden Ideen und Wünsche nach einer anderen Körperpraxis in der Stadt erlebten durch körperbezogene Aktionen eine Realisierung, die bestehende Normen überschritten und sich auf die Umwelt, die Wahrnehmung von und

Teilhabe an städtischen Gegebenheiten auswirkten. Alternativen zu bestehenden, ‚einverleibten' Routinen und Einschränkungen wurden auf körperlichen Wege gefunden, selbst ‚ausgebildet', wie es im Zusammenhang mit der Körperorientierung in der Theaterpädagogik beschrieben wurde (siehe I.4.3).

III.3.5 Kommunikation und Begegnung

(MITSCHRIFT 12./13.12.1996)

Neben dem körperlich-sinnlichen Zugang zum urban-öffentlichen Raum standen in zwei Einheiten noch die Aspekte Kommunikation und Begegnung im Vordergrund. Das hatte zum einen mit Sennett's Auffassungen zu tun, wonach interaktive Begegnungen (mit dem Fremden/Anderen) in der Stadt historisch vom „schweigenden Beobachten" und vom „Recht in Ruhe gelassen und nicht angesprochen zu werden" abgelöst wurden (siehe II.3.2), zum anderen mit der Idee des „reibungslosen Funktionierens" von Peskoller (siehe II.1.2), wo alles in einer Weise kommuniziert, dass sich nichts mehr berührt, bzw. wo Kontakt und Berührung als Unfall zählen:

> *Wie gestalten sich Begegnungen im öffentlichen Raum? In welcher Weise finden sie (nicht) statt?*
>
> *Welche Körperhaltungen spielen dabei eine Rolle?*
>
> *Sind Konflikte auf Grund von Macht- oder Statusunterschieden wahrnehmbar?*

Wiederum waren zwar theoretische Ideen der Ausgangspunkt, die Auseinandersetzung mit den Ideen erfolgte auf praktische, szenisch-spielerische Weise, die auch Beobachtungen im öffentlichen Raum mit einschloss.

Gleich vor weg: Leider funktionierte bei diesen Einheiten das Tonband nicht und auch die Protokolle gaben die inhaltlichen Prozesse nur sehr beschränkt wieder. Daher erklärt sich auch die Kürze, mit der ich auf diese Phase Bezug nehme. Es begann im Seminarraum mit einer Reihe von Kontakt- und Begegnungsübungen wie z.B.:

- Sich zunächst Rücken an Rücken, später Kopf an Kopf bewegen: den Bewegungsspielraum erforschen, ohne die Berührung aufzuheben; Verständigung erfolgt nur nonverbal
- Begegnen/Nicht-Begegnen: Eine Person will der anderen Person begegnen, d.h. sie bewegt sich so, dass sie der anderen Person in die Augen schauen kann; die andere Person unternimmt alles, um das zu verhindern
- Begegnungsübungen im Raum: Mit verschiedenen Gangarten, Geschwindigkeiten, Gefühlen und Status begegnen sich jeweils zwei Personen aufeinander zu, achten auf ihre Wahrnehmungen bzw. Empfindungen und darauf, wie sich durch die Begegnung ihre eigene Art verändert.

Im nächsten Schritt wurde mit dem von mir beschriebenen Text aus dem „Baal" von Brecht (siehe S.18f) in verschiedenen Varianten, wie sie etwa von Steinweg (1995, S.23-31) beschrieben werden, gespielt und reflektiert, um die Aufmerksamkeit vor allem auf die körpersprachlichen Aspekte der Begegnung zu legen. Außerdem sollten durch die in der Szene angelegte Konflikt- und Gewaltsituation Assoziationen zu ähnlich gelagerten Situationen aus dem städtischen Alltag angeregt werden.

Erinnerte Szenen wurden mithilfe des Textes angespielt: Eine Bettlerszene, eine Szene am Amt, bei der man hin- und hergeschickt wird oder eine Szene, bei der man durch ‚aggressiv Werbende' vom Schaufensterschauen abgehalten wurde u.ä.m..

Mit den Erfahrungen dieser Szenen im Hintergrund begaben sich in der Folge vier Kleingruppen an verschiedene Orte wir Marktplatz, Kaufhaus, Verkehrskreuzung und Haltestellen, um die Art und Weise der Begegnungen und Kommunikation zu beobachten und wirken zu lassen, bevor sich alle wieder in der großen Gruppe trafen und sich gegenseitig ihre Wahrnehmungen in szenischer Form darstellten.

Dabei zeigte sich, dass der Marktplatz der einzige Ort mit lebendigen und interaktiven Begegnungen war, während die anderen Orte von Nicht-Begegnung oder sehr reduzierten, funktionalisierten Begegnungen geprägt waren:

> „Die Leute an den Haltestellen warteten, bis auf wenige Ausnahmen, alleine und blickten dabei in die Richtung, aus der die Straßenbahn erwartet wurde. Gespräche wurden, wenn überhaupt, nur sehr ruhig

geführt. In diese Stille fügte sich ein Zeitschriftenverkäufer ein. Er ging von Person zu Person und zeigte seine Zeitschriften den Wartenden. Diese wichen seinem Blick aus oder deuteten ihm mit einer kurzen Kopf- oder Handbewegung, dass sie an einem Kauf nicht interessiert seien.. ..... Begegnungen finden statt, wenn sie sich nicht vermeiden lassen. Kommt es zu solchen Begegnungen, finden sie im Rahmen des Notwendigen statt, nicht aber darüber hinaus" (ein TN, Reflexionsbericht).

Ähnliches erlebte eine andere Gruppe in verschiedenen Kaufhäusern:

„Die Leute achten nicht aufeinander, sondern sind auf die Waren konzentriert. Es wird fast nicht miteinander gesprochen. ... Zu Blickkontakten kommt es selten, eventuell noch beim Bezahlen an der Kassa" (eine TN, Reflexionsbericht).

Die Gruppe an der Kreuzung war in anderer Weise mit Macht- und Gewaltverhältnissen konfrontiert, sie stellte die hierarchische Ordnung der VerkehrsteilnehmerInnen als Ausdruck ihrer gesellschaftlichen Wertschätzung in der Form ‚informeller' Vorrangregeln fest: An der Spitze standen Einsatzfahrzeuge, es folgten Straßenbahnen, Autos, Fahrräder und FußgängerInnen, was sich auf deren Kommunikation auswirkte:

„FußgängerInnen bedanken sich dafür, dass Autos vor dem Gehsteig stehen bleiben. Autos hupen, wenn FußgängerInnen die Straße zu langsam oder ohne zu warten überqueren, selbst wenn ein Zebrastreifen vorhanden ist. Wenn die Straßenbahn bimmelt und fährt, bleiben die Autos stehen, ohne sich aufzuregen. Kommunikation unter FußgängerInnen findet kaum statt und wenn, dann über Augenkontakt, weil sie nicht ‚so laut' sein können, wie anderen VerkehrsteilnehmerInnen" (ein TN, Reflexionsbericht).

Fazit: Selbst in dieser eher zeitlich kurzen Annäherung an die Stadt über die sensible und körpersprachliche Wahrnehmung von Begegnungen und Kommunikation in der Stadt ließ die Kontakt- bzw. Interaktionsarmut und die „Verkehrsmittelhierarchie" deutlich werden (siehe II.2.2., S.126ff.). Sie ermöglichte aber auch, verschiedene Qualitäten von städti-scher Begegnung und Kommunikation differenziert zu erkennen.

III. 4 Gewalterfahrungen in der Stadt als Basis für Forumtheaterszenen - Reflexion und neue Forschungsfragen

(MITSCHRIFTEN und PRO 4, 20./21.12. 1996, PRO 5, 23.1.1997, PRO 6, 24.1.1997)

Nach den vielfältigen, experimentellen und körperlich-sinnlichen Annäherungen an die Stadt und ihre Gewaltwirkungen wurde eine erste Zwischenbilanz gezogen. Bisher Erfahrenes und Gedachtes sollte verdichtet, neue Interessen und Fragen artikuliert und die nächsten Schritte entschieden werden.

Verschiedene Formen der individuellen und kollektiven Reflexion kamen dabei zur Anwendung, wobei sowohl die persönliche, die inhaltliche sowie die methodische Ebene eine Rolle spielten. So bestand eine Aufgabe darin, den bisherigen Prozess des Projekts mit bildnerischen Mitteln dazustellen.

Auf Basis der bisherigen Erfahrungen setzten sich die TeilnehmerInnen auch mit theoretischer Literatur auseinander, um zu einer anderen Ebene der inhaltlichen Auseinandersetzung zu gelangen. Dies geschah allerdings nicht in der gleichen Intensität wie die Reflexion der theaterpädagogischen Erfahrungen.

Ich beschränke mich im folgenden in erster Linie auf die inhaltliche Dimension der Reflexion und Diskussion und werde zeigen, welche Themenbereiche sich in der Gruppe als zentral herausgestellt haben und wo es das größte Interesse gab, weiterzuarbeiten.

Dabei wurde wieder deutlich, dass es in der Gruppe eine große Offenheit dafür gab, gerade auch unangenehme Themen und Erfahrungen zur Sprache zu bringen. Diese wurden außerdem in einer Weise dargestellt oder erzählt, dass es zumeist um eine konkrete, persönliche Situation oder Geschichte mit handelnden Personen ging, weniger um allgemeine, distanzierte Betrachtungen. Die Qualität der Auseinandersetzung geht durch die verdichtete, abstrahierende Sprache größtenteils verloren, was ohnehin für den ganzen Projektverlauf gilt.

III.4.1 Städtische Gewalterfahrungen und Räume im Dazwischen

Einige Tendenzen waren sehr auffällig bei der Diskussion:

Für viele war der Gewaltbegriff am Anfang des Projektstudiums viel klarer gewesen: Durch die vielen, auch bunten Eindrücke bei den Stadtaktionen „lässt es sich nicht mehr so einkasteln". Die Komplexität des Begriffs wurde bewusst, was zum einen die Ohnmacht gegenüber städtischer Gewalt vergrößerte:

> "Ich bleib nicht mehr freiwillig länger in Graz, ich gehe nicht mehr freiwillig in die Stadt, es interessiert mich keine Stadt, es interessiert mich kein Stadtbummel, weil ich völlig überfordert bin: Es passiert alles zu schnell, zu viel, es stinkt alles, das Stinken ist so extrem.... Heute früh war ich noch spazieren und da waren der Bach, der Sonnenschein und der Schnee, alles war ruhig, und dann habe ich beim Herfahren die Nebelwand gesehen und hätte am liebsten umgedreht" (eine TN, PRO 5, 23.1.1997).

Zum anderen führte es zu mehr Wahrnehmung und Sensibilität in bezug auf das eigene Verhalten.

> „Das Entdecken in der Stadt hat etwas aufgemacht, es ist nicht mehr so klar, was Gewalt der Stadt für mich heißt, es gibt so viele Eindrücke" (eine TN, PRO 5, 23.1.1997).

Eine Teilnehmerin spricht davon, dass ihr städtische Gewalt erst durch die Arbeit in der Projektgruppe bewusst geworden ist. Die „Sinnes-losigkeit" machte diese Gewalt unsichtbar wie das Grau die Häuser. Aber durch

> „.... das selbst Tun, durch das Bewegen, einen Platz finden in der Stadt, durch das Bewusst Werden und sich selbst Zeit lassen, schwimmt das ineinander, beides kann nebeneinander existieren nebeneinander ... suchen, finden, arbeiten und verändern, das ist quasi der Prozess, mit der Gewalt, das ist alles noch in Gang, und das mit dem Verändern hat jetzt gerade angefangen" (eine TN, PRO 5, 23.1.1997).

Damit im Zusammenhang stand, dass einige TeilnehmerInnen Möglichkeiten gefunden haben, mit der eigenen Ohnmacht in der Stadt besser umzugehen:

> „Diese Ohnmacht wird aufgehoben oder relativiert, wenn man seine Persönlichkeit einbringt, d.h. wenn ich pfeifend durch die Stadt gehe oder fahre, bringe ich quasi meinen Lärm ein, habe dadurch einen Platz und bin nicht mehr so ohnmächtig" (eine TN, PRO 4, 20/21.12.1997).

Ob die Stadt gewalttätig erlebt wurde oder nicht, hing außerdem stark von der eigenen Stimmung und vom eigenen Zustand ab. Ein Teilnehmer meinte dazu, dass das am Land eigentlich ähnlich wäre: Auch dort würde ausgeblendet und nicht alles wahrgenommen werden, daher hätte es mit gesellschaftlichen und nicht nur mit städtischen Gewaltstrukturen zu tun.

Das „Erleben" und eine „andere Stimmung" waren nicht allein entscheidend: So war es für eine Teilnehmerin zwar interessant, neue Möglichkeiten in der Stadt kennen zu lernen,

> „....trotzdem hat es für mich eher den Aspekt, dass ich mich halt besser arrangieren kann, dass ich persönlich besser zurechtkomme, das ist zwar klass, aber das ist zu wenig: die Städteplaner werden trotzdem noch irgendein Einkaufszentrum am Stadtrand genehmigen, da kann ich halt wieder hinten nachschauen, dass ich es doch noch besser arrangiere, dass ich es besser aushalte.... wenn dann mehr Verkehr ist, das sind wir noch hinten nach mit diesen Methoden, immer noch sehr machtlos" (eine TN, PRO 6, 24.1.1997).

Das wirft den Blick wieder mehr auf die strukturellen Gewaltstrukturen, wie die „Funktionalisierung", die Trennung von Arbeit, Wohnen und Konsum, aber auch Folgen der Raumplanung, die Nutzungen vorgibt und einschränkt. Lassen sich die vorhandenen Bauwerke, Funktionen, Flächen, die da sind, anders nutzen, nicht unbedingt so, wie es sich die Erfinder gedacht haben? Dazu eine Geschichte einer Teilnehmerin:

> „Heuer zu Sylvester, zu Mitternacht gab es das Feuerwerk auf dem Schlossberg. Wir sind zur Murbrücke gegangen. Das war für mich ein Erlebnis, dass die Autofahrer, die Leute auf der Straße alle stehen geblieben sind: Die Stadt war im Stillstand und mir ist ‚schrecklicherweise' gleich das Projektstudium eingefallen: Es war für mich gut zu sehen, es ist ein Potential da, es kann sich was ändern, es ist eine

> Veränderung möglich: Wie in diesen fünf Minuten anders mit der Zeit umgangen wird... das war wichtig" (eine TN, PRO 5, 23.1.1997).

Neben diesen grundlegenden Erfahrungen zur Gewalt der Stadt kristallisierten sich einige zentrale Aspekte in der Gruppe heraus. Damit verdeutlichten sich Dimensionen der strukturellen Gewalt, wie sie weiter oben beschrieben wurden (siehe II 1.2):

Ein wesentliches Thema in der Gruppe war der Umgang mit **Zeit und Geschwindigkeit**. Einigen wurde bewusst, dass die Zeitstruktur der Stadt, der man sich beugen muss, gegen den eigenen Rhythmus, und das eigene Tempo gerichtet war. Allerdings war nicht mehr so klar, ob es an einem selber, oder an der Stadt oder am Zusammenwirken liege. Diese „Unschärfe" brachte bereits neue Möglichkeiten mit sich. Als ein „Gegenmittel" wurde empfohlen, keine Uhren zu tragen. Dadurch würde das Gefühl für den eigenen Rhythmus wieder besser werden und auch das Zeitgefühl verändern. So könnte sich auch das Gefühl für Begegnungen verändern, für eine Teilnehmerin hingen Gewalt und Zeit auch auf diese Weise zusammen:

> „Wenn ich zu einem Zeitpunkt, wo ich noch nicht dazu bereit, offen bin, einen Kontakt aufnehmen muss, dann ist es für mich Gewalt, ...und ich habe oft gar nicht die Zeit, dass ich es wachsen lasse, weil ich ganz viel Zeit gebraucht hätte" (eine TN, PRO 5, S.23.1.1997).

Andere machten die Erfahrung, manchmal langsamer geworden zu sein in der Stadt, denn: Ist man selbst hektisch, wird es rundherum noch schneller und hektischer. Zumindest wurde es manchen bewusster, wie sie mit Geschwindigkeit umgegangen sind. Dabei wurde auch der Wert der Schnelligkeit gesehen, wenn sie kontrolliert bleiben konnte:

> "Für mich ist ganz wichtig, dass eine gewisse Schnelligkeit bedeutet, dass ich mehr Leistung bringen kann, dass ich aufmerksamer bin und das kommt schnell zu einer bestimmten Grenze und wenn die überschritten ist, dann bedeutet Schnelligkeit Überforderung" (eine TN, PRO 4, 20./21.12.1996).

Für andere ist wichtig, zu akzeptieren, auch mal zu spät zu kommen, dass fünf Minuten nicht wesentlich sind:

> „Und wenn wir ohnehin zu spät kommen, können wir wieder langsamer werden, dann ist es schon egal, wieso soll ich mir noch einen Stress antun..." (eine TN, PRO 4, 20./21.12.1996)?

Viele Aspekte tauchten in bezug auf den **städtische Umgang mit Körper und Sinnen** auf. TeilnehmerInnen sprachen davon, dass sich ihre Wahrnehmung sehr verändert hat: Es wurde mehr wahrgenommen, was nicht nur positive Folgen hatte:

> „Wie wir das mit dem Hören gemacht haben, habe ich das erste Mal die C. besser verstehen können, wie sie damals gesagt hat, sie hält den Lärm der Stadt nicht aus oder die R., die sagt, rennt mit Scheuklappen durch die Gegend, ich denke mir: so arg ist das doch nicht. Als ich bewusst darauf geachtet habe, ist mir aufgefallen... wie abgestumpft ich bin. Wenn du immer in der Stadt lebst ist es eigentlich wie ein monotones Rauschen" (eine TN, PRO 5, 23.1.1997).

Als andere Seite der städtischen Reizüberflutung wurde **das Abstumpfen der Sinne** und der Empfindungen gesehen. Es konnte so weit gehen, dass man nicht mehr mitbekam, wenn jemand Hilfe benötigte:

> „Wie ich gemerkt habe, dass ich ein paar Meter an einem Mann vorbeigehe, der da auf dem Boden liegt, war es total schiech für mich, dass ich so beschäftigt bin, meinen Weg dadurch zu finden, mein Ziel zu erreichen, dass ich es gar nicht mitbekomme" (eine TN, PRO 4, 20./ 21.12. 1996).

> **Sie war tot, er hatte es eilig**
> Am 20. 7. vormittag lief eine Frau in eine Straßenbahn und war tot. Furchtbar für sie, furchtbar auch für den Straßenbahnfahrer, der nicht mehr bremsen konnte.
> Doch ein Herr eleganterer Erscheinung hatte nichts anderes zu tun, als sich zu beschweren, daß die GVB nicht binnen Minuten einen Einschub schickte. Das sei kein Service.
> Sehr traurig, daß sich jemand so pietät- und ehrfurchtslos verhält! **Dorothea Weber, Graz**

Die Gruppe schlug vor, das Wort „**Reizüberflutung**" durch „**Sinn-losigkeit**" zu ersetzen, weil die Sinne ausgeschaltet wären und damit auch das Mitgefühl:

> „Ich bin mit dem Fahrrad gefahren, als ich plötzlich einen alten, weißbärtigen, weißhaarigen Mann sehe, er ist aus St. Peter, ein Radfahrer .... da fahr ich so die Petrifelderstraße rauf und er biegt ab und plötzlich schmeißt es ihn mit dem Radl. Jetzt ist es geschehen, ich fahre halt dort hin mit dem Fahrrad, und ein anderer jüngerer Mann läuft auch hin... und das erste, was mir in dem Moment in meinem Kopf gelaufen ist: Muss mir das jetzt passieren, dass der alte Mann jetzt stürzt ... das ist irgendwie erschreckend ... ich habe dann schon geschaut und es geht ihm eh noch recht gut... es war grausig" (ein TN, PRO 4, 20./21.12.1996).

Das führte weiter in eine Form der städtischer Gewalt, die sich ebenso als innere Beschränkung zeigte: Es ging um die **Schwierigkeit, die Anonymität in der Stadt zu durchbrechen**, selbst dann, wenn jemand Hilfe benötigte:

> „Ich bin da am Jakominiplatz gegangen und sehe, wie eine alte Frau mit allerlei Zeug und Taschen in der Hand zu einer Verkehrstafel hinstürzt. Zuerst habe ich gedacht, sie hat es eilig, dann hab ich gesehen, dass ihr schwindlig geworden ist, dass sie sich vor dem Zusammenbrechen an der Stange gerettet hatte. Und ich bin zuerst auch so vorbeigegangen und bin dann erst 10 Meter hinter ihr, Sicherheitsabstand sozusagen, stehen geblieben, habe mich umgedreht und geschaut, wie es der Frau jetzt geht. Ich bin von der Entfernung so lange stehen geblieben, bis ich gesehen habe, es geht ihr wieder gut und sie geht weiter, aber es war für mich schwierig gleich hinzugehen und zu fragen ob es ihr gut geht" (eine TN, ebd.).

Aber dieses Problem trat nicht nur in Extremsituationen aus: Manchmal bestand der **Wunsch, „interessant aussehende Menschen" anzusprechen,** aber wie könnte man es, ohne dass es gleich als Angriff empfunden wird, oder dass das Gegenüber glaubt, dass etwas Bestimmtes von ihm gewollt würde. Damit zeigen sich Bezüge zu den Auffassungen von Sennett und Rathmeyer, welche die Schwierigkeit des Kontakts unter „Fremden" als städtisch-gesellschaftliche Problematik beschreiben (II.3.2 und S.175f).

> *Was macht es schwer Menschen anzureden, selbst dann, wenn sich immer wieder zufällige Begegnungen ergeben?*

Dagegen konnte **ungewünschter Kontakt zum Problem** werden, wovon die Frauen in der Projektgruppe erzählten: Sie machten im öffentlichen Raum die Erfahrung, dass Männer mit ihnen, vor allem in der Nacht auf sehr unangenehme Weise in Kontakt traten: Ihnen wurde nachgepfiffen, sie wurden angesprochen oder ‚angemacht'. Manche Frauen in der Gruppe ließ das eher kalt. Sie gäben sich „abweisend und drüberstehend", andere empfanden es als eine Form der Gewalt, gegen die sie sich nicht wehren können.

Auch ein anderes Thema verwies auf die Probleme mit städtischer Kommunikation und Begegnung, es tauchte in Form von Geschichten auf:

> „Ich sitze in der Straßenbahn und vor mir sitzt eine Frau und die schaut raus beim Fenster, dann dreht sie sich um und sagt: ‚Maria, die Bettler werden immer mehr und nicht weniger' und regt sich voll auf über die: ‚Und schon wieder ana, schauen's amal'. Und ich war so baff und habe keinen Mut gehabt irgendetwas zusagen, im Grunde hätte ich, v.a. bei dem, was wir hier im Seminar machen, darauf reagieren können, ich habe es mir im Kopf durchgedacht, wieso regt dich das so auf? Aber ich war nicht fähig. Wenn ich darauf reagiert hätte, vielleicht wäre zuviel Aggression herausgekommen" (eine TN, PRO 4, 20/21.12.1996).

Auf **Diskriminierungen gegenüber sozialen Randgruppen, auf „Herumbrüllen" in der Straßenbahn nicht reagieren zu können**, aus Angst, dass es noch schlimmer werden könnte, kamen andere auch:

> „Da hat eine Frau einmal einen Sandler, der sich neben sie hingestellt hat einfach zusammengebrüllt: 'Du depperter Sandler, was stellst du dich neben mich hin?' .. und ich wollte reagieren, aber habe mich nicht getraut: Entweder brüllt sie mich jetzt an oder sie plärrt ihn an, ich habe schon gewusst, was ich ihr gerne sagen möchte, aber ich habe mich nicht getraut" (eine TN, ebd.).

Diese Thematik steht im Zusammenhang mit den beschränkten Nutzungs- und Aneignungsmöglichkeiten sozialer „Randgruppen" in städtischen Räumen (siehe S.129f). Darüber hinaus wurde eine weitere Problematik für die Gruppe wichtig: Es entstand das Interesse, an Situationen zu arbeiten, in denen die **TeilnehmerInnen mit autoritärem Verhalten konfrontiert sind** (siehe S.175f), und sich zu fragen: Was macht es schwer, dabei ‚cool' zu bleiben? Wie geht man etwa mit älteren Leuten um,

> „....die mit autoritärem Verhalten daherkommen, wo wir uns hilflos vorkommen, auch in der Stadt, wenn man angemault wird, wenn man Bänke oder andere Sachen nicht wie vorgeschrieben benutzt .... das geht natürlich weiter: Beamte, Vortragende auf der Uni. Das Problem, das wir mit solchen Situationen haben ist, dass wir sie ohne Kommentar belassen könnten, indem wir nichts sagen oder eingreifen, oder etwas tun, z.B. zu sagen: Damit will ich nichts zu tun haben" (ein TN, PRO 4, 20/21.12. 1996).

III. 4.2 Fragestellungen und szenische Entwürfe

Als Essenz der ersten Projektphase, wurden sechs thematische Bereiche von der Gruppe formuliert, die als Fragestellungen zusammengefasst werden:

- Wie kann dem Stress und der hohen Geschwindigkeit in der Stadt begegnet werden? Welche inneren und äußeren Konfliktsituationen sind damit verbunden?

- Wie kann es trotz der Reizüberflutung und dem möglichst geradlinigem und schnellem Verfolgen eines Ziel-Ortes gelingen, anderen PassantInnen gegenüber präsent und gegebenenfalls hilfsbereit zu sein?

- Wie es möglich, der Anonymität, Sprachlosigkeit und der Scham, jemanden in der Stadt anzusprechen, zu begegnen ohne aufdringlich zu sein? Wie kann man jemanden fragen, ohne dass es als Angriff verstanden wird? Wie ist es möglich, ein Gespräch zu beginnen, in Kontakt zu kommen?

- Was können Frauen tun, wenn sie von Männern im öffentlichen Raum ungut angesprochen und angemacht werden? Wie kann mit der Ohnmacht und Hilflosigkeit begegnet werden?

- Können Konflikte mit Autoritäten wie PolizistInnen, Amtspersonen oder alten Menschen im öffentlichen Raum auf befriedigende Weise gelöst werden?

- Gibt es eine Möglichkeit auf Beschimpfungen und Diskriminierungen gegenüber BettlerInnen, Obdachlosen und Punks zu reagieren?

Diese Fragestellungen wurden in erster Linie vom praktischen Interesse her entwickelt, neue Handlungsmöglichkeiten zu finden. Dies entspricht einem wichtigen Grundsatz theatraler Forschungsansätze: Jedes Thema, jede Frage, jedes Problem sollte an eigene, möglichst konkrete Erfahrungen und Situationen gebunden werden, die in weiterer Folge in dramatische Szenen übertragen werden konnten. Diese Fragen wurden zunächst zwar aus einer persönlichen Perspektive erarbeitet, in ihnen spiegelten sich aber gleichzeitig Erfahrungen und Anliegen der jeweiligen Forschungsgruppe und von darüber hinausgehenden Kollektiven und Gesellschaften wider.

In einem weiteren Schritt der Reduktion, ordneten sich die TeilehmerInnen einzelnen Fragestellungen und Themen zu, bis sich schließlich drei Kleingruppen gefunden hatten. Diese bekamen die Aufgabe, zu der von ihr gewählten Fragestellung einen ersten szenischen Entwurf zu entwickeln: Diese Szene sollte so gestaltet sein, dass sie das ungelöste Problem, den Konflikt aus der Sicht derjenigen zeigt, die darin als ohnmächtig, unterdrückt, ratlos erscheinen. Die Szenen wurden im Plenum gezeigt, zunächst ohne Worte. Die anderen Gruppenmitglieder meldeten daraufhin alle ihre Beobachtungen und Wahrnehmungen an die Gruppe zurück. Dadurch wurden von Beginn an die ZuschauerInnen aktiv eingeschalten. Für die Spielenden wurde bereits an diesem Punkt klar, ob sie ihr Anliegen in der Szene so darstellen konnten, dass es für die anderen sichtbar und spürbar war. Gemeinsam wurde nach griffigen Titeln für die Szenen gesucht, bevor sie noch einige Male, mit unterschiedlichen Probetechniken wie „Stop!Denk!", Zeitlupe/Zeitraffer, oder mit einer bestimmten Grund-Emotion gespielt wurden.

Die Szenen bedeuteten zu einem eine weitere Reduzierung/Verdichtung der Thematik und Fragestellung auf eine spezielle Situation. In ihnen waren aber jeweils eine Reihe von Problemen und Aspekten aufgehoben, die im bisherigen Prozess eine Rolle gespielt hatten. Sie brachten die oben gestellten Fragen verdichtet zum Ausdruck:

"Fremde Nähe"

In einer Straßenbahn haben zwei der MitfahrerInnen jeweils einen guten Grund, andere Mitfahrerinnen anzusprechen. Beide tun es nicht, teils aus Scham, teils aus

Angst, teils aus Gewohnheit. Welche Möglichkeiten gibt es, das Schweigen im öffentlichen Raum zu überwinden und in Kontakt zu kommen?

"(R)Ausflug"

Eine Studentin sieht sich in einem Zug mit einer Gruppe Männer auf Betriebsausflug konfrontiert, die sie unsanft aus dem Abteil "befördern", in dem sie schon Platz genommen hat. Wie kann sie ihren Platz behaupten? Wie kann der Konflikt in anderer Weise gelöst werden?

"Die letzten Männer"

Eine Studentin wird in der Straßenbahn von zwei jungen Männern belästigt. Die Fahrgäste in der vollen Straßenbahn bekommen zwar mit, was passiert, aber sie sehen weg und schweigen. Wie kann sich die Studentin zur Wehr setzen? Wie kann sie andere Fahrgäste zur Unterstützung bewegen?

Diese Verdichtung bisheriger Erfahrungen zu szenischen Entwürfe ließ bei einigen TeilnehmerInnen auch Zweifel aufkommen: Für zwei TeilnehmerInnen hatte es zu wenig mit der Auseinandersetzung mit der Gewalt der Stadt, mit dem öffentlichen Raum zu tun, weil sie alle in öffentlichen Verkehrsmittel spielen, und sich auch woanders abspielen könnten (PRO 5, 23.1.1997). Eine andere Teilnehmerin findet es schade, dass sich die Gruppe nun in diese drei Bereiche aufteilt. Außerdem kann sie sich nicht vorstellen,

> „...wie es weitergeht, wie lange noch Substanz da ist, mit diesen Szenen weiterzuarbeiten. Ich glaube, dass man nicht ewig bei den drei Szenen bleiben, daran weiterarbeiten und Variationen finden kann. Letztes Mal war es mir schon fast zu viel an Variationen..." (PRO 5, 23.1.1997).

Dennoch: Die Gruppe arbeitete in der Folge mehrere Wochen lang an drei dramatischen Szenen, die im Sinne des "Forumtheaters" aufbereitet und erarbeitet wurden (vgl. Boal 1992, S.17ff, S.224ff.).

Bevor ich auf diesen Prozess der Szenenentwicklung weiter eingehe, erfolgt bereits an dieser Stelle eine erste Nachbetrachtung, die sich der Frage widmet, wie durch diese theaterpädagogischen Zugänge zur Stadt neue Handlungs- und Aneignungsmöglichkeiten im städtischen Raum über das Projektstudium hinaus fortwirkten:

III. 5 Nachbetrachtung I: Neue Handlungs- und Aneignungsmöglichkeiten im städtischen Raum?

(Quellen: HU-Projekt-Gruppe, HU-Projekt-Verlauf, Codes: „Stadt-Handlungsmöglichkeiten", „Nachhaltig", „Neue Blicke", „Stadt-Ideen")

„Sonst bin ich immer sehr verspannt, angespannt, wenn ich länger in der Stadt bin. Am Abend, als ich daheim war, ist mir bewusst geworden, dass ich total entspannt war, wie schon lange nicht mehr, weil ich schon lange keine Bewegung mehr wie diese gemacht habe und schon gar nicht so eine Bewegung in der Stadt und es ist mir das erste Mal in der Stadt gelungen zu dieser Entspannung zu kommen" (eine TN, PRO 3, 4.12.1997).

„Da war dieser Tag total super für mich, wie wir in der Stadt verschiedene Sachen ausprobiert haben: es war ein befreites Gefühl, dass sich die Stadt nicht nur als Einengung darstellt" (die gleiche TN, anderthalb Jahre später, 16.6.1998).

Viele in der Gruppe erlebten vor allem den körperbezogenen Tag (29.11.1996) in der Stadt auf ähnliche Weise. Es war wie ein Aufbruch in bislang unbekannte und ungeahnte städtische Handlungs- und Bewegungsmöglichkeiten, bei der die neue Form der Raumaneignung und der andere, freiere Umgang mit dem eigenen Körper als Durchbrechen und Überschreiten einschränkender, gewaltvoller städtischer Normen erlebt wurde. Außerdem war es für die Gruppe motivierend und überraschend, dass - abgesehen von der Zeitlupenübung - die Reaktionen der StadtbenutzerInnen überwiegend positiv waren: Sie schienen richtig froh und erheitert zu sein, dass der normale, reibungslose Ablauf durch die Bewegungsaktionen der Gruppe aufgelockert wurde.

Aber auch die anderen Zugänge zur städtischen Wirklichkeit erhöhten nicht nur die Sensibilität und Bewusstheit gegenüber verschiedenen Gewaltformen, Normen und Beschränkungen, sie ließen öfters ansatzweise neue Möglichkeiten im Umgang mit ihnen erfolgreich erproben.

Nach Ende des Projektstudiums stellte sich für mich allerdings die Frage, wie nachhaltig sich derartige Prozesse erweisen können:

Spielen sie auch dann eine Rolle, wenn die intensive Auseinandersetzung innerhalb der Projektgruppe vorüber ist?

Was wirkt von den neuentdeckten Wahrnehmungs- und Aneignungsmöglichkeiten im städtischen Alltag eigentlich nach?

Diese Fragen spielten sowohl bei den Reflexionen, als auch bei den Interviews, die ein Jahr nach Ende des praktischen Teils des Projektstudiums durchgeführt wurden, eine Rolle. Ich fasse einige Tendenzen zusammen:

III.5.1 Erinnerung, Anregungen und neue Möglichkeiten

Auffällig ist, dass sich die TeilnehmerInnen sehr deutlich an bestimmte Phasen des Projektstudiums erinnerten. Wenn die TeilnehmerInnen gefragt wurden, was vom Projektstudium in bezug auf den städtischen Alltag noch nachwirkte, fielen den meisten zunächst die sinnes- und körperbezogenen Aktionen in der Stadt ein:

> „Ich denke oft, gerade wenn ich die Schmiedgasse hinunter gehe, an unsere Stadtaktionen (lacht), das fällt mir oft ein. Auch am Hauptplatz denke ich an „Tragen", das war für mich irgendwie so etwas völlig anderes, dass sich das alle so getraut haben. Wenn ich daran denke, muss ich immer schmunzeln und empfinde es als sehr positiv, ich habe immer sehr lustige Gedanken daran" (TN 3, 8.7.1998).

Die meisten verbanden damit angenehme Gefühle und neue Anregungen, die sie bekommen haben:

> „Wie wir da alle zusammen unterwegs waren und uns am Hauptplatz herumgetragen haben, da hat es schon einmal so einen Moment gegeben wo ich gedacht habe, ja, das hat mich angesprochen, das hat so ein „Klick" gemacht: Da gibt es Platz den man nutzen könnte, woran ich eigentlich sonst nicht denke. Ich denke in Kategorien, man geht jemanden auf einen Kaffee besuchen, man trifft sich irgendwo in einem Lokal, man ladet wen zu sich ein, man geht irgendwo ins Theater oder sonst wo hin, aber dass man irgendwo im öffentlichen Raum was

machen könnte oder sich dort absichtlich trifft, das ist neu für mich gewesen" (TN 10, 24.6.1998).

Die Bedeutung des öffentlichen Raumes erweiterte sich. Manche der Erinnerungen tauchten im städtischen Alltag auf, wenn es um eine ähnliche Situation wie im Projektstudium ging. Das wurde auch damit in Zusammenhang gebracht, dass es einen großen Unterschied gab, ob etwas theoretisch gelesen oder durchgespielt wurde:

> „Die Sachen bleiben mehr in Erinnerung, die sitzen viel tiefer als das, was ich irgendwie lese. Ich weiß jetzt wieder, dass ich einmal Beck gelesen habe zu der Zeit vom Projekt, da muss ich sehr graben damit wieder etwas kommt. Aber die Sachen die ich gespielt habe, die sitzen viel tiefer, die muss ich nicht suchen, weil das auch kein reines Denken und Erinnern, sondern auch ein Fühlen ist" (TN 10, 24.6.1998).

Eine Teilnehmerin erzählte, dass ihr bei höherem Tempo die Zeitlupenerfahrung einfiel und sie sich selbst sagte: „Mäßige deinen Schritt!" Ebenso blieb für eine andere Teilnehmerin Geschwindigkeit das große Thema und dabei halfen ihr die...

> „Sachen, die wir in der Stadt gemacht haben mit den Tempounterschieden" (TN 4, 30.6.1998),

besonders dann, wenn sie zu ihrem eigenen Tempo finden wollte.

> „Ich lasse mich nicht mehr so leicht aus meinem Rhythmus bringen. Es passiert mir zwar immer wieder, aber es fällt mir dann wieder ein und ich denke mir, wozu bekomme ich da einen Grant oder einen Frust, die anderen Leute haben genauso eine Daseinsberechtigung und ich schau dann einfach, dass ich meinen Rhythmus auf eine andere Art und Weise dann beibehalten kann" (TN 6, 25.6.1998).

Eine Teilnehmerin erzählte von ihrer erhöhten Aufmerksamkeit, die zu erhöhtem „auf sich selbst schauen", führte:

> „Mir ist aufgefallen, dass ich mehr und mehr aufmerksamer geworden bin, und manchmal wird mir das zuviel, da muss ich mich ganz allein zurückziehen und wieder Energie tanken" (eine TN, PRO 10, 13.1.1997).

Für eine andere Teilnehmerin ergaben sich vor allem durch die sinnesbezogene Stadtannäherung mehr bewusste Entscheidungsmöglichkeiten:

> „Früher habe ich nicht darauf geachtet, was meine Sinne überrollt und überflutet und was ich alles abschalten muss. Ich habe einfach nur gespürt, dass ich komplett zumachen muss. Inzwischen habe ich weiter experimentiert und als ich das letzte Mal in die Stadt gegangen bin, habe ich mir gedacht, ich höre heute alles, ich schalte alles andre ab, aber ich höre wenigstens alles. Wenn du so einen Sinn voll da hast und das probiere ich schon auch öfters aus, wie es mir damit geht. Und ich glaube einfach auch, dass dieses sich Wegschalten jetzt bewusster läuft" (TN 1, 12.7.1998).

Im Rahmen des Projekts habe sie Mut gefunden, Dinge auszuprobieren, die sie jetzt noch auf der Straße ausführt. Auch ein anderer Teilnehmer ist durch die Bewegungsaktionen ermutigt worden, vielfältigere Bewegungsformen zuzulassen:

> „...vielleicht nicht so spektakulär aber doch eine gewisse Art von Ausdruck, wie z.B.: mir geht es jetzt gut, jetzt mache ich halt einfach einen blöden Schritt oder sage halt irgendwas total Kindisches" (TN 5, 25.6.1998).

Einige wiesen darauf hin, dass die Lust am Ausprobieren, die erhöhte Sensibilität und Fähigkeit zu differenzierten Wahrnehmung während des Projekts am größten gewesen war und dass es später wieder verblasste. Vermutet wurde, dass es wieder kommen würde, v.a. dann, wenn es im Rahmen eines Gruppenprozesses stattfände. Ohne Gruppe führte es auch zu Enttäuschungen:

> „Teilweise hat es bestimmte Sachen auch schwieriger gemacht, z.B.: Positiv war das, dass ich mich ganz anders in der Stadt bewegt hab, dass mein Körper vorhanden war und genau das ist mittlerweile zum Problem geworden, z.B. mit der Geschichte, als ich Probleme mit der Wirbelsäule gehabt habe, wo ich bewusst gemerkt hab, dass ich nicht schnell genug über die Straße komme, dass ich einfach das Bedürfnis habe, langsam zu gehen. Und dann bin ich so herumgeschlichen, aber ich habe mich unwohl dabei gefühlt, weil die Gruppe nicht dabei war, es hat einfach nicht gepasst" (eine TN, PRO 5, 23.1.1997).

Für andere hat sich die erhöhte Sensibilität erhalten, es wird bewusster hingeschaut, bewegt, deutlicher hingehört und unterschieden, was angenehm ist und was nicht:

> „Vorher habe ich an einer Verbindungsstraße zwischen Liebenau und St. Peter gewohnt, jetzt wohne ich in der Lichtenfelsgasse, wo direkt fünf Straßen zusammenkommen. An beiden Orten ist es laut, aber wenn einfach ein Auto vorbeirast, tut das weh. Jetzt in der Stadt höre ich das Kommen und Gehen von Fußgängern, Radfahrern, Autos, Rettungen, die durchfahren, das ist irgendwie angenehmer, und wenn die Burschenschaft um zwei Uhr in der Früh einmal singt, man ärgert sich vielleicht am Anfang ein bisschen darüber, aber andererseits ist das gut, es sind Leute da, es ist schön, dass sie überhaupt singen, oder wenn ein ‚Sandler' herumgrölt, man kann nicht schlafen, aber es passiert wenigstens was: Es sind Leute da und ... man könnte hingehen und sie angreifen. Ein Auto, das vorbeifährt erreicht man nicht" (TN 5, 25.6.1998).

III.5.2 Veränderte Praxis-Ansätze im städtischen Alltag

Für eine Reihe von TeilnehmerInnen blieben neue Handlungs- und Wahrnehmungsmöglichkeiten erhalten, bzw. stellte sich ein neuer Umgang mit städtischen Anforderungen ein. Das hatte mit sehr unterschiedlichen und vielfältigen Praktiken zu tun:

Einige davon betreffen die Wahl der Verkehrsmittel und den Umgang damit: So wird die Entscheidung getroffen, in der Stadt kein Auto mehr zu benutzen. Ein Teilnehmer verbindet eine neue Qualität mit dem Fahrradfahren:

> „Irgendwie bin ich draufgekommen bei den Übungen, dass ich sehr ungern mit dem Radl fahre und dass ich beim Radlfahren einen Stress habe usw.. Jetzt fahre ich total gerne, ich habe ein anderes Radl, ein sogenanntes Damenradl ohne Gänge, vorher habe ich ein Mountainbike gehabt, wo ich so oben gesessen bin. ... Die Veränderung besteht darin, dass ich früher beim Fahrradfahren einfach von einem Ort zum

anderen kommen wollte. Das ist zwar jetzt auch so, aber nicht mehr möglichst schnell und so, sondern möglichst gemütlich. Außerdem fahre ich jetzt weniger mit dem Radl, weil ich auch das gemerkt habe, ich bin vielleicht zwar zeitlich schneller mit dem Radl, nur die Zeit die in meinem Kopf vergeht, die ist ja nicht messbar in Sekunden, es dauert im Kopf oft länger als wenn ich zu Fuß gehe, d.h. dass ich manche Strecken nicht mehr mit dem Radl fahre, sondern sage, die ist mit dem Radl viel zu heavy, da gehe ich lieber, obwohl ich auch immer eine Zeit brauche und vielleicht deswegen früher aufstehen muss" (TN 7, 24.6.1998).

Eine andere erzählt ebenfalls von einem anderen Fahrradgefühl: das eigene Tempo bestimmen und mehr in Fluss bleiben. Oder: Nicht mehr den schnellsten, aber den schönsten Weg wählen. Aber auch die Verhaltensmöglichkeiten innerhalb von und mit Verkehrsmitteln veränderten sich.

„Es gibt nicht nur die eine Möglichkeit, die ich halt sonst immer praktiziert habe, dass ich in der Straßenbahn und einfach rausschauen und um mich rundherum nichts wahrnehme. Ich kann jetzt eher hinschauen wenn ich in der Stadt unterwegs bin, wenn ich mit dem öffentlichen Verkehrsmittel unterwegs bin, wie es mir damit geht mit Situationen und einfach, ja ob ich einfach zumache und abschalte, rausschaue und die Stadt und alles rundherum als Berieselung wahrnehme oder ob ich einfach schaue, was kann ich machen, was spüre ich da jetzt. Gibt es vielleicht Kontaktpunkte, wo sich was ergibt oder so" (TN 4, 30.6.1998).

Weiterhin ein Thema blieb das Aneignen von öffentlichen Räumen und das Platz gewinnen. Räume, in denen bereits experimentiert wurde, blieben weiterhin vertraut, darüber hinaus gibt es vollkommen neue Formen:

„Ich habe die Erfahrung gemacht habe, dass man Platz gewinnen kann in der Stadt, wenn man etwas Einfaches von sich hergibt, ein Singen oder Pfeifen, irgendetwas, wodurch man sofort einen Platz gewinnt. Man muss einfach von sich aus was machen, dann gewinnt man die Stadt irgendwie, selbst aktiv werden" (TN 11, 17.6.1998).

„Man nimmt sich vor allem den Raum für sich selbst und das ist der springende Punkt glaube ich, also für mich halt, dass ich mir für mich selbst Raum und Zeit nehme, dass ich mich wichtig nehme überhaupt auch in solchen kleinen Dingen. ... Das ist was, was man sich selber schenkt und das ist auch was, was Leute sehr liebenswert macht eigentlich. Ja, es hat schon etwas ausgelöst so in diese Richtung, sich selber was schenken" (TN 14, 16.6.1998).

Manchen wird bewusst, dass die Grenzen des Möglichen in der Stadt von einem/r selbst oft enger gesetzt werden, als sie sind: Durch die vielfältigen, regelüberschreitenden Aktionen verlor sich das Bild der einengenden und einschränkenden Stadt. Vielmehr werden bewusste Entscheidungen getroffen, wie z.B. öfter in den Park zu gehen und nun besser zu wissen, wie verschieden die Parks sind und welcher gerade der richtige sei. Eine andere Teilnehmerin genießt es jetzt mehr mitten in der Stadt zu sein und bewusst die Vögel singen zu hören:

„Was mir früher nicht aufgefallen ist... Wir wohnen eigentlich mitten in der Stadt, und da gibt es lauter Innenhöfe und die haben alle hohe Bäume, teilweise nisten da Vögel drin: Ich höre mir das schöne Vogelgezwitscher jetzt oft bewusst an, und ich höre kein Auto mehr. .... Also das habe ich vorher nicht in der Art gehört, vielleicht wurde etwas aufgedeckt, was verschüttet war, so, dass ich darauf nicht geachtet habe..." (TN 3, 8.7.1998).

Die aufgeweichten Grenzen zeigen sich auch in erhöhter Neugier an der Stadt:

„Überall reingehen und schauen, vielleicht komme ich dort einmal rein in das Eck, oder kann ich noch da in den Keller hinein oder in der Gasse bin ich noch nie gegangen, also so echt eine Neugierde, oder in dem Gebäude war ich noch nie drinnen, das öffentlich ist. Das hängt auch damit zusammen, dass ich noch nie in der TU vorher drinnen war, bevor ich den Ausflug in die Stadt gemacht habe. Wir haben ja so was gehabt einen ganzen Tag mit allen Sinnen durch die Stadt gehen und ich bin schon um fünf Uhr in der Früh aufgestanden und habe mir gedacht, und es war voll schön, da bin ich zum ersten Mal zur TU, das ist ja gar nicht schlecht und ... und seitdem bin ich auch öfters, wenn ich auf der TU bin setze ich mich hinein und genieße den Automaten-

> kaffee oder so und schau halt, ob gerade irgendwo eine Vorlesung ist. Anders ausgedrückt, sind da andere Räume eröffnet worden" (TN 7, 24.6.1998).

Nur selten gibt es die umgekehrte Erfahrung, dass etwas als unangenehmer erlebt wird, als vorher:

> „Und seit dem wir die Rhythmusmaschine gemacht haben, wo die Baustelle aufgetaucht ist, seit damals habe ich die Baustellen irgendwie als totales Gräuel in Erinnerung oder ich empfinde sie jetzt als Gräuel, vorher habe ich die nicht so arg gesehen" (TN 3, 8.7.1998).

Die Struktur der Stadt hat sich trotz der vermehrten Handlungs- und Wahrnehmungsmöglichkeiten natürlich nicht geändert. Aber es entstanden Möglichkeiten, mit ihnen anders umzugehen. Darüber hinaus gab es Wünsche und Ideen, die weniger im eigenen Handlungs- als im strukturell-politischen Bereich liegen. Nach ihnen wurde nicht im Projektstudium sondern erst bei den Interviews explizit gefragt. Nicht für alle war es möglich, darauf zu antworten, interessant wäre es gewesen, die Frage schon während des Prozesses zu stellen:

III.5.3 Wünsche und Ideen für eine andere Stadt

Die Wünsche und Ideen betreffen zunächst übliche, beinahe schon klischeehafte Vorstellungen der grünen, autofreien Stadt, die dennoch wichtige Forderungen einiger TeilnehmerInnen darstellen:

> „Ich würde mir halt einfach weitaus weniger Autoverkehr wünschen, weitaus weniger Lärm und weitaus mehr Raum für Bewegung (lacht auf), und dadurch wesentlich weniger Autos und Parkplätze. Es ist schon dieser Autolärm, der mich aggressiv macht. Ja, ich denke mir, mit einem guten öffentlichen Verkehrsnetz könnte man da sehr viel machen, mit einem noch besseren. Das wäre schon eine Wunschvorstellung" (TN 2, 8.7.1998).

Andere Vorstellungen haben mit der Nutzung und Gestaltung öffentlichen Raumes und dem Umgang der Menschen zu tun:

„Was mir sehr wichtig ist – wir haben einmal darüber geredet: Die Gestaltung der Plätze, dass auch die neuen Plätze alle total zubetoniert sind bzw. einen sehr harten Untergrund haben. Und das wäre für mich eine totale Bereicherung, wenn einfach architektonisch Freiräume ein bisschen interessanter anregender gestaltet wären" (TN 5, 25.6.1998).

Bezogen auf das Projekt nicht ganz unerwartet entstanden Wünsche nach mehr anregenden Materialien und mehr Platz zum Bewegen:

„Außerdem sollte es mehr öffentliche Mittel geben, dass mehr Leute auf der Straße spielen können, wo man dann auch mitspielen kann. Ich meine es geht ja nicht nur ums Konsumieren, setzen wir halt eine Gruppe hin zum Trommeln und die sitzen mit zehn Trommeln dort, du kannst vorbeigehen und ein bisschen mittrommeln und so z.B., dass man auch gemeinsam etwas machen kann" (TN 1, 12.7.1998).

Die Innenstadt sollte zu einem großen Fest werden, wo die Leute sich einfach auf die Straße hinsetzen und zum Reden und zum Feiern anfangen, oder einfach auch miteinander spielen, ohne sich zu kennen.

„Und dass man einfach am Schlossberg picknicken kann, dass es für Leute hergerichtet ist" (TN 11, 24.6.1998).

Zum Ausgleich dafür noch eine besondere Idee zur Entspannung:

„Es gibt in der Stadt, außer in deiner eigenen Wohnung, kaum einen Raum wo man sich irgendwie zurückziehen kann, wo man sich beruhigen kann, wo man es sich gemütlich machen kann, es sollte ‚Kuschelecken' geben, wenn du müde bist, einen Raum, wo man ausspannen könnte, hingehen und sich vielleicht irgendwie hinlegen oder auftanken" (TN 13, 16.6.1998).

<u>Fazit:</u> In diesen Nachbetrachtungen zeigte sich, dass gerade die Körperaktionen in der Stadt bei den meisten TeilnehmerInnen in guter und nachhaltiger Erinnerung bleiben, wohl auch deshalb, weil sie konkret erlebt und erfahren wurden. Sie boten eine Vielzahl von Anregungen, ließen den öffentlichen Raum in neuen Bedeutungen und Aneignungsmöglichkeiten erscheinen. Wie weiter oben formuliert,

fungierte der Körper als Quelle der produktiven Raumaneignung und –erfahrung; das Handeln, die Haltungen und Verhaltensweisen dem Raum gegenüber waren geprägt von Körperlichkeit und Bewegung (siehe S.117, 131ff.).

Manche TeilnehmerInnen konnten - auch über das Ende des Projektstudiums hinaus – eine andere Praxis im städtischen Alltag leben, in dem sie mehr auf sich selbst achteten und darauf, ihr eigenes Tempo zu bestimmen. Neue Bewegungen wurden ausprobiert, Entscheidungen über neue Möglichkeiten wurden bewusst getroffen und dazu zählte, differenzierter wahrzunehmen, was in der Stadt als angenehm, schön und anregend empfunden wurde. Insofern trug der spielerisch-experimentelle Umgang zu einer Entwicklung des „Möglichkeitssinnes" bei, indem Spielräume für Wünsche und Proberäume für eine erweiterte, über das Gewohnte hinauseichende städtische Lebenspraxis geschaffen wurden (siehe I.4.4 und S.139ff). Dem entsprachen einige Ideen nach einer anderen Stadt, die von einem sensibleren und spielerischen Umgang mit Materialien, Räumen und Menschen geprägt waren. Damit gibt diese Nachbetrachtung einen Eindruck davon, welche Dimensionen und Aspekte veränderten Handelns in der Stadt auftauchen können, ohne dass es deswegen für alle TeilnehmerInnen in gleicher Weise und Tiefe passiert ist.

III.6 Von psychosozialen und ästhetischen Erfahrungen in der Szenenarbeit zurück in die Öffentlichkeit

Ich stelle nun die Phasen III und IV des Projekts gemeinsam vor, weil sich auf diese Weise gut zeigen lässt, wie aus der Szenenentwicklung heraus Wege gefunden wurden, sich mit Themen und Anliegen auch öffentlich zu präsentieren und auseinander zu setzen.

Mit verschiedenen improvisatorischen, prospektiven und introspektiven Methoden wurden zunächst die szenischen Entwürfe in den jeweiligen Kleingruppen so weiterentwickelt, dass sie zunächst für eine interne Präsentation und Bearbeitung in der Projektgruppe verwendet werden konnten. Die Szene sollte in Ablauf und Handlung, aber auch in den Rollen klar erscheinen. Die den Szenen zugrundeliegenden Gefühle, Normen und Machtstrukturen wurden erforscht, Beziehungen hergestellt zu gesellschaftlichen Strukturen und Theorien und die Motive und Handlungsräume der Beteiligten in den Szenen wurden erkundet.

Basis für diese Arbeit waren immer Improvisationen, die entsprechende Funde und Erkenntnisse ermöglichen sollten und die gerade für Menschen ohne Schauspielerfahrung oder –kenntnisse als praktikable Werkzeuge erschienen, um sich über die eigene Rolle, die Handlungen und das Zusammenspiel klar zu werden.

Die Szenen wurden schließlich innerhalb der Projektgruppe in interaktiver Weise ausgeführt und weiterbearbeitet, um im dramatischen Probehandeln herauszufinden, wo sich Ansatzpunkte für Veränderung finden lassen. Eine der Szenen ("Die letzten Männer") wurde am Ende des Semesters öffentlich aufgeführt.

Im folgenden stelle ich einige der Arbeitsweisen vor, die dabei zur Anwendung kamen, hebe besonders jene hervor, die inhaltlich bereichernd waren und für die TeilnehmerInnen interessante Einsichten ermöglichten. Ich gebe diese Phase, die sich über vier Monate erstreckte, also nicht vollständig wieder und beschränke mich außerdem auf zwei der drei Szenen, die schließlich bei einer Aufführung zusammengeführt wurden.

Außerdem zeige ich, wie sich aus der Szenenarbeit heraus Ideen für weitere Aktionen im öffentlichen Raum entwickelten.

Ich wende mich zunächst der Szene „Fremde Nähe" zu:

III. 6.1 Fallbeispiel I: "Fremde Nähe" – Über die Schwierigkeit von Kommunikation im öffentlichen Raum

Szenenentwicklung und Rollenarbeit

(MITSCHRIFTEN. Jänner-April 1996)

In der ersten, von mir ausführlich beschriebenen Szene mit dem Titel „Fremde Nähe" ging es um die Schwierigkeit, im öffentlichen Raum ins Gespräch und in Kontakt zu kommen.

Bevor ich einige Arbeitsweisen und Techniken demonstriere stelle ich den groben Ablauf der Szene dar:

> Die Szene „*Fremde Nähe*" spielt in der Straßenbahn: Zwei Studentinnen („Eva Kaufmann" und „Heidi Gerngroß") sind das erste Mal auf dem Weg zur Universität und sich nicht sicher, ob sie die richtige Straßenbahn nehmen und wann sie aussteigen müssen etc.. „Sophie Schleich", Studentin in einem höheren Semester, sitzt ebenfalls in der Straßenbahn und könnte den beiden Studentinnen Ratschläge geben, die sie sich aber nicht zu sagen traut. Außerdem ist sie selbst mit ihren Gedanken auf der Uni und bei dem, was dort auf sie zu kommt.
>
> Auf der anderen Seite sitzt „Theresia Moser", auf dem Weg von der Arbeit heim, mit Blick auf eine „interessant aussehende alte Frau", deren Name „Cecilia Selig" ist, sie auf dem Weg zum Friedhof, wo ihr Mann begraben liegt. Während der Fahrt gelingt es „Theresia Moser" nicht, Frau „Cecilia Selig" anzusprechen, obwohl sie das gerne will. Als sie aussteigt, ärgert sie sich, dass sie es nicht getan hat.

Zu diesem Zeitpunkte existierte die Szene in dieser Rohform, d.h. ungefähr so, wie sie sich aufgrund der Erfahrungen der TeilnehmerInnen im „wirklichen" Leben zugetragen haben könnte. Nun war es wichtig, mehr über die anderen Beteiligten der Szene zu erfahren, ihre Handlungsmotive und ihren Hintergrund, den Raum und die Umgebung, wo es stattfand. So wurde nach und nach ein theatraler, ästhetischer Raum geschaffen, eigene Erfahrungen aus dem Spiel wie aus dem städtischen Alltag waren Impulse zur „Rekonstruktion von Wirklichkeit", auch wenn es hier eine gespielte Wirklichkeit ist.

Angetrieben wurde dieser Such- und Gestaltungsprozess von der Frage, was in dieser Szene unter welchen Umständen in welcher Weise und warum passierte. Entsprechende szenische Improvisationen sollten helfen, zu Antworten im spielerischen Handeln zu finden. Dazu gab es kein vorgegebenes Konzept, die Spielvorschläge ergaben sich oft direkt aus dem Prozess, als Reaktion oder Weiterführung:

So wurde die Szene in verschiedenen Varianten und Variationen gespielt, um „unsichtbare" Aspekte in die Sichtbarkeit zu heben. Außerdem wurde nach jeder Spielvariante geschaut, was von dem gefundenen Material zum Verlauf der Szene passte, nach und nach entstand auf diese Weise der genaue Text der Szene. Ich schildere einige Beispiele:

„Stopp.Denk!!": Dabei wird der Ablauf der Szene durch ein „Stopp!Denk!!" unterbrochen, alle DarstellerInnen ‚frieren' ein und sprechen alle ihre Gedanken, die sie in diesem Moment haben, laut aus, dann wird wieder weitergespielt. Diese Technik führt in die Gegenwärtigkeit der Situation und zu dem, was für einen Akteur im Moment des Spielens bestimmend ist.

Eine Variante davon ist *„Stopp!! Verkörpern!!".* Dabei werden beim „Stopp!" alle körperlichen Impulse, die in diesem Moment da sind, aber in der Situation zurückgehalten, unterdrückt werden, ausgeführt. Bei „Fremder Nähe" wurden außerdem noch die Form *„STOPP!! Wunsch....!"* angewandt, in der die SpielerInnen spontan ihre Wünsche an bestimmten Momenten der Szene anbringen konnten, sowie:

„STOPP!! Was noch..?" Dabei kann jede Rolle herausfinden, was sie am Ort des Geschehens sonst noch tun könnte.

„Slow Motion": die Szene wird möglichst langsam gespielt, dadurch entsteht Klarheit über die genauen Abläufe, diese Verfremdung führt zu einem genauen Wahrnehmen beim Agieren, während beim *„Zeitraffer"* die Szene rasant beschleunigt wird. Dadurch zeigen sich die einzelnen Handlungen in ihrer Essenz und die Dynamik der Szene wird spürbar. Forumtheaterszenen brauchen einen bestimmten Drive, eine bestimmte Dynamik.

„Emotionen": die Szene wird in einer bestimmten Grundemotion durchgespielt wie z.B. im Fall von „Fremder Nähe" aggressiv, wütend, lustig/ beschwingt, ausgelassen, peinlich berührt u.ä.m.. Dadurch ergeben sich nicht nur überraschend interessante

Versionen der bekannten Szene, die einzelnen Rollen bekommen Information darüber, wie verschiedene Emotionen als Subtext für sie vorhanden sind.

Folgende Entdeckungen waren für die SpielerInnen interessant:

Bei „Theresia Moser" tauchte eine Mischung aus einer diffusen Angst in der Situation und von Ärger nach dem unbefriedigenden Ende auf. Frau „Cecilia Seelig" spürte zwar, dass ihr Gegenüber etwas von ihr wollte, und wäre interessiert, herauszufinden, was, aber sie selbst fing nicht damit an. Die beiden Studienanfängerinnen waren sehr eingenommen von ihrer „Fixiertheit" auf das Ziel „Uni". Ihre Geschäftigkeit war dabei eine Möglichkeit, die „Peinlichkeit" der Situation zu überspielen. Für „Sophie Schleich" war außerdem peinlich, dass die zwei erstsemestrigen Studentinnen so offensichtlich zeigten, dass sie sich nicht auskannten, was es ihr zusätzlich schwer machte, sich zu überwinden und ihnen einen Rat zu geben.

Zu einer überraschenden Veränderung führte dagegen die Anweisung: „Spielt es alle sehr übertrieben!". Das erinnerte sogleich an Szenen aus südlicheren Ländern, es wurde sehr laut und selbstverständlich kommuniziert, alle redeten alle an, es war befreiend und beschwingt. Ähnliches passierte auch bei „STOPP! Was noch...?", als alle viel mehr in Bewegung kamen und körperlich präsent waren und miteinander Spaß hatten.

Diese beiden „Szenendurchläufe" erschienen der Gruppe wie eine „utopische Antithese" zur ursprünglichen Szene, es konnte miterlebt und erfahren werden, wie sich lebendige Kommunikation im öffentlichen Raum anfühlen würde. Und diese Gegenerfahrung ermöglichte, für das Spielen der ursprünglichen Szene noch mehr Klarheit darüber zu erlangen, welche Handlungsimpulse dabei kontrolliert und zurückgehalten wurden, denn:

Die Szene „Fremde Nähe" war eher atpyisch für eine Forumszene, da sie kaum eine äußere Handlung oder einen äußeren Konflikt zeigte. Die Form der Unterdrückung wurde sehr subtil dargestellt und spielte sich mehr im Inneren der Beteiligten ab. Sowohl das „passive Schweigen", von dem Sennett spricht, als auch die „städtische Normalität, selbstkontrolliert und regungslos" im Sinne Peskollers zu sein, waren in der Szene sichtbar.

Neben der Szenenentwicklung, war die Arbeit an den einzelnen Rollen wesentlich: Ich habe bereits darauf hingewiesen, dass es bei Forumszenen außerordentlich wichtig ist, dass die einzelnen Rollen über ein fundiertes, körperbezogenes Handlungswissen verfügen müssen, um bei den „Einstiegen" kongruent und stimmig agieren zu können (vgl. I.3.6). In dieser Phase kamen exemplarisch – neben der Klärung äußerer „Daten" der Rolle wie Name, Alter, Status - folgende Techniken zur Anwendung, um diese Basis zu schaffen. Sie ermöglichen jeweils einen Raum für Suchprozesse und Entdeckungen:

Rollen-Körper: Aus einem neutralen Gang heraus verwandeln sich die SpielerInnen mehr und mehr in den Körper der Rolle, zunächst über den Gang, dann auch über den restlichen Körper. Dazu werden im Tun Antworten auf folgende Fragen gefunden: Welche Körperteil ist im Vordergrund, welches führt die Bewegung an? Auf welche Aspekt des Körpersystems basieren Körpergefühl und Bewegungsqualität, den Knochen, den Muskeln, den Organe oder den Flüssigkeiten?

Rollen –Motive: Was sind typische Bewegungsmotive der Rolle? Welche Stimme ist damit verbunden? Was sind Schlüsselsätze der Rolle in Verbindung mit den Bewegungs-Stimmmotiven?

Bilder aus dem Leben: Die einzelnen Rollen stellen jeweils drei Standbilder aus sehr typischen Situationen aus ihrem Leben. Diese werden in Folge dynamisiert, d.h. über Bewegung, Stimme, Sprache zum Leben erweckt, bis sich daraus kleine Szenen entwickeln. Das gibt es Rollen ein Gefühl über ihr übriges Leben und davon, wie es sich auf die gespielte Situation auswirken kann. Sie können Vorlieben entdecken und wo sie sich gut und gestärkt fühlen und wo nicht.

Statusübungen: Wie drückt sich für die Rollen ein Gefühl von (Selbst)Sicherheit, Stolz und Mächtigkeit, wie eines von Unsicherheit, Scham und Angst? Wie zeigt es sich in Bewegungen und in Bezug auf den Raum? Wie äußert es sich in Begegnungen mit den anderen Rollen?

Inhaltlich beschäftigte die Gruppe vor allem zwei Fragen:

Wie es möglich, das Schweigen in der Straßenbahn zu durchbrechen?

Was findet noch alles in der Situation statt, was wirkt, obwohl es nicht zu sehen ist?

Diese Fragen wurden, nachdem die Szenen und Rollenarbeit vor allem in der Kleingruppe stattfand, wieder ans Plenum der Projektgruppe gerichtet, die sich an der spielerisch-experimentellen Bearbeitung der Szene beteiligte: Dazu wurde die Szene zunächst als „Projektionsfläche" für eigene, ähnlich gelagert Erfahrungen im städtischen Alltag angeboten.

Vom vielfältigen Wiedererkennen städtischer Wirklichkeit im Kaleidoskop-Bild

(MITSCHRIFT und PRO 11, 11./12.4.1997)

Das "Kaleisdoskop-Bild" zählt neben einer Reihe anderer zu den sog. „Prospektiven Techniken", wie sie Boal in seinem Buch „Der Regenbogen der Wünsche" darstellt (vgl. Boal 1999, S.87ff.). Die darin beschriebenen Techniken sind im Grunde alle so aufgebaut, dass sie eine Szene als Ausgangspunkt für verschiedene Gruppenimprovisationen nehmen, um vor allem psychosoziale Aspekte ans Licht zu bringen. Diese Formen sind im Übergangsbereich zwischen Theater und Therapie angesiedelt, weswegen auf eine Reihe wichtiger Voraussetzungen für die Durchführung dieser Formen geachtet werden soll:

a) Zunächst wird der „ästhetische Raum" etabliert, jene Spielfläche innerhalb der das szenische Spiel stattfindet: Darauf konzentriert und verdichtet sich das Geschehen und die Aktion, im Gegensatz zum „alltäglichen Handeln".

b) Innerhalb des „ästhetischen Raumes" gibt es die Rollen, wenn die SpielerInnen herausgehen und sich entrollen, sind sie wieder sie selbst. Auch wenn es persönlich betrifft, was sie erleben, es ist die Entscheidung der Spielenden, ob sie mit dem, was sie persönlich erleben, was sie persönlich betrifft, nach außen gehen und etwas erzählen wollen.

c) Wichtig ist bewertungsfreie Haltung von SpielleiterIn und MitspielerInnen, die ermöglichen soll, dass im Spiel alles – außer physischer Gewalt – ausprobiert werden darf, damit gemeinsam nach Ansätzen von Veränderung oder Lösungen gesucht werden kann.

d) Aus ZuschauerInnen werden auch hier „Zu-Schau-SpielerInnen", d.h. alles können sich an den Improvisationen als Mitspielende, Beobachtende und Einsteigende beteiligen. Die jeweilige Szene ist der Ausgangspunkt, die folgenden Schritte sollen zu einer Pluralisierung der Erfahrungen über das Medium des Theaters führen, um das Individuelle mit dem Gesellschaftlichen zu verbinden.

e) Voraussetzung dafür sind Achtsamkeit, Offenheit und verschiedene Grade der Involviertheit wie Identifikation, Wiedererkennen oder Resonanz (vgl. Boal 1999, S.68f.).

Bevor ich nun schildere, was sich beim „Kaleidoskop Bild" ergeben hat, gleich eine Einschränkung: Die Technik dauerte ungefähr eine Stunde, der komplette Verlauf ist auf einem Video dokumentiert. Bereits auf dem Video sind bestimmte Qualitäten des Prozesses nicht in der Weise wahrzunehmen, wie beim unmittelbaren Erleben des Prozesses. Noch problematischer wird es dann mit dem nächsten Schritt:

Die Transkription dieses Bandes (PRO 11, 11./12.4.1997) auf eine rein sprachliche Ebene ist von weiterem ‚Verlust' gekennzeichnet, weil Bewegung, Handlung, Gestik und Körpersprache auf der Strecke bleiben, wiewohl es wenig Sinn hätte, dies minutiös zu beschreiben, wenn es ohnehin ein Band gibt. Ich beschränke mich daher im folgenden darauf, einige wenige inhaltliche Aspekte zu beschreiben, die diese Technik mit sich gebracht hat. Das gilt im übrigen auch für die Passagen über „Polizist im Kopf" (siehe S.297ff.) und das „Analytische Bild" (siehe S.322ff.).

Nun aber wieder zurück zum methodischen und inhaltlichen Prozess beim „Kaleidoskop-Bild": Nach einem ersten Spielen der Szene, wurden die bislang zuschauenden GruppenteilnehmerInnen gefragt, mit welchen Figuren sie sich am ehesten identifizierten, welche ihnen am nächsten waren. Die TeilnehmerInnen stellten sich sodann hinter diese Figur mit einer für diese typischen Körperhaltung, die im Verlauf der Szene aufgetaucht war. Dann sprachen sie noch aus der Haltung heraus alles aus, was ihnen als Gefühlen und Gedanken im Moment durch den Kopf ging.

Damit war eine erste Bezugnahme zur Szene geschaffen, die in Folge noch intensiviert wurde.

Es sollte darauf geachtet werden, welche Gefühle und Bilder die – nochmals gezeigte – Szene auslöste und hervorrief. Diese Gefühle und Bilder wurden von den ZuschauerInnen sogleich als Statuen verkörpert und ‚überdeutlich' zum Ausdruck gebracht, was paradoxe Figuren hervorbrachte:

> So hielt sich ein Teilnehmer als Figur die Ohren zu und dreht den Kopf weg, eine andere stand mit verknoteten Händen da und sagte, dass sie sich nicht mehr auskennen würde und ein anderer Darsteller hielt sich am Hals: „I kriag ka Luft" (PRO 11, 11./12.4.1997).

Im nächsten Schritt begegneten sich jeweils zwei komplementäre Statuen, um miteinander eine Improvisation zu beginnen, die von einer anderen Person beobachtet wurde. Diese Improvisation führte über die gezeigte Situation hinaus, sie brachte Aspekte ans Licht, die in der Szene angelegt waren, und die im städtischen Alltag unbewusst wirkten, aber verdrängt waren. Nun entfalteten sie ein Eigenleben, wodurch sie noch deutlicher wurden. Wiederum gab es sehr ungewöhnliche Paarungen, die in einem weiteren Schritt auch von den anderen TeilnehmerInnen gesehen und nachbesprochen wurden, daraus drei Beispiele:

> So traf im *ersten Beispiel* ein TN, der sich die Ohren zuhielt, den Blick nach oben wendete und sich wegdrehte auf eine Partnerin (Petra), die auf den Boden schaute und die Hände in den hinteren Hosentaschen hielt. So bestand kein Sichtkontakt zwischen den beiden und ihr wiederholtes Fragen „Wer bist denn du?" „I hör di net, was hast gsagt?" führte zu einer absurd anmutenden Interaktion, in deren Verlauf die hinunterschauende Person plötzlich zu schreien begann: „Tu die Hände weg!" (ebd.).

Das überraschte die andere Person so, dass sie die Hände tatsächlich von den Ohren abhob. Den ZuschauerInnen gefiel die Kreativität, Abstraktheit und Absurdität der Improvisation, eine Teilnehmerin erkannte sich wieder:

> „Ich lasse mich oft auch nicht aus dem Konzept bringen, was ich tue, das tue ich und dann gibt es plötzlich einen Kick, und dann taugt es mir" (eine TN, PRO 11, 11./12.4.1997).

In der *zweiten Geschichte* begegneten sich die „Frau Schwierig", die ihr Gegenüber, das einfach nur freundlich sein wollte, gerne anreden würde, sich aber nicht traute. Als die Szene eigentlich schon vorbei war, probierte sie in lauten Gedanken verschiedene Worte aus, die als Gesprächsanbahnung dienen hätten können: „Schönes Wetter heute", „Mhaa, heute ist es heiß". Dann landete sie wieder bei ihrer Statue, die Hände ausgebreitet und der Kopf leicht gesenkt. Auch bei dieser spontanen Szene stellten sich Fragen und Erinnerungen ein: Was braucht es eigentlich, damit ein Gespräch anfängt?

> „Es hat mich an Szenen erinnert, wo ich versuche, mit Leuten zu kommunizieren, wo es aber aus unerfindlichen Gründen schwierig ist und nicht geht, und dann probier ich, aber je mehr ich probiere, desto schwieriger wird es dann" (eine TN, ebd.).

Und wenn auf eine Gesprächangebot nur mit „Ja" geantwortet wird, der Faden aber nicht weiter aufgenommen wird?

> „...dann geht es nicht weiter, dann ist es so ein Kommunikationsstopp, Zack!... Ende!" (eine TN, ebd.).

Das führte nach einem Gespräch zu einer wichtigen Einsicht in der Gruppe (ebd.):

> „...das verstehe ich auch nicht, warum es dann nicht weitergeht..."

> „...sie wollte halt nicht reden..."

> „...zu deiner Szene: Hast du das Gefühl gehabt, dass die alte Frau auch keine Kommunikation wollte..?

> „....ja das wird mir immer klarer inzwischen... durch das Zuschauen und Spielen....vielleicht will sie nicht mehr reden .... es war nicht nur Angst, das weiß ich jetzt auch... ich bin so erleichtert zu sehen, dass es mit dem anderen auch zu tun hat, es ist nicht nur meine Angst...."

In der *dritten Szene* traf eine Figur mit dem Blick auf den Boden gerichtet, die eine Hand fest die andere haltend und dem Satz: „Ich halte mich zurück" auf eine andere, die sich die mit ihren Händen am Hals selbst die Luft abschnürte, obwohl sie atmen wollte: „I krieg ka Luft mehr , i erstick, hilf mir doch". Der andere reagierte zurückhaltend, und so fiel er zum Boden..... . Selbst jetzt gab es keinen Blickkontakt.

Für die SpielerInnen wurde durch diese Improvisation offenbar, wie viel Zurückhaltung die dargestellte Szene bestimmte und welchen Preis sie kostete: Auf Dauer würde es anstrengend sein, weil es viele Impulse gäbe, etwas zu tun, zum anderen schnürte die Atmosphäre die Kehle zu, so stickig, drückend und eng erschien es in der Straßenbahn.

Die Szene erinnerte manche TeilnehmerInnen an Erfahrungen mit dem Lehrstück, wo „BAAL", den „ARMEN" erfrieren ließ (siehe I.2.1), ihnen kamen Szenen aus ihrem Alltag in der Stadt in den Sinn:

> „Ich hab so etwas Ähnliches am Bahnhof mal erlebt: Eine Frau hat einen Kollaps gehabt, dreihundert Leute sind ausgestiegen, eine hat sich dazugehockt und ich bin stehen geblieben, und habe gefragt, ob ich einen Arzt holen soll, und die anderen sind alle vorbeigerannt" (eine TN, ebd.).

Die SpielerInnen der Szene „Fremde Nähe" wurden durch diese Improvisationen sehr angeregt, für sie gab es Anknüpfungspunkte zu ihrer eigenen Rolle:

> „Es war dadurch alles viel intensiver, die Gefühle waren intensiver gezeigt als im Stück..." (eine TN, ebd.).

Aus der zunächst harmlos und subtil wirkenden Straßenbahnszene heraus haben sich eine Reihe belastender, unterdrückender Aspekte städtischen Alltags abgebildet, die in der Reflexion zum „Kaleidoskop" nochmals diskutiert wurden:

> „Einerseits die typischen, alltäglichen Gewohnheitsstreitereien, die Hilflosigkeit und die Nicht-Hilfsbereitschaft oder quasi-Hilfsbereitschaft ... und dieses verdammt Ohnmächtig sein: den einen passiert etwas, die anderen schauen zu..." (eine TN, ebd.).

Daraus entspann sich eine kontroversielle Diskussion, es wurde nochmals Bezug genommen zu jener Improvisation, wo der eine ‚erstickte' und der andere nicht eingriff. Wie könnte ihm geholfen werden? Benötigte er Hilfe wirklich, inwieweit sei er für sich selbst verantwortlich und müsse selbst atmen?

> „Manchmal bedarf es im Leben eines kleinen Kicks, und wenn man ihn nur an die Schulter nimmt und sagt: Es geht schon... vielleicht hätte er für einen kurzen Moment die Zuwendung eines Menschen gebraucht...."

> „Meine Erwartungen waren schon, dass da irgendwie mehr kommen wird, aber so habe ich einfach ‚sterben' müssen"

> (Lachen in der Gruppe)

> „...aber du hast es durchgezogen bis zum bitteren Ende..."

> „Für mich ist es symptomatisch, wie im Alltagsleben, viele Leben sind verzweifelt und bräuchten oft nur einen kleinen Kick... eine kleine Aufmunterung, ein bisschen zuhören... eine Zuwendung..."

> „Aber mir kommt das fast wie eine Ausrede vor, wenn du mir nicht hilfst, dann kann ich nur sterben...."

> (wieder viel Lachen...)

Aber weiterhin offen blieb für manche die Frage, wie zwei Leute kommunizieren könnten, die sich nicht kennen würden, wie ein Gesprächangebot gemacht werden könnte, ohne dass es als aufdringlich empfunden werden würde, oder wie genau mit dieser Angst, es könnte zu aufdringlich sein, umgegangen werden könnte:

> „Was mir aufgefallen ist, ...im Zug oder in der Straßenbahn, wenn man frontal sitzt, dort ist die Angst noch viel größer, du sitzt da eine Stunde, und kannst nix reden...." (ein TN, ebd.).

Oder hat die Angst vor dem Gespräch oder vor dem Aufdringlich-Sein möglicherweise damit zu tun, dass nicht absehbar ist, wohin es dann führen könnte, so wie in einem Fall, als sich bei einem zufälligen Gespräch im Zug herausstellte, dass das Gegenüber ein Flüchtling ohne Geld auf der Suche nach einem Quartier in Graz war.

Fazit: Der erfahrungsorientierte Prozess und die darauffolgende Diskussion lässt thematisch viele Verbindungen zu Schwierigkeiten und Problemen der Kommunikation im öffentlichen Raum erkennen, die an anderer Stelle theoretisch erläutert wurden (II.3.2). Die Gruppe hatte aber weniger an einer theoretischen Auseinandersetzung Interesse, sondern wollte mehr darüber erfahren, welche Ängste und inneren Hindernisse in diesen öffentlichen Situationen wirken, um sich zu fragen, wie ihnen begegnet werden könnte. Das entsprechende Verfahren nannte sich „Polizist im Kopf" (vgl. Boal 1999, S.116-121).

Paradoxe Interventionen mit den „Polizisten im Kopf"
(MITSCHRIFT und PRO 11, 11.4./12.4.1997)

Für die Technik „Polizist im Kopf" achteten zunächst „Sophie Schleich" und „Theresia Moser" beim normalen Durchspielen der Szene auf jene Stimmen in ihrem Kopf, die ihnen sagten, was sie tun sollten und was sie nicht tun dürften. In einem nächsten Schritt wurden diese Gebote und Verbote von den anderen Gruppenmitgliedern als Statuen verkörpert. Für „Sophie Schleich" gab es vier, für „Theresia Moser" fünf „Polizisten", die in Folge eine Bewegung und entsprechende Worte fanden, was sich für im Fall von „Sophie Schleich" ungefähr so anhörte:

1.Polizist (weiblich), hält eine Hand über den Kopf zum Ohr, die andere Hand nach vorne ausgestreckt: „Sophie die Situation ist so schwierig, auch wenn du möchtest, es geht nicht!"

2.Polizist (weiblich), hält die Hände schützend über der Stirn wie eine Schirmkappe, schaut verstohlen und verschämt zum Boden: „Das gehört sich nicht, das tut man net, hör da net hin!"

3.Polizist (männlich), bewegt sich mit ausgebreiteten Armen bedrohlich wie ein Adler: „Sei ruhig, bleib sitzen....!"

4.Polizist (weiblich), mit leicht geöffneten Arme, eine Hand wie zum Gruß gestreckt: „Sophie, komm ,du bist eine hilfsbereite Frau... du weißt ja wo es lang geht.... geh mit mir mit und hilf ihnen!"

5.Polizist (männlich) hält seine Hände verschränkt zu den Schultern: „Sophie, geh ja nicht aus dir heraus.... bleib schön brav und ruhig da, ja, schau nicht am Boden... rede keine Leute an, schau immer gerade aus, sonst wirst du noch auf der Straße landen .... sei brav ..und immer ordentlich anziehen...!"

Die „Polizisten" für Theresia waren z.T. sehr ähnlich:

1.Polizist (männlich) , mit drohendem Finger: „Theresa das kannst du nicht machen, was soll sich die Frau von dir denken? Das geht nicht, schämst du dich gar nicht, du kannst nicht irgendwelche wildfremde Leute ansprechen!"

2.Polizist (weiblich) 'umarmt' sich selbst, wiegt leicht hin und her, versteckt ein bisschen das eigene Gesicht, mit kindlicher Stimme: „Schämst du dich gar nicht, das ist ja eine fremde Frau, du schämst dich ja gar nicht ... du das ist der falsche Platz....!"

3.Polizist (männlich) Jörg, schaut durch die gespreizten Finger der vor das Gesicht gehaltenen Hand und sagt: „Man starrt/schaut andere Leute nicht an!"

4.Polizist (weiblich) mit abwehrenden Händen, angestrengtem Gesicht: „Du bleib auf deinem Platz das sind deine Grenzen, das ist der Platz, also steig nicht aus deinen Grenzen, du hast drinnen sitzen zu bleiben und dich drinnen zu bewegen...!"

Diese „Polizisten" erinnerten an Personen aus dem Erziehungs- und Sozialisationsprozess der TeilnehmerInnen, die als innere Stimme eine – einschränkende –

Wirkung ausübten, ohne dass sie ‚leibhaftig' anwesen waren. Es waren nicht bloß die „Polizisten" der „Sophie Schleich" und der „Theresia Moser": Die TeilnehmerInnen erkannten sie wieder als Instanzen für jene Regeln und Normen, wie ‚man' sich in der Öffentlichkeit zu verhalten hat. Sie zeigten die Innenseite des „passiv schweigenden Städters", der nicht mehr mit „Fremden" in Kontakt treten will und kann. Nun ging es aber weniger darum, nach Gründen für diese Regeln und Normen zu suchen, sondern mit den „Polizisten" darüber eine Auseinandersetzung zu führen bzw. herauszufinden, wie es einen anderen Umgang mit ihnen geben könnte.

Dazu wurden die Polizisten in der Szene an den Platz gestellt, wo sie nach Meinung der ProtagonistInnen wirksam waren. Im Fall von „Sophie Schleich" fiel auf, dass diese so eng standen, dass sie sehr bedrohlich und bedrängend wirkten, während bei „Theresia Moser" einzelne „Polizisten" zwar weiter weg standen und von ihr nicht gesehen wurden, aber dennoch sehr wirksam und mächtig erschienen.

Nach einer kurzen Improvisation der „Polizisten" wurde die Szene wieder gespielt – nun aber waren die „Polizisten" bei der Straßenbahnfahrt „leibhaftig" dabei, der reale Raum und der surreale Raum existierten gleichzeitig. Dabei redeten die Polizisten während des Szenendurchlaufs zunächst auf Sophie Schleich, später auf Theresia Moser ein. Die beiden konnten die Polizisten, wenn sie ihnen zu massiv wurden, weg- und woanders aufstellen. Die Polizisten machten sich in Zeitlupe wieder auf den Weg zu ihnen.

Der ‚reale' Raum der Szene vermischte sich mit dem „surrealen" und in einer ursprünglichen „stillen" Straßenbahn wurde es laut und konfrontativ: Angesichts dieses massiven Auftretens der ‚Polizisten' wurde offensichtlich klar, wie viel Energie in der Straßenbahnsituation normalerweise dafür aufgewendet wurde, sich mit den ‚Polizisten' zu beschäftigen. Es wurde etwas von dem inneren Druck bewusst, der ihn derartigen Situationen Kontaktaufnahme sehr schwer macht.

Etwas leichter, so die Spielerin der „Sophie Schleich" wurde es, wenn ein paar „Polizisten" nicht mehr so nahe waren, dann „ist es einfacher, mit ihnen fertig zu werden". Umgekehrt zeigt sich für die „Polizisten", dass sie eigentlich die Aufmerksamkeit der Protagonistin brauchten: Wurde diese stärker, kümmerte sie sich nur um einen bestimmten Polizisten oder setzte sie sich gar über diese hinweg, fühlten sie sich schwach und machtlos:

> „Ich brauche jemanden, den ich anjammern kann" (ein TN als ‚Polizist', PRO 11, 11./12.4.1997).

In Folge ergab sich die Möglichkeit, sich die „Polizisten" einzeln ‚vorzunehmen': im Sinne eines „Blitzforums" konnten zunächst die übrigen TeilnehmerInnen ausprobieren, bevor „Theresia Moser" und Sophie Schleich" herausfinden konnten, wie diesen „Polizisten" beizukommen ist. Dazu wurden die ‚Polizisten' als ‚lebende Skulpturen' aufgestellt, wenn sich ihnen eine Person näherte, begannen sie zu reden und sich zu bewegen. Die Spielerin der „Sophie Schleich" empfand bereits dieses Nebeneinanderstellen als erleichternd, aus dem diffusen Stimmengewirr der „Polizisten" waren einzelne Figuren geworden.

Im „Blitzform" wurden eine Reihe von Ideen im spielerischen Probehandeln umgesetzt, fast bei jedem „Polizisten" wurde ein anderes „Gegenmittel" gefunden: So half manchmal der „konfrontierende Dialog", d.h. sich wirklich auf eine Diskussion mit dem Gegenüber einzulassen oder an sie Fragen zu stellen über den Sinn ihres Gebotes oder Verbotes. Daraus ergaben sich z.T. heftige Auseinandersetzungen bis zum Streit: Die einzelnen Ansichten und Positionen wurden dadurch stärker herausgefordert und klarer. Nicht jeder Polizist war zu ‚bekämpfen', manchen war nur auf nonverbalem Wege beizukommen: Überraschend oft änderte sich etwas durch direkten Blickkontakt mit dem „Polizisten", manche reagierten auf Berührung oder veränderten ihre Ansicht, wenn sie in Bewegung gesetzt wurden. Ihre Starrheit löste sich auf.

> „Lustig, wie ich die Anna in Bewegung gesetzt habe, hat sie mich in Bewegung gebracht" (eine TN, ebd.).

> „Es war so klass, wenn es dann locker lasst, wenn du den Druck einmal weg hast...." (ein TN, ebd.).

Zwei „PolizistInnen" wurden sehr weit weggestellt - diese Möglichkeit wurde in der Reflexion noch sehr kontroversiell diskutiert:

> *Bedeutet es, ein Problem zu verschieben, wenn man einen „Polizisten" wegschiebt?*

Aber macht es nicht Sinn, wenn es für die betroffene Person auf diese Weise möglich wird, freier zu agieren?

Auf diese Fragen gab es keine eindeutigen Antworten, aber sie regten wieder neue Ideen und Anregungen für weitere Spielversuche und Einstiege an.

Diese wurden aber nun nicht im Theaterraum ausgeführt. Die Gruppe wollte ihre auf diese Art gewonnenen Einsichten und Ideen im öffentlichen Raum der Stadt realisieren. Bevor ich schildere, welche Aktionen und Projekte im öffentlichen Raum durchgeführt wurden, noch eine kurze Nachbetrachtung:

Der „Polizist im Kopf" war jene Technik, die vielen TeilnehmerInnen auch nach mehr als seinem Jahr in Erinnerung war, besondern bei jenen, die selbst Protagonistinnen der Technik gewesen sind. So meint die Teilnehmerin, die in der Szene „Sophie Schleich" verkörpert hat:

> „...wie diese ‚Hemmungen' als Personen dastehen und wie ich da gegen die kämpfe. Ich habe mich da durch gearbeitet, zuerst den besiegt, dann den besiegt und dann zum Schluss war der auch noch weg und irgendwie war ich dann frei. Dann setzt dich mit dem ganzen hin und du weißt, dass du es schaffen kannst, diese positive Energie, die von dem Theater spielen, von dem Ausprobieren und einfach einmal zu wissen, dass es geht, das finde ich super" (TN 11, 17.6.1998).

Bei einer anderen Teilnehmerin wirkte die Technik sogar im Alltag nach:

> „Ja, dieser Polizist im Kopf, das war insofern für mich recht angenehm, weil Ängste sichtbar geworden sind, ich habe sie benennen können, ich habe mit ihnen was probieren können und damit sind sie irgendwie...., ja vorher war es vielleicht die Angst vor der Angst und dann war ja einfach nur mehr die eine Angst und mit der kann ich mich auseinandersetzen. Und das tu ich sowieso, seitdem ich damals mit diesen Polizisten gearbeitet habe, arbeite ich ständig mit meinen Ängsten und ich schau bei jedem Verhalten, wo ich so merke, es ist keine innere freie Entscheidung, sondern irgendein Zwangsverhalten, wo ich das Gefühl habe, ich muss jetzt was tun und ich nicht weiß warum, ich muss es einfach tun, da steht sehr viel Angst dahinter oder was könnte dahinter stehen...." (TN 1, 12.7.1998).

Anderen tat es leid, dass sie nicht selbst die Gelegenheit dazu gehabt haben, den „Polizist im Kopf" an einem persönlichen Anliegen auszuprobieren, sie hielten es für eine wertvolle Erfahrung.

Fazit: Mit der „Polizist-im-Kopf"-Technik konnten Selbstkontroll- und Selbstdisziplinierungspraktiken, die mit der strukturellen Gewalt der Stadt in Zusammenhang stehen nicht nur bewusst gemacht werden (siehe S.107f.). Vielmehr ergaben sich für die ProtagonistInnen Möglichkeiten, mit den internalisierten Formen von Unterdrückung anders umzugehen.

Zurück in den öffentlichen Raum: Die Suche nach gelingender Kommunikation

Die Aktionen und Projekte im öffentlichen Raum, die im Zuge des Projektstudiums realisiert wurden, hatten beide mit der in der Szene „Fremde Nähe" thematisierten Frage zu tun, wie Kommunikation im öffentlichen Raum angeregt und belebt werden könnte. Darüber hinaus spielten neben der Aneignung öffentlicher Räume interessanterweise Gaben und Geschenke eine wesentliche Rolle, was ich zunächst am Beispiel von „Schenktongli" und anschließend anhand von „permanent breakfast" zeigen werde:

„Schenktongli" – Skulpturen als Geschenk und Angebot für Kommunikation
(HU-Projekt-Gruppe, Code „Schenktongli")

Ausgehend von Wunsch etwas zu tun, was im öffentlichen Raum Kommunikation und Belebung anregen kann, entwickelte eine Gruppe von TeilnehmerInnen, die an der Szene „(R)Ausflug" arbeitete, die Aktion „Schenktongli". Damit waren zunächst kleine Skulpturen aus „Ytong" gemeint, welche die Gruppe selbst gestaltete.

Mit diesen „Schenktonglis" machten sich die Gruppenmitglieder mit folgendem Ziel auf den Weg in die Stadt: Sie wollen diese kleinen Skulpturen PassantInnen überreichen, mit der Bitte, gut darauf aufzupassen und sie später anderen PassantInnen weiterzuschenken.

Die Aktion erinnerte daran, wie einmal in einer anderen Kleingruppe mit der Szene „Fremde Nähe" mit „Gaben" gearbeitet wurden: Diese wurden dabei im Sinne von Stastny (vgl. 1999, S.39ff.) als Mittel zu Kontaktaufnahme verwendet: Dabei überlegten sich alle Rollen, was sie den anderen Rollen in der Straßenbahn gerne geben und was sie von ihnen bekommen wollten. Als diese „Gabetransaktionen" dann in einer szenischen Improvisation realisiert wurde, änderte sich die Atmosphäre in der Straßenbahn augenscheinlich: Die Fahrgäste hatten sogleich mehr Interesse aneinander: es entwickelten sich einige Gespräche und die Stimmung war gelockerter als in der ursprünglichen Szene.

Nun wollte die Gruppe erfahren, was es im „wirklichen" Stadtraum bedeutete, etwas weiterzugeben und herzuschenken, ohne es als Werbegag zu verstehen. Allerdings gestaltete sich dieses Vorhaben weit schwieriger als erwartet: Es gab kaum InteressentInnen für die „Schenktonglis", und die Gruppe tat sich selbst immer schwerer damit, Leute anzusprechen oder es auf eine stimmige Art und Weise zu tun. Daraus ergab sich schließlich die Dynamik, das „Schenktongli" möglichst schnell loszuwerden bzw. es weniger als Mittel des Kontakts zu verstehen.

Die Reflexion brachte schließlich unterschiedliche Ansichten für mögliche Ursachen des „Misslingens" der Aktion zutage. Zum einen betraf es das Verhalten von Menschen in urbanen, öffentlichen Räumen:

„"...und weißt du, wenn hundert Leute zu mir sagen, ‚nein danke' das wollen sie nicht, dann weißt du, es interessiert sie nicht. Irgendwer hat gesagt, ‚ich komme aus Knittelfeld, das ist viel zu weit weg', oder ein anderer ‚danke i nimm nix', oder so, 'ich habe keine Zeit' und immer nur so, es interessiert nicht, weil sie einfach den öffentlichen Raum als Korridor benutzen, wo sie einfach durchmüssen!" (TN 8, 24.6.1998).

Andererseits tauchte die Vermutung auf, dass die Schwelle und die Bürde für die Menschen zu groß gewesen sein könnte:

„Die Leute so glaube ich, haben sich irgendwie belastet gefühlt. Ich gebe ihnen etwas und sage ihnen: ‚Aber gebt das ja weiter'! Dadurch halse ich dem Gegenüber eine Verantwortung auf, die der vielleicht gar nicht haben will" (TN 8, 24.6.1998).

Möglicherweise war die Situation auch zu künstlich, einige waren sich von Anfang an etwas unsicher und ängstlich, wie auf diese Weise ein Gespräch hätte initiiert werden können:

„Das stimmt eigentlich, weil die M. und ich, wir sind nämlich auch die Annenstraße hinuntergewandert, und ich habe mir irrsinnig lang überlegt, wem soll ich jetzt das irgendwie in die Hand drücken? .... bis eine Klosterschwester gekommen ist, habe ich mir gedacht, ha!... und genau die hat es genommen. Ist wahrscheinlich damit heimgegangen und hat es aufs Nachtkastel gestellt. Ich meine, es war dann auch wurscht, aber es war halt die Idee, also die Anfangsidee war völlig durchgeplant, hat aber solche Aspekte völlig ausgelassen" (ebd.)

Als im Seminarraum einige dieser unbefriedigenden Situationen mit PassantInnen nachgespielt wurden, zeigte sich, wie schwierig eine adäquate Kontaktaufnahme mit „Fremden" sein kann, und wie sehr es darauf ankommt, das Gegenüber als solches wirklich wahrzunehmen, um in einen stimmigen Kontakt zu kommen, ohne dass die Absicht „Nimm bitte das Schenktongli!" zu dominant werden durfte. In einigen Spielversuchen gelang das wieder besser:

„Und dann ist mir also aufgefallen, dass eingegangen werden muss auf die Person, und nicht, dass mein Wunsch vorrangig war, dass die Frau das Schenktongli nimmt, sondern dass einfach die Frau vorrangig ist, mit dem, was sie will. ...dass das schon im Dialog passiert" (TN 11, 17.6.1998).

Fazit: Auch wenn die Aktion „Schenktongli" auf den ersten Blick nicht so erfolgreich verlief wie verhofft, hält sie den Prozess in der Gruppe und die Frage nach stimmigen Anknüpfungspunkten für Gespräche in Gang. Weitaus besser gelang es im Zuge eines weiteren Spiels, das auch damit zu tun hatte, anderen in der Weise etwas zu geben, dass sie zu einem Frühstück an einem öffentlichen Ort eingeladen wurden:

Frühstück im öffentlichen Raum: „permanent breakfast"
(PRO 16, 24.4., 6.5., 15.5.1997; HU-Projekt-Gruppe, Code „permanent breakfast")

Auch diese Aktion hatte zum Ziel, die Kommunikation zwischen StadtbenutzerInnen anzuregen und zu beleben, Kontakt mit „Fremden", aber auch das Aneignen von öffentlichem Raum zu ermöglichen. Die Projektgruppe beteiligte sich - zusammen mit den TeilnehmerInnen einer anderen Lehrveranstaltung - an einem Projekt in Form eines interaktiven Kettenspiels, das ein Jahr zuvor vom Wiener Künstler Friedemann Derschmitt in Wien erstmalig entwickelt, gestartet und beschrieben wurde (vgl. Derschmitt 1996). Ich stelle zunächst die Spielregeln dar, bevor ich Reaktionen von TeilnehmerInnen, PassantInnen und öffentlichen Stellen beschreibe.

Konzept und Spielregeln von „permanent breakfast"

"Der öffentliche Raum verändert sich, wird er befrühstückt, merklich nach den Bedürfnissen der Frühstückenden. Die Frühstückenden beginnen ohne viel Zutun, alleine durch ihre Anwesenheit, mit ihrem Umraum zu kommunizieren. Es werden die unwahrscheinlichsten Dinge plötzlich ganz einfach kommunizierbar - die Menschen beginnen ihr eigenes Medium zu sein. Es wird kundgetan - weitererzählt - wiedergefrühstückt.

'Permanent breakfast' entgleitet gewollt sehr rasch der Spielleitung und wird Allgemeingut, eine Spielregel, die auffordert, selbst zu kommunizieren, Platz zu greifen, Raum zu nehmen, ihn buchstäblich zu besitzen, ihn durch sich selbst, aber auch mit einem Anliegen zu besetzen. Durch permanent breakfast entsteht eine Verbindung zwischen Menschen, die einander vielleicht nie zu Gesicht bekommen würden. Das Spiel wird weitergehen, solange jemand den Faden aufnimmt. Mahlzeit!" (Derschmitt, 1996, S.3).

Es ging dabei um ein Spiel, mit dem öffentliches Leben anregt werden sollte, gleichzeitig verstand es sich als Kunstwerk, das mit dem Raum kommunizierte und ihn dadurch veränderte. Der urbane öffentliche Raum sollte als gesellig-kommunikativer Ort genutzt und angeeignet, Parkplätze, Gehsteige, Brücken, Plätze und Parks sollten zu urbanen Frühstücksräumen werden, in denen sich interessante und unerwartete Begegnungen entwickeln konnten.

„*permanent breakfast*" verläuft nach folgenden Spielregeln, die von jedermann/jederfrau anwendbar sind:

Spielregel no.1

Jeweils fünf Personen sitzen an einem öffentlichen Ort um einen Tisch und frühstücken. Eine(r) von ihnen hat zum Frühstück geladen.

Spielregel no.2

Jede(r) der 4 Geladenen organisiert für den nächsten Tag ein Frühstück und lädt wiederum 4 Personen zum Frühstücken an einem jeweils neuen öffentlichen Ort usw..

Spielregel no 3

Die Frühstückenden laden PassantInnen an ihren Tisch und machen sie mit den Spielregeln vertraut.

Spielregel no 4

Jede(r) wird also eingeladen und lädt einmal ein. Jede(r) Teilnehmende übernimmt die Kosten und Organisation eines Frühstücks. Kein(r) wird daran gehindert weitere Frühstücksketten zu starten. Möglichst viele Orte werden befrühstückt.

Spielregel no 5

Bei schlechtem Wetter einen Tag aussetzen. Besonders hartnäckige Personen sollen sich allerdings nicht gehindert fühlen, trotzdem zu frühstücken.

Spielregel no 6

Für eine eventuelle Anmeldung als Kundgebung trägt jede(r) individuell Sorge, spätestens 24 Stunden vorher bei der zuständigen Polizeidienstelle. Die TeilnehmerInnen frühstücken auf eigene Gewähr.

Spielregel no 7

Alle Teilnehmenden dokumentieren bestmöglich ihre jeweiligen Frühstücke (Fotos, Videos, Tonaufnahmen...) für die große Frühstücksparty am Ende der Frühstückssaison (voraussichtlich Herbst) und schicken diese Dokumente ... in Graz an Michael Wrentschur, Institut für Erziehungswissenschaften, Merangasse 70/II, 8010 Graz

Es ist geplant, einen großen Frühstückskatalog zu erzeugen, für den natürlich jede Menge Fotos benötigt werden!

Spielregel no 8

Es ist ausdrücklich erwünscht, eigenständig immer neue Frühstücksketten zu eröffnen.

(Spielregeln für das Frühstück im öffentlichen Raum c Friedemann Derschmidt, Michael Wrentschur und Team, 1997.)

Reaktionen und Wirkungen

Zwischen Ende April und Ende Juni 1997 gab es auf diese Weise schätzungsweise 100 Frühstücke im öffentlichen Raum von Graz. Unter den TeilnehmerInnen gab es neben der prinzipiellen Neugier zunächst auch Skepsis:

> "Nach dem anfänglichen Gefühl der Experimentierfreude, der Lust am Spaß und an der Freude, etwas Außergewöhnliches zu tun, stellte sich bald das Gefühl der Unsicherheit, der Scheu vor Provokation und die Angst vor dem Ungewissen ein. Trotzdem ist es mir ein Anliegen, Tabus zu brechen, deshalb wollte ich an diesem Experiment unbedingt teilnehmen. Da wir ohnehin in der Gruppe waren - und in der Gruppe ist man immer stärker - sah ich dem Frühstück mit gespannter Erwartung entgegen" (aus dem schriftlichen Bericht einer Studentin).

> "Es gab Angst: Wie werden die Leute reagieren? Werden wir Probleme mit der Polizei bekommen? Ich zweifelte, ob es gut geht, gleichzeitig gab es Lust und Freude, etwas Neues auszuprobieren..." (aus dem schriftlichen Bericht einer Studentin).

> "Ein etwas mulmiges Gefühl machte sich breit. Wie werden die Leute reagieren, ist das jetzt erlaubt oder nicht? Was ist, wenn mich da meine Chefin sieht, wie ich da am Park 'herumlungere'?" (aus dem schriftlichen Bericht einer Studentin).

Entgegen den geäußerten Befürchtungen waren die überwiegend positiven Reaktionen der GrazerInnen auf "permanent breakfast" doch überraschend. Ablehnende Bemerkungen wie die folgende waren eher selten:

> "Eine Frau kam vorbei und regte sich fürchterlich auf, dass hier welche frühstücken, während die anderen arbeiten müssen ... Sie beschwerte sich bei der Polizei" (aus dem schriftlichen Bericht eines Studenten).

Manchen PassantInnen waren Scheu und Ängstlichkeit anzusehen, es kostete sie Überwindung, sich dazuzusetzen. Dabei half vermehrtes Engagement nicht immer:

> "Auch die Bauarbeiter konnten wir nicht einladen. Ines wollte ihnen einen Kaffee bringen, aber auch den nahmen sie nicht an. Sie erzähl-

ten, dass sie gekündigt werden könnten, wenn sie während der Arbeitszeit etwas zum Trinken und Essen annehmen.." (aus dem schriftlichen Bericht einer Studentin).

Misstrauen von PassantInnen drückte sich auch in der Frage aus, welche Organisation dahinterstehen würde bzw. welchen anderen Grund es dafür gäbe, etwas gratis angeboten zu kommen. Zu hören bekamen die Einladenden auch Sätze wie: "Ich habe keine Zeit...", "Ich habe schon gefrühstückt", "Ich bin schon eingeladen worden".

Manchmal lag es an der Wahl des Ortes, dass die Frühstücksgruppe eher unter sich blieb.

Wenn PassantInnen allerdings entschieden, sich dazu zu setzen, waren sie begeistert, wie deren schriftliche Rückmeldungen im „Gästebuch" zeigten:

"Tolle Idee! Die Rückeroberung des städtischen Raumes durch die Menschen. Wenn die Problematik des Transport der Tische/ Sessel nicht wäre, setzte ich die Idee gerne fort."

"Eine irrsinnig gute Idee, Menschen eine Freude zu machen (jemanden zu beschenken!). Wer macht das schon? Es werden sich sehr viele Menschen freuen!"

Zu erzählen gab es dann eine Menge:

„Unser erster Gast war eine asiatische Frau, gleich daneben hat sich ein Schichtarbeiter dazugesetzt und es war witzig, wie das Gespräch zustande gekommen ist. Da ist über Hausbau geredet worden, über Geld verdienen... dann ist noch wer dazugekommen und dessen Freund, der uns dann spontan einen Speck dazugekauft hat, sich dazugesetzt hat, er hat uns gleich fleißig fotografiert. Wir haben viel Spaß gehabt. Später war auch noch ein Dijeridou-Spieler da, der uns eine Kostprobe gegeben hat und uns gleich einen Kurs angeboten hat" (PRO 16, 6.5.1997).

„Einer ist vom Zahnarzt gekommen. Er hat gerade zwei Spritzen bekommen, und dann haben wir ihm einen Kaffee angeboten und er war so froh, dass er gleich auf dem Sessel einen Handstand gemacht hat..." (ebd.).

„Beim zweiten Frühstück am Eisernen Tor ist wieder derselbe Herr vorbeigekommen, er war ganz aufgeschlossen. Es waren auch eine Sandlerin da, die sich zwei Stunden dazugesetzt hat, nur Kaffee getrunken und gefuttert hat, was gegangen ist. Sie hat auch erzählt, wie es sich herumgesprochen hat: und jetzt ist sie auf der Suche in Graz, wo es die Frühstückstische gibt...." (ebd.).

"Ein Obdachloser setzte sich zu uns und langte ordentlich zu. Als er erfuhr, dass ich Geburtstag hatte, ging er kurz fort und kam mit einem Packerl Gummibärli wieder zurück, das er mir schenkte" (ebd.).

"Die Opersänger, Musiker, sogar der Dirigent waren da und freuten sich über einen Kaffee mit uns" (ebd.).

"So kam Mahman, ein Geschäftsmann aus Persien, der mit Teppichen handelt, dazu. Der für diese Region verantwortliche Straßenkehrer tauchte auf, aber auch die Küchenfrauen des angrenzenden katholischen Heimes kamen vorbei. Der Straßenmeister, welcher früher Konditor war, lobte vor allem Karin, ..., welche am Vortag die Kuchen gebacken hatte" (ebd.).

"Durch das Verschiedensein der Leute, die sich 'mit uns einließen', gab es natürlich die unterschiedlichsten Gesprächsthemen, die ich jetzt nicht alle aufzählen möchte und auch nicht mehr kann, da ich nicht alles mitgekriegt habe, und schon gar nicht mehr alles in meiner Erinnerung vorhanden ist. Jedenfalls gab es alles vom Ausländerproblem an über das Stottern und die Behindertenarbeit (mit dem netten Mann mit etwas hoher Stirn, der Englisch gesprochen hat, oder wahlweise auch Französisch, Ungarisch oder Russisch), über das Rezept von Semmelknödeln, das uns der Herr (Koch) genau darlegte... weiter zum Ratespiel des Juristen, der uns mit Hilfe der Geschichte der Bibel mit dem tollen Engel, der Maria, die 'Frohbotschaft' überbrachte, seinen Namen raten ließ, und uns dann einige nette Schwänke aus seiner Studienzeit erzählte ... bis zum Vorschlag und Plan, diese 'Frühstücksaktion' bis nach Deutschland auszudehnen..." (ebd.).

> "Die frühstückende Gruppe wurde zusehends größer, wir tauschten uns aus, wir ratschten und schmiedeten Pläne für den Abend" (ebd.).

Und noch eine Passantin dazu:

> "Es war nett, mal an der frischen Luft zu frühstücken, das ist nicht so abgeschlossen wie daheim. Die Aktion sollte, soweit das Wetter mitspielt, fortgesetzt werden. Ich würde gerne auch mal Leute einladen. Mein Traum: in meiner Straße (Merangasse) frühstücken einmal alle Anrainer im Freien und lernen sich kennen. Der Verkehr wird für diesen Tag umgeleitet, der Straßenraum für das Leben zurückerobert" (ebd.).

Die Stadtverwaltung wird herausgefordert

Wohin würde das führen, wenn immer mehr Menschen auf diese Weise öffentlichen Raum beleben?

Diese Frage hat die Grazer Stadtverwaltung geplagt. Gleich nach Anlaufen der Aktion hat es große Ratlosigkeit gegeben. Die (Staats)Polizei, das Straßen- und Brückenbauamt und das Vizebürgermeisteramt haben sich gegenseitig den "Ball zugeschoben". Keine/r wollte sich für eine etwaige Genehmigung verantwortlich fühlen.

So weigerte sich der zuständige Beamte von der Staatspolizei, eine Anmeldung von *„permanent breakfast"* als Kundgebung im Sinne des Versammlungsgesetzes zu genehmigen, obwohl das Projekt der Definition einer Versammlung nach einer Erkenntnis des Verfassungsgerichtshofes (Slg. 4586/63 u.a.) gut entsprechen könnte:

„Der VfGH (...) wertet eine Zusammenkunft mehrerer Menschen nur dann als Versammlung im Sinne des Versammlungsgesetzes, wenn sie in der Absicht veranstaltet wird, die Anwesenden zu einem gemeinsamen Wirken (Debatte, Diskussion, Manifestation usw.) zu bringen, so dass eine gewisse Assoziation der Zusammengekommen entsteht. Eine Versammlung ist -...- ein Augenblicksverband als planmäßige Ansammlung einer Mehrzahl von Menschen in einer nichtinstitutionalisierten Gemeinschaft (...); oder, das Zusammenkommen von Menschen (auch auf Straßen) zum gemeinsamen Zweck der Erörterung von Meinungen oder der Kundgabe von Meinungen anderer, um sie zu einer gemeinsamen Aktion zu veranlassen (...), oder, die kollektive Meinungsäußerung mit dem Ziel geistiger Auseinandersetzung."

Die Polizei, die im Falle eine Genehmigung als Kundgebung ständiger Gast bei den Frühstücken hätte sein müssen, verwies an das Straßen- und Brückenbauamt, wo die Aktion auf keine große Gegenliebe stieß, wie die Fragen eines Beamten bei einem Telefongespräch zeigen:

"Wie soll denn das gehen? Wo wird denn da überall gefrühstückt? Eigentlich brauchten alle eine Genehmigung, Stempelmarken, einen Bescheid etc. und ich müsste einen eigenen Beamten abstellen, der sich nur mehr damit beschäftigt! Außerdem sind Gebühren zu zahlen, zwischen 158.- und 632.- ATS pro Frühstück, je nach Ort..." (PRO 16, 24.4.1997).

Auch wenn es kaum zu glauben war: Für eine "nicht-kommerzielle" Aktion im öffentlichen Raum, bei der es vorwiegend um Kommunikation und Begegnung gehen sollte, ist nicht nur eine Genehmigung nach §82 der Straßenverkehrsordnung notwendig, weil „permanent breakfast" eine widerrechtliche, d.h. nicht dem Verkehr zuzählende Benutzung des öffentlichen Gutes darstellte. Darüber hinaus hätte dafür auch eine finanzielle Abgabe bis zu einer Höhe von 632.- ATS geleistet werden müssen; Summen, welche das Spiel unmöglich gemacht hätten.

Schließlich wurde die zuständige Stadträtin eingeschaltet, die sich kooperativ zeigte und den geselligen, belebenden und kommunikativen Wert des Spiels verstand. Sie versuchte wiederum den Leiter des Straßen- und Brückenbauamtes davon zu überzeugen, eine Sammelgenehmigung für alle Frühstücke auszustellen, wogegen sich dieser gleich zur Wehr setzte: Eine Bewilligung nach §82 der StVO zu erteilen wäre zwar möglich, aber er könnte seine Beamten nicht zu allen Frühstücksplätzen für deren Kommissionierung schicken. Auch wäre der Verwaltungsaufwand dafür enorm. Eine Sammelgenehmigung könnte nur dann ausgestellt werden, wenn alle Frühstückszeiten und –orte bekannt wären, was aber dem spontanen Sinn des Spiels zuwiderlaufen würde. Oder es müsste für einen Sammelbescheid jemand als Hauptverantwortlicher fungieren, aber, so der Leiter des Straßen- und Brückenbauamtes,

> „ ... diesen Deppen werden wir nicht finden, das werde ich nicht sein und Sie werden es nicht sein: wenn die Stadt generell etwas genehmigt und es passiert ein Unfall, kann er zu Haftung kommen... außerdem gibt es in Graz kaum genügend breite Gehsteige, wenn es deswegen einen Unfall gibt, hafte ich als Genehmiger, sonst würden Sie haften" (PRO 16, Gedächtnisprotokoll).

Es stellte sich heraus, dass es keine legale Möglichkeit gab, *permanent breakfast* in einer Weise zu genehmigen, die der Idee des Spiels entsprochen hätte. So kam es zu einer „österreichischen Lösung": Am liebsten wäre es dem Beamten gewesen, gar nichts davon zu wissen, weswegen es besser sei, gar nicht anzumelden:

> „...aber sagen Sie nicht weiter, dass ich Ihnen das gesagt habe" (ebd.).

Die Schwierigkeit, Kommunikation im öffentlichen Raum anzuregen, hatte in diesem nicht nur mit „Polizisten im Kopf", sondern mit wirklichen „Polizisten" zu tun. Die Beschränkungen im öffentlichen Raum, die oft nur subtil, fast unbewusst wahrnehmbar sind, wurden plötzlich sehr deutlich. Es zeigte sich, dass schon auf Ebene von Gesetzen und Verordnungen Möglichkeiten der Kommunikation behindert werden. Die Spielregeln von *„permanent breakfast"* prallten auf nicht hinterfragte Spielregeln des öffentlichen Raumes, was die politisch-bürokratische Macht herausforderte und zu Auseinandersetzungen führte.

Diese strengen Normierungen und Einschränkungen öffentlichen Gutes wurden durch deren Überschreitung wieder bewusst gemacht:

> "Mir ist durch die Aktion bewusst geworden, in welche unsichtbare Zwangsjacke von Regeln, Normen, Werten, Erwartungen aber auch Ängsten, die nicht immer begründbar und notwendig sind, wir Menschen uns tagtäglich stecken und stecken lassen. Diese Schwelle zur

Kommunikation mit fremden Menschen zu überschreiten, bringt uns einen Schritt näher, das Unbekannte, Fremde kennen zulernen und zu akzeptieren" (aus dem Bericht einer Studentin).

In diesem Sinne war das Spiel ein großer Erfolg und entgegen der Auffassungen von Sennett, wonach die Menschen in der Stadt kein Interesse an der Kommunkaktion und Begegnung mit Fremden zeigten, beteiligten sich sehr viele, vor allem ältere Menschen daran. Wahrscheinlich lag es daran, dass Frühstücken etwas sehr Vertrautes ist und so die Schwelle für das Mittun herabsetzte. „permanent breakfast" wurde von da an jedes Jahr wieder gestartet und entwickelte sich mehr und mehr zu einem „Kulturgut", was offensichtlich dem Wunsch vieler Menschen entsprach:

"Das ist wirklich eine schöne Initiative von der Jugend, gerade auch für uns ältere Menschen. Ich wäre schon sehr traurig, wenn es das nicht mehr geben würde!" (schriftliche Rückmeldung einer Passantin).

Fazit: In diesem ersten Fallbeispiel aus dem Projektstudium mit der Szene „Fremde Nähe" zeigte sich, wie es möglich ist, von einem zunächst persönlichen Problem – der Schwierigkeit der Kommunikation im öffentlichen Raum – auszugehen und über die szenische Arbeit zu einer intensiven und weitreichenden Bearbeitung der darin enthaltenen gesellschaftlichen und politischen Fragen zu gelangen. Im spielerisch-experimentellen Agieren, im szenischen Handeln und gemeinsamen Reflektieren erschlossen sich die darin enthaltenen Themen und Fragen. Dabei wurden nicht nur neue (Handlungs-) Möglichkeiten und Perspektiven entdeckt, sondern Übertragungen in die gesellschaftliche Wirklichkeit, Schritte an die städtische Öffentlichkeit gewagt. Das verweist auf die gesellschaftlich-politische Bedeutung dieses Ansatzes, wie auf eine Reihe weiterer Merkmale und Aspekte, die weiter oben beschrieben wurden (siehe I 3.5.3, I.4.6.).

An anderer Stelle (siehe III.7.1) werde ich zeigen, inwieweit dieser Prozess auch über den Rahmen des Projektstudiums hinausgereicht und sich als nachhaltig erwiesen hat.

III. 6.2 Fallgeschichte II: „Die letzten Männer" - Handlungen gegen Übergriffe

Ähnlich wie bei „Fremder Nähe" schildere ich nun anhand der Szene „Die letzten Männer" die Entwicklung der Szene und der Rollen, gehe auf die Technik des "Analytischen Bildes" ein, um schließlich zu beschreiben, wie der Prozess zu einer öffentlichen Forumtheateraufführung führte.

Szenen und Rollenentwicklung

(MITSCHRIFT, Jänner – Juni 1997, PRO 7, 3.4.1997)

„Die letzten Männer" gab es zunächst in einer Rohfassung, die – ähnlich wie bei „Fremde Nähe" – mit Techniken der Szenen- und Rollenarbeit weiterentwickelt wurde.

Allen Beteiligten wurden wieder eigene Rollennamen gegeben, in Verbindung mit einem wichtigen Rollenrequisit, dem Alter und dem gesellschaftlichen Status der Rolle, damit es eine möglichst klare Unterscheidung zwischen dem – z.T. sehr intensiven und emotionalen -Spielgeschehen und dem Geschehen im alltäglichen Leben geben konnte. Die Szene spielte in einer Straßenbahn an einem Wochentag um ca. 18 Uhr. Folgende Rollen kamen dabei vor:

    Anna Schärding, Studentin, 20-jährig, sie ist auf dem Weg zu ihrem Ferialjob

    Klausi Hopfer, 18 Jahre, Schlosserlehrling

    Karli Wiederer, 17 Jahre, Freund von Klausi, ebenfalls Schlosserlehrling

    Susanne Schmidtlechner, 29 Jahre, Computerfachfrau auf dem Weg von der Arbeit nach Hause.

Zum groben Ablauf der Szene: „Anna Schärding" ist auf dem Weg zu ihrem Ferialjob, als zwei junge Männer („Karli Wiederer" und „Klausi Hopfer") in die fast volle Straßenbahn einsteigen. Sie lassen zunächst ihrem Unmut über den Chef und die Arbeit freien Lauf, dann ‚maulen' sie einige Fahrgäste an. Mit der Bemerkung von „Klausi Hopfer" ....

„Aber schau, die Kleine da, die schaut net ohne aus ... hau ma uns a bisserl zuawe"

... beginnen sie, Anna Schärding zu belästigen. Die Fahrgäste in der vollen Straßenbahn bekommen zwar mit, was passiert, aber sie sehen weg und schweigen. Auch „Susanne Schmidtlechner" schaltet sich nicht ein. Anna Schärding antwortet zunächst mit der Bemerkung „Geht's noch blöder" und indem sie den Platz wechselt. Das ändert wenig, im Gegenteil, die jungen Männer folgen ihr bis ans andere Ende der Straßenbahn und beginnen laut und provokant Blondinenwitze zu erzählen. Anna kann darauf nicht reagieren, ihr bleibt nur noch auszusteigen, ohne ein Wort zu sagen, mit einer Portion Wut im Bauch und dem Gefühl von Ohnmacht.

Diese Situation ist in mehrfacher Hinsicht „typisch", wenn ich mich auf die Ausführungen von Koczy (vgl. 1996, S.88ff.) beziehe: Nicht nur, dass der Alltag von Mädchen und Frauen im öffentlichen Raum von Belästigungen, Beleidigungen und Bedrohungen gekennzeichnet ist, zeigt sich auch bei dieser Szene, dass ein grenzüberschreitendes, erniedrigendes Verhalten von Seiten der jungen Männer auf ein eher passives, ohnmächtiges Opferverhalten einer Frau trifft, das als Folge der geschlechtsspezifischen Sozialisation gesehen werden kann. Aus Angst vor einer möglichen Eskalation der Gewalt gibt es Rückzug, die Wut bleibt im Bauch.

Vor diesem Hintergrund begann die Szenenarbeit, bei der es nach und nach zu interessanten Entdeckungen kam, wie bei der folgenden Arbeitstechnik: Die Szene wurde abwechselnd von beteiligten Akteuren erzählt, wodurch die jeweilige Perspektive klarer werden konnte. „Emotionale Coaches", sozusagen „Hilfs-Personen" im Rücken der ErzählerInnen verstärkten das Gesagte durch Wiederholen von emotional geladenen Passagen mit dem entsprechend verstärkten stimmlichen Ausdruck. Das brachte die Gefühle der jeweiligen Rolle mehr in der Vordergrund.

Dadurch wurde z.B. Anna Schärding klar, wie sich die Szene für sie emotional zugetragen hat: Ihr fiel es deswegen so schwer auf die Belästigungen zu reagieren, weil sie zunächst gar nicht „eingeblendet" war, sondern mit der für den städtischen Alltag typischen Empfindung des „Abwesend und mit den Gedanken Woanders -Seins" in der Straßenbahn fuhr und schließlich aus ihrer Sicht „zu spät" reagierte. Zunächst war ihr peinlich, was passierte, aber das Gefühl von Hilflosigkeit, Ohnmacht schränkte ihr Handeln ein. Am Schluss blieben Wut über das Grobe und Derbe der beiden Jugendlichen und darüber, von ihnen

> „... auf ein Stück Fleisch reduziert zu werden.... Wer gibt ihnen das Recht, mich so zu behandeln?" (eine TN, PRO 7, 3.4.1997)

Auch bei der anderer Passagierin, Frau „Schmidtlechner", war das Gefühl von Trägheit im Vordergrund:

> „Ich bin ganz träge, kann und will eigentlich nichts tun, die beiden ärgern mich zwar auch, aber da müsste ich mich ja mit ihnen auseinandersetzen: Sollen die andern doch...." (eine TN, ebd.).

Dagegen erschienen die jungen Männer in der Straßenbahn als sehr laut, energievoll und präsent, sie wähnten sich ihrer Sache sehr sicher. Es stellte sich heraus, dass sie mit einer Mischung aus „Arbeitsfrust", „Langeweile" und „Imponiergehabe" in die Straßenbahn eingestiegen waren, allerdings ohne eine bestimmte Absicht. die Gelegenheit bot sich ihnen erst später an. Aus ihrer Sicht war es mehr wie ein missglückter „Anbandelungsversuch" , in den Worten von „Klausi Hopfer":

> „Sind halt letztes Mal mit der Straßenbahn gefahren, der Karli und ich, da gibt es nicht viel zum Erzählen, zuerst ist so ein Langzotterter einakommen, ... , der hat den ganzen Tag sicher nichts gemacht, nana, die hab i scho gefressen. Was ist no gwesen? Ah ja, die eine, die Blonde, pffuuu, ja, fesch, fesch, ja.... die war recht liab, die hat uns gfalln, dem Klausi und mir, dann hab ma halt a wenig zum Anbandeln probiert, aber die wollt net so richtig,.... dann hat sie so einen blöden Spruch oberlassn, dann hab i mir denkt, ja, dann hab i mi nach hinten gesetzt und dann haben wir a paar Witze erzählt, sie hat net wirklich reagiert, a bissl hat's hergschaut, aber es hat nix ghulfn, dann hab mas lassn, dann is sie ausgstiegn" (PRO 7, 3.4.1997).

Der „Shift" von der Aggression zur Anbandelung fiel nicht leicht, die Unsicherheit wurde verdrängt durch die Anmach-Aktion.

> *Waren sich die beiden Lehrlinge eigentlich bewusst, was sie da taten?*

Allerdings stellt sich heraus, dass sie beiden unterschiedlich agierten: „Karli Wiederer" schaute zum „Klausi" auf, gleichzeitig „husste" er ihn an, obwohl er wusste, dass es nicht o.k. war, was sie da machten. Insgesamt wirkte er unsicherer und kostete die Sache nicht so aus.

Für „Anna Schärding" hingegen war diese Entwicklung interessant:

> „Es war spannend, diesen anderen als den aggressiven, mich abzuwertenden, Aspekt zu sehen, dass es da noch was anderes gegeben hat, was ich nicht bemerkt habe, ich war sehr überrascht über das Wort ‚liab...', für mich ist es trotzdem so, dass es nur zwei Alternativen gibt, und die gehen auf Beherrschen hinaus, entweder sie beherrschen mich und ich steig drauf ein auf ihr Spiel oder ich wehre mich und sie beherrschen mich mit ihrer Aggressivität" (PRO 7, 3.4.1997).

Schon in diesem Stadium ist interessant, wie über das szenische Improvisieren Aspekte zu Tage traten, wie in der wirklichen Situation, ohne dass die Protagonistin explizit davon erzählt hatte. Zum Teil wurde es ihr jetzt erst wieder bewusst.

Aber woher ‚kannten' die Rollenspieler das?

Woher schöpften sie ihr ‚Wissen': aus ihrer Vorstellung oder ihren Erfahrungen?

Die DarstellerInnen erschienen längst nicht mehr als ‚Klischees', sondern als komplexe Figuren.

„Das Analytische Bild": Die Schwierigkeit, adäquat zu handeln
(PRO 11, 11.4./12.4.1997)

Nach den Proben in den Kleingruppen wurden „Die letzten Männer" wieder im Plenum der Gesamtgruppe präsentiert, um die anderen TeilnehmerInnen an der weiteren Entwicklung der Szene teilhaben zu lassen. Dabei kam u.a. ein komplexes, mehrstufiges Verfahren zur Anwendung, das von Boal das „Analytische Bild" genannt wird (vgl. Boal 1999, S.108ff.). Mit dieser Technik kann die Beziehung zwischen dem „Protagonisten" (=unterdrückt) und dem „Antagonisten" (=unterdrückend) untersucht werden, indem die Handlung in kleine, motivische

Einheiten zerlegt wird. Diese Technik, die zu den „introspektiven Techniken" gehört, sollte helfen, vor allem auf einer Ebene von Körperhaltungen und Handlungen wahrzunehmen, worin die Unterdrückung und Machtausübung in der Szene besteht, aber auch zu erkennen, inwieweit die Protagonistin „Anna Schärding" diese mittrug bzw. verändern konnte. Dabei wurde folgendermaßen vorgegangen:

Nach einem Durchlauf der Szene, wurden jeweils drei Bilder für die Protagonistin („Anna Schärding") und den Antagonisten („Klausi Hopfer") gestellt, welche die beiden in überzeichneten, aber dem Wesen ihrer Handlungen entsprechenden Körperhaltungen zeigen. Die Statuen wurden von restlichen Gruppenmitgliedern verkörpert. So wurde „Klausi Hopfer" von drei unterschiedlichen Personen,

... cool grinsend, sich am Haltegriff festhaltend, Kaugummi kauend,

... breitbeinig, Hände in den Hosensäcken, das Becken nach vorne geschoben und

... mit heraushängender Zunge, schmachtend ins Decolté von Anna schauend,

dargestellt. Dagegen wurden für „Anna Schärdung" folgende typische Positionen gefunden:

... sich seitlich krümmend, eine Hand schützend vor dem Geschlecht, die andere am Haltegriff, mit der Tendenz, sich wegdrehen zu wollen,

... verbissen und wütend, bezogen auf die Wut am Schluss der Szene, Zähne zusammenbeißend, Hände vor dem Mund, das Kiefer zusammendrückend und

...ausweichend, flüchtend, über die linke Schulter nach hinten blickend, die linke Hand in abwehrender Haltung.

In der Folge begannen die komplementären Paare miteinander zu improvisieren, was von den anderen TeilnehmerInnen genau beobachtet wurde. Daraufhin wurde die Szene nochmals gespielt, allerdings übernahmen nun die DarstellerInnen von „Anna Schärding" und „Klausi Hopfer" selbst die übertriebenen Haltungen, die sie während des Spiels nicht aufgeben dürfen. Nur „Anna Schärding" durfte, wenn sie das Gefühl bekam, dass sie mit dieser Haltung nicht erfolgreich war, diese zu ihren Gunsten verändern.

Dieser szenische Durchlauf war daher für die Protagonistin besonders anstrengend und fordernd: Sie war in übertriebener und verstärkter Weise mit ihren eigenen Handlungsmustern konfrontiert und konnte aus dem Spielen heraus zu neuen Möglichkeiten finden, was zu überraschenden Ergebnissen führte:

So sprach Anna bei einem Versuch zuerst die Nachbarin direkt an, bevor sie vom Sitz richtig aufsprang und schrie:

„Soll ich dich beim Schwanz nehmen oder was? Was sagen sie dazu? Und was sagen sie dazu?"

Diese Umkehrung der „Wut im Bauch" in äußere Aggression verstärkte sich noch beim nächsten Versuch, wo „Anna" zunächst flüchtend, abwehrend auf „Klausi" mit dem vorgeschobenen Becken traf:

„Das ist mir einfach zu dumm, dich lasse ich links liegen",

...sagte sie, stieß „Klausi Hopfer" beiseite und setzte sich in den hinteren Teil der Straßenbahn. Die beiden gingen ihr dennoch nach, worauf sie, mit lauter Stimme fragte:

„Was wollt ihr eigentlich von mir?"

Und noch etwas später, als „Klausi Hopfer" ihre Nase berührte:

„Hör auf, sonst hau ich dir eine!"

Nach einem kurze Zurückweichen, ließen die beiden dennoch nicht locker. Sie sprang auf und ‚haute' dem „Klausi Hopfer" schließlich eine runter. Als „Anna" mit dieser aggressiven Energie das dritte Mal in die Szene einstieg, kamen ihr die beiden Lehrlinge gar nicht mehr so nah, sondern hielten einen „Sicherheitsabstand" ein. Das führte in der Gruppe zu einem befreiten Lachen, die Szene hatte sich stark verändert.

Nach dieser Form der „Befreiung" konnte sich „Anna" nochmals einzeln mit den Antagonisten konfrontieren, ihnen gegenübertreten, um ihnen das zu sagen, was sie wollte. Dabei entwickelten sich kurze Dialoge, wie z.B.:

Antagonist 1: „Ich bin so cool drauf.."

„Anna S.": „Du schwitzt a bissi..."

Antagonist 1: „Des is von der Hackn, es ist so männlich..."

Antagonist 2: „Wie wär's mit uns zwei, steig ma aus?"

> „Anna": „Du Macho, des tut dir net gut, in die Goschn möchte i dir eine hauen!"

Es wurde dabei zwar viel gelacht, aber „Anna Schärding" fiel es sichtlich schwer, alles zu sagen, was sie wirklich sagen wollte in der Situation:

> „Es ist so schwierig in der Situation...."

Diese Schwierigkeit wurde in der Folge auch für die anderen TeilnehmerInnen spürbar, denn nun konnten sie sich mit den drei „Antagonistenhaltungen" von „Klausi Hopfer" konfrontieren. Diese Begegnungen verliefen zwar sehr abwechslungsreich, zumeist endeten sie eher unbefriedigend, weil die „gleichen Waffen" des Abwertens und „Blödmachens" verwendet wurden und es zu einem Machtspiel führte. Die Gruppe „biss" sich an ihnen „die Zähne" aus. Immer schwieriger wurde es für die TeilnehmerInnen, sich in die Situation zu begeben und Möglichkeiten zu finden, diesen drei ‚Prototypen männlichen Anmachens' zu begegnen. Erst der „magische" Versuch von Anna, einen der beiden so anzureden, als würde sie ihn kennen und ihn danach zu fragen, wie es ihm gehe, veränderte die Situation schlagartig. Später meinte sie dazu:

> „Nachdem ich meine ganzen Aggressionen abgelassen habe, wollte ich versuchen, ihm ein Stück Wertschätzung zu geben .... Am Anfang hat es mir wirklich getaugt, endlich mal die Aggressionen rauszulassen, die Energie von damals war voll da und ich habe mich voll hineinsteigern können. ... das war auch gut so... zwischendurch bin ich aber ziemlich resignativ worden... bei so einem Brocken da ist es wirklich schwer, ... da geht nix mehr, oder ich hab zumindest den Eindruck gehabt, Außerdem haben ein paar Szenen gezeigt, wie es im schlimmsten Falle enden könnte... das Letzte, was ich ausprobiert habe, kommt mir noch am ehesten gescheit vor.... aber es ist ja so grob und beleidigend, dass man fast keine andere Möglichkeit hat, vor allem spontan" (PRO 11, 11./12.4.1997).

Dieser Einschätzung von „Anna Schärding" pflichteten andere in der Gruppe bei: In der Realität wäre es noch viel schwieriger, ‚zurückzufighten'. Außerdem taten sich die beiden Jugendlichen leichter, weil sie zu zweit waren.

> *Könnte es keine anderen Möglichkeiten geben, außer Zumachen, Zurückmaulen, Zurückfighten?*

Die Meinungen in der Gruppe zu dieser auftretenden Frage gingen stark auseinander:

> „Es waren ja Zuspitzungen.... und da sind totale viele interessante Sachen gewesen, die man doch auch in der Szene ausprobieren könnte... das ist noch ein richtiger Fundus ... alles was nicht auf der gleichen Ebene gekommen ist, war interessant" (eine TN, ebd.).

Interessant war es, die „Antagonisten" selbst zu fragen, wo sie sich am verletzlichsten gefühlt hatten, was insofern überraschend war, da ihnen hinter der dargestellten Maske des ‚Cool Seins' ...

> „Beschimpfungen schon extrem wehtun ... überhaupt, wenn die Anna zum Schimpfen angefangen hat und nicht ich" (eine TN, ebd.).

Fazit: Durch das „Analytische Bild" wurde klar, wie schwierig es ist, auf die im öffentlichen Raum immer wieder auftretenden Formen der Belästigung und Anmache zu reagieren, zu tief scheinen Passivität und Ohnmacht angesichts männlicher Belästigungen und Bedrohungen zu sein. Selbst im ‚Schonraum' des Spiels zeigte sich, dass die Haltungen der Lehrlinge kaum zu ‚knacken' waren, besondern dann nicht, wenn gegen die beiden allein vorgegangen wurde. Deutlich wurde aber auch, wie viel an Aggression „Anna Schärding" im Verlauf der Szene unterdrückt und wie befreiend es für sie gewesen war, diese Aggression mehr zum Ausdruck bringen zu können. Anderseits gab es Zweifel, ob diese Aggression die Situation nicht auch verschlimmern und die Lehrlinge zu physischer Gewalt provozieren könnte.

Für die Gruppe waren diese Fragen Anlass genug, um sie in einer öffentlichen Forumtheateraufführung mit dem Publikum zu diskutieren. Dabei sollte sich zeigen, welche Möglichkeiten es für „Anna Schärding" in dieser Situation noch geben könnte.

Die Vorbereitung der Szene für öffentliche Aufführungen

Nach der Bearbeitung in der Gruppe wurde die Szene „Die letzten Männer" für eine Aufführung vorbereitet und zwar in der Weise, dass sie mit der Szene

„Fremde Nähe" verbunden werden sollte. Die Szene begann nun mit der Anfangssequenz aus „Fremder Nähe". Damit wurde die Szenerie und Atmosphäre einer typisch sprach- und kontaktlosen Straßenbahn erzeugt, in der später die „Belästigungsszene" stattfand, ohne dass Passagiere darauf reagierten.

In dieser Phase des Prozesses wechselte meine Rolle als Spielleiter insofern, als es nun darum ging, die Szene in eine ästhetische Form weiter zu entwickeln, die den Inhalt und Ablauf der Szene für ein Publikum klar zum Ausdruck bringen konnte, das am Prozess nicht teilgenommen hatte.

Damit die SchauspielerInnen auch in einer öffentlichen Aufführung in dem Sinn bestehen konnten, dass sie als Rollen stimmig und kongruent improvisierten, wurde tieferen Erfahrungen der Rolle mehr Aufmerksamkeit geschenkt: So wurden für einzelne Rollen spezifische Settings entwickelt, in denen sie wesentliche physische Erfahrungen machen konnten, um jeweils in die spezifische Energie, Geschwindigkeit, Haltung, Maske und Emotion der Rolle hinein- und wieder herauszusteigen. Alle Rollen verwandelten sich außerdem in „Tiere" und spielten die Szene auf diese Weise. Ein anderes Mal wurden die Rollen im Spielgeschehen unterbrochen, um vom Rest der Gruppe mit Fragen „durchlöchert" zu werden, auf die sie ganz schnell antworten mussten. Weiteres wurden verschiedene Begegnungen zwischen einzelnen Rollen an unterschiedlichen Orten improvisiert, wodurch mehr Sicherheit entstand, als Rolle auf alles reagieren zu können und mit ihr so verbunden zu sein und nicht unfreiwillig herausgebracht werden zu können.

Auch die Szene selbst erlebte noch viele Durchläufe, die mit Klarheit im Ablauf, mit Elementen von Rhythmus und Dynamik und mit den Beziehungen der Rollen untereinander zu tun hatten: So etwa bei der Technik „Rashomon" (vgl. Boal 1999, S.100f.) bei der jede Rolle zunächst ein Bild stellte, wie sie die Situation erlebte, bevor daraus die Szene improvisiert wurde. Hingegen wurde beim „Game of Power" (vgl. Boal 1992, S.150) ausprobiert, welche Plätze im Raum der Szene diejenigen mit der größten Macht sind, bzw. wie sich die mächtigen Rollen auch bei Einstiegen so verhalten können, dass sie ihre Macht behaupten können.

Nicht zuletzt flossen am Schluss noch musikalische Elemente in die Szene ein und für das Bühnenbild wurden noch originale Straßenbahn-Utensilien von den „Grazer Verkehrsbetrieben" ausgeliehen, bevor die Szene schließlich aufgeführt wurde.

Forumtheateraufführungen "Die letzten Männer"

(PRO 13, 13.5., 20.6.1997)

Zwei mal wurden "Die letzten Männer" im Rahmen des Projektstudiums auf universitärem Boden öffentlich als Forumtheater gezeigt und zur Diskussion gestellt. Mit dem von der Gruppe entwickelten „Anti-Modell" von sozialer Wirklichkeit war die grundlegende Frage verbunden:

> *Welche Möglichkeiten gibt es, sich gegen die in der Szene gezeigt Form der Belästigung und sexistischen Anmache im öffentlichen Raum zu wehren?*

Um sich einen Eindruck von einer Forumtheateraufführung machen zu können, schildere ich den Ablauf einer der beiden Aufführungen, die Veränderungsideen des Publikum und schließlich die Nach-Wirkungen für die Teilnehmenden und die ZuschauerInnen vom 20.6.1997.

Einführung und Aufwärmspiele

Ungefähr vierzig Leute waren gekommen. Als sich alle auf ihren Platz gesetzt hatten, begann ich als Spielleiter mit der Begrüßung des Publikums....

> „Guten Abend, für mich persönlich ist es ein besonderer Abend, es ist heute das erste Mal, das hier am Institut für Erziehungswissenschaften Forumtheater gespielt wird" (PRO 13, 20.6.1997).

... um anschließend etwas über die besonders Form des Forumtheaters zu erzählen, bei dem das Publikum zum eigentlichen Verantwortungsträger des Geschehens werden würde, indem es die gezeigte Szene so verändern könnte, dass sie zu einem anderen, befriedigenderen Ausgang geführt werden konnte. Hingewiesen wurde auch darauf, dass

die Szene im Rahmen des Projektstudiums entwickelt wurde, bei dem es auch um die Frage ging, wie im urban-öffentlichen Raum Beschränkungen, Formen von Gewalt und Unterdrückung begegnet werden könnte.

Danach begannen die Aufwärmspiele: Dabei ging es darum, sich gegenseitig ein wenig kennen zu lernen, mit einander in Kontakt zu kommen, den Körper zu bewegen und zum Ausdruck zu bringen, sich an das Agieren auf der Spielfläche zu gewöhnen und einen persönlichen Bezug zum Thema herzustellen:

- Sich mit den Menschen, die um eine/n herumsitzen *bekannt machen*
- Den heutigen *Tag Revue passieren lassen*: Was wurde in der Stadt gemacht? Gab es besondere Erlebnisse, Vorkommnisse? Den Umsitzenden erzählen.....
- Alle betreten die *freie Spielfläche* mit der Vorstellung, dass es ein großer Platz sei. Zunächst wird kreuz und quer über den Platz gegangen, bis sich entsprechend der jeweiligen Anweisung schnell *Gruppen bilden*: „drei Leute", „alle mit der gleichen Augenfarbe", „fünf Ellbogen", „vier Knie", „alle mit dem gleichen Geschlecht"....
- *Hypnose*: Jeweils zwei Personen führen sich abwechselnd „an der Nase herum", d.h. die eine Person folgt mit ihrer Nasenspitze den Bewegungen der Hand der anderen Person, nach einer Weile werden die Rollen gewechselt
- *Complete the Image*: Zwei Personen stellen zueinander Statuen, wenn eine Person ihre Haltung verändert ergibt sich ein neues Standbild, das ein paar Sekunden ‚eingefroren bleibt', bevor die andere Person, ihre Haltung, ihre Statue verändert
- *Ein kollektives Bild der Stadt*: Alle treffen sich wieder im Kreis. Eine Person tritt in die Mitte und präsentiert eine Haltung oder Geste die typisch ist für die Stadt, für einen kurzen Moment aus dem eigenen städtischen Alltag. Wer eine Idee hat, was es sein könnte, stellt sich selbst mit einer Statue dazu, bis schließlich alle in dem kollektiven Standbild integriert sind. Nachdem die Statuen wahrgenommen haben, was rings um sie passiert, beginnen sei auf ein Zeichen mit einem inneren Monolog, d.h., sie sagen alle gleichzeitig laut vor sich hin, was ihnen als Figur gerade durch den Kopf geht. Beim nächsten Zeichen bewegen sich alle als Figur in „Slow Motion" so, dass es der nächsten Aktion in dieser Situation entspricht und schließlich: Alle bewegen sich in ihrem normalen Tempo, beginnen miteinander zu sprechen und eine kleine szenische Improvisation zu spielen.
- *Alle nehmen wieder ihren Platz ein* und erzählen kurz, in welcher städtischen Situation sie gelandet sind.

Damit war das „Aufwärmen" zu Ende: Es verlief sehr lebendig, unterhaltsam und energiereich mit viel Ideen, Phantasie und Kreativität. Die Atmosphäre im Raum hatte sich verändert, alle waren miteinander kurz in Kontakt. Und die ZuschauerInnen hatten z.T. bereits dramatische Situationen aus dem städtischen Alltag im „kollektiven Bild der Stadt" erlebt (ebd.):

„Mich hat wer angerempelt..."

„Ich war als Jugendlicher im Konflikt mit der Polizei ..."

„Ich bin von mindestens vier Leuten angestänkert worden..."

„Das war grauenvoll, ich wollte spazieren gehen und plötzlich gerate ich da in einen Tumult hinein. Als Figur habe ich mir gedacht, ich gehe nie mehr in die Stadt".

Durch die Erfahrungen beim „kollektiven Stadtbild" wurde eine guter Zusammenhang zu jenen Situationen geschaffen, mit denen sich die Projektgruppe im Laufe des Jahres beschäftigt und hat, um zu erkennen, wie ihnen anders begegnet werden könnte.

Bevor ich nun Szenendurchlauf und Einstiege schildere: Wie hat eigentlich das Publikum die für eine Theateraufführung ungewöhnlichen Aufwärmspiele erlebt?

Aufwärmspiele aus der Sicht des Publikums

(HU-Projekt-Forum, Codes „warm-up", „Eindrücke", „funktioniert")

Für die meisten waren diese Aufwärmspiele neu, einige kannten ähnliche Spiele schon von anderen Gelegenheiten. Nur eine Person sagte, dass ihr die Aufwärmspiele nicht gefallen haben, weil

„......ich weniger der Typ für so was bin, es war nicht so schlecht, aber für mich ist so was weniger" (BS 9, 3.7.1997).

Für andere wiederum war unerwartet, dass sich zunächst mit der Einstellung gekommen sind, gar nicht mitspielen sondern sich „berieseln" lassen zu wollen, dass sich das aber schon im Laufe der Aufwärmübungen geändert hat. Die Beteiligung war da und sie machte auch Spaß:

„Ja, ich bin zu spät gekommen, ich habe gedacht, es sei schon vorbei, ich habe nicht besonders Lust gehabt auf Spielen und habe halt mehr oder weniger unbeteiligt mit gemacht und so weit es für mich gepasst hat. Und nachher in dieser ‚Stadtszene', da bist du einfach mittendrin und bist einfach beteiligt am Ganzen, bist einfach drinnen" (BS 4, 8.7.1997).

Für einige war überraschend, wie schnell das gegangen ist: Zunächst gab es noch viel Zurückhaltung, dann löste sich die Spannung, es entstand eine Dynamik. Von Minute zu Minute wurde es familiärer, obwohl sich viele Leute nicht gekannt hatten. Das Wohlfühlen in der Gruppe hat sich gesteigert, was schließlich - beim (kollektiven) Stadtbild – zu einem gemeinsamen Agieren und Erleben führte:

> „Das geht einem sehr nahe eigentlich, fast ein bisschen intim kommt es mir vor, was da passiert .... bis sich das dann gelöst hat, die Spannung, das war toll" (BS 7, 27.6.1997).

Andere sahen die Aufwärmspiele als ersten wichtigen Schritt dafür, dass es später mit dem Mitspielen klappte, eine Vorraussetzung für ein Theater mit Beteiligung.

> „Diese Übungen zu machen, das hat mir einfach ganz gut gefallen.. Man wird nicht berieselt und schaut sich das an, sondern man kann wirklich daran teilnehmen und was mitnehmen" (BS 1, 3.7.1997).

<u>Fazit</u>: Es zeigte sich, dass die Beteiligung und das Mitspielen beim Forumtheater bereits an dieser Stelle begann, und sich dadurch eine Basis für die folgenden Schritte bildete: Der spielerische Kontakt untereinander löste die Spannung und führte zu einer gelockerten Atmosphäre, erste Bezüge zum Thema konnten entstehen.

Das Spielen der Szene
    (PRO 13, 20.6.1997)

Vor dem Durchlauf der Szene wurde zunächst der ‚Bühnenraum' mit der Haltstelle und der Straßenbahn beschrieben. Dann stellen sich die einzelnen Rollen mit ihrem Namen, ihrem Alter und ihrer Tätigkeit vor (vgl. S.316).

Das Publikum wurde dazu eingeladen, vor allem darauf zu achten, ob das Geschehen auf der Bühne an eigene Erfahrungen im städtischen Alltag erinnerte, wie es der „Anna Schärding" im Verlauf der Szene ergehen würde, und ob es Ideen gäbe, anders zu handeln als sie.

Dann ging es los:

Die Szene beginnt mit einem kurzen Vorspann, in dem sich die beiden Lehrlinge „Klausi Hopfer" und „Karli Wiederer" zu verschiedenen Musikausschnitten wie „17 Jahr blondes Haar", „Spiel mir das Lied vom Tod", „I am a sexy boy", „Macho, Macho, Macho..." in betonter lässiger, cooler Haltung, mit vorgeschobenem Becken und Hände in den Hosentaschen vor das Publikum stellen und Kaugummi kauend nach möglichen weiblichen „Opfern" Ausschau halten. Nachdem sie wieder abtreten, beginnt der eigentliche Durchlauf der Szene:

Bei einer Straßenbahnhaltestelle der Linie 1 auf dem Weg nach Mariatrost warten die beiden Studentinnen „Heidi Gerngroß" und „Eva Kaufmann":

Heidi G.: Welche müssen wir jetzt nehmen? Die oder die?

Eva K.: Das weiß ich jetzt auch nicht so genau...

Heidi G.: Wo müssen wir aussteigen, ich hab keine Ahnung...

Eva K.: Tja ...schau da kommt eine Straßenbahn, nehmen wir die..

Heidi K.: Es ist wahrscheinlich eh die Richtige....

Sie steigen ein...

Heidi G.: Schau da ist ein Platz frei....

Sie setzen sich hin. Es ertönt eine Tonbandstimme:

„Nächste Haltestelle Jakominiplatz, umsteigen zu den Linien.... sowie....."

Anna Schärding steigt in die Straßenbahn ein. Kurz bevor die Straßenbahn abfährt, laufen Klausi Hopfer und Karli Wiederer zu ihr hin und schaffen es noch, einzusteigen:

Klausi H.: „Hearst, die erwisch ma noch, ...ma jetzt hab ma a Glück ghabt... wenn ma der vor der Nas'n wegfahren wäre, des is Oasch, letztes Mal is mir des passiert... hat mir vor der Nasn zuagmacht, weg war sie..."

Karli W.: Des is a Wahnsinn, da schöpfst den ganzen Nachmittag...

Klausi H.: Wie war's denn überhaupt?

Karli W.: Ja g'schissn, der Chef führt sich so auf... der glaubt i krall ihm jeden Tag eini...

Klausi H: An Chef darfst net ernst nehmen... des is a Trottel...

Alfred Wörl, ein langhaariger Student steigt ein und geht bei den beiden vorbei.

Karli W.: Jetzt mach i scho die ganze Woche Überstunden, und dann kommt so ana daher....

Klausi H.: Schämen tat i mi, wenn i so ausschau... des is a Wahnsinn...

Karli W.: Da kommt ma alles aufa... der is sicher a Student, schlaft den ganzen Tag und tuat nix...

Klausi: nix, oasch...

Da erblickt Karli H. Anna Schärding, die gleich in der Nähe steht und sich am Haltegriff festhält:

Karli W. Aber schau da, die kleine da, ...des schau i mir an...

Klausi H.: Net ohne... hau ma uns a bisserl zuwe, Karli....

Karli W. ermuntert Klausi H. noch mit Blicken und die beiden „schwingen" sich, die Hände am Haltegiff, zu Anna Schärding und schauen ihr ins Dekolté:

Beide:... „uuuhhhh!"

Anna: Hearst, geht's no blöder?

Nach dieser spontanen Reaktion verlässt Anna Schärding ihren Platz und setzt sich ins hintere Ende der Straßenbahn.

Klausi H.: Schau, sie will sich aufregen Karli, du i glaub, die will was von uns, kumm...

Die beiden folgen ihr ans hintere Ende der Straßenbahn und setzen sich hinter sie.

Karli W.: Du, weißt vielleicht einen Blondinenwitz?

Klausi H.: Na sicher...weiß i an Blondinenwitz, eh klar Karli... warum werden Blondinen immer in an dreieckigen Sarg begraben?

Karli W.: Weiß i net... kumm, sag..!

Klausi H.: Na eh klar, weil sie die Fiaß nimmer z'sammkriagn...

Beide lachen auf.

Karli W.: I waß auch an, der is guat...

Klausi H.: Geht scho, kumm...

Karli W.: Warum können Blondinen net Brusttschwimmen?

Klausi H.: Ka Ahnung, waß i net, sag...

Karli W.: Is ja logisch, wenn's feucht wird, drehen sie sich automatisch auf den Rücken.

Klausi: Der is gut...!!

Beide lachen wieder laut.

Anna A. wird es zuviel, ohne etwas zu sagen steigt sie aus.

Nach einem Ausdruck von Ärger ‚friert' sie ein. Die Szene endet.

Das Spielen der Szene aus der Sicht des Publikums

(HU-Projekt-Forum, HU-Projekt-Verlauf, Codes „Eindrücke", „Gefühl", „Realitätsbezug")

Eine zentrale Bedingung für das Forumtheater ist, dass das in der Szene dargestellte Problem, mit dem Leben der ZuschauerInnen zu tun hat:

Wie erlebt das Publikum das Durchspielen der Szene?

Tauchen Bezüge und Erinnerungen zu eigenen Erfahrungen im städtischen Alltag auf?

Den interviewten ZuschauerInnen fiel es nicht schwer, Bezüge zu eigenen Erfahrungen herzustellen. Die Szene war „typisch für die Stadt", „normal", „alltäglich", sie hatte für alle einen hohen „Realitätsgehalt" und „Wiedererkennungswert", auch wenn es im Alltag nicht immer „so extrem" passierte. Viele Aspekte und Themen, die im Verlauf des Projekts für die Gruppe von Bedeutung waren, spielten nun auch in der Wahrnehmung des Publikums eine Rolle. Das betraf zunächst einmal die Frage, wie mit Frauen im öffentlichen Raum umgegangen wird, also die Problematik der Anmache und Belästigung, ein Thema, von dem mehrere selbst betroffen waren. Eine Zuschauerin beschrieb ihre Gefühle während dem Spielen der Szene folgendermaßen:

> „Wie sie das aller erste Mal die Szene durchgespielt haben, war es einmal irrsinnig witzig, wie sie sich vorgestellt haben, die Musik dazu, das war einfach witzig und lustig, aber dann wie sich das so entwickelt hat, habe ich einmal geschluckt und habe ich mir gedacht, wah, genauso ist es und ich habe mich ganz gut mit der Anna .... identifizieren können weil ich das auch schon ganz oft erlebt habe, wo mir dann ganz kalt worden ist und ich mir gedacht habe scheiße genauso ist es. Und das war ein ganz ein schieches Gefühl eigentlich, weil am Anfang war es noch so lustig und da haben wir gelacht und dann auf einmal ist man so ins kalte Wasser geschmissen worden. ... Und dann war es irgendwie ganz gut dass wir so darüber reden haben können so dritt und zu viert, das war sehr wichtig glaube ich... aber ich war irrsinnig betroffen, dass es mir genauso geht." (BS 1, 3.7.1997).

Auch andere Frauen wurden an ihre Wut, Ohnmacht und Hilflosigkeit in ähnlichen Situationen erinnert. Eine Besucherin sprach davon, dass sie in derartigen Situationen ähnlich reagierte wie die „Anna Schärding" in der Szene und meist versuchte, nicht hinzuhören und möglichst schnell wegzukommen (BS 9,

3.7.1997). Eine andere war durch die Szene mit ihrer Angst vor solchen „starken Burschen" konfrontiert, sie würde sich am liebsten unsichtbar machen, damit es gar nicht so weit käme (BS 4, 8.7.1997), während es für eine weitere Besucherin wichtig war, schon früher abzublocken und nicht so lange daneben zu stehen und nichts zu tun wie die „Anna Schärding" (BS 6, 26.6.1997). Ein männlicher Besucher kannte ähnliche Situationen aus seiner Kindheit, wo er angepöbelt wurde und sich ausgeliefert vorkam. Er selbst erlebte zwar nicht derartige Anmachsituationen, erzählte aber von Gesprächen mit seiner Freundin:

> „Konkret von meiner Freundin her weiß ich, dass sie einfach sehr ungern am Abend - es muss gar nicht am Abend sein - überhaupt sehr ungern allein ins Kino geht oder Essen geht ...., weil die Erfahrungen total stark sind, ständig irgendwie angequatscht zu werden. Das ist für mich schockierend, weil ich mir denke, das ist ein ziemlicher Einschnitt von Freiheit oder Bewegungsfreiheit, wenn man im Prinzip sich nicht frei bewegen kann, sondern ständig rechnen muss, blöd angequatscht zu werden" (BS 3, 3.7.1997).

Einer weiteren Teilnehmerin fällt eine ähnliche Geschichte ein, in der sie resignierend das Feld geräumt hatte und nicht mehr außer Haus gehen wollte.

Viele Erinnerungen werden geweckt zur Atmosphäre und zu den Verhaltensweisen in der Straßenbahn und im öffentlichen Raum. Das betrifft die Passivität, das Wegschauen, Nicht-Einmischen.

> „Mir ist eingefallen, dass das typisch ist für eine Stadt, dass die Leute einfach nicht reagieren und nur zuschauen oder halt zum Kramen anfangen in der Tasche oder so, damit sie nichts zu tun haben. Jeder ist anonym und will damit nichts zu tun haben, weil was passieren könnte" (BS 1, 3.7.1997).

> „Und es wäre unnatürlich gewesen, wenn die Schauspieler anders reagiert hätten... Ich glaube kaum, dass es in der Realsituation anders passiert wäre" (BS 7, 27.6.1997).

Eine Besucherin (BS 9, 3.7.1997) meinte sogar, dass die Menschen in der realen Straßenbahn oft noch viel abwesender wären als in der Szene.

> „Es mischt sich halt keiner ein, wenn einer nicht darum gebeten wird oder aufgefordert wird und ich denke, mir würde es wahrscheinlich

auch schwer fallen irgendwen anzureden. Und wenn ich selber in der Straßenbahn sitze ist man ja auch so unbeteiligt, nichts sehen, nichts hören, geht mich jetzt nichts an, man wird zu einer Nicht-Person. Einerseits ist man eng zusammen, andererseits will man aber keinen Kontakt, man flüchtet sich so mit Blick ins Leere. Also obwohl man so eng zusammen ist absolut keine Kommunikation" (BS 4, 8.7.1997).

Auch das Nachdenken über die Schwierigkeit und das Risiko des Einmischens wurden durch die Szene angeregt:

Besteht nicht eine große Gefahr, dass sich die Aggression noch vergrößert und man selbst zu Schaden kommt, wenn man sich einmischt?

So fielen BesucherInnen beim Erleben der Szene verschiedene Geschichten ein, in denen sie genau mit dieser Frage konfrontiert waren, wie z.B.:

„... und ich habe so mit einem Ohr mitgekriegt, wie die Filialleiterin einen Jugendlichen hinausschmeißt und sagt. ‚Du haust da jetzt ab!' Da habe ich meinen inneren Konflikt, ob ich mich einmische und frage, was los ist oder anonym bleibe" (BS 6, 26.6.1997).

Manchmal, so erzählten BesucherInnen, wäre es schwierig, Situationen und Menschen richtig einzuschätzen und fremde Menschen so anzusprechen, dass keine Missverständnisse ausgelöst werden würden. Das verwies auf das Problem der adäquaten Kontaktnahme im öffentlichen Raum, wozu auch die beiden Lehrlinge in der Szene nicht imstande waren.

Fazit: Eine weitere wichtige Bedingung von Forumtheater, dass es mit der Lebenswelt und den Problemen der ZuschauerInnen zu tun haben muss, hatte sich durch die Szene erfüllt. Die Szene erweckte schon beim Zuschauen vor allem bei Frauen Betroffenheit, die selbst mit dem Problem zu kämpfen hatten. Sie erinnerte aber auch an eine Reihe anderer Aspekte und Themen aus dem städtischen Alltag, die im Verlauf des Projektstudiums eine Rolle gespielt hatten.

Forumphase: Die gemeinsame Suche nach Veränderungen
(PRO 13, 13.5. und 20.6.1997)

Nach dem Durchspielen der Szene wurden die „Zu-Schau-Spieler/innen" zunächst dazu eingeladen, sich mit ihren Nachbarn zu beraten, ob es aus Sicht der Anna Schärding möglich wäre, etwas an der Situation zu verändern, ob es Ideen gäbe, etwas anders zu machen oder einfach den Wunsch, etwas auszuprobieren. Bevor es aber ins Spielen ging, wurden die Spielregeln für die Forumphase bekannt gegeben:

- Die Szene wird nochmals vom Anfang an gespielt, bis wer „Stopp!" ruft. Dann frieren die DarstellerInnen ein, die Person aus dem Publikum ersetzt eine Figur und spielt ihre Idee.
- Jede/r kann Stopp! rufen... aber bitte andere ihre Einstiege zu Ende spielen lassen!
- Ersetzt werden können jene Rollen, die in der Szene als ohnmächtig, ratlos oder unterdrückt erscheinen...!
- Probieren geht über studieren... niemand muss vorher wissen, wohin sein/ihr Einstiegsversuch führt!
- Jeder Einstieg ist wertvoll, es kann nichts falsch sein!
- Physische Gewalt ist nicht erlaubt: Wir spielen Theater!!
- Wer einsteigt übernimmt eine Rolle, die er/sie nach dem Einstieg wieder abgibt.
- Jeder Einstieg wird mit einem Applaus bedankt!

Bei zwei Aufführungen wurden etwa 20 Einstiege probiert, die ich im folgenden zusammenfasse. Dabei gäbe es im Grunde zumindest zwei Darstellungsweisen: Es wäre möglich, die Einstiege der Reihenfolge nach zu schildern, was dem Prozesscharakter einer Forumtheateraufführung gerecht werden würde, der wie ein kollektiver Lernvorgang erscheint: Ideen für Einstiege entwickeln sich oft als Reaktion auf das Geschehen, auf neue Informationen oder auf vorangegangene Versuche. Da im folgenden aber die Einstiege von zwei Aufführungen beschrieben werden, habe ich mich dazu entschieden, zusammenzufassen, welche vergleichbaren Einstiege es gegeben hat und was sie jeweils bewirkten. Ausgewechselt wurde in den folgenden Einstiegen die „Anna Schärding":

Einige Strategien hatten damit zu tun, sich **von den beiden Belästigern weg- und woanders dazuzusetzen.** In einem Fall änderte das zunächst nicht viel, die Lehrlinge hörten nicht auf mit ihren Belästigungen. Erst als „Anna Schärding" selbst einen Anti-Blondinenwitz erzählte, wurde es etwas ruhiger. Unangenehm für die Einsteigerin aber war, dass ihr von den umsitzenden Passagieren niemand geholfen hatte.

Bei einem andern Einstieg zeigte sich dagegen, wie viel „Raumwege" es in der engen Straßenbahn für „Anna Schärding" geben könnte. Als die Lehrlinge kamen, stellte sich die „Einsteigerin" gleich woanders hin, setzte sich dann neben den Studenten, um ihm zu erzählen, was gerade passierte, stand wieder auf, querte den Raum und setzte sich schließlich neben „Susanne Schmidtlechner", die ihrerseits begann, mit den Lehrlingen den Konflikt auszutragen. Währenddessen wechselte Anna wieder ihren Platz, bis sie den beiden überhaupt keine Angriffsfläche mehr bot, weil die Aufmerksamkeit woanders hingelenkt worden war.

Einige Male wurde probiert, **mit den anderen Fahrgästen Kontakt aufzunehmen,** um sich dadurch Unterstützung zu holen. Durchaus den städtischen Erfahrungen entsprechend gelang das nicht immer gleich. Die Passagiere übten sich eher im Wegschauen und Nicht-Beteiligen, was zu einem außergewöhnlichen Einstieg führte: Eine Frau als „Anna Schärding" schrie plötzlich laut um Hilfe, worauf es die Umsitzenden aus ihrer Lethargie riss. Einige waren geschockt und wussten nicht wie sie reagieren sollten. Auch die beiden Lehrlinge ließen von ihr ab mit dem Satz:

„Des is a Hysterische, die spinnt a bisserl".

Es gab noch eine Reihe weniger deutliche Versuche, **das Umfeld mitein zu beziehen.** Wenn das gelang, änderte sich die Situation: So setzte sich bei einem Einstieg „Anna Schärding" zu einer anderen Frau, sie begannen sich zu unterhalten, wobei schließlich die Frau den Part übernahm, sich über die zwei Jugendlichen aufzuregen. Diese wurden außerdem weit weniger beachtet als zuvor und „landeten" nicht mehr so mit ihren provokanten und verletzenden Äußerungen. In einem ähnlichen Einstieg setzte sich Anna Schärding schon früher zur Frau gegenüber, was wieder den überraschenden Aspekt hatte, dass diese sich lautstark zu beschweren begann, als die Jugendlichen sich genau hinter die beiden setzten und ihre provokanten Witze erzählten. Dadurch war Anna Schärding weniger ausgeliefert.

Bei einem anderen Versuch setzte sich „Anna Schärding" zu dem vorher beschimpften langhaarigen Studenten, dem sie, immer wieder laut ihrem Ärger Luft machend, erzählte, was ihr gerade passiert war. Der Student empörte sich - nach einer Zeit des Zögerns - ebenfalls über die Jugendlichen, die zwar weiter zu provozieren versuchten, aber dadurch, dass sich „Anna Schärding" noch weiter mit dem Studenten unterhielt, kein Gehör fanden.

In der Reflexion bestätigte sich, dass es für die beiden Lehrlinge durch die Unterstützung eines Mannes schwieriger war, ihren Aktion fortzusetzen. Außerdem blieb am Schluss Anna Schärding sitzen, während die Jugendlichen ausstiegen.

Eine Reihe von Einstiegen war dadurch gekennzeichnet, dass Anna Schärding den beiden Lehrlingen mit **mehr Selbstbewusstsein und Aggression**, z.T. auch mit den gleichen Waffen begegnete. Diese Einstiege waren dadurch gekennzeichnet, dass Anna Schärding ihren Platz nicht aufgab. So versuchte eine „Einsteigerin" die beiden „angelehnt" zu lassen, zu ignorieren, ohne etwas zu sagen, aber nicht von der Stelle zu weichen, weil ihr aufgefallen war, wie schnell „Anna Schärding" ihren Platz verließ.

Eine andere blieb ebenso stehen und redete sehr ruhig, bestimmt und überlegt auf die beiden Jugendlichen ein, wodurch diese etwas unsicherer wurden, nicht mehr so nahe kamen und schließlich froh waren auszusteigen.

„Ich habe das probieren wollen, dass ich überheblich und so überlegen bin , ... wenn ich das normal machen würde, müsste ich am ganzen Leib zittern" (BS 9, 3.7.1997).

Keine Frage des „Zitterns" war es hingegen für die folgenden EinsteigerInnen: So „plusterte" sich eine Frau als „Anna Schärding" richtig auf, um dann lauthals zu schimpfen, woraus sich folgender Dialog entwickelte:

„Schleichts euch... glaubt's i lass mi anbraten da, schleichts euch weg da.. stellt's euch dahinten hin, da könnt's Witze erzählen, glaubt's ich horch ma des an, den Schass..."

„Sie interessiert sich für uns...."

„Na, überhaupt net für euch Waschlappen..."

Sie blieb bis zum Schluss resolut, obwohl sie nachher meinte, dass es nicht die beste Lösung wäre. Sie wollte sich nicht so lange der verbalen Gewalt aussetzen, da sie schon früh lernen musste, sich gegen freche Buben frech und laut zur Wehr zu setzen, wenn es sein musste, auch mit einer „Watschn".

Auch einen männlichen Einsteiger interessierte es, wie die Lehrlinge auf Aggression reagierten, wobei er selbst damit begann, die beiden Jungen zu provozieren. Diese gaben zwar auf, aber die Lösung war für den „Einsteiger" nicht wirklich befriedigend.

Die Waffen der „Angreifer" setzte eine andere „Einsteigerin" ein, die dem „Klausi Hopfer" selbst zu Leibe rückte, was er zuerst falsch interpretierte, bevor sie ihn verbal angriff:

„Weisst was, i fahr jetzt in meine Arbeit, i will mei Ruah haben und net von dir anquatscht werden, also bleib anglahnt"

„Sie will sich aufregen.. des is a ganz a Resche"

„Anna Schärding" äffte ihn mit hoher Stimme nach und imitierte sein „Coolsein". Dann zog sie sich überraschend die Jacke aus, was Erstaunen und ‚falsche Hoffnungen' bei beiden Jugendlichen hervorrief: Sie versuchte die Jacke mit dem Frage - „Hast an Hackl zum Aufhängen..." – an seiner Hose in Höhe seines ‚Geschlechts' aufzuhängen: sie fiel natürlich herunter. Für „Klausi Hopfer" war es, wie er in einer Rollenbefragung meinte

„.... sehr anstrengend nicht aus dem Konzept zu fallen..."

Eine Zuschauerin: „Das mit dem Hackl, des wäre für mich nicht denkbar.. wie war des?"

„Klausi Hopfer": „Des war net schlimmer als die anderen Sachen...."

Aggressive Strategien konnten aber auch missverstanden werden. So packte eine Frau als „Anna Schärding" „Klausi Hopfer" gleich am Kragen mit den Worten „Na Burschi was willst du denn von mir". Er stieg drauf ein, indem er sagte, ihm gefiele es so. Er umarmte sie und tanzte mit ihr, bis es ihr selbst zuviel wurde.

Als Antithese zu den aggressiven Einstiegen gab es welche, die **es mit Verständnis und Entgegenkommen** probierten. Mit dazu beigetragen hatten „magische" Einstiege, wo die Belästigungen dadurch gestoppt wurden, dass „Klausi Hopfer" wie ein Bekannter, Freund von „Anna Schärding" angesprochen wurde und darauf sehr freundlich und offen reagierte. Ein Mann in der Rolle der „Anna Schärding" sprach es ruhig aber direkt an: „Willst a bisserl Kontakt?", worauf „Klausi Hopfer" überrascht und verunsichert reagierte. Über die Frage „Hast a anstrengende Arbeit?" kamen sie ins Gespräch und machten sich sogar für den Abend aus, zusammen etwas trinken zu gehen:

> „Ich hab das Gefühl gehabt, der hat soviel Energie loszuwerden, der sucht Kontakt, ich gebe ihm den Kontakt, vielleicht kann ich die Energie nutzen" (PRO 13, 20.6.1998).

Allerdings führten derartige Einstiege auch zu kritischen Fragen aus dem Publikum:

> *Was ist, wenn der „Klausi Hopfer" weiterhin bestimmte Absichten verfolgt und sie ihn nicht mehr los werden kann?*
>
> *Können diese Einstiege nur deswegen gelingen, weil sie von Männern in der Frauenrolle gespielt werden, und die gleiche Situation für eine Frau problematischer und gefährlicher aussehen würde?*

Beim Forumtheater gibt es keine richtigen oder falschen Einstiege: Wem ein Einstieg nicht gefällt, erhält die Möglichkeit, selbst einen zu probieren! Und die kritischen Fragen und Kommentare halten den Prozess in Gang, wie auch bei diesen Aufführungen:

So hatten Zu-schau-spielerInnen den Wunsch, **den „angemaulten" Studenten bzw. eine der beiden StudentInnen auszutauschen**, wodurch sich die Situation für Anna Schärding besserte. So fragte die ersetzte Studentin „Eva Kaufmann" „Anna Schärding" zunächst um eine Auskunft, um sie dann aus dem Gefahrenbereich zu holen. Als die Jugendlichen sie trotzdem belästigten, blieb sie ruhig, klar und verstand sich zu wehren. Ebenso „Wunder" wirkte ein einfaches „Dazwischenstellen" von einem Mann, der den „langhaarigen Studenten" ersetzte, ein anderer probierte es mit „Ablenken", indem er selbst die Lehrlinge in ein Gespräch verwickelte, das allerdings fast in einen handfesten Streit ausartete.....

Und schließlich gab es einen Einstieg, bei dem allerdings eine Bedingung geändert wurde: In der **Straßenbahn tauchten Kontrolleure auf:** Das machte die beiden Jugendlichen etwas ruhiger, sobald die Kontrolleure aber aus dem Sichtbereich waren, ging es wieder los. Als sich dann Anna Schärding hilfesuchend an die Kontrolleure wandte, kam von ihnen nicht viel Unterstützung, weil die beiden die Situation nicht selbst gesehen hatten. Aber auch andere Fahrgäste stellten sich nicht als Zeugen zu Verfügung. Die beiden Lehrlinge erlebten diese Situation dennoch als Einengung.

Fazit: Die Aufführungen bescherten eine Vielzahl von unterschiedlichen Ideen und Einstiegen, mit unterschiedlichen Wirkungen und Folgen. In einer Situation, die zunächst mit Ohnmacht und Unterdrückung, mit Unveränderbarkeit verbunden wurde, konnten im dramatischen Probehandeln Möglichkeiten und Ansatzpunkte gefunden werden. Dabei ging es nicht darum, die "beste" Lösung zu finden. Wichtiger war, in der Art eines "kollektiven brainstormings", bei dem sich die Ideen und Erkenntnisse erst im Prozess des gemeinsamen Probierens entwikkelten, die Suche nach Lösungen aufrechtzuerhalten und zu reflektieren, was die einzelnen Einstiege bewirkten.

Dem Publikum war in einem Abschlussgespräch noch wichtig, von den – nun ‚entrollten' SpielerInnen - zu erfahren, womit sich die beiden Lehrlinge eigentlich am schwersten getan hatten: Für den „Karli Wiederer" war es meist dann unangenehm, wenn sich mehrere Leute eingemischt haben oder wenn es zu einem aggressiven Streit kam. Und auch für „Klausi Hopfer" wurde es dann schwierig, seine Aktion aufrechtzuerhalten, wenn mit anderen Personen Kontakt aufgenommen wurde und sich Fahrgäste mit „Anna Schärding" solidarisierten und sie unterstützten.

Die Forumphase aus der Sicht der „Zu-Schau-SpielerInnen": Prozesse und Nachwirkungen

(HU-Projekt-Forum, HU-Projekt-Gruppe, HU-Projekt-Verlauf, Codes „Forumphase", „funktioniert", „Einstiege andere", „Einstiege selbst", „Neue Ideen", „Publikum Einstiege", „Szene Forum", „Nachwirklungen")

Ein zentrales Anliegen, das mit dem Forumtheater verknüpft wird, ist die Wandlung des Publikums zum aktiven Verantwortungsträger des Geschehens. Bei den Aufführungen gab es jeweils eine Vielzahl von Einstiegen und Diskussionsbeiträgen aus dem Publikum und auch von den neun interviewten Personen stiegen zwei selbst in die Szene ein.

Wie wurde die Forumphase vom Publikum erlebt?
Was braucht es, um selbst einzusteigen?
Was passiert, während andere Personen in die Szene einsteigen?

Offensichtlich erforderte es einigen Mut, in die vorgegebene Szene einzusteigen und mitzuspielen, vor allem, wenn die anderen zuschauen. Dabei darf nicht vergessen werden, dass bei der geschilderten Aufführung auch Lehrende des Instituts anwesend waren, was zumindest für eine Person explizit ein Grund war, nicht einzusteigen.

Außerdem gab es zunächst eine gewisse Unsicherheit, manchmal auch Angst, etwas nicht richtig zu machen, obwohl die Regel des Forumtheaters, dass jeder Einstieg wertvoll und daher nicht falsch sein konnte, vereinbart wurde. Eine Besucherin beschrieb es so:

„....richtig sein zu wollen, was richtig machen zu wollen. Das ist ein eigenes Körpergefühl, das kenne ich sehr gut" (BS 6, 26.6.1997).

Die Zeit, die verging, bis jemand einstieg, war daher von einer gewissen Spannung gekennzeichnet, die sich sogleich auflöste, sobald die erste Person eingestiegen war.

„Es ist von Mal zu Mal lockerer geworden" (ebd.).

Es wurde geschätzt, dass es diesen geschützten Raum gab, in dem ausprobiert werden durfte. Und es war wichtig, wie eine Besucherin meinte, dass sich jede/r soweit sicher sein konnte, nicht der Lächerlichkeit preisgegeben zu werden, wenn etwas nicht

funktionierte. So wurde den mutigen „EinsteigerInnen" aus dem Publikum im Prinzip mit Wohlwollen, Mitgefühl und Solidarität begegnet, aber durch auch mit einem kritischen Blick:

> „Man ist irrsinnig neugierig, man schaut... man durchleuchtet jede Bewegung jedes Wort wird analysiert. ... Wie geht es ihm oder ihr wohl dabei" (BS 7, 27.6.1997)?

Der kritische Blick bezog sich aber weniger auf die einsteigende Person als solche, sondern auf ihre Idee und ihren Handlungsansatz, der in Bezug zu eigenen Vorstellungen gebracht wurde:

> „Ich bin eher weniger kritisch gewesen in dem Sinn, ‚ha das macht der blöd' oder so, weil das wäre lächerlich in diesem Zusammenhang, sondern eher dass ich mir gedacht habe, wie ist das wirklich, und vielleicht schafft es die Person, was sie wollte, hoffentlich geht es irgendwie, vielleicht ist es wirklich was Positives ... Ich habe von meiner Seite eher den Eindruck gehabt, dass es mitfühlend ist, dass man mitlebt und mit einsteigt" (BS 2, 3.7.1997).

> „Einerseits ist es so zu sehen: „ ja genau das hätte ich auch so gemacht",. ... nie ist für mich gekommen: ‚Um Gottes willen, wie kann man das nur machen?', das war es nie, es war immer nur: ‚Die traut sich was!', weil es für mich völlig klar war, das ist Ausprobieren und es hat nichts damit zu tun, wie diese Person das in Wirklichkeit machen würde. ..... Und ich war solidarisch in dem Sinn, dass mir dann auffiel, dort gäbe es noch eine kleine Nuance, die hätte ich anders probiert..." (BS 6, 26.6.1997).

Diese beiden letzten Zitate verweisen darauf, dass die innere Beteiligung auch bei jenen, die nicht selbst in die Szene einsteigen, sehr groß war. Sie erinnern daran, welche Art von Zuschauer sich Brecht und Boal (siehe I.3.2) wünschen: emotional involviert und kritisch den Verstand gebrauchend, um zu eigenen Urteilen zu gelangen, Zusammenhänge zu durchschauen, Vergleiche mit der individuellen Lebenserfahrung herzustellen: So wurde darüber nachgedacht, ob man es selbst so tun würde oder nicht, es entstanden Ideen zu möglichen eigenen Einstiegsvarianten.

„Ich würde sagen, es ist schon spannend, weil einfach die Möglichkeit da ist, sehr viele verschiedene Facetten kennen zu lernen oder anzuschauen. Und gerade jetzt als nur „Beobachter" hat man dann eine breitere Palette um sich zu identifizieren oder zu sagen, das scheint mir realistisch oder das scheint mir wirklich daneben zu sein, jedenfalls besser, als wenn nur eine Szene oder eine Handlungsmöglichkeit vorgegeben wäre. Ich denke, für einen Beobachter ist sehr interessant zu sehen, was sind die Wirkungen von verschiedenen Handlungen und dann seine eigene Meinung oder Einstellung noch einmal zu revidieren, wenn es notwendig ist. Zu schauen okay so hätte ich vielleicht auch reagiert und dann sagen okay, das ist vielleicht doch nicht so gescheit" (BS 3, 3.7.1997).

„Für mich war es interessant zu beobachten, was kommt, was passiert jetzt, was probiert sie aus und auch wie verändert sich dann, wie vergrößert sich plötzlich der Abstand, ... oder wie ist es, wenn der Jugendliche jetzt plötzlich einen Schritt zurückgeht und nicht immer näher kommt. Teilweise war es für mich ziemlich bedrohlich, ich kriege da Beklemmungen, wenn jemand auf mich zukommt und so. Dann ist für mich eine ziemliche Befriedigung zu sehen, es kann sich auch was ändern, wenn man anders agiert einmal, einmal nicht so duckt und so, dass sich auch am Abstand und am Raum etwas ändert" (BS 5, 8.7.1997).

In dem letzten Zitat wird davon gesprochen, wie befriedigend es sein kann, wenn sich etwas ändert, wenn anders agiert wird, und man nicht, „in der Hilflosigkeit stecken bleibt" (ebd.). Bis auf eine Besucherin, die „mit einem schlechten Gefühl heimgegangen ist", weil für sie auch nach der Forumphase das Gefühl der Unterlegenheit in derartigen Situationen geblieben ist, zeigte sich bei allen anderen GesprächspartnerInnen eine klare Tendenz, die sich gut in folgender Aussage ausdrückt:

„Also ich war nur baff und habe nur geschaut, wie tolle Ideen sind da, und echt super was man da machen kann, aber mir persönlich ist nichts eingefallen, weil ich mir nur gedacht habe, ja ich fühle mich da einfach so ausgeliefert, aber ich habe nicht das Gefühl, dass ich wirklich was verändern kann an der Situation. Das ist mir an dem Abend einfach ganz deutlich geworden, dass ich eigentlich nicht ohnmächtig bin, sondern dass ich eine Situation schon auch in der Hand habe und sie auch verändern kann und das ist das, was so nachgewirkt hat eigentlich, wo ich mir denke, das ist eigentlich super ... weil ich jetzt einfach weiß, wenn ich wieder in so eine Situation komme, ich kann da reagiere, ich bin da nicht ausgeliefert .... ich habe das in der Hand, wie ich reagiere, das bleibt dann mir überlassen, aber es ist mir klar geworden, ich kann was machen. Es war einfach ganz gut zu sehen wie reagieren dann die zwei Männer. Das ist eigentlich eine ganz tolle Methode für mich wo einfach hingehe und mir das anschaue und dann schon so viel mitnehme und einfach auch so viel Kraft gekriegt habe und ein bisschen von dieser Ohnmächtigkeit befreit worden bin und da habe ich mir gedacht das ist eigentlich eine ganz eine tolle Sache, weil was muss das bewirken wenn sie da mitspielen, wenn es für mich schon so viel bewirkt, obwohl ich eigentlich nur zugeschaut habe" (BS 1, 3.7.1997).

Die ZuschauerInnen sind davon überrascht, wie viele Handlungsmöglichkeiten in dieser Situation durch das Ausprobieren gefunden wurden, die vorher noch nicht verfügbar waren und dass es möglich war, sich aktiv einzubringen, obwohl es zunächst schwierig und nicht bewältigbar erschienen ist. Es wurde möglich, aus der Rolle des ohnmächtigen Opfers zu treten, freier zu werden, bewusst zu gestalten und sich zwischen verschiedenen Möglichkeiten zu entscheiden.

Diese Erfahrung erinnert einen Brief der bekannten Familientherapeutin Virginia Satir, der in einem Text von Portele besprochen wird (vgl. Portele 1990, S.7f.). Sie weist darauf hin, dass ein Ereignis nicht allein bestimmt, wie darauf reagiert wird. Vielmehr gelte es Wahlmöglichkeiten des Reagierens und Handelns zu entdecken, die ein Ereignis beeinflussen und lenken können und das Bewusstsein dafür zu schärfen, dass es diese Wahlmöglichkeiten gibt. Dabei müssen die eigenen, einschränkenden Denk-, Wahrnehmungs-, Fühl- und Handlungsgewohnheiten, die meist mit internalisierten gesellschaftlichen Normen, Geboten und Verboten zu tun haben, erweitert und überwunden werden, damit die Verantwortung für das eigene Handeln übernommen wird. Gerade das Forumtheater erweist sich als Werkzeug, das Durchbrechen der 'Alltagslogik' auszuprobieren und zu erleben.

An dieser Stelle möchte ich anmerken, dass sich auch für die TeilnehmerInnen des Projektstudiums die Forumphasen, bei denen sie entweder selbst in Rollen mitgespielt, zugeschaut oder interveniert haben, als Bereicherung darstellen, weil es auch für sie neue Möglichkeiten ergeben hat, die sie sich nicht erwarten konnten:

> „Wir haben doch sehr oft die Szene gespielt, da gibt es sehr viele Möglichkeiten, und ich habe mir dann schon gedacht wie das wohl bei der Präsentation werden wird. Ich habe es mir irgendwie nicht mehr vorstellen können, dass da was Neues kommt oder so. Und das war dann aber doch total anders, weil es die Leute zum ersten Mal gesehen haben und das waren einfach nur wir, die da schon so drinnen waren. Und für die Leute war es aber ganz neu und da ist einfach viel Frisches noch gekommen und auch wenn es ähnliche Sachen waren, war es irgendwie anders, weil es eben Leute von außen waren" (TN 4, 30.6.1998).

Dabei hatte vor allem das „Selber-Einsteigen" in der Szene eine hohe Qualität, dieses Ausprobieren wurde als sehr intensiv erlebt, es konnten neue Sichtweisen entstehen, ohne dass eine bestimmte Lösung vorgegeben wurde. Für eine Teilnehmerin stellte sich außerdem die Frage, wie es wäre, auch im täglichen Leben ‚Einstiege' in dem Sinn zu machen, aus gewohnten Mustern immer wieder aus- und in neue Handlungen einzusteigen (TN 9, 24.6.1998). Für eine Teilnehmerin stellte sich diese Einsicht folgendermaßen dar:

> „Ja, es ist irgendwie ein interessantes Phänomen. Dieses Einlassen in Situationen das ist, ich meine erstens einmal, wenn man das überhaupt nicht kennt, ist das ein Lernprozess, aber wenn man es kennt, dann ist es eine Lust- und Launefrage, weil man sich auch selber dadurch mehr Chancen gibt, weil dann gibt es auch die Möglichkeit zu sagen, ich mache es oder ich mache es nicht. Und was auch passiert in der Szene ist, dass wir aufgrund unserer eigenen Erfahrungen eine ganz bestimmte Reaktion zeigen. Und du weißt aber nicht, ob das jetzt alle Reaktionen sind die es überhaupt geben könnte ... ich meine, da hätte

es noch ganz andere Reaktionen gegeben, weil wir kommen ja auch mit unseren Erlebnissen und Erfahrungsbereich und der ist nicht vorurteilsfrei, sondern das sind schon ziemliche Denkschemen, die dann da ablaufen" (TN 8, 24.6.1998).

An der Methode des Forumtheaters wurde von den ZuschauerInnen außerdem als sehr wertvoll geschätzt, dass sich alle daran beteiligen konnten, den Verlauf mitzuentscheiden und zu sehen, welche Folgen es haben konnte. Es war wie eine Diskussion, in der jedem zugeschaut wurde, der einen Vorschlag brachte, indem er ihn spielte und zeigte:

„Das hat man dann gesehen, es ist ja sonst oft schwierig, das auszudrücken und wirklich zu verstehen, was wer meint" (BS 7, 27.6.1997).

Und dieser Prozess wurde nicht nur als befreiend, lösend und stärkend erlebt. Er regte an zu eigenen Ideen für Einstiege in der Szene und in realen Situationen, die von den GesprächspartnerInnen wie im folgenden Beispiel noch Tage nach der Aufführung geschildert wurden.

M.W.: Du hast dich zum Langhaarigen dazugesetzt?

BS: Ich habe mich dazugesetzt, ja genau. Ich habe mir gedacht da gibt es die verschiedenen Charaktere, und ich war ziemlich überzeugt und sicher, der macht was.

M.W: Ich habe mir das Video angeschaut, er hat ja nett genickt.

BS: Ich habe mir eine andere Reaktion erwartet. Es hat sich wieder bestätigt, dass es im Grunde niemanden was angeht, was der andere für Probleme hat. Es muss keiner helfen, es ist niemand verpflichtet, es ist eine Sache von Persönlichkeit vielleicht.

M.W: Ich habe nachher noch gesagt, dass es vielleicht doch anders wäre, wenn er angesprochen werden würde, also wenn ihm jemand was sagt.

BS: Ich habe es vorher anders geplant gehabt, ich habe geplant gehabt ihn anzusprechen.

M.W.: Und was war dann?

BS: Und ich war dann in der Situation und habe mir gedacht, nein ich darf nichts sagen.

M.W.: Aha....

BS: Ich darf nichts sagen, wenn ich schon was sagen muss, dann ist das ist das äußerste der Gefühle.

M.W.: Wäre lustig noch einmal zu probieren oder?

BS: Ja. Habe ich mir gedacht, was mir überhaupt eingefallen ist, was ich probiert hätte..

M.W.: Was denn zum Beispiel?

BS: Eben den Mund aufzumachen und sagen 'bitte hilf mir' oder so irgendwas. (BS 7, 27.6.1997)

Beinahe allen waren Einstiege von anderen noch in sehr guter Erinnerung. Sie gaben Anlass zur Stellungnahme und zur Frage, ob es für eine/n selbst eine Möglichkeit in einer derartigen Situation sein könnte. Dabei erschienen vor allem jene Einstiege als widersprüchlich, bei denen „Anna Schärding" mit den gleichen Waffen „zurückschlug":

M.W.: Ist dir da noch irgendein Einstieg in Erinnerung?

„:...ja der aggressive, der eine aggressive Einstieg von ..., die da voll zurückgefahren ist, das hat mich noch am ehesten befreit, obwohl ich gewusst habe, das bringt nichts, aber das war angenehm anzuschauen" (BS 8, 28.6.1997).

„......diese eine Frau, also die so 'zurückgeschlagen' hat, ... so richtig angefahren ist, ihn total attackiert hat, das ist was wo ich mir gedacht habe, da begibt man sich auf das Niveau und das ist so schlimm wenn man sich auf so ein Niveau begibt. Aber das war so eine Energie, das hat mich sehr beeindruckt. Das wäre, was ich mir vorstellen könnte das auszunützen, einfach irgendwie sich trauen es so zurückzugeben, wie jemand auf einen zukommt" (BS 5, 8.7.1997).

Dagegen wurden beinahe ungeteilt jene als erfolgreich und modellhaft angesehen, wenn andere Menschen in der Straßenbahn angeredet und beteiligt wurden.

Wichtig erschien in jedem Fall, dass die Handlungsmöglichkeiten für die jeweilige Person passen müssen:

> „Es ist einfach wichtig zu merken es gibt keine richtige Methode, aber es gibt eine für mich passende und da muss ich mit meinem ganzen Herz, mit meinem ganzen Sein dahinterstehen können und wenn ich das nicht kann, dann wird sie nicht echt sein und dann funktioniert sie auch nicht. Und da habe ich gemerkt, ich hätte das nie können. Das bin ich nicht und das wird auch dementsprechend schlecht rüberkommen oder unbefriedigend für mich" (BS 6, 26.6.1997).

Das bringt gleich zur nächsten Frage. Mit dem Forumtheater ist ja die zentrale These verknüpft, dass erfolgreiches Probehandeln auf der Spielfläche auch im ‚wirklichen' Leben zu neuen Handlungsmöglichkeiten führt.

Wie stellt sich das für die Zu-schau-spielerInnen dar?

Nun sind nur zwei der InterviewpartnerInnen selbst in die Szene eingestiegen sind und die Zeit zwischen Aufführung und Interviews war nicht sehr lang, um Anhaltspunkte für mögliche Übertragungen in den städtischen Alltag zu bekommen. Dennoch ist bemerkenswert, dass bei allen GesprächspartnerInnen die Forumtheateraufführung nach-gewirkt hat.

So erzählen einige davon, dass sie im Anschluss an die Aufführung bzw. in den Tagen danach noch eine Reihe von Gesprächen geführt haben mit FreundInnen und Bekannten, wobei es zum einen um das Forumtheater selbst und zu anderen um das gezeigte Thema ging. So gab es Austausch mit anderen Frauen, was sie in dieser Situation tun würden. Andere hat es persönlich weiter beschäftigt in ihren Gedanken. Sie wurden zu Reflexionen angeregt und stellten sich noch im Nachhinein die Frage nach der eigenen Strategie:

> „Das hat mich so bewegt, dass ich mich selber, ganz stark mit der Strategie auseinandergesetzt habe, ganz konkret, man überlegt immer wie ich da jetzt einsteige und da kommt einer, wie mache ich jetzt, was tu ich jetzt, wenn ich heimkomme mit dem Rad was mach ich jetzt und so weiter. Und das hat es wieder konkretisiert, also das war ein klasser Impuls wieder einmal einen Denkanstoß zu haben für neue Strategien" (BS 8, 28.6.1997).

Das Erlebnis der Aufführung kann aber auch auf diese Weise fortwirken, dass im Alltag, Situationen, Momente „wiedererkannt" werden:

> „Und das ist mir in der Straßenbahn ... aufgefallen. Ich bin dann beim Bus gestanden und dann ist eine Frau eingestiegen die offensichtlich irgendein Problem gehabt hat und gesagt hat, mir ist so schlecht, mir ist schlecht und ich vertrag die Straßenbahn eh nicht, völlig fertig ja, die hat im Kreis geredet und war offensichtlich, hat ein Problem gehabt damit. Was das Problem war weiß ich nicht und wollte diesen Knopf drücken, sie hat sich aber nicht getraut auszulassen, um den Knopf zu drücken, weil sie gedacht hat, sie fällt um oder was. Und da sind gut zehn Leute herumgestanden, weil es so eng war und keiner wollte den Knopf drücken. Ich habe mir gedacht das gibt es nicht. Natürlich haben wir gesagt, ‚na klar drücken wir doch den Knopf'. Die ist dann sofort ins Gespräch gekommen und ... es war dann quasi klar, dass sie einfach nicht ganz klar im Kopf war oder ich weiß nicht, aber das ist kein Grund. Nach so einem Abend fällt das einem doppelt arg auf was da rennt eigentlich" (BS 7, 27.6.1997).

Nur eine Person ist nach wie vor im Zweifel, ob sie nun anders reagieren würde, weil es doch sehr viel Mut erfordere. Dagegen wird von anderen geschildert, dass es nun mehr Courage Mut gäbe, in vergleichbaren Situationen selbstbewusster zu reagieren und dass sich die Lust vergrößert hat, einmal etwas anderes auszuprobieren.

<u>Fazit</u>: Diese zusammenfassende Darstellung des Prozesses einer Forumtheateraufführung aus der Sicht der ZuschauerInnen machte deutlich, wie groß die innere, emotionale und kognitive Beteiligung dabei war, selbst dann, wenn nicht selbst eingestiegen wurde. Insofern bestätigt sich Boals Idee, dass sich die ZuschauerInnen in die ProtagonistInnen des theatralen Geschehens verwandeln würden (siehe I.3.7). Weiters wurden Bezüge zur vergleichbaren städtischen Erfahrungen und Situationen hergestellt und ein Nachdenkprozess über Handlungsalternativen angeregt. Dabei zeigte sich bei einigen GesprächspartnerInnen, dass sie eine Wandlung vom Gefühl der Ohnmacht und Hilflosigkeit zur Befreiung und Erleichterung erlebten und, dass es selbst in schwierigen, unterdrückenden und belastenden

Situationen mehr Handlungsmöglichkeiten als zunächst angenommen geben konnte. Diese Erkenntnis wirkt zum Teil noch im Alltag fort, allerdings lassen der kurze Abstand zwischen der Forumtheateraufführung und den Interviews keine Rückschlüsse darauf zu, ob die im Forum wahrgenommenen und erfahrenen Handlungsoptionen im ‚realen' Leben umgesetzt werden konnten, weder im individuell-persönlichen, noch im kollektiv-politischen Bereich.

Jedenfalls zeigte sich, auf welche Weise Forumtheater zu einer öffentlichen Auseinandersetzung und Diskussion in Handlungen wie in Worten anregen konnte.

III.7 Nachbetrachtung II: Die Sicht der TeilnehmerInnen

Die Arbeit mit den Szenen und Rollen in der Projektgruppe erstreckte sich über mehrere Monate:

Was hat sich für die TeilnehmerInnen, die Theaterarbeit in diesem Sinn überhaupt nicht kannten – im Nachhinein betrachtet - eigentlich verändert?

Konnten neue Wahrnehmungs- und Handlungsmöglichkeiten entdeckt, erfahren und im Alltag umgesetzt werden?

Wie aber sieht es für sie über individuelle Lernprozesse hinaus mit der Realisierung von politischen und gesellschaftskritischen Ansprüchen aus?

Und abschließend: Wie erlebten sie selbst die Methoden und Formen der Theaterpädagogik im universitären Kontext?

III. 7.1 Aus- und Nachwirkungen der Szenen- und Rollenarbeit: Neue Perspektiven und Handlungsmöglichkeiten

(HU-Projekt-Gruppe, HU- Projekt-Verlauf, Codes „Szene- ähnliche Situationen", „Szene-Veränderung",, „Rolle")

Die Arbeit mit den Szenen war zunächst von einer intensiven Auseinandersetzung mit den jeweiligen Rollen, ihren Motiven, Gefühlen und Handlungsspielräumen geprägt:

Wie hat sie sich auf die TeilnehmerInnen ausgewirkt?

Konnten über diese theatrale Arbeit hinaus Lernprozesse angeregt werden?

Zunächst einmal hatte die Rollenarbeit in bezug auf den Gruppenprozess eine wichtige, integrative Funktion: Das zeigte sich daran, dass es für eine Teilnehmerin, die aufgrund beruflicher Verhinderungen keine fixe Rolle hatte, schwierig wurde, sich wirklich zugehörig zu fühlen, obwohl sie es aus der Sicht der Gruppe durchaus gewesen war.

Jedenfalls stellten sich die anderen TeilnehmerInnen kontinuierlich der Auseinandersetzung mit einer Rolle, was auch mit sich brachte, eigene Anteile und Merkmale in den Rollen wiederzufinden:

> „Was mich noch erschreckt hat bei den Szenen war, ..., dass das, was ich gespielt habe, eine total irrationale Logik entwickelt von dem, was jetzt in dem Sinn die Person macht und das erscheint in dem Moment total klar. Ich habe mir das bei der ‚Susanne Schmidtlechner' gedacht, die ja überhaupt nicht mein Fall war, aber es war alles plötzlich so logisch an der Person und den Sachen, die ich sonst überhaupt nicht mag, waren plötzlich ganz klar und eigentlich auch die einzige Möglichkeit. Und das war was, was mich schon sehr irgendwie verblüfft hat. Bei der Rolle, wenn man die spielt, das haben wir ja auch einmal gemacht, das war auch ganz klar, er muss so reagieren, es geht außerdem nicht anders und das erschreckt mich einfach ein bisschen, muss ich sagen." (TN 9, 24.6.1998).

Daher wurde auch dem Entrollen, d.h. der Distanzierung von der Rolle nach einer Spielphase große Aufmerksamkeit geschenkt, damit es dabei zu keinen großen belastenden Vermischungen kommen konnte.

Rollenarbeit hieß auch, die Rollen mehr und mehr in ihrer Vielfalt zu erleben und auch bei „Täterrollen" angenehme, positive, menschliche Seiten zu entdecken, ihren „Habitus" zu spüren. Rollen werden differenzierter wahrgenommen. Zu dieser Veränderung und Differenzierung der Wahrnehmung führte auch der Rollenwechsel, wie er einmal mit der Technik „Screen Image" (vgl. Boal 1999, S.140ff.) versucht wurde.

> „Das war eine intensive Arbeit, wo wir an die Grenzen gegangen und so aus uns herausgegangen sind. Es war total interessant, sich in die andere Person hineinzuversetzen, denke ich mir, ich lerne viel mehr, wie ich reagieren kann, wenn ich auch noch weiß oder nachspüren kann, die der „Täter" oder die „Täterin" fühlt, denkt, agiert" (TN 6, 25.6.1998).

Der Rollenwechsel führte im Fall der Szene „Die letzten Männer" für die Protagonistin bereits zu ersten Ideen, wie den beiden jungen Männern beizukommen sein könnte.

Abgesehen davon, dass es anstrengend uns sehr intensiv sein konnte, eine Rolle zu verkörpern und zu spielen, machte es auch sehr viel Spaß. Faszinierend daran wurde erlebt, dass es wirklich möglich ist, in fremde Rollen so zu schlüpfen, dass sie wirklich erlebt werden und „lebensnah" reagieren können.

> „Ich habe ein paar Male die Frau Kolbe gespielt, und da habe ich mir gedacht mit der Rolle, also auf diese Rolle habe ich mich irgendwie so eingelassen, dass ich das Gefühl gehabt habe, ich bin wirklich die Frau Kolbe. Also ich habe das Gefühl gehabt ich reagiere jetzt wie die alte Frau Kolbe, noch dazu wo sie mir ja sehr vertraut war, die Frau Kolbe, die war ja meine Großmutter und die habe ich dort gespielt. Und ich konnte mich eigentlich total von meiner eigenen Identität lösen und in die Rolle der Frau Kolbe hineinschlüpfen und habe eigentlich, auch wenn ich dort gesessen bin und so versucht habe meine Gedanken zu fassen, was würde jetzt die Oma dazu sagen, habe ich mir immer gedacht also die Frau Kolbe würde so denken oder sie würde

jetzt so handeln, wenn der hereinkommt. Also ich habe nicht mehr von meiner Warte aus versucht zu überlegen und zu handeln, sondern eigentlich wie die Frau Kolbe. Da habe ich mir dann gedacht das muss toll sein, wenn man als Schauspieler, so als richtiger Schauspieler, sich so mit der Rolle identifizieren kann, dass man eigentlich sich löst von dem Vorgeschriebenen, sondern dass man selbst das ist plötzlich, dass man das Gefühl hat man könnte das jetzt selbst erleben" (TN 3, 8.7.1998).

Diese Rollenerleben konnte zu einer erweiterten Wahrnehmung führen, wie es eine Teilnehmerin schilderte:

„.....wirklich die Rolle hinzukriegen, aber je länger wir uns damit beschäftigt haben, umso mehr ist es auch darum gegangen, was die anderen in der Szene machen. Da ist mir vorgekommen, nicht mehr nur die Rolle, nur das Schauspiel an dieser Rolle das absolut Wichtigste ist, sondern vielmehr dieses Beobachten und Wahrnehmen der anderen. Ganz sicher nur am Anfang, dass eher vielleicht so als schauspielerische Rolle betrachtet, aber später ist wesentlich mehr dazugekommen" (TN 2, 8.7.1998).

Das ermögliche im umgekehrten Sinn, wie eine Teilnehmerin feststellte (TN 9, 24.6.1998), in bestimmten Situationen so zu handeln, als würde man aus einer bestimmten Rolle heraus handeln, was schützend und anregend sein konnte.

Über das Spielen und Verkörpern der Rollen hinaus stellten sich vor allem Auseinandersetzungen mit der eigenen Persönlichkeit, sowie eine differenzierte und erweiterte Wahrnehmung ein:. Und einige TeilnehmerInnen weisen darauf hin, dass sie im alltäglichen Leben immer wieder an die Theaterarbeit denken mussten:

„Ich kann dazu sagen, man geht durch den Alltag und dann erlebt man immer wieder diese Szenen, man ist viel aufmerksamer und flexibler" (TN, PRO 13, 20.6.1997).

Diese Sensibilität ist vor allem während der Szenenarbeit vorhanden. Eine Teilnehmerin spricht von der Fähigkeit, Vorgänge im Leben als „richtige Theaterszene" zu begreifen (TN 9, 24.6.1998), genau wahrzunehmen und sich zu fragen: Was tun die Menschen und aus welchen Motiven? Andere sprechen davon, dass sie aufmerksamer geworden sind darauf zu achten, wie Männer mit Frauen und Männer mit Frauen in öffentlichen Räumen um gehen (TN 2, 8.7.1998) und führen das in starkem Maße auf das Projektstudium zurück. Es ist vom bewussteren Wahrnehmen und Hinschauen, vom bewussteren Bewegen die Rede, auch der eigenen Körperlichkeit und Körperhaltung wird mehr Aufmerksamkeit geschenkt:

> „Es hat sich auch an meiner eigenen Wahrnehmung viel geändert, also auch an meiner eigenen Körperwahrnehmung, wo mir auch viel bewusster geworden ist, wie ich wann wirke oder wie ich auch größer oder stärker wirken kann, in der Richtung, dass es dann auch eine irrsinnige Erleichterung ist, anderen Leuten so begegnen zu können, und was in die Richtung geht ... nicht klein zu wirken, was mit dem eigenen Gefühl zusammenhängt" (TN 6, 25.6.1998).

Auch für den Darsteller von einem der beiden Lehrlinge gibt es eine interessante Entdeckung: Es kann den „Habitus", den er selber verkörperte, bei anderen nun viel bewusster wahrnehmen kann und sich gefühlsmäßig besser in diese hineinversetzen. Zwei TeilnehmerInnen fällt auf, dass sie Stimmungen in öffentlichen Verkehrsmitteln besser registrieren. Sie erinnern sich daran, wie befreiend es für sie gewesen ist, als die Straßenbahnszene in ständig wechselnden Stimmungen gespielt wurde und wie ihnen etwas Ähnliches im städtischen Alltag widerfahren ist:

> „Also mir fällt da jetzt das ein ... wir sind in der Straßenbahn gesessen und dann hat der Fahrer etwas durchgesagt und gemeint: ‚Wenn ihr da nicht zurückgeht von der Tür dann kann ich nicht zumachen, aber ich bin ja der Fahrer, ich habe ja Zeit, ihr wollt ja wohin!' Und irgendwie war die Stimmung in der ganzen Straßenbahn dann so gelockert und die Leute haben gelacht über die Aussage, und das war dann echt total angenehm (TN 11, 17.6.1998).

Es zeigt sich außerdem, dass bei allen drei Szenen, an denen im Projektstudium gearbeitet wurde (vgl. III.4.2), neue Sichtweisen und Handlungsmöglichkeiten entdeckt wurden und dass diese in ähnlichen Situationen im Alltag zur Anwendung kommen. Das gilt besonders für diejenigen TeilnehmerInnen, die in den Szenen aufgrund ihrer eigenen Betroffenheit besonders involviert waren und betrifft zum Bespiel den schwierigen Umgang mit Autoritäten, wie er in der Szene „(R)Ausflug" thematisiert wurde.

TeilnehmerInnen schildern, wie sie im Umgang mit Autoritäten nun mehr auf ihre eigene Körperhaltung achten, und darauf, wie es aufgrund der räumlichen Position möglich ist, gleichwertiger und gleichberechtigter zu erscheinen, was mit der szenischen Arbeit in Verbindung gebracht wird. So erzählt ein Teilnehmer von einer Auseinandersetzung mit einem Professor:

> „Das war z.B. wie ich meine Zeugnisse eingereicht habe und dann sagen sie mir plötzlich, dass das Vorprüfungsfach nicht gilt, und ich kann mich aber erinnern, ich habe es damals auf einer Liste gesehen. Und der Professor hat als Antwort gesagt, es tue ihm leid, mir fehlt eine Vorlesung, es war wirklich ein totaler Schock. Ich habe mit ihm darüber zum Reden angefangen und irgendwann ist er dann so einfach aufgestanden und hat hinten etwas gesucht, das habe ich überhaupt nicht ausgehalten, dann bin ich sofort aufgestanden und wollte auch wieder auf die gleiche Ebene mich bewegen, sonst wäre ich mir wie ein kleines Kind vorgekommen, weil wenn der da hinter dem Rücken irgendwas stehend macht.... und das Interessante war, dass er nachher gesagt hat: ‚Setzen Sie sich bitte wieder nieder!', wo ich mir gedacht habe, ja warum eigentlich, er steht ja auch. Das war eine sehr emotionale Geschichte auch ... also manche Professoren leben das ja doch ziemlich aus, die Hierarchie. Ich versuche aber trotzdem immer, auf eine ähnliche Ebene zu kommen, weil ich bin ja kein kleines Kind mehr und das ist für mich schon interessant" (TN 5, 25.6.1998).

Etwas Ähnliches widerfuhr einer Teilnehmerin bei einem Bewerbungsgespräch (TN 1, 12.7.1998), während einer anderen auffällt, wie sehr ihr Umgang mit Autoritäten von der eigenen Stimmung abhängig ist (TN 7, 24.6.1998). Bemerkenswert erscheinen die neuen Möglichkeiten für einen anderen Teilnehmer, dessen Problem ebenso im Umgang mit autoritärem Verhalten im öffentlichen Raum gelegen ist:

> „Es hat schon bei mir was verändert. Mein Verhalten gegenüber so von außen kommendem autoritärem Verhalten war bei mir immer entweder Aggressivität, wenn ich das Gefühl gehabt habe, dass ich

stärker bin oder Rückzug, die Situation einfach zu lassen. Und für mich war es gar nicht klar, dass es etwas dazwischen gibt: sich einzulassen, wirklich einzulassen auf den anderen. Ich weiß nicht warum, aber das wirkliche Einlassen auf jemand, der mich so anfährt, das habe ich immer ausgeschlossen als Alternative, weil ich mich gefragt habe, warum komme ich dazu. Ich habe gemerkt, dass es auch etwas zwischen drinnen gibt und dass man das ruhig probieren kann, dass ich mir jetzt vorstellen kann, dass man diesen Weg probiert. Das steht bei mir in meinen Erkenntnisprozessen im Vordergrund.... Aufgefallen ist es mir, wie ich es von außen gesehen habe: dass die aggressive Reaktion auf das autoritäre Verhalten unbefriedigend ausgeht. Es war unbefriedigend -, weil ich gesehen habe, das haut nicht hin" (TN 7, 24.6.1998).

In bezug auf die Szene „Fremde Nähe", bei der es ja um die Schwierigkeit der Kontaktaufnahme im öffentlichen Raum gegangen ist, ergaben sich für manche ebenso neue Möglichkeiten:

„Ich habe Angst gehabt, irgend jemanden anzureden, das war ja so mein Hauptthema, und dass ich jetzt einfach auch Leute anrede auf der Straße, im Cafehaus. Irgendwie kommst du immer zum Reden und dass das meistens relativ angenehme schöne Begegnungen sind. Und dass ich mir von dem, was wir damals herausgearbeitet haben, mitnehmen habe können, dass ich dadurch in Kontakt kommen kann, indem ich etwas gebe: ich gebe ihr meinetwegen meine Aufmerksamkeit, ich stelle irgendwas fest im Geschäft, damit kriegen sie etwas, ich beachte sie so wie sie sind" (TN 1, 12.7.1998).

Eine andere Teilnehmerin (TN 13, 16.6.1998) erzählt davon, dass es ihr in letzter Zeit so oft passiert, dass sie selbst viel mehr als früher angesprochen wird, und dass es angenehm ist für sie. Dagegen beginnen bei einem Teilnehmer in Situationen, wo es schwierig ist, ins Gespräch zu kommen, zunächst mal bewusstere Überlegungen, wie er es anstellen könnte (TN 10, 24.6.1998). Für eine Teilnehmerin (TN 12, 17.6.1998) ist es eine erleichternde Erkenntnis, dass das Gegenüber oft gar nicht angesprochen werden will, und es gilt, das herauszufinden. In diesem Zusammenhang noch eine spezielle Geschichte aus dem „realen Leben", die dem subtilen Geschehen der Szene unglaublich ähnlich ist:

„Ich bin mit dem Zug von Graz nach Laßnitzhöhe gefahren, das sind ja nur 20 - 25 Minuten und mir ist es an dem Tag sehr gut gegangen, das weiß ich noch, es war ganz schön draußen und ich bin am Fenster gesessen und habe rausgeschaut und mir schräg gegenüber ist eine ältere Frau gesessen, ungefähr 60 Jahre alt. Und irgendwann bin ich auf die Frau aufmerksam geworden und ich habe dann öfters hingeschaut und sie hat zurückgeschaut und sie war, ja sie war irgendwie sehr schön angezogen mit Handschuhen, irgendwie habe ich mir gedacht: ‚Ja so stelle ich mir eigentlich die Cecilia vor‘, die Rolle, die ich gespielt habe. Und sie hat dann irgendwie mitgekriegt, dass ich öfters hingeschaut habe, und es war egal, wir haben uns dann so zugelächelt und ich bin vor ihr ausgestiegen, bin dann aufgestanden und habe mich schon umgedreht gehabt und bin weggegangen, dann habe ich mich noch einmal umgedreht und habe ‚Auf Wiederschauen‘ gesagt, irgendwie hat es das gebraucht. War ein wichtiges Erlebnis. .... Einfach meine Rolle gespiegelt zu sehen um zu sehen, dass das wirklich Realität sein kann oder einfach Realität ist, dass es einfach da ist, dass es jetzt nicht nur eben in der Szene ist oder von uns ausgedacht oder so, sondern dass das einfach passieren kann und dass man es auch zulassen kann" (TN 4, 30.6.1998).

In bezug auf die Szene „Die letzten Männer" haben zwei TeilnehmerInnen das Gefühl, dass noch nicht wirklich eine gute Lösung gefunden worden ist, und dass sie noch immer mit ihrer Hilflosigkeit konfrontiert sind (TN 11, TN 12, 17.6.1998). Ansonsten werden durchaus Möglichkeiten gesehen und z.T. auch praktiziert: So spricht eine Teilnehmerin davon (TN 4, 30.6.1998), jetzt „früher abzustoppen", eine andere möchte „Grenzen früh genug setzen" (TN 13, 16.6.1998). Sie kann nun ihren Ärger und das, was sie dabei empfindet, besser zum Ausdruck bringen und darauf achten, dass es ihr selbst gut geht dabei. Oder sie findet überhaupt andere Wege, auf Anmache zu reagieren, da die Gewalt und Macht in der Situation nun nicht mehr unantastbar erscheint:

„Und ich hab vor ein paar Tagen so eine Zugszene gehabt, wo ich lange nicht registriert hab, dass mich ein Mann von gegenüber dauernd anstarrt, selbst dann, als ich ihn angeschaut habe. Er hat keine Regung gezeigt, was mache ich jetzt? Ich bin dann rausgegangen auf's WC.

Dann hat er mich immer noch angestarrt ... und dann habe ich eine Stelle auf seinem Knie gesucht und die ganze Zeit auf Schuhband und Knie geschaut ... und er ist irrsinnig unsicher geworden, er hat mit seinen Füßen und Beinen zu wackeln begonnen ... und das hat sehr wohl was verändert" (PRO 13, 20.6.1998).

Für eine andere ist es nun ebenso besser möglich, in derartigen Situationen bestimmt und ruhig aufzutreten (TN 9, 24.6.1998), was sie bis dahin nicht im Repertoire hatte, während es für eine Teilnehmerin (TN 1, 12.7.1998) nun darum geht, anmachende Männer nicht mehr zu provozieren, sondern vorsichtiger mit ihnen umzugehen.

Abschließend noch zwei Situationen, in denen jeweils von außen in Belästigungsszenen eingegriffen wurde, interessanterweise in beiden Fällen nahezu ohne Benutzung von verbaler Sprache:

„Ich kann nur dazu sagen, ich habe eine ähnliche Szene gesehen: Da waren ein paar Burschen, nicht nur zwei sondern mehrere, die so einen blöden Spruch gehabt haben und zwei Mädchen, die weiter weg gestanden sind und da haben sie zusammengeknüllte Papiere geschmissen und dergleichen und blöd hingemault. Da ist mir die Szene wieder durch den Kopf gegangen, also insofern was da für Zusammenhänge sind mit dem, die Szene ist mir auf jeden Fall durch den Kopf gegangen und ich habe an die Sachen gedacht, die wir bei der Szene da gehabt haben. Also ich habe die Gefühle hineininterpretiert, die die Leute bei der Szene gehabt haben und habe sie dann auch irgendwie so gesehen, so jetzt mache ich einen Versuch, ich mache jetzt einen Einstieg, aber einen recht harmlosen, also ich habe mich inzwischen hineingestellt, sodass die Linie einmal weg ist, die Sichtlinien zwischen ihnen" (TN 10, 24.6.1998).

„Mir ist auch aufgefallen, ich habe so in der Zwischenzeit in der Straßenbahn Szenen erlebt, die so in die Richtung gegangen sind, beides eigentlich, also die Straßenbahnszene mit der 'Anna Schärding' und wo mir, als ich das gesehen habe, sofort unser Projektstudium eingefallen ist, also das ist sofort in den Kopf geschossen was wir da gemacht haben so die Straßenbahnszene und wo ich schon das Gefühl gehabt habe, es ist mir leichter gefallen zu reagieren. Also es war am Abend, es war schon finster und ich bin mit einer Freundin auf der Straßenbahnhaltestelle gestanden und dann ist ein Mann dazugekommen, der psychisch ziemlich durchgeknallt war und der uns ziemlich nahe getreten ist, also so keine Distanz oder so eingehalten hat, wo ich mich zuerst einfach nur umgedreht habe...und das hat er gecheckt, er hat dann eine Ruhe gegeben, dann sind wir in die Straßenbahn eingestiegen und er auch. Er hat sich zu einer anderen Frau dazugesetzt und hat die angefangen zu betatschen und ich bin dann einfach nach vor gegangen und habe mich neben ihm hingestellt und habe ihn einfach angeschaut und dann ist er auch gegangen. Also ich war dann auch irrsinnig stolz auf mich ... dass ich mich reagieren traut habe und nicht nur hinten gesessen bin und mir gedacht habe, mei ist das ein Arschtyp. .... Andere Leute haben gar nicht reagiert, wie in der Szene ... Aber ich habe mich einfach neben sie hingestellt und ihn angeschaut. ... Ich denke, dass es in einer gewissen Weise auch ungewöhnlich ist, weil die meisten Leute einfach wegschauen ganz bewusst" (TN 6, 25.6.1998).

Fazit: Es zeigte sich sehr deutlich, dass die längerfristige theaterpädagogische Arbeit für die TeilnehmerInnen von einer Vielzahl an Aus- und Nachwirkungen begleitet worden ist: Es war die Rede von einer erhöhten Sensibilität und Wahrnehmungsfähigkeit in städtischen Situationen, sowie von einer Reihe von neuen Sichtweisen und Handlungsmöglichkeiten in unterdrückenden und belastenden Situationen. Diese betrafen in starkem Maße den stärkeren Einbezug der nonverbalen und räumlichen Dimension in das Handeln, sowie ein stärkeres Einlassen und Beteiligen in Interaktionen. Dies ermöglichte in unterdrückenden, Ohnmacht erzeugenden Situationen zum eigenen Handeln, zur eigenen Haltung und Macht zu finden.

Diese Ergebnisse bestätigen außerdem die Wichtigkeit der langfristigen Arbeit, sie gehen über Erfahrungen und Erkenntnisse, die ZuschauerInnen einer einmaligen Forumtheateraufführung ‚mitnehmen', weit hinaus.

III. 7.2 Zum politischen und gesellschaftskritischen Anspruch

(HU Projekt Gruppe, HU Projekt Verlauf, Codes „politischer Anspruch", „persönlich-öffentlich"))

Bei den letzten Schilderungen fällt auf, dass die Erkenntnisse aus der szenischen Auseinandersetzung in erster Linie mit individuellen Strategien und neuen Handlungsmöglichkeiten in vergleichbaren Ohnmachts- oder Konfliktlösungsstrategien zu tun haben. Das entspricht durchaus dem Anspruch des Forumtheaters und es wurde gerade gezeigt, wie im Spielen gefundene Lösungen in den Alltag übertragen werden. Dennoch stellt sich die Frage:

> *Wie vertragen sich diese eher individuellen Handlungsmöglichkeiten mit dem politischen oder gesellschaftskritischen Anspruch des Forumtheaters und der Theaterpädagogik?*

Zu dieser Frage gab es in der Projektgruppe z.T. sehr unterschiedliche Auffassungen. Sie hingen stark mit dem jeweiligen Begriff und Verständnis von Politik und politischem Handeln zusammen.

Unbestritten für die TeilnehmerInnen am Projektstudium war, dass die gezeigten Szenen nicht nur individuelle Probleme darstellten, sondern gesellschaftlich verallgemeinerbar erschienen. Sie waren wirklichkeitsnahe, obwohl besonders die Erarbeitung der Szenen einen hohen Grad an Selbsterfahrung beinhaltet. Der „gesellschaftskritische Aspekt" kam besonders in der Szene „Die letzten Männer" zu Ausdruck:

> „Bei einer Selbsterfahrung ist es eher so, da geht es dann um diese eine Person und um dich und um deine Geschichte und es wird weniger thematisiert als ein gesellschaftliches Problem oder als ein Tatsache um eine Gesellschaft, wo es um klare Unterdrückungsmechanismen geht, mit denen auch andere Frauen konfrontiert sind. Da geht es dann eher nur so ganz um dich selber, was kannst du tun oder worum geht es dir, aber da hast dann auch die Möglichkeit einmal zu sagen, ja Moment das ist ja dein Psychoproblem oder was immer, sondern das ist ja auch eine gesellschaftliche Geschichte, die da rennt" (TN 13, 16.6.1998).

> „In der Straßenbahnszene .... ist es eine total politische Frage im Grunde, eben sexuelle Belästigung oder überhaupt Würde: Was lässt man zu, wo sind die Grenzen zwischen Menschen" (TN 4, 30.6.1998).

Es trifft aber auch für die anderen Szenen zu, wo es um die Schwierigkeiten der Kontaktnahme im öffentlichen Raum, als auch um die Umgang mit Autoritäten gegangen ist. Eine Teilnehmerin erinnert sich sogar an die Spiele mit dem Text von Bertolt Brecht „Der böse Baal" (siehe III.3.2):

> „Da habe ich das Gefühl gehabt, das ist so ein gesellschaftskritischer Knackpunkt, der rüttelt dich eigentlich auf. Das war etwas, was mir wirklich nahe gegangen ist" (TN 3, 8.7.1998).

Eine andere Teilnehmerin spricht von einer Form des soziologischen Forschens, weil es bei den Szenen und bei der Auseinandersetzung mit dem öffentlichen Raum immer auch um die gesellschaftlichen, politischen und städtischen Strukturen gegangen ist (TN 12, 17.6.1998).

Andern fallen in diesem Zusammenhang die Aktionen im öffentlichen Raum wie auch das „permanent breakfast" ein, wie schwierig es am Anfang war, öffentlichen Raum zu benutzen:

> „Wenn wir uns die Arbeit anschauen, vor allem diese Stadtarbeit ganz am Anfang, war das für mich schon ein gewisses politisches Handeln, weil man sich einfach Zeiträume nimmt. Ich meine, ... es was da für Regelungen gibt, wie man sich im Straßenverkehr verhalten muss und dann einfach wirklich Raum zu nutzen, das ist für mich politisches Handeln" (TN 5, 25.6.1998).

Auch die Forumtheateraufführungen selbst werden von manchen als politisches Handeln eingeschätzt, wenn sie auch eine lange Vorbereitungszeit von den ersten persönlichen, szenischen Entwürfen bis zu „verallgemeinerbaren" Szenen benötigten (TN 4, 30.6.1998).

> „In meinem Verständnis vom Politischen ist das hundertprozentig politisch und es hat sich auch eingelöst mit den zwei Vorstellungen, wo Leute das gesehen haben und sich mit dem auseinandergesetzt haben. Wir als Gruppe von 16 Leuten haben sich mit der problematischen Frage des Zusammenlebens auseinandergesetzt und alle möglichen Positionen durchgedacht haben, das ist für mich das Denken von poli-

tisch. Und das eben auch überlegt wird, was man anders machen kann, jetzt nicht immer im Sinn von Institutionen gründen sondern im Sinne von Lebenspraktiken zu ändern, also das ist für mich sehr politisch" (TN 10, 24.6.1998).

In der Öffentlichkeit aufzutreten wird als politisch definiert, mit der Einschränkung, dass es in erster Linie auf eine universitäre Öffentlichkeit beschränkt geblieben ist und dadurch nur ein bestimmtes Publikum erreicht hat (TN 8, 24.6.1998). Da zu dieser Zeit die Ergebnisse der Gespräche mit den ZuschauerInnen noch nicht bekannt waren, wurden auch Zweifel geäußert, ob das Forumtheater etwas bewirkte, aber...

"...für mich war das Interesse überraschend groß. Auf jeden Fall denke ich, dass es viele Diskussionen oder Gespräche ausgelöst hat ....." (TN 14, 16.6.1998),

...was in Verbindung mit der Form von Forumtheateraufführungen gebracht wurde ...

"...weil es sympathisch ist, dass man keine Lösungen vorgibt. Von dem her glaube ich, dass es durchaus sehr differenzierte und persönliche Gespräche ermöglicht, weil es viele verschiedene Situationen gibt" (TN 14, 16.6.1998).

Das „Veröffentlichen" als politisches Handeln begann bereits in der Gruppe, wenn die TeilnehmerInnen ihre zunächst subjektiven Probleme und Erfahrungen von städtische Gewalt einbringen und sich dadurch eine Erweiterung der Perspektive ergab:

„Das Entscheidende für mich war, wie ich etwas ausdrücke und welche Ideen die anderen gehabt haben. Ich habe z.B. den Lärm zuerst nicht als Gewalt empfunden, das war für mich ganz normal, aber da sind mir dann die Augen sozusagen aufgegangen, was empfinden eigentlich die Mitmenschen noch alles. Das ist immer nur subjektiv was man hat, so ein kleines Kasterl, was einen selbst bedrückt oder wie immer, die Sinne stumpfen ab, und du achtest gar nicht, was die anderen bewegt, was den anderen also so auf den Geist fällt oder was sie bedrückt. Und da kamen so unterschiedliche Dinge raus, so verschiedenen Zeichnungen und so viele Bewegungen, die ganz anders waren" (TN 3, 8.7.1998).

Allerdings erschien es etwas „stressig", die eigene Geschichte „zu veröffentlichen", etwas von sich preiszugeben, andererseits wurde geschätzt,

>„.....dass sich andere Leute auch damit beschäftigen, dass du siehst, du bist nicht allein mit dem Problem. Und du kannst Ideen bekommen, was du anderes machen könntest" (TN 12, 17.6.1998).

Das wurde als ein wesentliches Unterscheidungsmerkmal zu Selbsterfahrungsgruppen gesehen. Das Spiel selbst etablierte eine Art Metaebene, die es erleichterte zunächst distanziert und später öffentlich zu werden (TN 13, 16.6.1998). Selbsterfahrung und politischer Anspruch schlossen sich nicht aus:

> „...ob etwas politisch ist oder nicht hat nicht unbedingt etwas damit zu tun, ob man an die Öffentlichkeit geht, weil das kann in mir etwas verändern, wodurch ich andere Dinge wieder anders sehr, das kann mich einfach stärken" (TN 14, 16,6,1998).

In ähnlicher Weise könnten das Persönliche und Politisch-Öffentliche in der Weise verbunden werden, dass es um „persönliche Politik" im Sinne eines besseren Zurechtfindens in der Gesellschaft geht:

> „Ich finde das eigentlich von der Qualität her sehr hoch. Welche politische Arbeit schafft das, auf einer persönlichen Ebene politische Informationen rüberzubringen" (TN 9, 24.6.1998).

> „Wenn ich mich z.B. verändere .... ist das auch eine politische Aktion, weil ich so hinausgehe und weil ich das, was ich bin, weitergeben möchte und ich tu das auch. ... Ich kann es einfach selbst weitergeben, wenn ich es selber bin" (TN 1, 12.7.1998).

Die Auffassung, sich selbst zu helfen und zu verändern, erweckte in verschiedener Hinsicht auch Widerspruch innerhalb der Projektgruppe:

> „Es hat für mich auch den Aspekt, dass ich mich halt besser arrangieren kann, dass ich persönlich besser zurechtkomme, das ist zwar klass, aber die Städteplaner werden trotzdem noch irgendwo ein Einkaufszentrum am Stadtrand genehmigen, da kann ich wieder hinten nachschauen und mich arrangieren, damit ich es besser aushalte. Und wenn

es dann mehr Verkehr gibt, sind wir machtlos mit den Methoden ....
Werde ich dadurch fit gemacht für die Kontrollgesellschaft oder stattet
es mich mit etwas aus, um besser Widerstand zu leisten, das ist für
mich noch offen" (eine TN, PRO 5, 23.1.1997).

Auch für einen anderen Teilnehmer brauchte es für strukturelle Probleme der Stadt andere Zugänge als individuell-experimentelle, damit es nicht bei der Symptombekämpfung bleibt, sondern andere Rahmenbedingungen schafft, damit z.B. Frauendiskriminierung nicht mehr passieren kann (TN 7, 24.6.1998). Und ebenso hatten für einen Teilnehmer die Aktionen in der Stadt eine große Bedeutung als Kontrapunkt, aber

„...da draußen hat sich nicht viel geändert und für mich ist es schon
eine Frage, ob ich mir jetzt einen anderen Wohnort suche, weil ich
nicht weiß, ob ich es auf Dauer durchhalte" (Pro 9, 29.6.1997).

Diese Widersprüche – zwischen struktureller Gewalt und lebendiger Beteiligung - waren nicht aufhebbar, genau zwischen und mit ihnen ereigneten sich die Prozesse, was sich beispielsweise auch an folgender Diskussion im Verlauf des Projektstudiums zeigte (Pro 6, 24.1.1997):

„Ich würde das ganz wichtig finden dass wir unsere Anliegen und unsere Vorstellungen irgendwann der Außenwelt zeigen oder beibringen oder erklären versuchen ... und zum politischen Einfluss nehmen denke ich mir, das ist ziemlich schwierig, an einen Städteplaner heranzukommen,...., der Weg, der funktionieren könnte ist, der Bevölkerung, den Menschen, uns allen zu zeigen, dass es anders gehen könnte und dass die Leute irgendwann draufkommen, dass sie es so nicht mehr wollen und dass sie dann einfach sagen, so geht es nicht.... aber die Menschen haben keine Perspektiven, wie es anders sein könnte..."

"Wie lang haben wir gebraucht, bis wir das wahrgenommen haben? .... die anderen darauf aufmerksam machen, ihnen die Möglichkeit geben, dass sie die Erfahrungen machen, was mit ihnen da jetzt passiert... es geht gar nicht um fertige Lösungen... sie spüren das ja gar nicht..."

„Das ist ja voll Selbsthilfe von mir...."

„Aber andererseits lassen sich die Menschen ja so einrichten... die Städteplanung ist ja eine eigene Geschichte,..., manche Entwicklungen sind halt temporär wie der Urbanismus, der in der Zerstreuung liegt, ... wo man plant, okay, es gibt dieses und dieses Gebiet, was brauchen wir da die und die Infrastruktur wird genauso aufgeteilt... dann entstehen halt Einkaufszentren etc. gleichzeitig ist das auch notwendige Infrastruktur, wenn es ein Wohngebiet ist. Die Leute brauchen das, andererseits verhindert das wiederum andere Möglichkeiten, und so geht das mit der Stadt irgendwie verloren. Warum wird so ein „Cinneplex" am Stadtrand gebaut.... es ist jeden Abend voll, die Menschen wollen das, wollen konsumieren und deswegen gibt es das... das ist die andere Seite, die man nicht vergessen darf mit den Missionaraktionen...."

„...das zipft mich voll an, das mit den Missionaraktionen ...., ich möchte nur, dass die Menschen überhaupt versuchen, zu entscheiden, selbständig, ich will gar nichts aufdrucken oder sonst was, ich will nur, dass die Leute überhaupt mal frei entscheiden, weil das passiert ja jetzt nicht.... jetzt werden sie nicht missioniert, sondern ‚obigedruckt'".... weil ich will sie nicht missionieren, ich möchte nur andere Möglichkeiten aufzeigen, dass es die Möglichkeiten auch gibt, die in dieser Welt untergehen, man sieht sie nirgends und ich möchte nur aufzeigen, und die Leute sollen selbständig entscheiden, ob sie das wollen oder nicht...."

Und so können andere Handlungsweisen im öffentliche Raum sich nicht nur als Widerstand, sondern als gelebte Gegenthese zum Vorhandenen erweisen. Eine Aktion wie das „permanent breakfast" würde durch eine kollektive Beteiligung wieder eine politische Dimension erhalten:

„Da kommt schon so ein heimliches, lustiges Gefühl, wenn das alle machen würden, dann wäre es ganz anders, auch mit diesen kleinen Veränderungen" (TN 14, 16.6.1998).

Fazit: Die politischen und gesellschaftskritischen Aspekte des Projektstudiums wurden auf das Geschehen in der Gruppe, die Aktionen im öffentlichen Raum und auf die öffentlichen Forumtheateraufführungen bezogen. Dabei werden vielfältige Ideen und Bedeutungen des ‚Politischen' formuliert, wie die Selbsterfahrung und veränderte Lebenspraxis, die gemeinsame Auseinandersetzung mit Problemen des Zusammenlebens und mit gesellschaftlichen Strukturen, sowie das öffentliche, kollektive Handeln bei den Forumtheateraufführungen und Aktionen in der Stadt. Gerade die Verbindung des Persönlichen mit dem Politischen wurde als wesentlich erkannt, genauso wie die daraus erwachsenden Widersprüche von struktureller Gewalt und lebendigen Beteiligungs- und Handlungsmöglichkeiten, Symptombekämpfung und dem Schaffen neuer Rahmenbedingungen.

III. 7.3 Die Funktion der Gruppe

(HU-Projekt-Gruppe; HU-Projekt-Verlauf; Code „Gruppe")

Eng mit dem politisch-gesellschaftskritischen Anspruch ist in der Theaterpädagogik die Bedeutung der Gruppe verknüpft, da sie über die Individualisierung und Isolierung hinaus einen Raum für gemeinsames, aufeinanderbezogenes Handeln schafft. Die Bildung einer spielenden, kooperierenden und unterstützenden Gruppe ist eine wesentliche Voraussetzung für theaterpädagogische Prozesse.

Wie haben die TeilnehmerInnen des Projekts die Gruppe erlebt?

„Ich habe sie (die Gruppe, M.W.) gesehen als oranger, gelber, blumiger Streifen, der sich da durchzieht, ständig treffe ich Leute aus der Gruppe: Sieh mal an, die Gruppe ist unterwegs, auf eigenen Wegen, um neue Erfahrungen zu machen über die man sich wieder austauschen kann.... wie auf einem großen Traumschiff" (eine TN, PRO 5, 23.1.1997)

Die Gruppe der TeilnehmerInnen des Projektstudiums wurde mit einer Reihe von positiven Aspekten beschrieben, es machte Spaß und Freude, sich zu sehen und miteinander zu spielen

„Besonders an unseren Abendtreffen war so eine Vorfreude, jeder hat einen gestressten Tag hinter sich gehabt, und doch: Auf das freue ich mich eigentlich als schöner Abschluss für eine öden Tag, das hat mich überrascht, das musst du in einer Gruppe erst einmal erzeugen können, dass sie sich freut, am Abend etwas zu machen" (eine TN, PRO 5, 23.1.1997).

Neben dieser der Freude wurden die Möglichkeiten wertgeschätzt, sich „fallen lassen" und vertrauen zu können, was eine wichtige Voraussetzung (und wohl auch Folge) dafür war, mit den meisten in der Gruppe gerne zusammenzuarbeiten. Für einige war diese Atmosphäre vor allem im universitären Zusammenhang neu und ungewöhnlich. Es wurde das Gefühl beschrieben, von der Gruppe getragen und „geschützt" zu werden. Es wurde eine offene, freie Atmosphäre erlebbar, die ermöglichte,

„....auch frei auch zu reden und das musst einmal schaffen auf der Uni, dass die Studenten die Angst verlieren einfach und dann sagen, wie es ihnen geht. Ich denke mir schon dass einfach mehr herauskommt" (TN 2, 8.7.1998).

Es war möglich, sehr offen zu arbeiten, es gab nicht das Gefühl, etwas zu verlieren, „wenn du etwas feil gibst". Eher konnten die TeilnehmerInnen in dieser Gruppe einen Freiraum erleben,

„....in dem ich mich so aufführen kann, wie ich bin ich,.." (eine TN, PRO 10, 13.1.1997).

und wo Gefühle ihren Platz haben. Dennoch sieht eine Teilnehmerin einen klaren Unterschied zu manchen Selbsterfahrungsgruppen,

„....wo die Gruppe vorher gewisse Dinge ausmacht und wo klar ist, da kann es jetzt ganz dicht/tief werden, wo ein gewisser Schutz einfach da sein muss für jeden einzelnen. Und da ist die Theaterpädagogik für mich eine andere Methode, die diesen Rahmen zwar nicht in der Weise zur Verfügung stellt, dass es so tief werden kann, dafür aber andere Möglichkeiten eröffnet, weil man eine Metaebene einnehmen kann und dann ein bisschen distanzierter ist" (TN 13, 16.6.1998).

Für diese Teilnehmerin bestand die Qualität des Arbeitens darin, selbst mitzubestimmen, wie weit sie jetzt gehen möchte, wofür es genug Vertrauen gegeben hat.

Dazu zählte auch, sich manchmal wohl fühlen zu dürfen und manchmal nicht, und selbst darauf zu achten, was für eine(n) stimmt und was nicht. Und dazu zählte auch die in diesem Ansatz von Theaterpädagogik wichtige Möglichkeit, selbst zu bestimmen, wie viel Nähe oder Distanz zur Gruppe es geben soll. Erst so wurde es für manche möglich in einen intensiveren Kontakt zu kommen:

> „Es war mir erst später klar, dass ich mich ziemlich raushalte aus der Gruppe am Anfang, dass ich mir sehr genau anschaue, was passiert... erst jetzt bin ich drinnen, heute war das erste Mal, dass ich mich auf die Leute freue, wenn sie auf einem Haufen zusammensitzen, dann gehe ich einfach dazu ... es war letzte Mal das erste Mal, dass ich mich zu einer Gruppe dazugelegt habe und Körperkontakt aufgenommen habe" (eine TN, PRO 5, 23.1.1997).

Der durch die Übungen und das Spielen intensivere Kontakt durch körperliche Nähe und Berührung wurde als besondere Qualität – v.a. im Gegensatz zu anderen universitären Seminaren – erlebt, die maßgeblich zur Vertrauensbasis, zu einem näherem Verhältnis und einem hohen Grad an Aufmerksamkeit beigetragen hatte. Und das wirkte über die Gruppentreffen hinaus:

> „Also der J., der ja wesentlich jünger ist als ich, der hat sich richtig gefreut wie er mich auf der Volkskunde getroffen hat, ich war völlig von den Socken, ... also ich habe schon das Gefühl gekriegt, wir sind irgendwie zusammengewachsen in dieser Zeit" (TN 3, 8.7.1998).

Manchen fällt gerade der Körperkontakt zunächst nicht so leicht, zumindest werden Unterschiede wahrgenommen, mit welchen Männern und Frauen in der Gruppe das leichter fällt und mit welchen schwerer. Eine Teilnehmerin bezweifelte darüber hinaus, dass damit ein intensiveres Kennen lernen möglich war bzw. gab es nicht zu allen dadurch einen Zugang. Ihrer Meinung nach lag es auch an dem eher themen- und weniger personenzentrierten Zugang. Was die TeilnehmerInnen in bezug auf ein bestimmtes Thema einbringen konnten, schien wichtiger als die „ganze Persönlichkeit".

Dennoch überwiegte bei allen das Gefühl, die Gruppe als stärkend, ermutigend und unterstützend erlebt zu haben, besonders auch dann, wenn Aktionen in der Stadt durchgeführt wurden:

"Allein wäre sicher was anderes gewesen, aber dadurch, dass es die Gruppe war, war das eine große Unterstützung" (eine TN, PRO 3, 4.12.1996).

"Um etwas Neues auszuprobieren, war die Gruppe enorm wichtig. Also ich habe schon das Gefühl gehabt, dass das was Tolles war und wir haben das ausprobiert, diese verschiedenen Sachen in der Stadt zu machen. Sonst wäre ich mir vielleicht im Nachhinein doch wieder blöd vorgekommen" (TN 14, 16.6.1998).

Die Tragfähigkeit der Gesamtgruppe zeigte sich auch bei der Bewältigung eines größeren Konflikts im Umgang mit den Zeitstrukturen des Projekts, aus dem heraus die bestehenden Gruppenregeln ergänzt wurden. In einem anderen Fall dagegen wirkte sich ein privater Konflikt zwischen zusammenwohnenden TeilnehmerInnen, den sie nicht wirklich lösen wollten, belastend auf die Arbeit in der betreffenden Kleingruppe aus.

III. 7.4 Zu Merkmalen und Qualität des theatralen Lernens und Forschens

(HU-Projekt-Verlauf, HU-Projekt-Gruppe, Codes „Qualität", „Feedback", „Universität")

Im Zusammenhang mit der Bedeutung der Gruppe merkten die TeilnehmerInnen bereits an, wie sich der Umgang und die Beziehungen untereinander von sonstigen universitären Lehrveranstaltungen unterschieden hat. Zu erwarten war, dass auch andere Merkmale und Ansprüche der Theaterpädagogik und des szenischen Forschens anders erlebt worden sind.

Nach dem Ende Projektstudiums wie auch bei den Interviews wurde daher immer auch die Frage nach der Qualität des szenischen Forschens und Lernens gestellt und diskutiert, die diese gerade auch im universitären Kontext erhielt:

Der Großteil der TeilnehmerInnen ist davon überzeugt, viel gelernt zu haben. Das Ausprobieren und Spielen hat viel möglich gemacht, was nicht in dieser Weise erwartet wurde:

> „Am Ende des ersten Semesters habe ich den Punkt erreicht, wo ich nicht wusste, wie geht es da weiter, wie kann man ein Semester lang mit den drei Szenen arbeiten. Im Laufe der Zeit hat sich aber mit den drei Szenen soviel ergeben, es war wie eine Oase für mich mit ganz viel Licht und ganz viel Kraft, weil es etwas Unerschöpfliches gibt in der Arbeit (eine TN, PRO 9, 27./28.6.1997).

Dabei werden eine Reihe von Aspekten genannt, die diese Form des Lernens charakterisieren und sich gut auf die weiter oben entwickelten Merkmale der Theaterpädagogik (I.4) und des szenischen Forschens (III.2.1.) beziehen lassen.

Wesentlich für die TeilnehmerInnen erscheint, dass es einen Rahmen gegeben hat, in dem wie in einem geschützten Experimentierfeld, ausprobiert und verändert werden konnte. Dadurch wird gleichzeitig eine „Metaebene" eingeführt, die Distanz schafft, damit es nicht nur persönlich und tief wird:

> „Mir hat das ganz gut gefallen, dass man zwischendurch auch mit dem Kopf überlegte, und dann wieder spielerisch Sachen ausprobierte, sich mit der Szene spielte .... gerade bei dem Thema ist es mir wichtig, dass man den Humor nicht ganz verliert und dass man damit spielt und Verschiedenes ausprobiert" (TN 13, 16.6.1998).

Nicht dadurch lernen, dass etwas Vorgegebenes „wiedergekaut" werden muss, sondern das Gefühl zu haben, immer „etwas eigenes zu machen", dadurch zu lernen, indem es „selbst ausprobiert wird", oder etwas, was es schon gibt, auf die je eigene Art und Weise zu machen (TN 4, 30.6.1998). Dieses Ausprobieren bezieht den Körper und die Gefühle, die Person als Ganzes mit ein, es ist ein sehr persönliches Lernen auf psychischer und physischer Ebene und erzeugt eine positive, unterstützende Energie.

> „Solche Methoden mit einer Körperlichkeit haben eine ganz andere Sinnlichkeit, und weil wir in einer triebunterdrückten Gesellschaft leben, ist so etwas schon eine ziemliche Ausnahme" (TN 8, 24.6.1998).

Es ging um ein Forschen am eigenen Körper, an der eigenen Person, Forschen an Möglichkeiten - durch den Austausch und die Reflexion entstand eine breitere Sicht.

Das führte zu einem intensiveren, auch körperlichen Kontakt mit den anderen TeilnehmerInnen, wodurch große Vertrautheit und Vertrauen entstanden. Es brachte für die TeilnehmerInnen ein starkes persönliches Einlassen mit sich, das aber gleichzeitig die Bedingung dafür war, dass diese Lernprozesse in Gang kommen.

"Für mich war es wichtig und interessant mit dieser Art des Lernens, dass meine Person sehr integriert ist, nicht irgendwie von außen, was auf mich einströmt, das muss ich aufnehmen, sondern als Wechselspiel: Ich bin Lernende und Lernobjekt gleichzeitig, was es um einiges spannender macht und mehr Bereitschaft erzeugt, zu lernen, es aufzunehmen und etwas herzugeben" (TN 6, 25.6.1998).

"Ich habe in dem Jahr ganz viel dazugelernt und dafür möchte ich mich bei euch bedanken, das kann ich ganz ehrlich sagen... und das war das einzige Mal auf der Uni etwas für meine eigene Person, nicht einfach ein Wissenszusatz, sondern eine Weiterentwicklung meiner Persönlichkeit, einen Zuwachs an Persönlichkeitsbildung gebracht (eine TN, PRO 10, 13.1.1997).

Hemmend kann diese Art des persönlichen Lernens und der persönliche Umgang in der Gruppe dann sein, wenn "private Konflikte" hineinspielen, die schwer zu lösen sind, wie es in einer Kleingruppe passiert ist (TN 8, 24.6.1998). Wichtig war in jedem Fall, dass es nicht das Gefühl gab,

"....du verlierst etwas, wenn du etwas feil gibst. Ich habe das Gefühl gehabt, es ist ein geschützter Rahmen, in dem es auch intim (im Sinne von persönlich und nahe, M.W.) sein kann" (TN 12, 17.6.1998).

Einige erzählen davon, das sie oft mit Widerwillen und Unlust zu den Einheiten, vor allem zu jenen am Abend gekommen sind, dass sie aber wiederholt festgestellt haben, dass sich ihre Stimmung und Gemütslage veränderte. Das hing stark mit der lust- und energievollen Art des Arbeitens zusammen, sowie mit der oftmaligen Möglichkeit des spontanen und kreativen Ausdrucks, wie die folgenden Aussagen zeigen.

"Ich habe mir ein paar Begriffe aufgeschrieben, die mir spontan eingefallen sind: bewegen, bewegt werden, spielen, lachen, sich auf die anderen einlassen und nicht aufhören wollen, es hat total viel schöne Sachen gegeben." (eine TN, PRO 5, 23.1.1997).

„Am meisten hängen geblieben ist mir die Möglichkeit, loslassen zu können, das Spielen, das Herumhüpfen, das schreien, es einfach tun und sich nichts dabei denken, das habe ich mir oft gewünscht und nicht können, es war ein Genuss und es war das erste Mal, das ich als Erwachsener Mensch über die Straße gekrochen bin" (eine TN, PRO 10, 13.1.1998).

„Also auf die Kreativität hat es sich wirklich sehr positiv ausgewirkt, ich war da wirklich angeregt etwas zu tun, und wirklich das raus zu lassen was drinnen ist. So einfach ein Mittel zu suchen wie man sich ausdrücken kann. Und wenn es malen, wenn es eine Statue ist, man hat sich einfach mit dem beschäftigt, wie man das jetzt ausdrücken kann, und das hat man nicht einfach so weglegen können dann" (TN 12, 17.6.1998)

Neben dem Loslassen im Tun und Ausprobieren bestand eine Qualität auch in Übungen, die Entspannung bringen (TN 3, 8.7.1998) oder im Gegensatz zum Stress, zur Hektik im Alltag oder beim Sport eine langsame und daher „befreiende Erfahrung" darstellten. Einer Teilnehmerin fielen dazu die Worte „Energie, Konzentration, Ruhe" ein, bei gleichzeitiger Lebendigkeit durch den gegenseitigen Austausch von Einbringen und Bekommen (TN 4, 30.6.1998). Für einen Teilnehmer waren Ruhe und Langsamkeit wichtig, die es beim Denken und Reden gegeben hat (TN 7, 24.6.1998), was – auch von anderen - in Verbindung dazu gesehen wird, dass die Gruppe bei Gesprächsrunden immer am Boden gesessen ist, was eine angenehme, kommunikative Atmosphäre geschaffen hat. Interessanterweise führte gerade diese Praxis bei einigen TeilnehmerInnen dazu, dies auch in ihrem privaten Leben beizubehalten, für eine Volksschullehrerin ist dadurch eine neue Möglichkeit der Kommunikation in der Klasse geschaffen worden (TN 3, 8.7.1998).

Neben dem „Sitzen" war es aber gerade die viele Bewegung, die eine andere Qualität der Begegnung und Kommunikation ermöglichte und auch im Alltag mehr Bedeutung erhalten sollte (TN 5, 25.6.1998).

Immer wieder tauchte auf, dass diese Art des Lernens und Forschens als lustvoll, als Spaß empfunden wird und man davon profitiert, dass der übliche Leistungsdruck verschwunden ist. Das führte aber manchmal zu Selbstzweifeln, ob überhaupt etwas geleistet wurde – ist das Spielen nicht zu kindlich? Dem entgegen standen wiederum aber Erfahrungen wie die folgende:

> „Von dem her es ist eh so lustig und so leicht, das kann doch keine Leistung sein. Was ich sehr interessant finde, weil wir sind da viel tiefer gegangen als beim Reden. Wenn ich so etwas spiele, kann ich sehr viel weniger Schutzmechanismen aufbauen oder auch Blendungsmechanismen, die ich habe oder die glaube ich alle haben, dass ich die nicht so einbringen kann und auch nicht irgendwie muss, also ich sehe mich auch nicht gezwungen. Das ist schon okay. Was da passiert ist, dass ich einen größeren Freiraum habe als sonst irgendwo" (TN 9, 24.6.1998).

Durch diesen Zugang fielen Ansprüche weg, die sonst dazu führen hätten könnten, dass es abgehoben und gekünstelt worden wäre, was öfters einer Erfahrung im universitären Bereich entsprach:

> „Das fällt weg, es geht leichter auf etwas konkreter hin zu schauen, auf die konkreten Emotionen, die man hat, auf die konkreten Sachen, die da passieren, und man hat nicht irgendwelche Theoriegeschichten, die da andauernd drüberfahren" (TN 10, 24.6.1998).

Und dabei gab es einen großen Unterschied zwischen dem, das theoretisch gelesen, und dem, was unmittelbar durchgespielt, ausprobiert worden war: Weil das Fühlen und Erleben integriert war, blieb es „tiefer sitzen" (TN 9, 24.6.1998). Auch bei der Lektüre von einem Text müssten Inhalte in den eigenen Erfahrungsbereich rückübersetzt werden:

> „Wenn das aber mit Menschen unmittelbar passiert, ist das wesentlich weniger umständlich, einprägsamer und direkter, als wenn ich das beim Text indirekt machen muss" (TN 10, 24.6.1998).

Genau diese Qualität wurde von manchen TeilnehmerInnen üblicherweise im universitären Kontext vermisst und vermehrt gewünscht:

> „...nicht nur Theorie, sondern wirklich am eigenen Körper spüren, was bedeutet es jetzt bzw. vom Körper auf eine Theorie zu kommen. Das misse ich nämlich auf der Uni, weil ich das Gefühl habe, dass viele Sachen sehr theoretisch sind und dass sie mit der Praxis, mit dir als Mensch nichts mehr zu tun haben" (TN 1, 12.7.1998).

Das führte oft dazu, dass innerhalb kurzer Zeit viel Stoff vermittelt wurde, der nicht wirklich verarbeitet werden konnte, gerade in einem Fach wie der Pädagogik, wo es zumeist Bezüge zum eigenen Leben gäbe (ebd.). Widersprüche in der universitären Lehre fielen nun deutlicher auf, sie erschienen durch die Erfahrungen beim Projekt in einem neuen Licht. So erzählte eine Teilnehmerin über ein Seminar zum Thema „Zwischen Freiheit und Disziplinierung. Diskurse über Körperlichkeit", in dem hauptsächlich mit Texten gearbeitet wurde und die TeilnehmerInnen immer gesessen sind:

> „...da ist aber alles wieder gekommen, und ich habe mir gedacht das habe ich alles schon beim Projekt einmal gemacht.... Es war eigentlich theoretisch natürlich, aber es ging um den Körper im Grunde. ... Wir haben mit Texten, aber nicht praktisch gearbeitet. ... Aber ich habe dadurch wieder sehr viel an unser Projektstudium denken müssen oder halt auch darüber nachgedacht. Dabei habe ich vor allem an die Befreiung gedacht. ... Wir haben dann in einem Text gelesen und da ist es dann, unter anderem ist in der Diskussion auf die Sprache gekommen, wie schwer es eigentlich ist so richtig laut zu schreien. Und wir haben ja das bei dir gemacht und jetzt habe ich mich daran erinnert und habe ich mir gedacht, ja eigentlich ist es mir auch nicht gelungen, ich konnte das gar nicht mehr, ich konnte nicht so vom Bauch heraus laut schreien, so richtig. Es ist sicher besser geworden ... und irgendwie haben wir da irrsinnig viel in Richtung Befreiung gemacht, eigentlich schon. Jetzt, so im nachhinein da blicke ich wieder darauf, durch dieses Konversatorium. Ja es war wirklich toll, es war ganz toll, ich bin froh, dass ich es gemacht habe. Ja in erster Linie glaube ich, vor allem an diese Bewegungen und an das Schreien habe ich gedacht. Auf jeden Fall läuft es in Richtung Befreiung und nicht in Disziplinierung, auf keinen Fall." (TN 2, 8.7.1998).

In diesem Zusammenhang fanden es die ProjektgruppenteilnehmerInnen schade, dass es innerhalb des Projekts nicht mehr Platz für eine theoretische Auseinandersetzung und zum Herstellen weiterer Bezüge gegeben hat. Ein diesbezüglicher Versuch gelang nicht sehr gut, die Beteiligung an einer theoretischen Auseinadersetzung über die strukturelle Gewalt der Stadt war eher gering:

„Wenn ich mich an den Tag erinnere, wo wir was lesen hätten sollen und darüber reden, ich habe irgendwie so gemerkt, die Leute trauen sich nicht wirklich und ich frage mich, woran das liegt, weil einfach immer unheimlich gescheit geredet wird, es fragt nie jemand nach, was du so persönlich davon haltest, wie es dir damit geht, was du dazu denkst und ich habe so das Gefühl gehabt, es war irgendwie, es ist auch so ein bisschen generell jetzt in der Gruppe die Angst da, einen Blödsinn zu sagen, weißt du. Gelesen haben wir es schon, aber nicht so gut, nicht so dass ich jetzt darüber ‚Hirnwichsen' könnte, wie es halt auf der Uni so üblich ist, weil ich meine, sage einmal bei irgendeinem Professor normal was, ich habe mich fast nie was sagen getraut, weil da sitzt du einfach in Vorlesungen drinnen oder in Seminaren, hörst dir an, was gesagt wird, was willst du denn bitte denen erzählen, wie es dir damit geht" (TN 1, 12.7.1998).

Zur intensiveren theoretischen Auseinandersetzung hatte aber auch die Zeit nicht gereicht, obwohl das Projektstudium ohnehin sehr zeitaufwendig war. Das war mit ein Grund, worin es von anderen universitären Lehrveranstaltungen unterschieden hat. Über den Zeitaufwand hinaus verlangte es ein kontinuierliches Einlassen und Engagement, was zum sonstigen, in viele Lehrveranstaltungen aufgesplitterten, „fleckerlteppichmäßigen" Universitätsalltag im Widerspruch stand. Eine Teilnehmerin stellte fest, dass es beinahe nicht möglich war, zu fehlen, weil die Gefahr bestand, dass der Anschluss verloren wurde (TN 3, 8.7.1998).

Nach Meinung der GesprächspartnerInnen kam diese Intensität und Kontinuität dadurch zustande, weil es neben den oben beschriebenen Qualitäten und der vertrauten, offenen Atmosphäre in der Gruppe starke persönliche Bezüge zum Thema gegeben hat.

Fazit: Viele Merkmale und Aspekte der Theaterpädagogik, wie sie beschrieben wurden, kamen den TeilnehmerInnen in den Sinn, wenn sie ihre eigenen Erfahrungen reflektierten: Das spielerische Ausprobieren in einem geschützten Experimentierfeld, der Einbezug des Körpers, der Gefühle, ja, der ganzen Person und Persönlichkeit ermöglichte aktive, tiefgehende und selbstbestimmte Erfahrungen und Lernprozesse. Diese waren außerdem mit Unterhaltung und Entspannung, mit

Spiellust und Konzentration verknüpft, ohne den sonst gerade im universitären Kontext herrschenden und hemmenden Leistungsdruck.

Abschließendes Resümee: Und das Forschen...?

Ich habe zu Beginn des dritten Teils geschrieben, dass Forschen auf Basis szenischen Spiels eine eher neue Richtung innerhalb der Sozialwissenschaften darstellt, die noch nicht über einen ausgearbeiteten und verbindlichen methodologischen Hintergrund verfügt. Dennoch lassen sich eine Reihe von entsprechenden Merkmalen und Prinzipien formulieren (siehe S.215ff.), die zu einem guten Teil bei diesem Projekt zur Anwendung gekommen sind: Die Einbeziehung des Körpers als Quelle von Wissen und Erkenntnis erlaubte die Bewusstmachung städtischer Gewalterfahrungen wie auch das Finden alternativer körperlicher Möglichkeiten im städtischen Alltag. Damit im Zusammenhang steht, dass einige TeilnehmerInnen nun über neues Wissen für städtisches Leben als Handlungswissen verfügen, wozu maßgeblich der experimentell-handlungsorientierte Charakter so wie der Alltags- und Lebensweltbezug beigetragen haben. Das unterstreicht die spezifische Qualität des Erkenntnis- und Wissensprozesses, der nicht einem Anspruch einer umfassenden und objektiv-distanzierten Problemdarstellung Rechnung trägt. Vielmehr wurde der Forschungsprozess von Interessen nach Veränderung ganz bestimmter thematischer Bereiche getragen (III.4.2). Individuelle Wünsche und Erfahrungen waren der Ausgangspunkt dazu, gesellschaftliche Bezüge herzustellen. Allerdings zeigte sich, dass eine Reihe der in Teil II theoretisch entwickelten Probleme auch im Zuge des szenischen Forschens auftauchten. Leider war es während des Prozesses nicht möglich, auf diese theoretischen Bezüge intensiver einzugehen und so bleibt die Frage offen, wie die Integration theaterpädagogischer Praxis und theoretischer Reflexion auf fruchtbringende Weise gelingen kann. Daran knüpft die Frage an, wie szenisches Forschen auch in einem methodologischen Sinn weiterentwickelt werden kann bzw. wie umgekehrt traditionelle Forschungsansätze dadurch bereichert werden könnten.

Allerdings standen die wissenschaftlichen und theoretischen Fragen nicht im Zentrum des Projekts. Wichtig war, dass das im Prozess entstandene Wissen in erster Linie bei den forschenden AkteurInnen innerhalb der Gruppe blieb. Über

Aufführungen wurde es ansatzweise in die gesellschaftliche Öffentlichkeit getragen.

Im Zuge des Projektstudiums war es – über die Interviews mit den TeilnehmerInnen und den ZuschauerInnen einer Forumtheateraufführung hinaus - nicht mehr möglich, Wirkungen szenischen Forschens im gesellschaftlich-politischen Bereich nachzugehen und zu verfolgen. Abgesehen von der schwierigen Frage, wie das überhaupt machbar ist, müssten wohl zunächst die Dimensionen des Politischen noch deutlicher werden, was ich in den Nachbetrachtungen (siehe III.7.2) ansatzweise versucht habe. Abgesehen von Aufführungen in der universitären Öffentlichkeit und von Aktionen in innerstädtischen Räumen, gab es keine weitere Anbindung oder Verzahnung mit andern Lernorten oder Öffentlichkeiten, was für eine stärkere politische Bedeutung des szenischen Forschens wichtig gewesen wäre.

TEIL IV

BRÜCKEN ZUR SOZIALEN ARBEIT: THEATER-PÄDAGO-GIK IM KONTEXT VON SOZIOKULTUR UND SOZIALER STADTENTWICKLUNG

Ein Epilog mit Ideen, Beispielen und Ausblicken

Vorbemerkung: Die Beteiligung an der Stadt als Haltung von Urbanität

Im bisherigen Verlauf der Arbeit konnte ich zeigen, wie theaterpädagogische Methoden anregen können, sich städtischer Wirklichkeit und ihrer Gewalt auf ungewöhnliche Weise anzunähern. Der spielerisch-experimentelle Zugang ermöglichte neue Sichtweisen und Perspektiven auf städtischen Alltag und erlaubte, aus gewohnten Wahrnehmungsmustern aus- und in neue Handlungsmöglichkeiten einzusteigen. Außerdem wurde deutlich, dass Vorstellungskraft darüber entwickelt werden konnte, wie städtische Räume in vielfältiger Weise angeeignet und benutzt werden konnten. Dies lenkt den Blick über die Frage verkehrstechnischer Gestaltungen hinaus auf zumeist verborgene, unterdrückte Ideen, Wünsche und Praktiken und auf die Frage, wie die Nutzung und Aneignung öffentlicher Räume ermöglicht und erweitert werden können. Die TeilnehmerInnen des Projektstudiums waren StudentInnen. Was aber würde es bedeuten, eine derartige theaterpädagogische Arbeit jenen gesellschaftlichen Gruppen ‚anzubieten', die an öffentlichen Räumen und am städtischen Leben nur wenig partizipieren oder – auch aufgrund bestehender Raum-Machtverhältnisse - davon ausgeschlossen sind?

Könnte es in der Kinder- und Jugendarbeit, in der sozialen Arbeit mit Behinderten, mit alten Menschen, Obdachlosen und anderen Gruppen Projekte und Workshops geben, in denen diese spielerisch-experimentelle Zugänge zur Stadt und zum öffentlichen Raum Platz bekommen?

Könnte es auch diesen Gruppen gelingen, im szenischen Spiel erprobte Möglichkeiten, städtischen Raum bewusster wahrzunehmen und selbstbestimmter anzueignen, in die städtische Realität umzusetzen?

Könnten sie dadurch neue Möglichkeiten der Kommunikation, der Problem- und Konfliktbewältigung im städtischen Leben finden?

Es geht dabei zunächst um eine Form der Beteiligung am städtischen Geschehen, die von einem sinnlich-körperlichen Kontakt ausgeht und von der Idee, dass Lebensqualität in der Stadt maßgeblich mit körperlichem und emotionalem Wohlbefinden zu tun hat. Es wurden eine Reihe von Beispielen genannt, die Spielräume für eine bewusste und lebendige Teilhabe am städtischen Leben eröffnen. Sie hatten u.a. damit zu tun, das eigene Tempo bewusster zu bestimmen, im städtischen Alltag mehr auf sich selbst zu achten, sensibler zu werden für Materialien und Situationen und mit mehr Neugier und Interesse mit der Stadt in Beziehung zu treten. Urbane Räume werden – so Sennett (1995) in einem starken Maße durch die Weise gestaltet, wie Menschen ihren eigenen Körper erfahren. Der bewusstere Umgang mit dem eigenen Körper in der Stadt könnte zu einer Basis für eine Stadtplanung werden, die stärker als bisher an den alltäglichen Bedürfnissen und Interessen der Menschen orientiert ist.

Marianne Rodenstein (1997) spricht in diesem Zusammenhang von einer lebendigen, ‚erotischen Stadt': Diese könne nur aus persönlichen Einstellungen und Haltungen heraus entstehen, Räume und Fremde nicht zu scheuen, sich nicht ins Private, in die Wohnung, einzuspinnen', sondern hinaus ins ‚feindliche Leben' zu gehen und darauf zu vertrauen, dass es sich für die Entwicklung der eigenen Persönlichkeit wie auch der Stadt lohnt, andere Menschen kennen zu lernen, neugierig zu sein, Ambivalenzen und Gegensätzliches auszuhalten. Diese in der heutigen Zeit weitestgehend verschwundene Haltung von Urbanität ist die Voraussetzung dafür, dass Stadträume nicht ungenutzt und ‚ungeliebt' veröden, denn keine Stadtplanung kann die Leere der Plätze mit Leben füllen.

Diese Gedanken führen in das Feld einer sozialen, partizipatorischen und soziokulturellen Stadtentwicklung (Schulze 1993, Rosenberg 1994) und damit in wichtige Bereiche der Sozialen Arbeit. War die bisherige Arbeit geprägt vom theaterpädagogischen Umgang mit verschiedenen Formen städtischer Gewalt, weitet sich nun die Perspektive, um ein Weiter-Denken, um Vorstellungen für nächste Praxis- und Umsetzungsschritte zu entwickeln.

Ich formuliere nun einige praxis- und theoriebezogene Ausblicke, Beispiele und Ideen, wie die in dieser Arbeit vorgestellte theaterpädagogische Konzeption auf Basis bisheriger Einsichten weiterentwickelt und mit Feldern einer sozialen und soziokulturellen Arbeit verwoben werden könnte. Der folgende Abschnitt besteht aus Ideen und Gedanken, die an theoretische Konzepte anknüpfen, aus Beispielen und Geschichten, die sich bereits ereignet haben, sowie aus Ausblicken, die in Form von Fragen und Bildern in die Zukunft gerichtet sind.

Dabei knüpfe ich an das „Projektstudium" an, um zu zeigen, dass es gerade im Sinne einer *kommunalen Gewaltprävention* als sinnvoll erscheint, auf theaterpädagogische Verfahren zurückzugreifen, weil sie die Sensibilität, das Handlungspotential und die Möglichkeit der aktiven Beteiligung verstärken können. Um die aktive Beteiligung im Gegensatz zum individuellen Rückzug in Private geht es in einer *Gemeinwesenarbeit, die sich dem Prinzip Empowerment verpflichtet fühlt.* Dabei sollte es einen sinnvollen Platz für das Forumtheater geben können, während es im Bereich der *Soziokulturellen Animation,* wie sie besonders in der Schweiz und in Frankreich verstanden wird, darum gehen könnte, theatrale Ausdrucksformen für die Aktivierung und Entwicklung von Ideen innerhalb von Gruppen einzusetzen, um partizipative und demokratische Problemlösungsprozesse in Gang zu setzen. Die Prämisse, ‚Kultur selber machen', knüpft an populäre Kulturpraktiken an und erweitert den Kulturbegriff. Im Kontext der *Soziokulturarbeit und sozialen Kulturarbeit* gehe ich auf die Möglichkeiten theaterpädagogische Arbeit mit gesellschaftlich an den Rand gedrängten Gruppen ein. Darauf folgen Überlegungen, wie besonders das Forumtheater dazu beitragen kann, *subalterne Öffentlichkeiten und Diskurse* zu eröffnen, als Basis für *Beteiligung, Partizipation und Demokratisierung* im Sinne einer (urbanen) Zivilgesellschaft.

Alle diese Bereiche stehen in enger Beziehung zu einer Sozialen Arbeit, die sich an der Lebenswelt, an Partizipation und Empowerment, sowie an sozialen und soziokulturellen Räumen orientiert. Daher stelle ich zunächst einige Überlegungen über die Beziehung von Theaterpädagogik und Sozialer Arbeit an:

Theaterpädagogik und Soziale Arbeit: Möglichkeiten einer Beziehung

Meines Erachtens gibt es eine Reihe von inhaltlichen Gründen, die für eine Beziehung von Theaterpädagogik und Sozialer Arbeit sprechen, besonders dann, wenn sich letztere an folgenden Prämissen orientiert:

1) Ein wichtiger Grund für eine nähere Verbindung und Kooperation von Theaterpädagogik/ Theater der Unterdrückten mit Sozialer Arbeit, liegt darin, dass seit Ende der 80er Jahre ein Wandel innerhalb der Sozialen Arbeit, manche sprechen sogar von einem Paradigmenwechsel stattgefunden hat: Sehr verkürzt gesagt, hat sich die Ausrichtung der Sozialen Arbeit von einer disziplinierend-kontrollierenden, bürgerlich-normierenden und symptombekämpfenden zu einer lebensweltorientierten gewandelt. Lebensweltorientierung meint (vgl. Thiersch 1998,

S.24-35), dass Soziale Arbeit in der Lebenswelt der AdressatInnen, an ihren Deutungs- und Handlungsmustern und im Medium dieser Problemdeutungen und Ressourcen ansetzt. Die Lebenswelt wird dabei gesehen als Schnittstelle des Subjektiven und Objektiven, als Ort der subjektiven Anstrengungen zur Lebensbewältigung in den Aufgaben, die objektiv gesellschaftlich vorgegeben sind. Lebenswelt meint die Verhältnisse, in denen sich Menschen mit ihren räumlichen, zeitlichen und sozialen Erfahrungen vorfinden und behaupten. Es geht um die Frage, wie sich die Menschen mit ihren Deutungs- und Handlungsmustern arrangieren, wie sie sich im Spiel von Macht und Selbstbehauptung, von Anpassung und Widerstand, Verzicht und Träumen arrangieren. Dies korrespondiert mit dem wesentlichen Merkmal von Theaterpädagogik und szenischen Forschen, dass sie in den Geschehnissen des Alltags, an der Lebenswelt und –praxis ihren Ausgangspunkt nimmt (siehe I.4.4, III.2.1).

Eine lebensweltorientierte Soziale Arbeit will dazu beitragen, in gegebenen Ungerechtigkeiten und Ungleichheiten in Bezug auf Partizipation kompensatorisch tätig zu sein und Unterstützung bzw. Lernhilfen zur Bewältigung von Krisen anzubieten. Zentrale Eckpfeiler, die sich zunächst auf die Arbeit in der Jugendhilfe beschränken, aber mittlerweile für mehr Bereiche der Sozialen Arbeit Gültigkeit bewiesen haben, werden mit Regionalisierung bzw. Dezentralisierung, Alltagsorientierung, Integration, Prävention und Einmischung bzw. Partizipation beschrieben (vgl. Gebert/ Schone 1993, S.48ff). Außerdem sollen, im Sinne einer offensiven Sozialpädagogik über die Unterstützung individueller Lebensbewältigung hinaus, schädigende und einschränkende Strukturen und Bedingungen der Gesellschaft an diese zurückgemeldet werden (vgl. Scheipl 2000, S.4). Das erscheint als Vorraussetzung dafür, dass Lebensbedingungen so gestaltet werden, dass sie pluralisierte, selbstbestimmte Lebensentwürfe begünstigen (ebd., S.10).

Darüber hinaus agiert eine lebensweltorientierte Soziale Arbeit neben und mit denen, die sich im Feld sozialer Beratung und Unterstützung engagieren, wie Bürger- und Selbsthilfegruppen. Sie versteht sich damit als Leistungsangebot für alle und erweitert ihr traditionell in Randzonen der Gesellschaft angesiedeltes Angebot.

2) Die angesprochene Ausweitung und Vernetzung sowie die Leitgedanken der Regionalisierung, Integration und Partizipation verweisen auf eine weitere Tendenz in der Sozialen Arbeit: Sie will Räume und Praktiken einer „Civil Society"

eröffnen und unterstützen, in der Menschen und Gruppen auf Basis von Eigeninitiative, Selbstorganisation und Zusammenschluss vermehrt soziale, gesellschaftliche und politische Verantwortung zu tragen beginnen. Diese Haltung ist geprägt von einem

> „... Menschen- und Gesellschaftsbild der aktiven beziehungsweise mündigen Bürger und Bürgerinnen (....). Das dahinterliegende Konzept bezieht sich auf das Potential sowie die Fähigkeiten der Menschen, Situationen zu beeinflussen und zu gestalten – als Einzelner oder in der Gemeinschaft. .... Danach gilt es, die ‚Ermächtigung' zur Kontrolle und Gestaltung der Lebensumstände sowie der sozialen Zusammenhänge unter Berücksichtigung der notwendigen und vorhandenen Ressourcen zu erlangen; ‚sich selbst ermutigen', über eigene Fähigkeiten und Ressourcen nachzudenken" (Schaurhofer u.a. 2000, S.6).

Das Konzept „Empowerment", lenkt den Blick auf die Selbstgestaltungskräfte und die Ressourcen der Menschen, um diese produktiv zur Veränderung belastender Lebensumstände einzusetzen. Dabei geht es um die Entdeckung eigener Stärken, um die Fähigkeiten zur Selbstbestimmung und Selbstveränderung und um die Suche nach neuen Lebensräumen - im persönlich-seelischen, wie im politischen-öffentlichen Bereich, um einen Zugewinn an Autonomie und von sozialer Teilhabe (vgl. Herriger 1997, S.7ff.). Über die klassische Unterstützung und Beratung in der Einzelfallhilfe hinaus findet dieses Konzept auch in gesellschaftlichen Feldern und Lebenswelten Verbreitung, in denen es um gemeinsames, bürgerschaftliches Engagement geht.

3) Und nicht zuletzt zeigt sich, dass in der Sozialen Arbeit Ansätze der Soziokultur(arbeit), der soziokulturellen Animation, der Sozialen Kulturarbeit und Kultursozialarbeit mehr Bedeutung erlangt haben (vgl. Koch 1989, Sievers/Wagner 1992, Korrespondenzen 1995, Moser u.a. 1999). Dabei gehen ästhetische und soziale Erfahrungen Hand in Hand. AdressatInnen sozialer Dienstleistungen werden nicht einfach als Hilfesuchende oder zu Unterstützende behandelt, sondern entwickeln selbst bzw. in Kooperation mit Kunst- und Kulturschaffenden ihr gestalterisches Potential, artikulieren sich über kulturelle Ausdrucksformen und Medien und geben ihren alltagskulturellen Praktiken und Darstellungsweisen mehr Bedeutung. Diese kulturelle Kreativität kann sich im besten Fall auf die soziale Kreati-

vität, auf die Erweiterung von Wahrnehmungs- und Handlungsmustern im lebensweltlichen Alltag auswirken.

Meiner Meinung nach kann die in dieser Arbeit entwickelte theaterpädagogische Perspektive und Praxis die Ansätze einer modernen Sozialen Arbeit, wie ich sie gerade beschrieben habe, bereichern und ergänzen.

Dabei ist wichtig, das die Theaterpädagogik ihre Eigenständigkeit und ihren Eigensinn bewahrt: Sie stellt eine besondere soziale, kulturelle und ästhetische Praxis dar, die maßgeblich von einer Spiel- und Experimentierlust, von offenen Erfahrungs- und Handlungsräumen, sowie von einem hohen Grad an Lebendigkeit und Kreativität geprägt ist. Diese Qualität lässt sich, wenn Theaterpädagogik nicht vollends instrumentalisiert werden soll, weder vereinnahmen noch reduzieren: Vielmehr kann sich die Soziale Arbeit selbst fragen, welche Qualitäten und Haltungen aus der Theaterarbeit/-pädagogik neue Perspektiven und Möglichkeiten für sie selbst eröffnen können.

Das kommt dem sehr nahe, was Dewe/Otto (1996, S.88f.) in Rückgriff auf Habermas in ihren Zugängen zur Sozialpädagogik fordern: Entgegen der zunehmenden Verwissenschaftlichung von Sozialer Arbeit verweisen sie auf die Wichtigkeit der in der

> „...kommunikativen Alltagspraxis innewohnenden Rationalität, die den Eigensinn der Lebensformen gegenüber den funktionalen Erfordernissen des verselbständigten, ökonomischen und administrativen Handlungssystems zur Geltung bringt".

Während sich Wissenschaft am Kriterium der ‚Wahrheit' orientiert, ist die Bewältigung von Alltagspraxis eher auf das Kriterium der Angemessenheit ausgerichtet: Alltagsprobleme müssen praktisch gelöst werden, Entscheidungen fallen zumeist im Hier und Jetzt:

> „Mit anderen Worten: Praxis ist gezwungen, zu handeln und neigt deshalb dazu, Wirklichkeit als Gegebenheit zu nehmen. Theorie erschließt dagegen deren Möglichkeitshorizont und zukünftigen ‚Rahmen'" (Dewe/ Otto 1996, S.90f.).

Das Potential theaterpädagogischer Zugänge besteht nun gerade darin, dass die alltägliche Praxis der Ausgangspunkt für szenische Bearbeitungen und Verdichtungen ist, dass das Theaterspiel darüber hinaus handlungsbezogene Überschreitungen des Gewohnten ermöglicht und den Möglichkeitshorizont erweitert.

Andererseits ist klar, dass die von mir beschriebenen theaterpädagogische Modelle traditionelle Formen und Praktiken Sozialer Arbeit nicht ersetzen können und auch gar nicht wollen. Vielmehr geht es darum, sinnvolle Wege der Verknüpfung und Vernetzung, des Nebeneinander Agierens zu beschreiten, in denen gegenwärtige Tendenzen in der Sozialen Arbeit eine Orientierung und Bezugnahme für die Theaterpädagogik und speziell für das Forumtheater darstellen können. Das berührt die Frage nach den geeigneten Strukturen und Rahmenbedingungen, die für eine sinnvolle Realisierung notwendig erscheinen.

Unumstößlich ist die vollkommen freiwillige Teilnahme. Theaterpädagogische Projekte dürfen angeboten oder empfohlen aber nicht aufgedrängt oder aufgezwungen, verordnet werden. Zwar ist klar, dass sich Kontakte zu betroffenen Gruppen nur über entsprechende soziale Initiativen und Institutionen eröffnen können, die parallel zur theaterpädagogischen Arbeit weiterhin ihre spezielle Betreuungs- oder Unterstützungsfunktionen wahrnehmen. Die Richtung der ästhetischen und inhaltlichen Prozesse bleibt dennoch die Entscheidung der betroffenen Gruppen, weil diese in der Theaterarbeit als ExpertInnen ihres Lebens angesehen werden.

Da Theaterpädagogik an Gruppen, Gemeinschaften und Kollektive gebunden ist, finden Bereiche der Sozialen Arbeit wie Einzelfallhilfe oder Beratung wohl nur dann Beachtung, wenn sie durch gruppenbezogene Prozesse erweitert werden.

Der Längerfristigkeit in der theaterpädagogischen Arbeit in Kontexten Sozialer Arbeit ist kurzen, ‚eventhaften' Aktionen der Vorzug zu geben, da nur so die Erweiterung der Wahrnehmungs- und Handlungsspielräume im individuell-persönlichen wie auch im gesellschaftlich-politischen Bereich erwartet werden kann (siehe S.53f.). Auch aus diesem Grund ist es notwendig, mit den involvierten sozialen Initiativen und Institutionen zu kooperieren und Vernetzungen zwischen ihnen herzustellen. Dadurch verstärken sich letztlich die Möglichkeiten der politischen Handlungs- und Einflussmöglichkeiten.

Abschließend weise ich noch darauf hin, dass ich – außer in Zusammenhang mit kommunaler Gewaltprävention – nicht auf den Bereich der Prävention eingehe, in dem theaterpädagogische Methoden zweifellos eine große Rolle spielen (vgl. Rainer 1999). Diese Einschränkung hängt damit zusammen, dass ich mich in erster Linie an soziokulturellen und stadtbezogenen Feldern der Sozialen Arbeit orientiere und an einer Theaterpädagogik, die nicht primär an Lernzielen und intendierten Verhaltensänderungen orientiert ist, sondern am Eröffnen von spielerisch-experimentellen Handlungsräumen im Individuell-Persönlichen, wie im Gesellschaftlich-Politischen. Gerade im Präventionsbereich kann aber manchmal die Gefahr bestehen, dass weniger Optionen und Handlungsspielräume für pluralisierte Lebensentwürfe eröffnet werden, sondern aufgrund des pädagogischen Auftrages zu deren Standardisierung beigetragen wird (vgl. Scheipl 2000, S.8).

Ausblick I: Theaterpädagogische Wege im Umgang mit (städtischer) Gewalt

Die vorliegende Arbeit war vorwiegend der Frage gewidmet, wie es mit Formen der Theaterpädagogik möglich ist, Formen städtischer Gewalt in ihren unterschiedlichsten Ausprägungen bewusst zu machen und Handlungsmöglichkeiten, Wege der Veränderung von und einen anderen Umgang mit Gewalt zu finden. Das betrifft indirekte, strukturelle Gewaltformen, die schon so selbstverständlich und normal sind, dass sie gar nicht mehr auffallen genauso wie Formen direkter, personaler Gewalt, die in Interaktionen auftreten. Dabei hat sich gezeigt, dass theaterpädagogische Methoden und besonders das „Theater der Unterdrückten" für eine Reihe von Gewaltformen sensibilisieren können, und dass es für die TeilnehmerInnen möglich wurde, neue Spiel-, Frei- und Handlungsräume im Umgang mit Gewalt zu entdecken, die zum einem guten Teil im ‚realen' Alltag nachwirken.

Bezüge zur Sozialen Arbeit lassen sich aus unterschiedlichen Gründen finden: Der Umgang mit Gewalt in ihren verschiedenen Ausprägungen ist ein wichtiges Querschnittsthema innerhalb der Sozialen Arbeit, das verschiedene Lebensphasen und gesellschaftliche Gruppen betreffen kann, denken wir nur an Gewalt gegen Kinder, Frauen, alte Menschen oder AusländerInnen. Andererseits war in Zusammenhang mit dem Lehrstückspiel und dem Projektstudium die Rede davon, auf welch vielfältige und widersprüchliche Weise Menschen in gesellschaftliche (und städtische) Gewaltverhältnisse verstrickt sein können, in denen sie selbst zu ‚TäterInnen' oder ‚UnterstützerInnen' von Gewaltverhältnissen werden können.

Ich zeige anhand einiger Beispiele, wie der Umgang mit Gewalt im Kontext der Sozialen Arbeit auf Basis szenischen Spiels und theaterpädagogischer Methoden Sinn machen kann:

> a) Theaterpädagogische Arbeit im Umgang mit (städtischer) Gewalt kann sich zunächst an jene Menschen richten, in deren Alltag Gewalt eine Rolle spielt. So war bereits die Rede von dem Projekt „Gewalt in der Stadt" von Reiner Steinweg (1994a und 1994b), bei dem auf Basis des szenischen Spiels direkte, körperliche wie psychische und institutionelle Gewalterfahrungen – sowohl erlittene wie auch ausgeübte – von denjenigen ‚beforscht' und bearbeitet wurden, die aufgrund ihrer beruflichen Rolle damit zu tun haben. Eine Gruppe von städtischer Beamten vor allem aus dem Sozialbereich, sowie MitarbeiterInnen karitativer und sozialer Einrichtungen, die
>
> > „...im Spannungsfeld zwischen vorgegebenen Strukturen und den Ansprüchen des eigenen Berufsbildes aktiv mit Gewalt umgehen, sich mit ihr auseinandersetzen, sie gelegentlich auch ausüben müssen und dementsprechend als Täter oder indirekt Mitverantwortliche für die Strukturen gesehen werden" (Steinweg 1994a, S. 29),
>
> ... arbeiteten über mehrere Jahr lang an Möglichkeiten der Gewaltvorbeugung und/oder –minderung, die in verschiedenen szenischen Verfahren gesucht und probiert wurden (ebd., S.32f., vgl. Payer 1993). Dabei stellte sich u.a. heraus, dass mit der szenischen Arbeit eine Erweiterung und Differenzierung der Wahrnehmung von Gewalt verbunden war, die sich auf das weitere Handeln ebenso positiv auswirkte, wie die in der Arbeitsgruppe realisierte Vernetzung der beteiligten AkteurInnen und Institutionen. Dieses als „Grazer Modell" bezeichnete Projekt fand in dem von Böhnisch u.a. (1997) wissenschaftlich begleiteten Projekt „AgAG – Das Aktionsprogramm gegen Aggression und Gewalt" Beachtung. Es wird im Zusammenhang mit der These zu kommunalen Gewaltprävention, dass die Erweiterung der Wahrnehmung und die Förderung von Verständnis gewaltvorbeugend wirkt, angeführt. Außerdem wird darauf eingegangen, dass das „Grazer Modell" für einen Rostocker Stadtteil Anwendung fand, in dem die Gewalt von Jugendlichen zu eskalieren drohte (Bohn u.a. 1997, S.90ff.). Auch dabei wurde eine ämterübergreifende Arbeitsgruppe gegründet, der Jugendhilfeausschuss begann

sich daraufhin vermehrt um Angebote für Kinder und Jugendliche zu kümmern, für die Jugendlichen wurden mehr freie Flächen zur Verfügung gestellt.

a) Theaterpädagogische Methoden finden auch dort Eingang, wo es um die Frage geht, wie man sich Gewalt und Übergriffe wehren und behaupten kann: So wurden im Rahmen des „AgAG" Theaterworkshops für Jugendliche abgehalten (Bohn u.a. 1997, S.99f.). In einer der Szenen wurde eine Mädchengruppe zwischen 14 und 16 Jahren - ähnlich wie bei der Szene „Die letzten Männer" - in einem Bus von älteren Jugendlichen, belästigt und provoziert. Das führte zu einer Entsolidarisierung unter den Mädchen und machte es den männlichen Jugendlichen leichter, eines der Mädchen zu belästigen. In der Forumtheateraufführung wurde nach möglichen Lösung gesucht, wobei die wesentliche Frage war, wann Solidarität einsetzen müsste, um eine Gewaltszene nicht eskalieren zu lassen. Außerdem war interessant, ob es für die gezeigte Szene gewaltfreie Handlungsalternativen geben könnte. Die interaktive Bearbeitung der Szene machte nicht nur deutlich, dass der Umgang mit Gewalt häufig von Hilflosigkeit geprägt wird, sondern auch, wie wichtig es wäre, den...

„...richtigen Zeitpunkt zu kennen, wann es geboten ist, sich gemeinsam zu wehren, sich zu solidarisieren, bevor es spät ist – auch das ist ein Stück Handlungssicherheit und Zivilcourage" (ebd. S.100).

c) In eine ähnliche Richtung entwickelte sich auch das Projekt „Gewaltfreie Nachbarschaftshilfe" (Beck u.a. 1994), das Möglichkeiten für kreatives Eingreifen und gemeinschaftliche Prävention fremdenfeindlicher Übergriffe finden wollte. Auch in diesem Projekt kamen theaterpädagogische Verfahren zur Anwendung, wenn es darum ging, die „Opferrolle" in erlebten oder beobachteten Gewaltsituationen zu durchbrechen und für den eigenen Alltag Handlungsalternativen zu finden. Dazu wurden entsprechende Situationen erzählt, nachgespielt, bevor Ideen ausgedacht, spielerisch erprobt und ausgewertet wurden (ebd. 96ff.). Über die szenische Arbeit hinaus wurde der entsprechende Stadtteil sozialräumlich untersucht und ein nachbarschaftliches Alarmsystem für Notfälle eingerichtet, mit dem schnell auf Übergriffe reagiert werden konnte. Dieses Projekt bekam auch dadurch ein stark stadtteil- und gemeinwesenorientierten Charakter, weil im Laufe des Prozesses Kontakt zu möglichst vielen BewohnerInnen aufgenommen wurde, was zur einer stärkeren Vernetzung und Gemeinschaftlichkeit führte.

d) Ich habe darauf hingewiesen, dass in der Tradition des Lehrstückspiels und des Theaters der Unterdrückten die Auseinandersetzung mit Gewalt eine große Rolle spielt. Als ein Beispiel dafür, in dem es im engeren Sinn nicht um städtische Gewalt geht, sei das Projekt „Out of Silence" von David Diamond (vgl. 1995a) genannt. An diesem Theaterprojekt nahmen überwiegend Menschen teil, die selbst Gewalterfahrungen als Opfer wie auch als Täter hatten. Die szenische Auseinandersetzung mit diesen Gewalterfahrungen waren die Basis dafür, dass die Gruppe ein Stück zur familiären Gewalt erarbeitete, welches in interaktiver Weise mehrfach aufgeführt wurde. In dem besagten Fall kam es sogar zu einem „Fernsehforumtheater", an dem sich die FernsehzuschauerInnen telefonisch melden konnten und den SchaupielerInnen im Studio ihre Einstiegsideen erzählten, die diese dann umsetzten. Damit wurde erreicht, dass viele Menschen mit dem Thema Gewalt in der Familie konfrontiert wurden, und es wurde möglich, gemeinsam nach Handlungsmöglichkeiten zu suchen. In diesen Prozess waren auch SozialarbeiterInnen und TherapeutInnen miteinbezogen, die zur Verfügung standen, wenn beteiligte Akteure unmittelbar Unterstützung oder Hilfe brauchten. Das gilt generell als wesentliche Rahmenbedingung dafür, wenn in Feldern der Sozialen Arbeit mit möglicherweise traumatisierten Gewaltopfern gearbeitet wird.

e) Andere Beispiele betreffen die Arbeit mit gewaltbereiten Jugendlichen. Dazu ist vorauszuschicken, dass diese Arbeit nur dann Sinn macht, wenn Gewalt zunächst als ein Muster der Lebensbewältigung verstanden, in einem gewissen Sinn akzeptiert und nicht kritisiert wird. Die Betroffenen müssen selbst den Wunsch haben, sich mit diesem Muster auseinander zu setzen, was mit der wichtigen Rahmenbedingung Freiwilligkeit zu tun hat: So gab es beispielsweise in englischen Gefängnissen für jugendliche Straftäter die Möglichkeit, an einem längerfristigen theaterpädagogischen Projekt teilzunehmen. Dabei wurden jene Situationen gespielt, in denen die Jugendlichen sich zu Gewalt reizen und provozieren ließen. Der jeweilige Protagonist wurde von seinen Mithäftlingen im szenischen Spiel zunächst provoziert, während andere Mithäftlinge als Coaches Ratschläge gaben, wie er den Provokationen widerstehen könnte, um ihn zu unterstützen und zu bestärken. Die Provokationen sollten hart, aber gerade so sein, dass er ihnen widerstehen konnte, da der Fokus auf erfolgreiche Bewältigung, nicht auf Rückfälle gelegt wurde.

Das Probehandeln im Spiel, das von den Beteiligten als sehr ‚real' erlebt wurde, legte eine Basis, in vergleichbaren ‚realen' Situationen mehr Handlungsoptionen zur Verfügung zu haben (vgl. Rainer 1999, S.14). Ähnlich auch die (mündliche) Schilderung von David Diamond, der folgende Szene aus einem Projekt erzählte: Ein Jugendlicher, Mitglied einer Jugendbande, ist mit dem inneren Konflikt konfrontiert, ob er sich, nach der ‚Attacke' einer anderen Jugendbande am ‚Gegenangriff' beteiligen solle oder nicht. Dieser innere Konflikt wurde mit der Technik „Polizist im Kopf" in der Weise bearbeitet, das die vielen Anweisungen, Gebot und Verbote, die der Jugendliche wie Stimmen in seinem Kopf ‚gehört' hatte, einer handlungsorientierten und kreativen Auseinandersetzung zugänglich gemacht wurden.

Die kurz dargestellten, ausgewählten Beispiele zeigen, dass im Kontext der Sozialen Arbeit theaterpädagogische Methoden vielfältige Möglichkeiten bieten können, den Umgang mit Gewalt zu verändern. Ihre Stärke liegt wohl darin, dass sie einen stark körperlich-handlungsorientierten Zugang aufweisen, dass sie sensibilisieren und zum Eingreifen ermutigen können. Außerdem sind sie auf Gruppen bezogen, die Basis für weitere Vernetzungen im Gemeinwesen oder im Stadtteil sein können.

Ausblick II: Forumtheater und Empowerment in der Gemeinwesenarbeit

In der Sozialen Arbeit hat sich in den letzten Jahren, ausgehend vom angloamerikanischen Raum, das Konzept „Empowerment" verbreitet. Diese Haltung in der Sozialen Arbeit meint zunächst, vorhandene Fähigkeiten, Stärken von Menschen, Organisationen oder Gemeinschaften zu nutzen, also an Ressourcen und Möglichkeiten, weniger an Defiziten anzusetzen, um den

> „.....ökologischen und sozialen Lebensraum (zu) gestalten und so mit einschränkenden und problematischen Situationen kreativ und ihren Bedürfnissen gemäß umgehen (zu) lernen. Der Blickwinkel richtet sich hier gezielt auf die *Ressourcen und Stärken der Menschen, auf ihre Potentiale zur Lebensbewältigung und Lebensgestaltung* – auch unter eingeschränkten Bedingungen des Mangels oder vor dem Hin-

tergrund vielfältiger persönlicher und sozialer Defizite" (Stark 1996, S.108).

In einem lebensweltlichen Sinn geht es dabei um die Frage der erfolgreichen Lebensbewältigung im Alltag, also darum, möglichst selbst Lebensregie führen zu können und die entsprechenden Kompetenzen zu entfalten (vgl. Herriger 1996, S.291).

In einem – davon nicht wirklich trennbaren - politischen Sinn geht es bei Empowerment um „Selbst-Bemächtigung" vormals Ohnmächtiger, um Teilhabe an Macht, um Verfügungs- und Entscheidungskraft sowie um Selbstaneignung von Lebenskultur (vgl. ebd. S.290). Politisches Empowerment bezieht seine Stärke aus der Kraft des Plurals, es ist tätiger Gemeinsinn,

„...wo Menschen gemeinsam mit anderen zu kritischen Akteuren auf der Bühne der lokalen bürgerschaftlichen Öffentlichkeit werden" (ebd. S.298).

Dabei werden sie getragen von der Verbundenheit mit anderen, der kollektiven Sorge um ein Gut sowie das kritische Verständnis der sozialen und politischen Umwelt. Lern- und Veränderungspotentiale werden auf der emotionalen, der kognitiven und interaktiven Ebene freigesetzt (vgl. Stark 1996, S.111f.). Außerdem ist wichtig, dass dem Empowermentprozess ein Begriff von Macht innewohnt, der

„ ...ein Verständnis von *struktureller, politischer Macht* vereint *mit persönlichem Wachstum, individueller und sozialer Weiterentwicklung und Emanzipation und eigenem Selbstbewusstsein von einzelnen und Gruppen*" (ebd., S.156).

Empowerment hat mittlerweile auch in die Gemeinwesenarbeit Einzug gehalten. „Empowerment" wurde zu einer Orientierung, die bürgerschaftliches Engagement zu Verbesserung der Lebensqualität unterstützen will. Dabei steht die Aktivierung zu Eigeninitiative und zur Lösungskompetenz im Vordergrund. Menschen sollen dazu ermächtigt und befähigt werden, eigeninitiativ zu handeln, damit sie zu Subjekten politisch aktiven Handelns und Lernens werden. Probleme sollen aufgedeckt und Lösungen gefunden werden, wobei die Betroffenen von Anfang an miteinbezogen werden. Diese bestimmen auch maßgeblich Inhalte und Ziele des Prozesses (Empowerment Schöpfwerk 1995). Zur Stärung der Ressourcen kommen eine Reihe von Methoden und Interventionen zur Anwendung, wie die aktivierende Befragung, Moderationstechniken, Planspiele, Beobachtungen, Gruppenarbeit, Mediation, Performances, kulturelle Veranstaltungen u.ä.m.. Hier ist eine Verbindung zum Forumtheater gegeben, ermöglicht dieses doch, einen Proberaum für eigenständiges, initiatives Handeln in schwierigen, Ohnmacht erzeugenden Situationen herzustellen.

Die Forumtheaterbewegung war und ist davon gekennzeichnet, das Theater als Werkzeug zu gebrauchen, um Erfahrungen von Unterdrückung und Ohnmacht im Alltag wie auch Wünsche nach Veränderung bewusst zu machen und die Bühne als Proberaum für verändertes Handeln zu nutzen. Die Prämisse ist auch hier, dass die Menschen selbst über das Potential verfügen, Ideen, Lösungsmöglichkeiten und Handlungsentwürfe für ihre eigenen Themen und Probleme zu finden. Das macht die betroffenen Menschen zu ExpertInnen ihrer Probleme. Empowerment betrifft sowohl das Finden von individuellen-persönlichen Handlungsstrategien in Ohnmachtssituationen und in diesem Sinn die persönliche Weiterentwicklung als auch die kollektive, öffentliche und politische Auseinandersetzung mit (Ohn)Machts- und Konfliktsituationen. Ein weiterer Bezug ergibt sich daraus, dass Prozesse des Empowerment mit der Entwicklung gesellschaftlicher Konfliktfähigkeit einhergehen, in Form der

> „Transformation von einer Situation und einem Gefühl der Machtlosigkeit (powerlessness) zu einer partizipatorischen Kompetenz" (Stark 1996, S.120).

Diese Entwicklung kann idealtypisch in vier Phasen verlaufen (vgl. ebd. S.121-127): Der „Mobilisierung" durch einen emotional erlebten Bruch mit der Alltagsrealität, der Infragestellung von Routinen und Machtstrukturen folgen „Engagement und Förderung", die durch den Austausch mit Gleichbetroffenen, die Einbettung in (sozial=) politische Zusammenhänge sowie das Erkunden neuer Möglichkeiten und Fähigkeiten gekennzeichnet sind. In der Phase der „Integration und Routine" geht es um die Stabilisierung erworbener Fähigkeiten und Rollen, sowie um aktive Einmischung. Das führt in der Phase der „Überzeugung und ‚brennenden Geduld'" über die entwickelte gesellschaftliche Konfliktfähigkeit hin zur aktiven Gestaltung der sozialen Umwelt, der Weitergabe des Gelernten und zur Integration in den sozialen Alltag. Empowermentprozesse sind ganz entscheidend geprägt von der untrennbaren Verknüpfung innerer wie äußerer Konflikte und Wachstum.

> „Empowermentprozesse als Entwicklung einer gesellschaftlichen Konfliktkultur erfordern und bewirken die *Herausbildung* und die *Pflege von Strategien*
>
> a) die gelernte Erwartung, hilflos zu sein, umzudefinieren
>
> b) die eigene Unsicherheit auszuhalten, Konflikte einzugehen
>
> c) gegenseitige Unterstützung zu stabilisieren
>
> d) Einschüchterungsversuchen von außen zu begegnen
>
> e) die damit verbundene Belastung privater Beziehungen durchzustehen" (Stark 1996, S.127).

Meines Erachtens könnte Forumtheater dazu beitragen, diese Potentiale zu wecken und stärken, indem es ermutigt, persönliche, (a)soziale und (un)politische Haltungen wahrzunehmen, auf die Probe zu stellen, zu verändern und sich auf veränderte Weise an persönlichen und gesellschaftlichen Konflikten und Beziehungsstrukturen zu beteiligen. Allerdings bedarf es dabei besonderer Sensibilität, Anstrengung und Aufmerksamkeit und eines geschützten, experimentellen Raumes, um sich aus gewohnten Kommunikations- und Handlungsmustern zu befreien und Alternativen zu finden.

Diese Arbeitsweise bedeutet auch, den Blick darauf zu konzentrieren, wo tiefe Erfahrungen von Ohnmacht, von Unterdrückung im Leben der Teilnehmenden berührt werden, die unangenehme, negative Gefühle und Erinnerungen zum Vorschein bringen. Aber die Reise stoppt nicht an dieser Stelle:

> „By investigating the oppression and finding ways to deal with it we can travel through it and arrive at a place of empowerment. A young participant in a workshop ... described it 'like going down in a dark mine. In the mine we found brilliant diamonds and brouhgt them to surface - but we had to go into the damp and dark to get them'. Good theatre is search for truths; it is often hard work. The process is not complete until we take our discoveries back into reality and apply them" (Diamond 1995a, S.36).

Forumtheaterprozesse können, wie an anderer Stelle gezeigt wurde, darüber hinaus die Bildung von Gemeinschaften und kollektiven Handeln in Form von Selbsthilfegruppen, Bürgerinitiativen u.ä.m. anregen. So bringt eine Besucherin ihre Einschätzung einer Forumtheateraufführung mit ihren Erfahrungen als Gemeinwesenarbeiterin in Zusammenhang:

> „Ich denke ‚es fängt irgendwo an der Basis an und in sehr kleinen Schritten. Das ist so eine Erfahrung, die du beim Forumtheater machen kannst, dass man in einer Situation nicht hilflos ist und dass es ein Lernschritt ist, dass man anfängt, sich aus diesem Ohnmachtsgefühl, aus diesem Opferdenken zu lösen. Ich muss nicht immer Opfer sein, ich gestalte auch mit, ich bin ja beteiligt, d.h. am Auflösen dieses Täter-Opfer-Verhältnis.... Wenn ich mich nicht zum Opfer machen lasse, dann gibt es kein Opfer. Und das ist immer eine Wechselbeziehung. Aber ich denke, das ist so ein Lernschritt, den man vielleicht einmal macht, wenn ich weiß, ich kann mir in der Situation helfen, das fällt mir in einer anderen Situation ein, dass man da auch was tun kann, d.h. es gibt so einen Gedankensprung oder so einen Quantensprung im Denken, ich bin nicht ausgeliefert, ich kann in hilflosen Situationen was tun. Das überträgt sich ja dann mehr oder weniger auf alle Ebenen, das kenne ich von meiner Arbeit, von der Gemeinwesenarbeit, wo es hieß: ‚Ja was sollen wir denn tun?' Da ging es um eine Straße, wo viel zu schnell gefahren wird, wo die Kinder drüber gehen in die Schule etc.. Und wenn dann Leute sagen: ‚Hallo ihr habt da ein Recht ins Planungsamt zu gehen und da mitzuentscheiden!', einfach diesen Kick zu schaffen, ich kann was tun und dann zu überlegen, ja was kann man tun, d.h. ich kann aktiv werden, dann ist es das in Prinzip das Gleiche wie bei der Forumtheateraufführung" (BS 4, 8.7.1997).

Bislang gibt es im österreichischen Raum kaum Beispiele für die Verbindung von Forumtheater und einer auf dem Empowerment-Konzept basierenden Gemeinwesenarbeit. Ich will daher an dieser Stelle einen Versuch schildern, der in diese Richtung weist:

> Im Rahmen des österreichischen Forumtheaterfestivals „Visionen zur Veränderung" im Herbst 1999 in Wien wurde mit dem Gemeinwesenprojekt „Em-

powerment Schöpfwerk" kooperiert. „Empowerment Schöpfwerk" versteht sich als Einrichtung, die bürgerschaftliches Engagement in der Siedlung anregen, unterstützen und stärken will. Engagierte MieterInnen dieser Siedlung, in der etwas 5000 Menschen leben, erzählten TeilnehmerInnen eines Workshop mit Augusto Boal, welche Probleme und Konflikte in der Großwohnanlage gerade aktuell waren. Daraus entwickelten WorkshopteilnehmerInnen eine kurze Forumszene, die an einem der folgenden Tage im Schöpfwerk gezeigt wurde. In der Schöpfwerkzeitschrift wurde darüber ein Bericht verfasst, aus dem ich nun zitiere, weil er die Stimmung bei der Aufführung gut wiedergibt:

„Donnerstag, 21.10., 15.30 vor dem Eingang zur Schule am Schöpfwerk: „Samma da am Steinhof?" fragt sich laut ein jugendlicher Passant, als eine Gruppe von DarstellerInnen gerade wie „verrückt" sich wiederholende, rhythmische, stampfende, tönende Bewegungen vollführt. Eine größere Gruppe von Kindern, Jugendlichen, aber auch Erwachsenen bleibt stehen und hält es – trotz der eisigen Kälte – eine Stunde aus: Sie bekommen eine Szene zu sehen, in der es konfliktreich zugeht und die etwas vom Leben am Schöpfwerk in zugespitzter Weise zeigt: Kinder und Jugendliche werden in ihrem Bedürfnissen nach Spiel- und Bewegungsräumen nicht ernstgenommen, Erwachsene, die sich für ihre Anliegen engagieren wollen, prallen auf Unverständnis und Ablehnung.

Das Besondere an diesem Nachmittag: Für die ZuschauerInnen ist es möglich, in die vorgegebene Szene „einzusteigen" und ihre Ideen für eine Veränderung oder Lösung durchzuspielen. Und das funktioniert auch: Die Beteiligung ist groß, besonders die Kinder und Jugendlichen mischen sich in die gezeigten Szenen ein. Im Forumtheater können sie unmittelbar und spontan ihre Ideen, ihre Wünsche und Bedürfnisse zum Ausdruck bringen, ja sie kämpfen richtiggehend darum, etwa ein blondes Mädchen: „Warum dürfen wir Kinder nicht mehr Spielplatz haben, ihr Erwachsenen habt ihn ja auch. Habt ihr früher nie gespielt?". Ihre Einstiege haben mehr Erfolg, wenn sie sich – auch mit engagierten Erwachsenen - zusammenschließen. Außerdem fühlen sich mit ihren Anliegen gerade auch von den (mit)spielenden Erwachsenen ernstgenommen, ihnen wird zugehört und geantwortet, und sie werden nicht - wie in der Forumszene – beschimpft, unterbrochen, ignoriert. Eine Erwachsene: „Ich war absolut überrascht. Man kommt so stark rein, wirklich mitzuspielen, weil es sind reale Szenen. Ich sah große Spiellust. Erwachsene sind stehen geblieben, die sonst nie zu irgendetwas zu animieren sind" (aus: Schöpfwerk Schimmel, Winter 1999, Nummer 43, S.13).

In der anschließenden Besprechung und Reflexion mit den MieterInnen, den GemeinwesenarbeiterInnen und den SpielerInnen waren zunächst jene, die durch ihre Erzählungen das „Material" für die Szenen gegeben haben, erstaunt, wie sehr die Szenen der Realität entsprochen hatten und vorhandene Konflikte und Probleme widerspiegelten. Dabei stellten sich folgende Erfahrungen und Beobachtungen als vielversprechend für die Verwendung dieser Methode in einem gemeinwesenorientierten Empowermentprozess heraus:

Die Forumtheateraufführung am Schöpfwerk....

... besaß ein relativ großes Aktivierungspotential und sprach Menschen an, die normalerweise nicht zu animieren sind,

... ermutigte Menschen auf lebendige Weise zur Spiellust und zum Mitspielen, Mittun und Beteiligen und zum unmittelbaren Engagement,

... hatte einen hohen Realitäts- und Wiedererkennungswert,

... erwies sich besonders für die Kinder und Jugendlichen als Forum, in dem sie das, was sie bewegte, unmittelbar zum Ausdruck bringen und sich mit Vorschlägen einbringen konnten, die genauso ernstgenommen wurden wie jene von Erwachsenen,

... gab den BewohnerInnen Raum, ihre Meinungen, Ideen, Wünsche und Interessen zum Ausdruck zu bringen,

... weckte Widerstandsgeist und Konfliktbereitschaft unter den Mitspielenden,

... regte zu Gesprächen und Diskussionen untereinander an,

... machte erlebbar, dass viele Probleme und Konflikte im Zusammenleben nur gemeinsam, solidarisch unter Beteiligung aller Betroffenen – auch der Kinder und Jugendlichen - zu lösen sind.

Diese bislang einmalige Aufführung in der Siedlung regte zu einer Reihe weiterer Überlegungen an, in welchem Zusammenhang und unter welchen Rahmenbedingungen Forumtheater Anwendung finden könnte:

- Es könnte zu Stärkung bestehender Gruppen gegenüber bürokratischen Behörden und Politik genutzt werden, in dem auf szenischen Weg gemeinsam Strategien und Handlungsmöglichkeiten gesucht und ausprobiert werden. Das kann sich besonders dann als hilfreich erweisen, wenn die entsprechende Gruppen ‚ansteht', sich gegenüber erstarrten, einengenden Strukturen ohnmächtig und hilflos erlebt. In diesem Zusammenhang kann es außerdem die Gruppen- und Gemeinschaftsbildung engagierter Menschen unterstützen.

- Es könnte sich vor Ort eine Gruppe bilden, die bestehende Konflikte, Themen und Probleme aus dem Alltag des Zusammenlebens im Gemeinwesen aufgreift und auf diese Weise zur einer öffentlichen, interaktiven Diskussion einlädt, um Lösungsansätze zu finden und drauf zu kommen, worin eigentlich die Veränderungswünsche der BewohnerInnen bestehen. Damit könnten weitere Menschen animiert und angesprochen werden, selbst initiativ zu werden.

In beiden Fällen scheint wesentlich, dass Forumtheateraktivitäten gut in bestehende Gruppen und Strukturen eingebunden sind und nicht isoliert erfolgen. Nur so können entwickelte Lösungsideen reflektiert und entsprechend weiterverfolgt, kommuniziert, verbreitet und umgesetzt werden. Dazu zählt auch, was generell für Empowermentprozesse wichtig ist: Es muss der Kontakt zu Verantwortungs- und Entscheidungsträgern gewährleistet sein und die tatsächliche Möglichkeit bestehen, an Entscheidungsprozessen zu partizipieren und auf sie Einfluss zu nehmen. Nur so kann es zu wirklicher Teilhabe an Macht und Verantwortung kommen.

Ausblick III: Theaterpädagogik und Soziokulturelle Animation

In einem ähnlichen Sinn wie eine am Empowerment-Konzept orientierte Gemeinwesenarbeit versteht sich die soziokulturelle Animation als eigener Ansatz der Sozialen Arbeit, der das Engagement von Menschen zur Verbesserung ihrer Lebensverhältnisse und –qualität anregen und unterstützen will. Dabei sollen der Einzelne und die Gesellschaft als Ganzes bei der Verwirklichung der Grundwerte

Freiheit, demokratische Willensbildung, Gestaltung des gemeinschaftlichen Lebens unterstützt werden (vgl. Moser u.a. 1999, S.9).

Der Schwerpunkt liegt insofern woanders, als die Soziokulturelle Animation, wie sie vor allem in der Schweiz und in Frankreich verstanden wird, stärker den Zugang über kreativ-kulturelle Ausdrucksformen und Praktiken sucht und sich einer kulturellen Demokratie verpflichtet fühlt, die die verschiedenen kulturelle Ausdrucksformen als gleichwertig ansieht. So definiert Hongler Soziokulturelle Animation als Praxis,

> „Menschen an ihren Orten und Zusammenhängen zu ermutigen, sich über sich selbst und mit denen ihnen zur Verfügung stehenden Mitteln authentisch auszudrücken" (Hongler 1998, S.4).

Die Soziokulturelle Animation erweist sich als soziale Aktion, die sich in verschiedenen Aktivitäten ausdrückt, und die dazu beiträgt, betroffene Gruppen zu aktivieren und strukturieren.

Während die Gemeinwesenarbeit eher von sozialen und ökonomischen Problemlagen, Brennpunkten ausgeht und Lebensverhältnisse und -bedingungen verbessern will, ist die Soziokulturelle Animation mehr an den Lebensweisen, den gestalterisch, ausdrucksorientierten Medien, sowie dem kulturellen Selbstverständnis orientiert. Sie bietet in diesem Sinn auch wenig Unterstützung für individuelle Lebensbewältigung. Vielmehr umfasst sie

> „.... sämtliche Aktivitäten und Initiativen, die einzelne, Gruppen und Gemeinschaften dazu befähigen und motivieren, sich ihr Alltagsleben in Verbindung und im Austausch mit dem jeweiligen soziokulturellen Umfeld (wieder) anzueignen" (Hongler/ Willener 1998, S.20).

Das wird als wichtige Voraussetzung für Vernetzung, Gemeindeentwicklung, Partizipation und demokratisches Handeln gesehen. Die Aktivierung von Individuen und Gruppen geht einher mit gesellschaftlicher Analyse, sie basiert auf Freiwilligkeit, auf demokratischen Strukturen und einem hohen Grad an Beteiligung, was in der in der Gemeinwesenarbeit – abgesehen vom Empowerment-Konzept - nicht immer Voraussetzung ist (vgl. Moser u.a.1999, S.32).

Aspekte der sozialen und kulturellen Vernetzung, der Selbstaktivität, der vielschichtigen Kommunikation und kreative, gemeinschaftliche Techniken spielen dabei eine große Rolle. Über die Grenzen kultureller Traditionen und Ausdrucksformen hinweg sollen Voraussetzungen für eigenständige soziale, kulturelle und politische Ausdrucksformen geschaffen werden. Während Gemeinwesenarbeit in erster Linie die materielle, ökonomisch-soziale Absicherung und Unterstützung in einem sozialpolitischen Sinn im Auge hat, geht es der Soziokulturellen Animation – ähnlich dem Empowerment Ansatz – um Aktivierung im Zusammenhang von soziokulturellem und politischem Mangel bei materiellem Wohlstand, sowie um flexible (spielerisch-künstlerische) Stimulierung. Hongler (vgl. 1998, S.7) versteht die soziokulturelle Animation und die Gemeinwesenarbeit als komplementäres Paar, zwischen denen es viele notwendige Verbindungen gibt, auf die ich an dieser Stelle nicht weiter eingehe. Außerdem würde sich bei näherer Betrachtung zeigen, dass es besonders in jüngerer Zeit, in der sich die Gemeinwesenarbeit in Richtung eine systemisch-ganzheitlichen Sicht weiterentwickelt hat, eine Reihe von Überschneidungen in Zielen und Methoden gibt, wie etwa den Anspruch, zwischen System und Lebenswelt zu vermitteln und Menschen dabei zu unterstützen, sich Öffentlichkeit und öffentlichen Raum vermehrt anzueignen.

Mir ist in erster Linie wichtig, einen Eindruck von der Soziokulturellen Animation als Praxis der Sozialen Arbeit zu schaffen, die meines Erachtens in Österreich in dieser Form leider kaum verbreitet ist. Wenn ich nun damit fortfahre, knüpfe ich wieder an die Theaterpädagogik und das Forumtheater an, um zu zeigen, wie sich diese Formen an die ‚Philosophie' und Praxis der Soziokulturellen Animation ‚schmiegen' könnten:

- Sowohl in der Soziokulturellen Animation wie auch in der Theaterpädagogik werden im Wesentlichen Gruppen und Gemeinschaften angesprochen. Die Gruppe erscheint als Ort der gemeinsamen Praxis, als Experimentierraum für neue Erfahrungen, Erlebnisse und utopische Entwürfe (vgl. Hongler 1998, S.4f.). In der Soziokulturellen Animation steht die Aktivierung der Gruppe vor der Realisierung von Projekten. In diesem Sinne könnte theaterpädagogische Methoden im Kontext der Soziokulturellen Animation nicht nur die Gruppen- und Gemeinschaftsbildung unterstützen und stärken, sondern einen spielerisch-experimentellen Probe-Handlungs-Raum für Ideen, Utopien und Wünsche zur Verfügung stellen.

- Die Soziokulturelle Animation will die Artikulation und Formulierung von Bedürfnissen, Interessen durch die Betroffenen unterstützen und die Fähigkeit fördern, auf Bedürfnisse zu reagieren. Dabei greift sie auf die vielfältige Anwendung kultureller Ausdrucksformen durch die Beteiligten wie Video, Foto, Musik, Theater zurück (vgl. Hongler/ Willener 1998, S.22f.). Die Soziokulturelle Animation versteht sich vor allem gestalterisch-kreativ und ausdrucksorientiert, bevor Vernetzung mit anderen Menschen und Gruppen, sowie die demokratische Beteiligung und der Weg in die Öffentlichkeit gesucht werden. Die kulturelle Arbeit erscheint als Vehikel für gesellschaftliche und politische Beteiligungsprozesse. Theaterpädagogische Form können diese Prozesse insofern anregen und unterstützen, in dem sie Medien zur Verführung stellen, mithilfe derer Bedürfnisse gefunden und dargestellt werden können. Sie können, besonders im Zusammenhang mit den Theaterformen Boals, helfen, die ‚generativen' Themen einer Gruppe oder Gemeinschaft im Dialog zu finden und zu artikulieren als Voraussetzung für Bewusstmachung, Aktion und Reflexion. Und sie können, wie ich gezeigt habe, Öffentlichkeit schaffen, indem Interessen und Anliegen veröffentlicht und einer öffentlichen Diskussion zugänglich gemacht werden, was zu weiterem Engagement und Aktivierung weiterer Menschen führen kann.

- Der soziokulturellen Animation entspricht ein Selbstverständnis, wonach gesellschaftliche Situationen und Probleme nicht einfach ‚gelöst' werden können. Vielmehr geschehen Veränderungen in gesellschaftlichen Subsystemen durch Anregung und Motivierung zur Selbständerung. So erscheint die Animation als „Akkupunktuer", der den „Organismus zur Selbstheilung anregt" (ebd., S.23). In ähnlicher Weise kann die Kraft des (Forum)Theaters darin bestehen, durch die Verdichtung von Situationen und Problemen in theatralen Szenen und Bildern zu einer Mobilisierung und Aktivierung verändernder Handlungen und Lösungsansätze beizutragen, die ein Subsystem von innen her zu verändern beginnen.

- Ähnlich wie bei den Empowermentprozessen geht es auch bei der Soziokulturellen Animation um die Entwicklung einer gesellschaftlichen Konfliktkultur und der dazu notwendigen Fähigkeiten. Wesentlich ist der Mut zum Austausch mit dem Unterschiedlichen, die Akzeptanz von Vielfalt und Pluralität. Wie ich an anderen Stellen gezeigt habe, kann das Forumtheater dazu einen Beitrag leisten, greift es doch gesellschaftliche Konflikte auf, um sie in einer öffentlichen Auseinandersetzung zu bearbeiten, wobei dieser Prozess von vielfältigen Lösungsvorschlägen und unterschiedlichen Positionen gekennzeichnet ist.

- Die Soziokulturelle Animation setzt auf Veränderung der Lebenspraxis im Zusammenhang mit der alltagskulturellen Praxis. Sie geht dabei von den Wünschen der Beteiligten aus und versucht durch eine vermehrte Partizipation und wechselseitige Bezugnahme von Bevölkerungsgruppen gesellschaftsverändernde Impulse zur Verbesserung der Lebensqualität zu geben (vgl. Hongler 1998, S.5). Dabei erinnert folgende Charakterisierung des „Animators" stark an die Rolle des Spielleiters/Jokers bei Forumtheaterprozessen:

> „Der Animator hilft ihm (dem Individuum, M.W.), sich zu entdecken oder sich zurechtzufinden, sich über all diese Komponenten und über die sozialen Zwänge, die auf ihm lasten, zu befragen, sich für eine Praxis der Selbstveränderung und der Veränderung der Hindernisse, die sein Leben zu sehr lähmen, zu öffnen" (Moser u.a. 1999, S.138).

In bezug auf das Projektstudium wurde gezeigt, wie mit szenisch-theatralen Methoden Ein- und Beschränkungen städtischer Lebensqualität bewusst gemacht und wie nach Veränderungen und Lösungen gesucht werden konnte(n). Der Prozess der Soziokulturellen Animation geht ebenso davon aus, Probleme zu erkennen und herauszugreifen, mögliche Lösungen zu entwickeln, geeignete Lösungen auszuwählen, diese umzusetzen und den Erfolg der Lösung zu bewerten (vgl. Hongler/Willener 1998, S.38). Besonders die Methoden Boals könnten Instrumente für diesen Prozess sein, gehen sie doch ebenso vom Bewusstmachen und Erkennen von Problemen aus, für die im Probehandeln verschiedene Lösungsideen gefunden und deren möglich Konsequenzen erfahrbar werden können.

- Schließlich will die Soziokulturelle Animation ebenso wie die Theaterpädagogik einen Beitrag dazu schaffen, Kultur selber zu machen und nicht nach zu machen. Es geht darum, sich vom Bezug auf gesellschaftlich definierte künstlerische und ästhetische Kriterien zu befreien, im Sinne der bewussten Aneignung von Kultur, wodurch die Menschen zu (Neu)SchöpferInnen ihres Alltags werden. Das verweist bereits auf den nächsten Abschnitt, wo es um die Verbindungen von Theaterpädagogik zur Soziokultur(arbeit) geht:

Ausblick IV: Soziokultur(-Arbeit) und soziale Kulturarbeit: Theaterarbeit mit marginalisierten Gruppen

Von der soziokulturellen Animation zur Soziokultur(-Arbeit) ist es kein großer Schritt und dennoch gibt es einige wichtige Unterschiede: Soziokultur bedeutet – vor allem in deutschen Sprachraum - zunächst spartenübergreifende, kulturelle Aktivitäten mit sozialem Bezug, die zur Förderung der Kommunikation dienen sollen. Diese Praxis bezieht sich auf ein ähnliches Feld wie die Soziokulturelle Animation, allerdings bietet sie keine konkreten Methoden zur Intervention an (vgl. Moser u.a. 1999, S.35). Sie befasst sich auch weniger mit der Frage der gesellschaftlichen Analyse, Praxis und Veränderung und ist in Deutschland vor allem auf die Arbeit in soziokulturellen Zentren bezogen.

Ähnlichkeiten bestehen hingegen dort, wo es um die Demokratisierung von Kultur im Sinne des „Kultur selber Machens" und um die Aufwertung populärer Kultur(en) als alltagskultureller Praktiken und Ausdrucksformen gegenüber dem bildungsbürgerlichen Kulturbegriff geht (vgl. ebd. S.87ff., siehe auch Teil II, S.165ff). Als Teil der Gesellschaftspolitik versucht Soziokultur den Zusammenhang von alltäglichem Leben und (politischer) Kultur (wieder)herzustellen, indem sich der Lebens- und Gestaltungswille der Menschen in ihrer Lebenswelt entfaltet. Soziokultur ist geprägt von einer breiten Vielfalt sich überschneidender Kultur-, Bildungs- und Sozialarbeit und von verschiedenen Verwendungsebenen des Begriffs:

- „Als (erweiterter) Kulturbegriff, der Kultur über ästhetische Produktions- und Vermittlungsformen der traditionellen Kunstkultur hinaus als Agens im gesellschaftlichen Prozess betrachtet.

- Als Kulturpolitikbegriff für eine Demokratisierung der Gesellschaft durch Kultur, an deren Umsetzung potentiell alle gesellschaftlichen Gruppen beteiligt sind.

- Als Kulturpraxisbegriff für die Kulturarbeit freier Gruppen oder kommunaler Einrichtungen, die sich an den Zielkategorien ‚Kultur für alle' und ‚Kultur von allen' ausrichtet.
- Als Begriff für eine politische Kultur, deren Kern, der sich entfaltende Partizipations- und Gestaltungswille der Menschen in ihrer Lebenswelt darstellt" (Müller 1997).

Als Kultur von allen für alle strebt sie die Demokratisierung der Gesellschaft durch Kultur an (vgl. Sievers/ Wagner 1992, S.20). Eine soziokulturelle Orientierung will den Zugang zu Kultur und Kunst erleichtern, sie will die gestalterische Selbsttätigkeit möglichst vieler Menschen fördern, um deren ästhetische, kommunikative und soziale Bedürfnisse und Fähigkeiten zu entfalten. Dabei wird die alltägliche Lebenswelt miteinbezogen und zugleich eine Rückwirkung der so entstehenden Form von Kunst und Kultur in die gesellschaftliche Wirklichkeit angestrebt.

Diese Ziele stehen damit im Zusammenhang, dass sich Gruppen und Gemeinschaften über lange Zeit mittels kultureller Aktivitäten Ausdruck verschafft haben (vgl. Diamond 1995): Gesang, Tanz, Drama, Bildhauerei, Malerei etc. dienten dazu, sich über sich selbst und mit anderen Gruppen/Gemeinschaften zu verständigen und Themen wie Freude und Traurigkeit, Siege und Niederlagen, Ängste und Sehnsüchte, die eigenen Geschichte und Gegenwart auszudrücken. Erst in jüngster Zeit wurde Kultur zu etwas, was Menschen kaufen und konsumieren können, kaum noch etwas, was sie selbst aktiv tun. So kaufen sie Musik, Bücher, Kinofilme, Theater- und Tanzaufführungen, Fernsehen, Gemälde etc.. Die Fähigkeit zum kreativen und kulturellen Ausdruck sinkt, und das bezieht sich auch auf die darstellerischen und schauspielerischen Möglichkeiten der Menschen. Schon im Zusammenhang mit Sennett war die Rede davon, dass die Menschen den Glauben in ihre eigenen expressiven Fähigkeiten verloren haben (siehe S. 160). Dagegen wurden die KünstlerInnen zu 'überlegenen' Wesen, die aufgrund ihrer besonderen Begabung und ungewöhnlichen Techniken ihre eigenen Empfindungen und Anschauungen in der Öffentlichkeit deutlich und ungehemmt zum Ausdruck bringen konnten. Darstellungs-Kunst wurde zur Sache dafür speziell ausgebildeter Menschen.

Bei theaterpädagogischer Arbeit im soziokulturellen Kontext geht es darum, jenes theatrale Potential und jene expressiven Fähigkeiten der Menschen zu wecken, die zusehends verkümmert sind und nur mehr von den „öffentlichen Darstellungskünstlern" angewandt werden. Das Verständnis von Kunst wird dabei erweitert zu einer Form der Erkenntnis und Interaktion, als Medium für Verständigung, Reflexion und Partizipation. Menschen erhalten die Möglichkeit, Bilder und Szenen eines „gelungenen Lebens" zu entwerfen und sich für deren Verwirklichung einzusetzen, die Trennung von Kunst und Alltagswelt soll überwunden werden. Künstlerische und kulturelle Ausdrucksformen sollen die Emanzipation von althergebrachten Denkschemata ermöglichen. Menschen sollen mit Hilfe von Kunst und Kultur ihr eigenes Leben gestalten und bereichern. Es geht um das Zusammendenken und Verbinden von bislang Getrenntem sowie um die Möglichkeit und Fähigkeit der Menschen, Unterschiede in der Lebensauffassung und Interessen kommunikativ auszuhandeln und zu verarbeiten (vgl. Sievers/ Wagner 1992, S.20f.).

Soziokultur ist somit durchaus sozialen Zielen verpflichtet, nicht aber den Zielen der Sozialarbeit. Sie versteht sich als emanzipatorische Praxis, die an den kreativen Möglichkeiten und Ressourcen der Menschen ansetzt, weniger an den sozialen Problemen und Defiziten. Wenn es einen stärkeren sozialen Bezug gibt, wird auch von sozialer Kulturarbeit gesprochen. Ein Unterschied zwischen Soziokultur und sozialer Kulturarbeit besteht möglicherweise darin, dass soziale Kulturarbeit besonders jenen gesellschaftlichen Gruppen kulturelle Aneignungs- und Gestaltungsmöglichkeiten vermitteln will, denen die Erschließung von Kulturräumen weitestgehend versagt geblieben ist. Soziale Kulturarbeit geht nicht davon aus, gesellschaftliche Missstände zu beseitigen, sondern will zur Auseinandersetzung mit ihnen anregen:

> „Wir brauchen mehr ‚Spielplätze, auf denen sich Verhalten und Verhältnisse ausprobieren lassen, auf denen jeder Künstler ist, sich kennen lernt in seinen ungeahnten Möglichkeiten'" (Hiltmann 1988, S.36).

Als Beispiele für eine „soziale Kulturarbeit" mittels Theater sind eine Reihe von mittlerweile etablierten und nachhaltigen Theaterprojekten mit Menschen vom Rande der Gesellschaft zu nennen, wie die „Wilde Bühne" Stuttgart mit ehemaligen Drogenabhängigen, die „Ratten 07", einem Berliner Obdachlosentheater, Theater mit Psychiatriebetroffenen oder geistig Behinderten. Deren kulturelle Arbeit ist in einem lesenswerten Band dokumentiert (vgl. Wilde Bühne 1997). Darin werden diese Theatergruppen als „experimentierfreudige Kunstschaffende" angesehen, die durch „authentische Theaterarbeit" ihre spezifischen Erfahrungen und Sichtweisen auf die Bühne bringen, weil gerade sie sehr oft über einen reichen Fundus an existentiellen Lebens- und Todeserfahrungen verfügen. Dabei steht nicht die Sozialarbeit oder Therapie im Mittelpunkt, sondern die künstlerische Arbeit, mit der diese Erfahrungen zum Ausdruck gebracht und dadurch integriert werden; sie bilden die Basis für die Theaterarbeit.

Der Kanadier David Diamond stellt seine auf Boal basierende Theaterarbeit (vgl. www.headlinestheatre.com), die er „THEATRE FOR LIVING" nennt in den Dienst von gesellschaftlichen marginalisierten Gruppen wie zum Beispiel DrogenabhängigInnen, ImmigrantInnen, Obdachlosen, HIV-Positiven oder Straßenkindern. Seine Theaterarbeit basiert auf Freiwilligkeit und intendiert keine bestimmten Verhaltensveränderungen. Vielmehr regt er dazu an, die Sprache des Theaters zu gebrauchen, damit die TeilnehmerInnen sich über wesentlichen Probleme und Themen Ausdruck verschaffen, ihre Geschichten zu erzählen können: nicht nur die Geschichten einzelner Personen und Individuen, sondern die verbindenden Geschichten, Themen und Konfliktszenarien einer gesellschaftlichen Gruppe oder Gemeinschaft, über die sehr schwer zu reden ist. Diamonds Ansatz ist stark an „Communties", d.h. an Gruppen oder Kommunen einer lokalen Kultur orientiert, die mit Krisen und Konflikten zu kämpfen haben:

> „Ziel ist es, innerhalb der Community einen ‚szenischen Dialog' auszulösen, um sie aus ihrer Lähmung, Ratlosigkeit, Frustration ansatzweise herauszubringen. Das Modell der ‚Community in der Krise' sieht durch verdrängte, unausgesprochene Konflikte, durch unbewältigte Diskriminierung, Spannungen und Gewalt eine wachsende Hilflosigkeit, Lähmung oder Zerreißprobe in der Community entstehen. Die Parallele zum Individuum wird gezogen: So wie ein Mensch, der sich nicht artikuliert, kann eine Community an den inneren und äußeren Konflikten krank werden (D.Diamond). Szenischer Dialog ermöglicht eine Artikulation der Gruppe, einen Schritt aus dem Phleg-

ma, der Ratlosigkeit und der Frustration. Ein möglicher Ausweg. Der Versuch zumindest" (Gail 1999, S.27).

Dabei wird mit sozialen Beratungs- und Unterstützungseinrichtungen kooperiert, über die der Kontakt zu den TeilnehmerInnen hergestellt wird und die üblicherweise das jeweilige Projekt organisieren. Meist nehmen BeraterInnen und TherapeutInnen teil, um für eventuelle ‚Notsituationen' zur Verfügung zu stehen. Wesentlich ist außerdem, dass am Ende des Projekts interaktive Forumtheateraufführungen stattfinden, in denen über die TeilnehmerInnen einer Projektgruppe hinaus, Mitglieder der jeweiligen Community in die gezeigten Szenen einsteigen können, um Lösungsansätze für die gezeigten Krisen- und Konfliktszenen zu finden. Diamonds Ansatz wird von der Idee getragen, dass Theater eine gruppen- und gemeinschaftsbildende Kraft hat und darüber hinaus als „Tool of Empowerment" verstanden wird, das Menschen ermächtigt und befähigt, als „ExpertInnen ihres Lebens" Probleme und Konflikte zu meistern. Dabei sind persönlich-individuelle Probleme der Ausgangspunkt, die in Zusammengang mit den kollektiven Erfahrungen wie den gesellschaftlichen Bedingungen und politischen Verhältnissen mit theatralen Mitteln bearbeitet werden. Dieser Ansatz einer an der ‚Community' und an ‚Empowerment' orientierten Theaterarbeit kann überdies noch die Öffentlichkeit miteinbeziehen.

Eines der letzten „Theatre for Living" – Projekte wurde mit Straßenkindern durchgeführt. Es hatte den Titel „Squeegeee" und handelte von der Kriminalisierung von Jugendlichen, die auf der Straße leben. Mit szenischen Mitteln erzählen sie davon, wie ihr Alltag von Polizeibrutalität, dem Mangel an Betreuung und Unterkünften und gewaltvollen Auseinandersetzungen etc. untereinander geprägt ist. Die Jugendlichen spielten diese Szene unter Beteiligung des Publikums mehrmals öffentlich und traten damit selbst im Fernsehen auf. Das führte für viele ZuschauerInnen zu bislang unbekannten Einblicken in Geschehnisse, die für sie bislang nicht vorstellbar waren:

> „Audience Interventions at the Forum Theatre event and stream of calls to the Headlines' office afterward, reflectet shock and disbelief. Are the police really that brutal? Are the kids really treated as a pay cheque by foster parents? Why don't find kids jobs? Is prostitution really an option to survive?" (www.headlinestheatre.com)

Diese Aufführungen hatten aber auch den Effekt, dass es in weiterer Folge ein Treffen von Straßenkindern, Jugendarbeitern und der Polizei gegeben hat, es gab ein Gespräch der SpielerInnen mit Richtern und Jugendrechtsanwälten, aus denen entsprechende Gesetzesvorschläge entwickelt wurden. Außerdem wurden die Szenen selbst dem Stadtrat, dem Bürgermeister und den betreffenden Stadtangestellten vorgespielt.

Dieses Beispiel zeigt, wie ausgehend von sozialen Problemen einer Gruppe, die diese szenisch bearbeitet und darstellt, Rückwirkungen in die gesellschaftliche und politische Öffentlichkeit möglich wurden, was zur Idee von Soziokultur als Verbindung von Kultur und Politik zurückführt und in den nächsten Ausblick verweist: Menschen können an ihren Orten und in ihren Zusammenhängen dazu ermutigt werden, sich des künstlerischen Mediums des Theaters zu bedienen, um sich als Personen und als Gruppe auch in der Öffentlichkeit über ihre Lebenssituation authentisch auszudrücken, zu artikulieren und sich dadurch Gehör zu verschaffen.

Ausblick V: Subalterne Öffentlichkeit und Diskurse, soziale Stadtentwicklung und BürgerInnenbeteiligung mit Forumtheater

Vor ein paar Jahren führte die italienische Gruppe „GIOLLI", die mit den Boal-Methoden arbeitete, ein Theaterprojekt mit obdachlosen Menschen durch. Am Ende des Projekts präsentierten die TeilnehmerInnen direkt am Bahnhof von Padua eine Szene über die alltäglichen Diskriminierungen und Probleme, denen sie in ihrem Alltag und an diesem Ort üblicherweise ausgesetzt sind. Die Szene erregte großes Aufsehen, der Bahnhof – so die Schilderung des Projektleiters - schien für zwei Stunden still zu stehen. Und selbst die patrouillierenden Polizisten blieben stehen und sahen in der Szene ‚Polizisten' agieren, die von obdachlosen Menschen gespielt wurden.

Wenn Gruppen von Straßenkindern oder Obdachlosen in theatralen Szenen etwas aus ihrer Lebenssituation darstellen, zeigt sich, wie Theater zur Bildung von subalternen Öffentlichkeiten beitragen kann. Sie stehen damit in der Tradition populärer Kulturpraktiken, in denen Formen der Darstellungen als Teil einer öffentlichen, politischen Kultur verstanden wurden, die im Gegensatz zur herrschenden Öffentlichkeit standen.

Auch in der Gegenwart hat der hegemoniale Diskurs, der in der Herrschaft von Konsens und Harmonie gründet, die Tendenz, bestehende gesellschaftliche Konflikte oder Widersprüche auszuschließen oder sie als individuelle Problemlagen oder ‚privates' Versagen benachteiligter Gruppen zu deuten. Daher benötige gerade die Soziale Arbeit, so Thiersch (vgl. 1999, S.123) Gegenpositionen und –öffentlichkeiten, als „Stachel gegen die hegemoniale Kultur der Reichen und Etablierten". Das unterstreichen Moser/Schenk im Zusammenhang mit armutsgefährdeten Menschen:

> „Gelingt der hegemoniale Diskurs, so sind die benachteiligten Gruppen der Fähigkeit beraubt, ihre spezifischen Interessen zu formulieren und deren Durchsetzung zu organisieren.... Formen des Umgangs mit Benachteiligten sind die Haltung der Sprachlosigkeit, das Nichtanhören, Nichtberücksichtigen, Nichtfragen und das Absprechen der eigenen Handlungsfähigkeit. Daraus folgt das Aberkennen eines Anspruchs auf Freiräume und auf Freizeit (Vorwurf der Faulheit), leichte Kriminalisierung, Verweigerung des Zugangs zu bestimmten ‚reservierten' Räumen, oder umgekehrt das Abdrängen bestimmter Gruppen in bestimmte Räume z.B. in Form städtischer Ghettobildung, Verdrängung aus dem öffentlichen Raum.
>
> Von Armut Betroffene haben in der Regel wenig Möglichkeiten, sich öffentlich zu artikulieren" (Moser/ Schenk 1999, S.6).

Umso wichtiger, so Moser/Schenk weiter, ist es, dass gerade sie selbst das Wort ergreifen, dass sie – wie im Sinne von David Diamond – erzählen und für sich selber sprechen. Dem im Zuge des Alltag scheinbar Bedeutungslosen müsse Raum gegeben werden, um damit den Kampf um die eigenen Wirklichkeit aufzunehmen.

> „Wenn Ausgeschlossene die eigene Lebenswelt in die Sichtbarkeit tauchen, schaffen sie einen Ort, von dem aus sie sprechen können. Der Vorhang öffnet sich zu einer Bühne, auf der die eigene Geschichte eine eigene Deutung – und zugleich Bedeutung – erfährt. Das Unspektakuläre des eigenen Lebens bekommt eine Bühne wird besonders.

> Die das Wort ergreifen, können zur Sprache bringen, wer sie sind –
> und wer sie sein können. ... Dabei geht es zunächst um gemeinsames
> Tun in der Öffentlichkeit ... um Formen von kollektivem Handeln, die
> sich konkret in den Lebenslagen der Betroffenen verorten, in spezifi-
> schen Kulturen und Lebensstilen. ... Da werden Orte erobert und in-
> terpretiert. Öffentliche Räume werden als Bühne beleuchtet – und sie
> werden gemeinsam bespielt" (Moser/Schenk 1999, S.7).

Das sind die Voraussetzungen für funktionierende Praktiken des Widerstands und die Entwicklung von Diskursen der Unzufriedenheit. Das Forumtheater könnte – neben anderen - eine Form sein, die benachteiligte Gruppen nutzen kann, um die Entwicklung einer emanzipatorischen Gegenöffentlichkeit anzuregen. Damit könnte die politische Dimension des öffentliche Raumes wieder manifest und die Disparitäten sozialer Lagen sichtbar werden. Forumtheater kann weiters zur Belebung der öffentlichen Räume beitragen, indem Geselligkeit, Spiellust, die Begegnung mit dem Anderen/Fremden und die soziale Interaktion bzw. Kommunikation unter verschiedenen Gruppen der Stadtbevölkerung angeregt und unterstützt werden. Soziale Konflikte werden auf diese Weise nicht tabuisiert oder harmonisiert, sondern einer öffentlichen Auseinandersetzung zugeführt, an der sich prinzipiell alle Menschen beteiligen können, weil sie niemanden ausschließt (siehe S.190ff.).

Als Beispiel für dieses Szenario möge eine Vision dienen, die in einem Projektantrag für das Jahr 2003, in dem Graz den Titel europäische Kulturhauptstadt erhält, mit dem Titel „Im Spiegel der Wirklichkeit – Forumtheater am Hauptplatz" enthalten ist:

> „Mai 2003: Eine Woche lang verwandelt sich der Grazer Hauptplatz
> in ein lebendiges und kreatives, öffentlich und politisches Forum-
> Theater, an dem sich die Stadtbevölkerung unmittelbar und interaktiv
> beteiligt. Gruppen aus verschiedenen gesellschaftlichen Bereichen, die
> üblicherweise am kulturellen und politischen Leben nur wenig partizi-
> pieren, bringen mit der Sprache des Theaters auf authentische und le-
> bensnahe Weise zum Ausdruck, was ihnen im (Zusammen)Leben der
> Stadt widerfährt:
>
> Was können alleinerziehende Frauen von ihrem Alltag in Graz erzäh-
> len? Wie willkommen fühlen sich Flüchtlinge? Von welchen Erfah-

rungen können Obdachlose berichten? Wie geht es älteren Menschen, wie Kindern und Jugendlichen in der Stadt? Wie erleben Menschen, deren Alltag von Armut und Wohnungsproblemen gekennzeichnet ist, Graz? Welchen Konflikten begegnen Gruppen, die sich für eine lebenswerte Umwelt einsetzen? Wie wirkt sich die Globalisierung auf das Arbeitsklima in Grazer Betrieben aus?

Auf der Bühne inmitten einen amphitheaterähnlichen, runden Holzkonstruktion werden reale Erfahrungen und Geschichten aus dem Leben der aufführenden Gruppen und Gemeinschaften in Form theatraler Szenen dargestellt. Sie bringen aus ihrer jeweiligen Perspektive zum Ausdruck, was im (Zusammen)Leben der Stadt verändert werden soll und laden das Publikum dazu ein, an dieser Veränderung mitzuwirken. Die zuschauenden Bürgerinnen und Bürger beteiligen sich daran als mitspielende Akteure und entwickeln gemeinsam Ideen und Lösungsansätze für brennende Probleme und zukunftsweisende Themen der Stadt" (Inter*ACT* 1999, S.3).

Diese „Vision" ist nur dann realisierbar, wenn langfristig auf sie hingearbeitet wird: So müssen „Cultural Animators" Kontakte herstellen zu entsprechenden Initiativen und Institutionen, über die Forumtheatergruppen mit benachteiligten Bevölkerungsgruppen animiert, aufgebaut und begleitet werden. Dieser Ansatz entspricht der Idee, soziale Randgruppen oder auch Bevölkerungsgruppen ‚milieugebundenen Typus' im Sinne des bürgerschaftlichen Engagements stärker als bisher in die Stadtentwicklung mit ein zu beziehen, wie sie Böhnisch und Lenz (vgl. 1999) in einem Projektentwurf über soziale Stadtentwicklung formulieren. Dazu ist es notwendig, diese Gruppen nicht als Objekte zu behandeln, sondern in ihrem Bürgerstatus anzuerkennen und zu aktivieren, damit sie merken, dass sich soziales Engagement im Stadtteil langfristig lohnt. Und dazu gehört auch, dass sie, wie im Zusammenhang mit ‚starken Öffentlichkeiten' und dem ‚Empowerment' beschrieben wurde, in Verantwortungs- und Entscheidungsstrukturen eingebunden werden.

Auf ein bislang einzig- aber modellartiges Beispiel habe ich bereits hingewiesen: Es handelt sich um das „Legislative Theater", wie es zwischen 1992 und 1996, als Boal Stadtrat gewesen war, in Rio de Janeiro realisiert wurde. Bemerkenswert daran war, dass in unterschiedlichen Stadtteilen über mehrere

Monate und Jahre an die 25-30 Forumtheatergruppen existierten (vgl. Boal 1998, S.106ff.), die Stücke über ihre jeweilige soziale Problematik entwickelt und auf Plätzen, in Straßen und Gasthäusern öffentlich und interaktiv aufgeführt haben. Die Einstiegsideen beim Forum wurden anschließend hinsichtlich der Frage ausgewertet, ob in ihnen bestimmte Wünsche, Interessen - Boal spricht vom „Desire" - einer Bevölkerungsgruppe zum Ausdruck kommen, und inwieweit sich darauf politische Initiativen im Stadtparlament für die Veränderung, Neueinführung oder Abschaffung von Gesetzen stützen ließen. Auf diese Weise wurden eine neue Brücke gebaut zwischen der Bevölkerung, ihrer unmittelbaren Situation bzw. Problematik und ihren Anliegen sowie den sie vertretenden PolitikerInnen, die einen Dialog zwischen gleich berechtigen PartnerInnen beinhaltete. So wurden nicht nur mehr als vierzig (!) Gesetzesanträge entwickelt und eingebracht, sondern dreizehn davon wirklich realisiert (vgl. Boal 1998, S.102ff.).

Boal spricht analog zum Theater der Unterdrückten, wo aus den ZuschauerInnen Akteure werden, von der Idee einer ‚transitiven', ‚partizipatorischen' und ‚interaktiven' Demokratie, bei der die StadtbürgerInnen im Prinzip selbst zu GesetzgeberInnen werden (vgl. ebd., S.19). Diese Theaterform kann dann zu einem Instrument der Demokratisierung und Partizipation werden, wenn sie sinnvoll in entsprechende politische Vertretungs- und Entscheidungsinstitutionen eingebunden ist. Ein Schritt in diese Richtung könnte über die sich verbreitenden Kinder- und Jugendparlamente bzw. –gemeinderäte (Frowerk u.a. 1999, Knauer u.a.1998) vollzogen werden, wiewohl es überhaupt an der Zeit wäre, auch andere Bevölkerungsgruppen stärker an Stadtentwicklung partizipieren zu lassen. Hiltmann (vgl. 1988, S.24) spricht von Foren, mit denen Menschen auf vielfältige Weise herausfinden und darstellen können, wie sie leben und leben wollen. Ähnlich meint Schaarschuch (vgl. 1999, S.47), dass sich Öffentlichkeit über Foren von Artikulationsmöglichkeiten herstellen müsste, in denen die verschiedenen Akteure und Gruppen ihre Interessen, Bedürfnisse und Forderungen vortragen und zur Geltung bringen.

Gerade der sozialen Kulturarbeit käme die Aufgabe zu, Gruppen von Menschen in ihren gemeinsamen Interessen und Sorgen anzusprechen, Einsichten und Pläne zu ermöglichen, Raum zu schaffen für das Hervorbringen neuer Vorstellungen des Umgangs miteinander und der Gestaltung ihrer Umwelt, vernachlässigte Themen zu wählen und zu mehr Empfindsamkeit und verfeinerten Mitteilungsvermögen zu verhelfen (vgl. Hiltmann 1988, S.24f).

Wie könnte eine BürgerInnenversammlung in einem Stadtteil über das Reden hinaus einmal mithilfe des Bildertheaters ablaufen, mit denen Menschen unmittelbar zum Ausdruck bringen, was ihre Interessen sind und wo herausfinden können, wo ihre gemeinsamen Themen und Fragen liegen?

Wie könnte es möglich sein, brennende Themen und Konflikte einer Stadt mithilfe des Forumtheaters zu diskutieren und Lösungsansätze für soziale Probleme zu finden?

Antworten auf diese Fragen können erst die Zukunft gefunden werden und auch nur dann, wenn Schritte in diese Richtung gewagt werden.

Literaturverzeichnis

Altstaedt, Ingeborg/ Gipser, Dietlinde, 1980: Animationstheater in der Sozial- und Behindertenpädagogik? Erfahrungen mit einem Workshop „Theater der Unterdrückten", in: Neue Praxis 1/1980, S.23-29.

Ahrend, Christine, 1997: Lehren der Straße. Über Kinderöffentlichkeiten und Zwischenräume, in: Ecarius, Jutta/ Löw, Martina (Hg.) 1997, S.197-212.

Arendt, Hannah, 1990: Macht und Gewalt, München.

Auge, Marc, 1994: Orte und Nicht-Orte. Vorüberlegungen zu einer Ethnologie der Einsamkeit, Frankfurt am Main.

Auslander, Phillip 1995: Boal, Blau und Brecht: The Body, in: Schutzman, Mady/ Cohen-Cruz, Jan (Ed.) 1995, S.124-133.

Barck, Karlheinz u.a. 1998 (1990): AISTHESIS. Wahrnehmung heute oder Perspektiven einer anderen Ästhetik, Leipzig.

Batz, Michael/ Schroth, Jürgen 1984: Theater zwischen Tür und Angel. Handbuch des Freien Theaters, Reinbek bei Hamburg.

Baudrillard, Jean, 1978: Kool Killer oder der Aufstand der Zeichen, Berlin.

Beck, Detlef u.a. 1994: Man kann ja doch was tun! Gewaltfreie Nachbarschaftshilfe – kreatives Eingreifen in Gewaltsituationen und gemeinschaftliche Prävention fremdenfeindlicher Übergriffe. Ein Handbuch für die Praxis, Minden.

Beck, Ulrich, 1996: Kapitalismus ohne Arbeit, in: DER SPIEGEL, 20/1996, S.140-146.

Belgrad, Jürgen (Hrsg.), 1997: TheaterSpiel. Ästhetik des Schul- und Amateurtheaters, Hohengehren.

Belgrad, Jürgen, 1997a: Theater & Pädagogik. Überlegungen zur Vermittlung des Theater-Spiels, in: Belgrad, Jürgen 1997, S.106-114.

Betz, Fritz: Die Herstellung von Öffentlichkeit... durch den Maschinenkörper des Fräuleins vom Amt, in: Oikodrom-Stadtpläne, Heft 2/96, S.47-49.

Boal, Augusto, 1989: Theater der Unterdrückten. Übungen und Spiele für Schauspieler und Nicht-Schauspieler, Frankfurt am Main.

Boal, Augusto 1992: Games for Actors and Non-Actors, New York.

Boal, Augusto, 1995: The Rainbow of Desire: The Boal Method of Theatre and Therapy, New York.

Boal, Augusto, 1998: Legislative Theatre. Using Performance to make Politics, London and New York.

Boal, Augusto, 1999: Der Regenbogen der Wünsche, Methoden aus Theater und Therapie, Seelze (Velber).

Bohn, Irina u.a. (Hg.) 1997: Das Aktionsprogramm gegen Aggression und Gewalt, Band 5. Kommunale Gewaltprävention. Eine Handreichung für die Praxis, Das Aktionsprogramm gegen Aggression und Gewalt, Münster.

Böhnisch, Lothar u.a. (Hg.) 1997. Das Aktionsprogramm gegen Aggression und Gewalt, Band 2, Die wissenschaftliche Begleitung. Ergebnisse und Perspektiven, Münster.

Böhnisch, Lothar/ Lenz, Karl 1999: Soziale Städte brauchen sozial-aktive Stadtteile: Die Beispiele Prohlis und Reick, unveröffentlichter Projektentwurf.

Bourdieu, Pierre, 1992: Rede und Antwort, Frankfurt am Main.

Brandes, Eva 1993: Spiel- und Theaterpädagogik – ein menschliches Konzept?, in: Jeske, Marlies, u.a. (Hg.), S.17-18.

Brecht, Brecht 1967: Gesammelte Werke in 20 Bänden. Frankfurt am Main.

Brecht, Bertolt. 1982: Baal. Der böse Baal der asoziale. Texte, Varianten, Materialien, Frankfurt am Main.

Bülow-Schramm, Margret/ Gipser, Dietlinde, 1991: Erkennen m-/Macht Mut. Zur Nutzung des szenischen Spiels in der Hochschule, in: Ruping, Bernd, u.a. (Hg), 1991, S.317-322.

Bülow-Schramm, Margret/ Gipser, Dietlinde, 1995: Spielerisch den Hochschulalltag erhellen, in: Koch, Gerd (Hg.) 1995, S.59-72.

Bülow-Schramm, Margret/ Gipser, Dietlinde (Hg.) 1997: 10 Jahre Lehr-/Lernprojekt „Der brüchige Habitus", Hochschuldidaktische Arbeitspapiere Nr.30, Universität Hamburg.

Burke, Peter, 1987: Städtische Kultur in Italien zwischen Hochrenaissance und Barock. Eine historische Anthropologie, Berlin.

Certeau, de Michel, 1988: Die Kunst des Handelns, Berlin.

Clemens, Otto./ Rautenberg, Peter, 1983: Die Wiedergewinnung körperlich-sinnlicher Ausdrucksformen als ein Element des Lehrstückspiels, in: Koch u.a. (Hg.) 1984, S.14-23.

Derschmitt Friedemann, 1996: Stellen Sie sich vor, in: Oikodrom-Stadtpläne, Heft 2/96, S.4f. .

Dewe, Bernd/ Otto, Hans-Uwe 1996: Zugänge zur Sozialpädagogik. Reflexive Wissenschaftstheorie und kognitive Identität, Weinheim und München.

Diamond, David, 1995a: Out of Silence. Headlines Theatre and Power Plays, in: Schutzman, Mady/ Cohen-Cruz, Jan (Ed.) 1995, S.35-52.

Diamond, David, 1995b (1991): Theatre for Living. A Joker's Guide, Vancouver.

Dourmien-Koudela, Ingrid, 1991: Der befreite Zuschauer, in: Ruping, Bernd u.a.(Hg.), 1991, S.251-255.

Ecarius, Jutta/ Löw, Martina (Hg.) 1997: Raumbildung – Bildungsräume. Über die Verräumlichung sozialer Prozesse, Opladen.

Ehlert, Dietmar, 1993: Ortsbestimmung; Annäherung an den Begriff der Theaterpädagogik, in: Jeske, Marlies u.a. (Hg.), S.22 und S.33-38.

Enge, Herbert, 1993: Was ist das: Theaterpädagogik? – Einige Anmerkungen zur Begriffsbestimmung, in: Jeske, Marlies, u.a. (Hg.), S.57f..

Elias, Norbert, 1976: Über den Prozess der Zivilisation. Soziogenetische und psychogenetische Untersuchungen, Band I und II, Frankfurt am Main.

Elias, Norbert, 1987: Die Gesellschaft der Individuen, Frankfurt am Main.

Empowerment Schöpfwerk 1999. Eigenverantwortliches Handeln in Großwohnanlagen, Wien.

Feldhendler, Daniel 1992 (1987): Psychodrama und Theater der Unterdrückten, Frankfurt/Main.

Feller, Kirsten, 1998: Ohne Körper geht nichts! Über den langen Weg vom inneren Bild zum sichtbaren oder der bescheidene Versuch, Peter Brooks Arbeitsmethoden nachzuempfinden, in: Vaßen, Florian u.a. (Hg.) 1998, Frankfurt am Main S.131-135.

Flade, Antje/ Kustor, Beatrice (Hg.): Raus aus dem Haus. Mädchen erobern die Stadt, Frankfurt/New York 1996.

Forster, Edgar, J. 1988: Notizen zum wissenschaftlichen Arbeiten. Zur Rekonstruktion einer wissenschaftlichen Lebenswelt, in: Schratz, Michael (Hg.) 1988: Gehen Bildung, Ausbildung und Wissenschaft an der Lebenswelt vorbei?, München.

Forumtheater am Schöpfwerk – ‚Haben Sie früher nicht gespielt?', in: Schöpfwerk Schimmel, Winder 1999, Nummer 33, S.13.

Foucault, Michael, 1976: Mikrophysik der Macht. Über Strafjustiz, Psychiatrie und Medizin, Berlin.

Foucault, Michael, 1977: Überwachen und Strafen. Die Geburt des Gefängnisses, Frankfurt am Main.

Foucault, Michael, 1989 (1977): Der Wille zum Wissen, Sexualität und Wissen I, Frankfurt am Main.

Foucault, Michael, 1991: Die Ordnung des Diskurses, Frankfurt am Main.

Fraser, Nancy, 1996: Öffentlichkeit neu denken. Ein Beitrag zur Kritik real existierender Demokratie, in: Schleich, Elvira (Hg.), 1996: Vermittelte Weiblichkeit: feministische Wissenschafts- und Gesellschaftstheorie, Hamburg.

Frantz, Bertram/ Konecny Felicitas/ Wrentschur, Michael: Stop and Go. Graz Hat'zzz, in: time out-burn out. Dokumentation einer Veranstaltungsreihe, Autonome Forschungsgruppe Zeit-Räume in Zusammenarbeit mit der Grünen Akademie Steiermark, Graz 1994, S. 22-33.

Freire, Paolo, 1982 (1970): Pädagogik der Unterdrückten. Bildung als Praxis der Freiheit, Reinbek bei Hamburg.

Frey, Barbara, 1989: Das Theater der Unterdrückten in Europa. (unveröffentlichte) Magisterarbeit, FB Kommunikationswissenschaften, Freie Universität Berlin 1989.

Frowerk, Jens-Ulrich u.a. (Hg.) 1999: Kinderpolitik – Kinderbeteiligung. Kinder und jugendpolitische Beteiligungsmodelle, Bonn.

Friebertshäuser, Barbara, 1997: Interviewtechniken – Ein Überblick, in: Friebertshäuser Barbara/ Prengel, Annedore (Hg.) 1997, S.371-395.

Friebertshäuser, Barbara/ Prengel, Annedore (Hrsg) 1997: Handbuch Qualitative Forschungsmethoden in der Erziehungswissenschaft, Weinheim-München.

Gail, Nöck 1999: Boal unter den ersten Völkern Kanadas, in: Korrespondenzen, Zeitschrift für Theaterpädagogik, Heft 34, Jg.15, S.27-29.

Galtung, Johan, 1975: Strukturelle Gewalt, Beiträge zur Friedens- und Konfliktforschung, Reinbek bei Hamburg.

Gebauer, Gunter/ Wulf, Christoph, 1998: Spiel-Ritual-Geste. Mimetisches Handeln in der sozialen Welt, Reinbek bei Hamburg.

Gebert, Andreas/ Schone, Reinhold, 1993: Erziehungsbeistände im Umbruch. Eine ambulante Erziehungshilfe profiliert sich neu, Münster.

Gipser, Dietlinde, 1996: Grenzüberschreitungen: Theater der Unterdrückten an Hochschulen in Nah-Ost und West – Emanzipatorische Forschungsprozesse, in: Zeitschrift für befreiende Pädagogik, Nr. 10, Juni 1996, S.26-31.

Göschel, Albrecht, 1994: Gewalt statt Diskurs. Reaktionen auf Vereinzelung, Abstiegsangst und verschärfte Konkurrent, in: Bauwelt 1994, Heft 24, S.1334-1337.

Gruppe „Forumtheater"/ WUK 1999, in: Wrentschur Michael/ ARGE Forumtheater, Forumtheater in Österreich, Wien 1999, S. 113-116.

Hamburger, Franz/ Otto, Hans-Uwe (Hrsg.) 1999, Sozialpädagogik und Öffentlichkeit. Systematisierungen zwischen marktorientierter Publizität und sozialer Dienstleistung, Weinheim und München.

Haug, Frigga, 1990: Erinnerungsarbeit, Berlin.

Hausen, Karin, 1992: Öffentlichkeit und Privatheit. Gesellschaftspolitische Konstruktionen und die Geschichte der Geschlechterbeziehung, in: Hausen, Karin/ Wunder, Heide (Hg.) 1992, Frauengeschichten – Geschlechtergeschichte, Frankfurt/ New York.

Häußermann, Hartmut/ Siebel, Walter, 1987: Neue Urbanität, Frankfurt am Main.

Heidefuß Wolfgang/ Petsch, Peter/ Steinweg Reiner, 1986: Weil wir ohne Waffen sind. Ein theaterpädagogisches Forschungsprojekt zur Politischen Bildung. Nach einem Vorschlag von Bertolt Brecht, Frankfurt am Main.

Heller, Agnes, 1978: Das Alltagsleben. Versuch einer Erklärung der individuellen Reproduktion, Frankfurt am Main.

Hentschel, Ulrike, 1996: Alles Theater? Überlegungen zum Theatralitätskonzept innerhalb der Theaterpädagogik, in: Korrespondenzen, Zeitschrift für Theaterpädagogik, Heft 27, September 1996, S.43-49.

Herriger, Norbert 1996: Empowerment und Engagement, in: Soziale Arbeit 9-10/96, S.290-301.

Herriger, Norbert, 1997: Empowerment in der Sozialen Arbeit. Eine Einführung, Stuttgart-Berlin-Köln, 1997.

Hiess, Helmut/ Rosinak, Werner 1995: Garagenprogramm für Wien. Entwurf. Projektbericht, Wien.

Hiltmann, Gabriele, 1989: Kulturarbeit und die Neubestimmung des Kulturbegriffs, Kulturarbeit in der Sozialarbeit zwischen Anerkennung und Ablehnung, in: Koch, Gerd (Hg.) 1989, S.12-39.

Hoffmann, Klaus, 1998: Bildungsprozesse in der spiel- und theaterpädagogischen Arbeit, in: Korrespondenzen, Zeitschrift für Theaterpädagogik, Heft 32, S.5-6.

Hongler, Hanspeter 1998: Soziokulturelle Animation und Gemeinwesenarbeit, in: Soziale Arbeit, Nr.1/ 1998, S.4-8.

Hongler, Hanspeter/ Willener, Alex 1998: Die Projektmethode in der soziokulturellen Animation, Luzern.

Hörster, Reinhard, 1997: Bildungsplazierungen. Räume, Möglichkeiten und Grenzen der Heterotopologien, in: Ecarius, Jutta/ Löw, Martina (Hg.) 1997, S.93-122.

Huizinga, Johan, 1956: Homo ludens. Vom Ursprung der Kultur im Spiel, Reinbek bei Hamburg.

Inter*ACT*-Werkstatt für Theater und Soziokultur, 1999: Im Spiegel der Wirklichkeit – Forumtheater am Hauptplatz, (unveröff.) Projektvorschlag für 2003.

Ivanceanu, Ina: Die Straße gehört uns! Protest im öffentlichen Raum, in: Oikodrom-Stadtpläne, Heft 2/96, S.30f..

Jeske, Marlies u.a. (Hg.) 1993: Geschichte(n) der Theaterpädagogik: Zwischen Anspruch, Legitimation und Praxis. Materialien zur 6.Bundestagung in Lingen (Ems), Münster-Hamburg.

Kamper, Dietmar 1990 (1981): Zur Geschichte der Einbildungskraft, Reinbek bei Hamburg.

Kaschuba, Jürgen, 1992: Ritual und Fest. Das Volk auf der Straße. Figurationen und Funktionen populärer Öffentlichkeit zwischen Frühneuzeit und Moderne, in: Dülmen, Richard van (Hg.) 1992: Dynamik der Tradition. Studien zur historischen Kulturforschung IV, Frankfurt/ M., S.240-267.

Klosterkötter-Prisor, Birgit 1994: Theaterpädagogik im Spannungsfeld von Theater und Therapie, in: Klosterkötter-Prisor (Hg.) 1994, S.62-71.

Knauer, Raingard/ Brandt, Petra, 1998: Kindern können mitentscheiden. Beteiligung von Kindern und Jugendlichen in Kindergarten, Schule und Jugendarbeit, Neuwied-Kriftel-Berlin.

Kosterkötter-Prisor, Birgit (Hg.) 1994: Grenzüberschreitungen. Theater-Theaterpädagogik-Therapie, Remscheid.

Koch, Gerd, 1988 (1978): Lernen mit Bert Brecht. Bertolt Brechts politisch-kulturelle Pädagogik, Frankfurt am Main.

Koch, Gerd 1991a: „...gegen den Strich bürsten!" Versuche mit Augusto Boals Theatervorschlägen. Ein Bericht, in: Ruping, B.(Hg.) 1991, S.215-229.

Koch, Gerd 1991b: Einige wenige Bemerkungen zu Bert Brechts Lehrstück-Ansatz und zu den Anregungen von Augusto Boal sowie ein Nachdenk-Ansatz, in: Ruping, B.(Hg.) 1991, S.318-323.

Koch, Gerd u.a. 1995: Theatralisierung von Lehr-Lernprozessen, Berlin.

Koch, Gerd, 1997: Theater-Spiel als szenische Sozialforschung, in: Belgrad 1997, S.81-96.

Koch, Gerd/ Steinweg, Reiner/ Vaßen, Florian (Hg.) 1983: Assoziales Theater. Spielversuche mit Lehrstücken und Anstiftung zur Praxis, Köln.

Koch, Gerd (Hg.), 1989: Kultursozialarbeit. Eine Blume ohne Vase?, Frankfurt am Main

Konecny, Felicitas/ Wrentschur Michael, 1993: Verkehr-Verhalten-Verhältnisse-Gewalt. Am Beispiel der Münzgrabenstraße in Graz, in: Peskoller, Helga u.a. 1993: rastlos, reibungslos, regungslos..., S.348-428.

Korrespondenzen 1995. Zeitschrift für Theaterpädagogik "Soziales Lernen und ästhetische Erfahrung", Heft 23/24/25 Juli 1995.

Koczy, Marion, 1996: Mobil ist, wer sich wehren kann, in: Flade, Antje/ Kustor, Beatrice (Hg.), Raus aus dem Haus. Mädchen erobern die Stadt, Frankfurt/ New York.

Krabiel, Klaus-Dieter, 1993: Brechts Lehrstücke. Entstehung und Entwicklung eines Spieltyps, Stuttgart.

Krusche, Martin, 1996.: Öffentlicher Raum. Eine erste Skizze, Virtuelle Akademie Nitscha. AREG Region Kultur, Gleisdorf.

Kuzmics, Helmut, 1989: Der Preis der Zivilisation. Die Zwänge der Moderne im theoretischem Vergleich, Frankfurt/ New York

Leithäuser, Thomas u.a., 1977: Entwurf zu einer Empirie des Alltagsbewusstseins, Frankfurt am Main.

Levenstein, Marla, 1997: Die Ästhetik der Gefühle und ihre Verwendung *in Drama in Education*, in: Belgrad, J. (Hg.) 1997, S.132-140.

Lucchesi, Jürgen, 1994: Musik-Experiment: Das 'Badener Lehrstück' vom Einverständnis, in: Korrespondenzen. Zeitschrift für Theaterpädagogik, Heft 19/20/21, 1994.

Maringer, Eva./ Wrentschur, Michael 1995: Ja nemam kabat. Mrznu. Lehrstückspiel zum Thema Gewalt in der interkulturellen Jugendarbeit, in: Korrespondenzen. Zeitschrift für Theaterpädagogik, Heft 23/24/25, Juli 1995, S.80-87.

Matzhold, Monika/ Wrentschur, Michael 1996: Der Theatermacher als Stadtrat, in: Oikodrom-Stadtpläne, Heft 2/96, S.5-8.

Mayring, Klaus, 1993 (1983): Qualitative Inhaltsanalyse, Weinheim.

Mitscherlich, Alexander, 1974: Die Unwirtlichkeit unserer Städte. Anstiftung zum Unfrieden, Frankfurt am Main

Moser, Heinz, 1997, Instrumentenkoffer für den Praxisforscher, Freiburg im Breisgau.

Moser, Heinz/ Müller, Emanuel/ Wettstein Heinz/ Willener, Alex, 1999: Soziokulturelle Animation. Grundfragen, Grundlagen, Grundsätze, Luzern.

Moser, Michaela/ Schenk, Martin 1999: ‚Die Welt zur Bühne machen'. Die Stärke der Schwachen, in: Die Armutskonferenz (Hg.): ‚Es ist genug für alle da'. Erwerbsarbeit und soziale Sicherheit, Wien-Horn, S.6-9.

Muhr, Thomas, 1997: ATLAS.TI. The Knowlegde Workbench. Visual and Qualitative Analysis, Management, Model Building, Short User's Manual, Berlin.

Müller, Emanuel, 1997: Definitionen von Kultur und Soziokultur, Lehrveranstaltungsunterlagen, HFS Luzern.

Neuroth, Simone, 1994: Augusto Boals "Theater der Unterdrückten" in der pädagogischen Praxis, Weinheim.

Nissen, Ursula, 1997: Kindheit, Geschlecht und Raum. Sozialisationstheoretische Zusammenhänge geschlechtsspezifischer Raumaneignung, Weinheim und München.

Nitsch, Wolfgang/ Scheller, Ingo,1997: Forschendes Lernen mit Mitteln des szenischen Spiels als aktivierende Sozial- und Bildungsforschung, in: Friebertshäuser, Barbara/ Prengel, Annedore (Hg.) 1997, S.704 -710.

Oikodrom-Stadtpläne, Forum Nachhaltige Stadt, Schwerpunkt: Öffentlicher Raum, Heft 2/96.

Oswald, Heinz, 1997: Was heißt qualitativ forschen?, in: Friebertshäuser, Barbara/ Prengel, Annedore (Hg.) 1997, S.71-87.

Paris-Ebert, Helme/ Paris, Volkhard 1993: Ortsbesichtigung und Perspektiven, in: Jeske, Marlies u.a. (Hg.) 1993, S.13-14.

Payer, Heinz, 1993: Der Beamte und der Bürger. Zwischen Ohnmacht, Angst und Gewalt. Beschreibung eines persönlichen Gestaltungsprozesses, Diplomarbeit, Universität Graz (masch.).

Peskoller, Helga, 1988: Ameridasel – ein Textexperiment. Schreiben in Bildern als selbstreflexives Verfahren, um authentisches Denkmaterial, Wissen und eine subjektiv brauchbare Denkordnung zu produzieren?, in: Schratz, Michael (Hg.) 1988: Gehen Bildung, Ausbildung und Wissenschaft an der Lebenswelt vorbei?, München, S.269-280.

Peskoller, Helga u.a.: rastlos, reibungslos, regungslos. Gewaltkomplexe in der Stadt Graz aus weiblicher Sicht. Ein Forschungsbericht, 1989-1993, Hall in Tirol 1993.

Peskoller Helga/ Stark Michael, 1991: Urban in der Stadt – ein experimenteller Essay, in: Eva& Co. Eine feministische Kulturzeitschrift, Heft 21 (1991), S.4-12.

Piepel, Arnold, 1991: Handlungsmodelle für die Zukunft - das Forumtheater, in: Ruping, Bernd. (Hg) 1991, S.116-131.

Polanyi, Michael, 1985: Implizites Wissen, Frankfurt am Main.

Portele, Gerhard, 1990: Konstruktionen, in: WAHR IST VIEL MEHR, Katalog des Museums der Wahrnehmung, Steirischer Herbst Graz 1990, Heft 2.

Prewo Dorothee, 1986: Und immer lockt das Spiel. Grenzüberschreitungen in Theater, Politik und Alltag, Frankfurt am Main.

Rainer, Barbara, 1999: Theatre in Education, in: praevdoc, Mitteilungen des österreichischen Bildungsforums für fördernde und präventive Jugendarbeit, 2.Ausgabe 1999, S.9-14.

Rathmeyer, Bernhard 1994: Von der Konkurrenz der Lebensalter zur Koexistenz der Generationen. Die Krise der Institutionen und die Bedeutung nichtinstitutioneller Lebenswelten für die Sozialisation Jugendlicher, in: Janig, Herbert/ Rathmeyer, Bernhard (Hg.) 1994: Wartezeit: Studien zu den Lebensverhältnissen Jugendlicher in Österreich, Innsbruck, S.75-104.

Renk, Herta-Elisabeth 1997: Authentizität als Kunst. Zur Ästhetik des Amateurtheaters oder: wenn sie gut sind, sind sie aufregend bei sich selber, in: Belgrad 1997, S.38-56.

Richard, Jörg ,1993: Vom Selbstverständnis, Unverständnis und Mißverständnis der Theaterpädagogik, in: Jeske, Marlies u.a. (Hg.) 1993, S.149-165.

Richter, Kurt-F., 1989: Integrative Therapie: Gestaltarbeit mit Forumtheater. Ein Versuch, Gestaltarbeit mit den Methoden soziokultureller Großgruppenarbeit zu verbinden, in: Gestalt und Integration. Zeitschrift für ganzheitliche und kreative Therapie, Heft 2/1989-1/1990, S.69-90.

Rinke, Moritz, 1993: Herodes lebt in Brasilien. Das politische Theater und die Aktivitäten des Augusto Boal. Feuilleton in der Süddeutschem Zeitung, Nr. 195 vom 25.8.1993, S.11.

Ritzer, George, 1983: Contemporary Sociological Theory, New York.

Rodenstein, Marianne 1997: Wege zur nicht sexistischen Stadt, Vortrag für das DOKU-Graz, 23.1.1997.

Ronneberger, Klaus 1997: Gefährliche Orte – unerwünschte Gruppen. Zur ordnungspolitischen Regulation städtischer Räume in den 90er Jahren, in: WeltTrends. Eine Vierteljahreszeitschrift für internationale Politik und vergleichende Studien aus Potsdam und Poznan; Heft 17 – Winter 1997, ohne Seitenangabe.

Rosenberg Barbara (Hg.) 1994: Vom Zuschauer zum Aktivbürger. Modelle der Bürgerbeteiligung in kommunalen Planungsprozessen, Wien.

Rossi, Aldo, 1973: Die Architektur der Stadt. Skizze zu einer grundlegenden Theorie des Urbanen, Düsseldorf.

Ruping, Bernd 1984.: Material und Methode. Zur Theorie und Praxis des Brechtschen Lehrstücks, Diss., Münster (Lit.Verlag) 1984.

Ruping, Bernd. (Hg.), 1991: Gebraucht das Theater. Die Vorschläge von Augusto Boal. Erfahrungen, Varianten, Kritik, Lingen-Remscheid 1991.

Ruping, Bernd 1991a: Tango, Sprünge und Theater - 15 Anläufe zum Vorwort, in: Ruping, Bernd, (Hg.) 1991, S.11-25..

Ruping, Bernd, 1991b: Vom szenischen Erkunden psychosozialer Befindlichkeiten- Erfahrungen mit einem Workshop zum Theater der Unterdrückten 1989, in: Ruping, Bernd, (Hg.) 1991, S.53-81.

Ruping, Berrdn 1991c: Paolo Freires „Pädagogik der Unterdrückten". Wein Zettelkasten, in: Ruping, Bernd, (Hg.) 1991, S.288-298.

Ruping, Bernd, 1998: Soziale und ästhetische Prozesse theaterpädagogischer Bildungsarbeit. Zehn Thesen, acht Fälle und ein utopisches Nachspiel, in: Korrespondenzen, Zeitschrift für Theaterpädagogik, Heft 32, JG 14, 1998 S.22-26.

Ruping, Bernd/ Vaßen, Florian/ Koch, Gerd 1991: Widerwort und Widerspiel. Theater zwischen Eigensinn und Anpassung. Situationen, Proben, Erfahrungen, Lingen Hannover.

Salverson, Julie, 1995: The Mask of Solidarity, in: Schutzman, Mady/ Cohen-Cruz, Jan, (Ed.) 1995, S.157-170.

Schaarschuch, Andreas, 1999: Soziale Arbeit in der Öffentlichkeit – Öffentlichkeit in der Sozialen Arbeit, in: Hamburger, Franz/ Otto, Uwe (Hg.), 1999, S.37-50.

Schaub, Klemens, 1998: Ich spiele, also bin ich – für eine Kultur von Spiel und Theater in der kirchlichen Jugendarbeit, in: Korrespondenzen, Zeitschrift für Theaterpädagogik, Heft 32, JG 14, 1998, S.8.

Schauerhofer Martin u.a. (Hg.) 2000: Räume der Civil Society in Österreich, Wien.

Scheipl, Josef, 2000: Prävention im Rahmen des sozialpädagogischen Diskurses. Die Entwicklung der Bedeutung des Präventionsgedankens sowie seine Weiterführung und seine möglichen Grenzen, Vortrag am 5.Mai 2000 im Rahmen des Fachtagung: Sekundärprävention mit suchtgefährdeten Jugendlichen.

Scheller, Ingo, 1983: Arbeit an asozialen Haltungen. Lehrstückpraxis mit Lehrern und Studenten, in: Koch, Gerd u.a. (Hg.) 1983, S.62-90.

Scheller, Ingo, 1998: Szenisches Spiel. Handbuch für die pädagogische Praxis, Berlin.

Schmidt, Angela/ Suhdal, Gerlinde 1995: Theater als Medium, in: Koch 1995, S.121-136.

Schneider, Wolfgang 1993: Wie viel Jugendschutz verträgt das Theater? Wider die Funktionalisierung von Kunst, in: Schneider, Wolfgang (Hg.), 1993:

Theater und Jugendschutz. Aids, Sucht, Gewalt als Themen auf der Bühne, Weinheim und München, S.37-48.

Schöller, Eckhard, 1993: Theaterpädagogik und Öffentlichkeit, in: Jeske, Marlies u.a. (Hg.) 1993, S.25.

Schulze, Joachim, 1993: Soziokulturelle Zentren – Stadterneuerung von unten, Essen.

Schutzman, Mady 1995: Brechtian Shamanism. The political therapy of Augusto Boal, in: Schutzman, Mady /Cohen-Cruz, Jan (Ed.)1995, S.137-156.

Schutzman Mady/ Cohen-Cruz, Jan (Ed.), 1995 (1994): Playing Boal. Theatre, Therapy, Activism. London and New York.

Schweinschwaller, Thomas /Rainer, Barbara 1999: Theaterpädagogik als Förderung von Probehandeln. Der personenzentrierte Ansatz in der Theaterpädagogik, in: Person 1, 1999, S.16-20.

Schwenke, Walburg, 1993: Zur Lage der Theaterpädagogik, in: Jeske, Marlies u.a. (Hg.) 1993, S.82-91.

Schwiersch, Martin, 1995: Wirkt Erlebnispädagogik? Wirkfaktoren und Wirkmodelle in der Erlebnispädagogik, in: Kölsch, Hubert (Hg.) 1995: Wege moderner Erlebnispädagogik, München, S.139-183.

Seitz, Hanne. 1995: Räume im Dazwischen. Bewegung, Spiel und Inszenierung im Kontext ästhetischer Theorie und Praxis, Essen.

Sennett, Richard: Verfall und Ende des öffentlichen Lebens. Die Tyrannei der Intimität, Frankfurt am Main 1986 (1983).

Sennett, Richard: Civitas. Die Großstadt und die Kultur des Unterschieds, Frankfurt am Main 1991 (1990).

Sennett, Richard: Fleisch und Stein. Der Körper und die Stadt in der westlichen Zivilisation, Berlin 1995.

Sievers, Norbert, Wagner, Bernd (Hg.) 1992: Bestandaufnahme Soziokultur. Beiträge-Analysen-Konzepte, Stuttgart-Berlin-Köln.

Shazer, Steve de, 1989: Wege der erfolgreichen Kurztherapie, Stuttgart.

Smith, Anne-Louise, 1996: Forum Theatre and the Role of the Joker: Social Activist, Educator, Therapist, Director: The Changing Persepktives of Canadian Jokers, Thesis, University of Alberta, Department of Drama, Edmonton.

Spolin, Viola: Improvisationstechniken für Pädagogik, Therapie und Theater, Paderborn 1993 (1983).

Spry, Lib, 1995: Structures of Power. Toward a theatre of liberation, in: Schutzman, Mady/ Cohen-Cruz, Jan (Ed.), 1995, S.171-184.

Stark, Wolfgang. 1996: Empowerment. Neue Handlungskompetenzen in der psychosozialen Praxis, Freiburg i.B..

Stastny, Roland, 1995: Philosophische Praxis, Wien.

Stastny, Roland, 1998: Axis Mundi. Rituallabor. Konzept, unveröffentlichtes Manuskript, Wien.

Stastny, Roland, 1999: Das Instrument des Rituals, in: Wien Modern Almanach 99. Riten. Mythen, Wien, S.22-43.

Steinweg, Reiner. 1972: Das Lehrstück. Brechts Theorie einer politisch-ästhetischen Erziehung, Stuttgart.

Steinweg, Reiner, 1983: Wahrnehmen, Verfremden, Verändern. Frankfurter Spieleinführung, in: Koch, Gerd u.a. (Hg.), 1983, S.27-52.

Steinweg, Reiner, 1994 a: Gewalt in der Stadt. Wahrnehmungen und Eingriffe. Das Grazer Modell, Münster.

Steinweg, Reiner/ Arbeitsgruppe "Gewalt in der Stadt" 1994b: Stadt ohne Gewalt. Verringerung, Vermeidung, Vorbeugung. Die Grazer Vorschläge, Münster.

Steinweg, Reiner 1995: Lehrstück und episches Theater. Brechts Theorie und die theaterpädagogisches Praxis, Frankfurt.

Steinweg, Reiner/ Heidefuß, Peter/ Petsch, Peter 1983: Alltag, Gewalt und Sinnlichkeit. Theaterspielen als Instrument der außerschulischen Friedenserziehung, in: Steinweg, Reiner (Hrsg.), 1983: Faszination der Gewalt. Politische Strategie und Alltagserfahrung (=Friedensanalysen 17), Frankfurt am Main, S.161-208.

Sting, Wolfgang, 1995: Interkulturelles Lernen und Theater, in: Korrespondenzen, Zeitschrift für Theaterpädagogik, Heft 23-25, Juli 1995, S.29-35

Tasche, E. 1991: Flüchtige Bekanntschaft - Straßentheater mit Brecht und Boal, in: Ruping, Bernd (Hg.), 1991, S.310-317.

Thesen zur Rolle der spiel- und theaterpädagogischen Arbeit in Bildungsprozessen, 1998, in: Korrespondenzen, Zeitschrift für Theaterpädagogik, Heft 32, 14.Jg., 1998, S.9f..

Thiersch, Hans 1998. Notizen zum Zusammenhang von Lebenswelt, Flexibilität und flexiblen Hilfen, in: Peters, Friedhelm u.a. (Hg.) 1998: Integrierte Erziehungshilfen, S.24-35.

Thiersch, Hans 1999: Soziale Arbeit und Öffentlichkeit: Verwerfungen zwischen Politik, Alltagszuständigkeit, Dienstleistungsangebot und Legitimationspflicht, in. Hamburger, Franz/ Otto, Hans-Uwe (Hrsg.) 1999, S.121-132.

Thorau, Henry 1982.: Augusto Boals Theater der Unterdrückten in Theorie und Praxis, Rheinfelden.

Thorau, H. 1989: Augusto Boal oder Die Probe auf die Zukunft, in: Boal, Augusto. 1989, S.9-16.

Thürmer-Rohr, Christina, 1987: Vagabundinnen. Feministische Essays. Berlin.

Trötschel, Gandalf, 1994: Das Theater oder Die Gemeinschaftskunst als Chance gesellschaftlicher Heilung oder Die Wiedererfindung des Rades, in: Klosterkötter-Pisor, Birgit (Hrsg.), 1994, S.32-45.

Turner, Victor 1989: Vom Ritual zum Theater. Der Ernst des menschlichen Spiels, Frankfurt/New York.

Uptmoor, Beate, 1998: Der fremde Blick des Tanztheaters, in: Vaßen, Florian u.a. (Hg.) 1998, S.112-122.

Vaßen, Florian, 1991: Wider die Banalität des Alltags. Acht Punkte zu Augusto Boal. Probleme und Möglichkeiten des „Theaters der Unterdrückten", in: Ruping, Bernd (Hg.), 1991, S.275-279.

Vaßen, Florian, 1997: Verkehrte Welt? Der Stellenwert von Ästhetik in Theaterwissenschaft und Theaterpädagogik, in: Belgrad 1997, S.57-65.

Vaßen, Florian, 1998: Der ganze und zerstückelte Körper. Stichworte zum Verhältnis von Körper-Theater und Körper-Therapie, in: Vaßen, Florian u.a. (Hg.) 1998, S.29-40.

Vaßen, Florian/ Koch, Gerd/ Naumann, Gabriele u.a. (Hg.), 1998: Wechselspiel: KörperTheaterErfahrung, Frankfurt am Main.

Vidal, Francesca, 1991: Das Theater als eine ‚Angelegenheit für Philosophen', in: Ruping, Bernd u.a. (Hg.) 1991, S.59-70.

Virilio, Paul: Fahren, fahren, fahren... Berlin 1978.

Virilio, Paul 1991: Das öffentliche Bild, in: Rötzer, Florian (Hg.), 1991: Digitaler Schein. Ästhetik der elektronischen Medien, Frankfurt am Main, S.343-345.

Weintz, Jürgen, 1998: Theaterpädagogik und Schauspielkunst. Ästhetische und psychosoziale Erfahrungen durch Rollenarbeit, Butzbach-Griedel.

Weintz, Jürgen, 1999: Vorwort, in: Boal, Augusto 1999, S.7-14.

Wilde Bühne e.V. (Hg.), 1998: Kultur vom Rande der Gesellschaft. Aus der Praxis authentischer Theaterarbeit, Freiburg im Breisgau.

Wildt, Karola, 1986: Frauenforschung und Feministische Forschung, in: Bell, A./ Fleischer, E. u.a., Furien in Uni-Form, Innsbruck 1986, S.141-157.

Wrentschur, Michael, 1989: Fragen eines schreibenden Sozialwissenschafters, der so gerne die Welt verändern möchte, in: Egger, Rudolf. (Hg.) 1989: Zwischen Null und Unendlich, Identität und Pädagogik, München 1989, S.102-122.

Wrentschur, Michael, 1990: Arbeitsgemeinschaft Bildung durch Wissenschaft – Drei Beiträge, in: Egger, Rudolf, 1990: Bildung durch Wissenschaft – Wissenschaftssozialisation an der Universität, Projektbericht, Berichte aus Arbeit und Forschung, Institut für Erziehungswissenschaften – Universität Graz, S.239-300.

Wrentschur, Michael, 1996: Ohn(e) Macht in der Flüchtlingsarbeit?, in: zeitschrift für befreiende pädagogik, Nr 10, Juni 1996, S.32-35.

Wrentschur Michael/ ARGE FOUMTHEATER, 1999: Forumtheater in Österreich. Praxis-Projekte-Gruppen, Wien.

Zaporah, Ruth 1995.: Action Theatre. The Improvisation of Presence, Berkeley.

Abbildungsnachweis

Das Bild auf Seite *146* ist von einer Kunstkarte des Kunsthistorischen Museums in Wien und zeigt das Gemälde „Kampf zwischen Fasching und Fasten" aus dem Jahr 1559 von Pieter Bruegel d.Ä.;

die Fotos auf den Seiten *113, 138, 253, 254, 256, 259, 260* sind von mir selbst;

die Fotos auf den Seiten *142* und *145* stammen von Michael Sammer;

die Abbildung auf der Seite *144* ist aus Materialien der Straßentheateraktion vom Dezember 1991

die Fotos auf den Seiten *305, 309, 310* und *311* sind aus Reflexionsberichten von Studierenden zum „permanent breakfast" 1997 entnommen;

das Foto auf der Seite *302* stammt von Thomas Trattner;

die Zeitungsausschnitte aus Seite *126* sind den Tageszeitungen „Der Standard" (ohne Datum), „Kurier" (22.Jänner 1995) und „Kleine Zeitung" (16.Oktober 1996) entnommen;

die Zeitungsausschnitte auf Seite *128* sind aus der „Kleinen Zeitung" vom 13.Oktober 1999 und

der Zeitungsausschnitt auf Seite *270* stammt aus der „Kleinen Zeitung vom 25.Juli 1999.

ANHANG I

Leitfaden für Interviews mit BesucherInnen der Forumtheateraufführung am 20.6.1997

Zu Beginn: Sinn der Gesprächs darlegen, Frage nach möglichen Nachwirkungen, Verbindung zu einer Forschungsfrage

Motiv....

Wie sind Sie auf die Auffführung aufmerksam geworden? Was hast Sie interessiert, hinzugehen?

Bleibende Eindrücke....

Wenn Sie an diesen Abend denken, was kommt ihnen in den Sinn? Woran erinnern Sie sich, welche Eindrücke sind noch da?

Thema , Alltags- bzw. Realitätsbezug...

Haben Sie sich schon vor den Auffführungen mit den in den Szenen dargestellten Themen beschäftigt?

Inwieweit hat dieses Spiel Bezüge zur Realität? Gab und gibt es Assoziationen zum eigenen städtischen Alltag? Wenn ja, welche? Tauchen Erinnerungen zu ähnlichen Situationen auf?

Eigene und andere „Einstiege"....

Haben Sie selbst einen Einstieg gewagt? Was ist ihnen davon noch in Erinnerung?

Wie geht ich ihnen vor, wenn eine andere Person aus dem Publikum einsteigt? (Solidarität?)

Ist Ihnen irgend in Einstieg noch in Erinnerung? Gibt es etwas, was für den eigenen Alltag von Bedeutung sein könnte?

Nachwirkungen...

Hat nach der Aufführung in ihrem Alltag etwas nachgewirkt, eine Rolle gespielt?

Ablauf...

Wie ist es Ihnen mit den Aufwärmspielen gegangen?

Wieso glauben Sie, „funktioniert" Forumtheater?

Vorerfahrungen und Ausblicke....

Haben Sie sich schon vorher mit dem Forumtheater beschäftigt? In welcher Form?

Könnten Sie sich vorstellen, selbst einmal Forumtheater zu machen?

Einschätzung und Anwendung

Wie gefällt Ihnen Forumtheater als Form der gesellschaftlichen, politischen Diskussion?

Welche Anwendungsbereiche/ -felder kommen Ihnen in den Sinn?

Vielen Dank für das Gespräch!!!

ANHANG II

Leitfaden für Gespräche mit TeilnehmerInnen des Projektstudiums (Juni/Juli 1998)

Sinn des Gesprächs...

...Zusammenhang mit Dissertation; Folgen und Nachhaltige Wirkungen der Arbeit

Bleibende Eindrücke....

Wenn du jetzt an das Projektstudium zurückdenkst, was fällt dir dazu ein? Was sind bleibende Eindrücke, was rückt in den Vordergrund?

Zur Methode des Theaterspiels/ Theaterpädagogik...

Was ist für dich das Besondere an der Methode? Was unterschiedet sie von anderen Lernformen? Welche Qualität des Wissens wird erzeugt?

Welche Nach- und Vorteile siehst du? Worin liegen die Grenzen der Methode?

Welche Anwendungsmöglichkeiten siehst du?

Zur Erleben von Stadt (und Gewalt)

Hat sich in deiner Wahrnehmung und in deinem Erleben von Stadt (und ihrer gewalt) etwas verändert?

Was haben die körperbezogenen Phasen ausgelöst? Waren das einzelne Aktionen oder hast du etwas beibehalten? Wirkt irgend etwas nach? Nimmst du deinen Körper in der Stadt anders wahr?

Erlebst du Stadt bzw. dein Handeln (manchmal) auf andere Weise als vor dem Projekt? Kannst du dafür Beispiele erzählen?

Siehst du in deinem städtischen Alltag neue Handlungs- und Aneignungsmöglichkeiten (auch jenseits der vorhandenen Normen und Grenzen)? Wurden Muster, Gewohnheiten unterbrochen, verändert? Kannst du mir Beispiele erzählen?

Sind (bis dahin noch unbekannte) Wünsche und Vorstellungen für die Gestaltung städtischen Lebens entstanden?

Zur Arbeit mit der Szene in der Kleingruppe

Wie hat sich im Verlauf der Arbeit deine Einschätzung und Wahrnehmung des in der Szene dargestellten „Problems" verändert?

Hast du Probetechniken zur Szene in Erinnerung? Wie ist es dir mit der intensiven Rollen- und Szenenarbeit gegangen?

Hast du Einstiege oder Lösungen in Erinnerung? Hat es dabei Anregungen gegeben?

Hast du in der Zwischenzeit ähnliche Situationen erlebt? Wie ist es dir dabei gegangen? Fühlst du dich diesen Situationen mehr gewachsen? Wodurch....?

Öffentlichkeit – Politik – Gesellschaft

Was bedeutet es für dich, mit einem ursprünglich ‚persönlichen' Thema/ Problem an die Öffentlichkeit (Gruppe, Publikum) getreten zu sein? Was bewirkte das?

Siehst du Verbindungen zwischen dem individuell-persönlichen und dem kollektiv-politischen Zugang? Inwieweit war die Theaterarbeit politisch, gesellschaftskritisch?

Gruppe

Welche Rolle kam der Gruppe bei dem Prozess zu? Wie hast du sie erlebt?

Offene Fragen/ Themen

Was ist für dich offen geblieben? Worüber möchtest du noch reden, diskutieren?

Vielen Dank für das Gespräch!!!!

ANHANG III

"Hermeneutic Units"

"HU-Projekt-Forum" (Interviews mit BesucherInnen)

      BS 1, 3.7.1997 (Interview mit E, Pädagogikstudentin, Michael1a.txt)
      BS 2, 3.7.1997 (Interview mit F, Pädagogikstudentin, Michael2a.txt)
      BS 3, 3.7.1997 (Interview mit G, Mitarbeiter bei der Katholischen
Jungschar, Michael 3a.txt)
      BS 4, 8.7.1997 (Interview mit H, Pädagogikstudentin mit vielfältigen Berufserfahrungen, Michael 4a.txt)
      BS 5, 8.7.1997 (Interview mit I, Pädagogikstudentin, Tätigkeit im Frauenreferat der ÖH, Michael 5a.txt)
      BS 6, 26.6.1997 (Interview mit A, Pädagogikstudentin, Tätigkeit in der Jugend- und Präventionsarbeit, Michael6a.txt)
      BS 7, 27.6.1997 (Interview mit B, Lehramtsstudentin, Michael7a.txt)
      BS 8, 28.6.1997 (Interview mit C, Pädagogikstudentin, Michael 8a.txt)
      BS 9, 3.7.1997 (Interview D, Biologiestudentin, Michael 9a.txt)

"HU-Projekt-Gruppe" (Interviews mit TeilnehmerInnen des Projektstudiums; mit Datums- und Fileangabe)

      TN 1, 12.7.1998 (weiblich, max1.txt)
      TN 2, 8.7.1998 (weiblich, max2.txt)
      TN 3, 8.7.1998 (weiblich, max2.txt)
      TN 4, 30.6.1998 (weiblich, max3.txt)
      TN 5, 25.6.1998 (männlich, max4.txt)
      TN 6, 25.6.1998 (weiblich, max4.txt)
      TN 7, 24.6.1998 (männlich, max5.txt)

TN 8, 24.6.1998 (weiblich, max5.txt)
TN 9, 24.6.1998 (weiblich, max6.txt)
TN 10, 24.6.1998 (männlich, max6.txt)
TN 11, 17.6.1998 (weiblich, max7.txt)
TN 12, 17.6.1998 (weiblich, max7.txt)
TN 13, 16.6.1998 (weiblich, max8.txt)
TN 14, 16.6.1998 (weiblich, max8.txt)

„HU-Projekt-Verlauf" (Tonband- und Videoabschriften, mit Datumsangabe und Thema):

PRO 1, 23.11. 1996 („Mit den Sinnen durch die Stadt", Tonbandabschrift)
PRO 2, 28.11. 1996 („Körper in der Stadt", Tonbandabschrift)
PRO 3, 4.12.1996 („Körperaktionen in der Stadt", Tonbandabschrift)
PRO 4, 20./21.12 1996 („Reflexionen des 1.Teils", Tonbandabschrift)
PRO 5, 23.1. 1997 („Reflexionen anhand der Bilder, Tonbandabschrift
PRO 6, 24.1. 1997 (Weiterführung der Reflexion und Diskussion, Tonbandabschrift
PRO 7, 3. 1997 (Probe „Die letzten Männer", Tonbandabschrift)
PRO 8, 29.4. 1997 (Probe „Fremde Nähe", Gabearbeit, Videoabschrift)
PRO 9, 27.6., 28.6..1997 (Abschlussreflexion, Tonbandabschrift)
PRO 10, 13.1.1999 (Abschlussreflexion)
PRO 11, 11.4./12.4. (Introspektive/prospektive Techniken, Videoabschrift)
PRO 12, 7.5.1997 (Probe „(R)Ausflug" mit Screen Image, Forumphase, Videoabschrift)
PRO 13, 11.4., 13.5., 20.6.1997 (Forumphasen/-einstiege „Die letzten Männer", Videoabschrift)
PRO 16, 24.4., 6.5., 15.5. 1997 (Gedächtnisprotokolle, Nachbesprechung, „permanent breakfast", Tonbandabschrift)

ANHANG IV

Hermeneutic Units und Codes

```
|HU:  projekt-forum
File:  [H:\projekt-forum]
Edited by: Super
Date/Time: 2000/07/25 - 00:00:04
--------------------------------------
Code-Filter: All
--------------------------------------!

anwendung
eindrücke
einstiege-andere
einstiege-selbst
forumphase
funktioniert
gefühl
motiv
motiv-forumtheater-bezug
nachwirkung
neue ideen
publikum-einstiege
realitätsbezug
warm-up

|HU:  projekt-verlauf
File:  [H:\projekt-verlauf]
Edited by: Super
Date/Time: 2000/07/25 - 00:00:26
--------------------------------------
Code-Filter: All
--------------------------------------!

feedback
forum-ideen
```

gewaltaspekte
gruppe
handlungsmöglichkeiten
körper und stadt II
körpernormen
nachhaltigkeit
neue blicke
politischer anspruch
polizist im kopf
qualität
reaktionen
rolle
schenktongli
sonstige nachwirkungen
szene-ähnliche situationen
szene-forum
szene-veränderung
universität

|HU: projekt-gruppe
File: [H:\projekt-gruppe]
Edited by: Super
Date/Time: 2000/07/25 - 00:00:43

Code-Filter: All
--!

analytisches bild
anwendung
feedback
gabe
gruppe
nachhaltig
permanent breakfast
persönlich-öffentlich
politischer anspruch
polizist im kopf

qualität
schenktongli
screen-image
sonstige nachwirkungen
stadt-gewaltaspekte
stadt-handlungsmöglichkeiten
stadt-ideen
stadt-sensibel
stadt und körper 1
stadt und körper II
stadt und sinne
szene-ähnliche situationen
szene-rolle
szene-veränderung
szenen-forum
szenen-real
uni

ANHANG V

Exemplarische Auswertung von Textstellen am Beispiel des Themas „Aufwärmspiele aus der Sicht des Publikums" (siehe S.328f).

1.Schritt: In den transkribierten Interviews (BS 1 – BS 9) werden alle Textpassagen mit dem Code „warm-up" versehen, die sich auf die Aufwärmspiele beziehen; einige der Textpassagen finden sich ebenso unter den Codes „Eindrücke" und „funktioniert".

2.Schritt: Alle kodierten Stellen werden ausgedruckt und in einem Text-File zusammengeführt, wie ich anhand einiger der insgesamt mehr als 20 Textstellen von BS 1 (P 1), BS 2 (P 2), BS 4 (P 5), BS 7 (P 8) und BS 9 (P 10) zum Code „warm-up" zeige:

```
HU:   projekt-forum
File:  [H:\projekt-forum]
Edited by: Super
Date/Time: 2000/08/14 - 00:40:12
--------------------------------------
12 quotation(s) for code: WARM-UP
Quotation-Filter: All
--------------------------------------

P 1: Michael1a.txt - 1:4   (29:34)    (Super)
Media: ANSI
Codes:   [eindrücke] [warm-up]


Und wie wir uns dann hingesetzt haben und aufgefordert
worden sind da mitzuspie- len, also diese Übungen zu
machen, das hat mir einfach ganz ganz gut gefallen.
Und das
hat mich auch sehr an deine Lehrveranstaltung erin-
nert,
```

also ich habe den ers- ten Teil bei dir besucht, und habe
gedacht ,okay ,das gefällt mir. Man wird nicht be- rieselt
und schaut sich das an, sondern man kann auch wirklich daran teilnehmen und was mitnehmen.

P 2: michael2a.TXT - 2:4   (35:44)   (Super)
Media: ANSI
Codes: [warm-up]

Du hast gesagt so mit dem Aufwärmspiel hat sich das
geändert, am Anfang war Anspannung. War die, wie das dann
war, ja jetzt machen wir miteinander Spiele, war das dann
auch noch da oder wo hat sich das dann , wie ist dir damit
gegangen? F: Du meinst ab welchem Punkt .... I: Ja. F: Ich
weiß es gar nicht, ich habe während dem Aufwärmen ein- fach
angefangen. Ich habe eben wie gesagt am Anfang keine Lust
gehabt ,aktiv was zu machen. Ich habe mich einfach wirklich
nur eingestellt gehabt ich sitze jetzt dort und lasse mich
berie- seln. Ich war eben nicht drauf eingestellt und
während vielleicht im zweiten, dritten Spiel oder was ihr
da gemacht habt halt, glaube ich, daß ich dann ein- fach...

P 2: michael2a.TXT - 2:2   (16:24)   (Super)
Media: ANSI
Codes: [eindrücke] [warm-up]

F: Prägend ja, ich war nur überrascht, weil ich wirklich
nicht gewußt habe was mich erwartet. Zuerst habe ich mir
gedacht, eigentlich wollte ich mich wirklich nur berieseln lassen, ich wollte nicht selber was machen, ich wollte
wirklich nur drinsitzen und was anschauen. Also war ich
zuerst eher so angespannt ein bißchen, habe ich mir gedacht
hm jetzt muß ich da mitmachen und so, weil ich mich nicht
drauf eingestellt habe. Und dann .... ja dann hat es mir
eigentlich nach dieser Aufwärmphase, wenn man das so sagen
kann, und wie es dann richtig angefangen hat, hat es
eigentlich, ich weiß nicht wie ich es beschreiben soll, ja
es hat mir voll getaugt. Es hat mir wirk- lich voll
getaugt, ich hätte mir das nicht erwartet.

P 5: michael4a.TXT - 5:8   (222:240)   (Super)
Media: ANSI
Codes: [warm-up]

H: Ja ich bin zu spät gekommen, ich habe gedacht es sei
schon vorbei, ich habe nicht so besonders gut Lust gehabt
auf spielen und habe halt so mehr oder weniger unbeteiligt
mitgemacht und halt so bis zu einem Punkt wieweit es für

mich gepaßt hat. Und so nachher in dieser Stadtsszene, da
bist einfach mittendrin und bist ein- fach beteiligt an der
ganzen, bist einfach drinnen. Und das hat nachher schon gepaßt. Und einerseits so für sich zu haben, ich muß nicht
mehr als ich will, ich stecke auch meine Grenzen ab, ich
kann immer noch soviel auf Distanz gehen zu der Masse wie
ich will....

P 8: michael7a.TXT - 8:20   (11:18)   (Super)
Media: ANSI
Codes: [warm-up]

B: Ja richtig, genauso ist es. Und es ist eine irrsinnige
Dynamik entstanden, am Anfang sehr viel Zurückhaltung, kaum
hat einer was gesagt, es wird immer familiärer von Minute
zu Minute kommt mir vor, nimmt das zu, das war
überraschend, weil ich weiß nicht ,ob sich die Leute
gekannt haben, aber ich habe praktisch niemanden gekannt
dort, war überhaupt kein Problem. Das geht einem sehr nahe
eigentlich, fast ein bißchen intim kommt mir vor, was da
passiert da vorne. Bis sich das dann gelöst hat, die
Spannung, das war toll.

P10: michael9a.TXT - 10:2   (11:18)   (Super)
Media: ANSI
Codes: [eindrücke] [warm-up]

D: So ziemlich alles. Der Anfang war ein bißchen ungewohnt
für mich. I: Ja welcher Anfang? D: Wo wir selber dann
die
Übungen gemacht haben, weil ich auch weniger der Typ
für so
was bin, aber naja, es war nicht so schlecht, aber für
mich
ist so was weniger. Das Theaterstück selbst hat mir
dann
sehr gut gefallen, weil man gesehen hat, daß man doch
sehr
viel Varianten hat, ja aber selber hätte ich es
wahrscheinlich nicht gemacht. Auch wenn ich was gewußt
hätte hätte ich es nicht gemacht. I:

3.Schritt: Aus diesem Rohmaterial werden alle nicht inhaltstragenden Textstellen gestrichen, während wichtige Zitate in eine lesbare Form gebracht werden; weitere Stellen werden herausgefiltert und auf eine Sprachebene gebracht. Dabei versuche ich möglichst den sprachlichen Ausdruck zu erhalten, manche Stelle werden reduziert, generalisiert oder einfach zusätzlich mit einem Stichwort versehen:

Zitate (gekürzt und lesbar gemacht):

„Diese Übungen zu machen, das hat mir einfach
ganz gut gefallen. Man wird nicht berieselt und
schaut sich das an, sondern man kann auch wirklich daran teilnehmen und was mitnehmen" (BS
1).

„Ja ich bin zu spät gekommen, ich habe gedacht
es sei schon vorbei, ich habe nicht so besonders
gut Lust gehabt auf spielen und habe halt
so mehr oder weniger unbeteiligt mitgemacht und
so weit es für mich gepaßt hat. Und nachher in
dieser Stadtsszene, da bist du einfach mitten-

drin und bist einfach beteiligt am Ganzen, bist einfach drinnen" (BS 4).

„Das geht einem sehr nahe eigentlich, fast ein bißchen intim kommt es mir vor, was da passiert. Bis sich das dann gelöst hat, die Spannung, das war toll" (BS 7).

„...weil ich auch weniger der Typ für so was bin, aber naja, es war nicht so schlecht, aber für mich ist so was weniger" (BS 9).

Restliche Textstellen (mit Stichworten, Generalisierungen oder Reduktionen)

BS 2

Während dem Aufwärmen hat es angefangen zu gefallen

nicht gewußt, was mich erwartet (keine bestimmte Erwartung)

Am Anfang keine Lust gehabt/ nicht darauf eingestellt, aktiv was zu machen (zuerst keine Lust auf Aktivität)

Darauf eingestellt zu sitzen und sich berie- seln zu lassen.
(sitzen bleiben und berieseln lassen)

nicht selber etwas machen wollen (passiv bleiben)

nur drinsitzen und was anschauen wollen (passiv bleiben)

zuerst eher angespannt

mitmachen müssen (Mitmachzwang)

Nach dieser Aufwärmphase hat es richtig angefangen zu taugen (nach Aufwärmen gefällt es)
BS 7

Es ist eine irrsinnige Dynamik entstanden (Dynamik durch das Aufwärmen)

Am Anfang war sehr viel Zurückhaltung (Zurückhaltung am Anfang)

Von Minute zu Minute wurde es familiärer (familiär durch das Aufwärmen)

Es war überraschend, weil sich die Leute kaum gekannt haben (Überraschung weil Leute nicht bekannt)

Das Nichtkennen war kein Problem

BS 9

Der Anfang war ungewohnt (ungewohnter Anfang)

Schritt 4: Die Zitate bleiben bestehen, bei den restlichen Textstellen werden inhaltlich ähnliche Stellen der einzelnen BS gestrichen und jene von unterschiedlichen BS um die Zitate herumgruppiert. Daraus und aus weiteren Textstellen entsteht der Text (siehe Seite 328).

Der Anfang war ungewohnt (ungewohnter Anfang) (BS 9)

„...weil ich auch weniger der Typ für so was bin, aber naja, es war nicht so schlecht, aber für mich ist so was weniger" (BS 9).

Am Anfang keine Lust gehabt/ nicht darauf eingestellt, aktiv was zu machen (zuerst keine Lust auf Aktivität)(BS 2)

Darauf eingestellt zu sitzen und sich berie- seln zu lassen.
(sitzen bleiben und berieseln lassen)(BS 2))

Während dem Aufwärmen hat es angefangen zu gefallen (BS 2)

„Ja ich bin zu spät gekommen, ich habe gedacht es sei schon vorbei, ich habe nicht so besonders gut Lust gehabt auf spielen und habe halt so mehr oder weniger unbeteiligt mitgemacht und so weit es für mich gepaßt hat. Und nachher in dieser Stadtszene, da bist du einfach mittendrin und bist einfach beteiligt am Ganzen, bist einfach drinnen" (BS 4).

zuerst eher angespannt (BS 2)

mitmachen müssen (Mitmachzwang) (BS 2)

Am Anfang war sehr viel Zurückhaltung (Zurückhaltung am Anfang) (BS 7)

Von Minute zu Minute wurde es familiärer (familiär durch das Aufwärmen)(BS 7)

Es war überraschend, weil sich die Leute kaum gekannt haben (Überraschung weil Leute nicht bekannt) (BS 7)

„Das geht einem sehr nahe eigentlich, fast ein bißchen intim kommt es mir vor, was da passiert. Bis sich das dann gelöst hat, die Spannung, das war toll" (BS 7).

„Diese Übungen zu machen, das hat mir einfach ganz gut gefallen. Man wird nicht berieselt und schaut sich das an, sondern man kann auch wirklich daran teilnehmen und was mitnehmen" (BS 1).

Dr. Helmut Wiegand (Hrsg.)

Theater im Dialog: heiter, aufmüpfig und demokratisch

Deutsche und europäische Anwendungen des Theaters der Unterdrückten

Mit einem Beitrag von Augusto Boal

ISBN 3-89821-333-1

328 S., Paperback, € 29,90

Erhältlich in jeder Buchhandlung oder direkt bei

ibidem

Das Theater der Unterdrückten erlebt in Deutschland eine Renaissance, nachdem es jahrelang in sozialpädagogischen Nischen verschwand. Die emanzipatorische Theatermethode, die in sich Kunst, Selbsterfahrung und psycho-soziales sowie (sozial-) politisches Probehandeln miteinander verbindet, will benachteiligten, diskriminierten oder sonstwie unterdrückten Menschen theatrale Ausdrucksmittel übereignen. Die Übertragung von Problemen in die ästhetische Theaterarbeit eröffnet Möglichkeiten der Distanzierung und schafft gedankliche und emotionale Freiräume für die Veränderungen im Alltag oder für gewaltfreie Aktionsformen.

Der Sammelband bietet den Leser/innen Beispiele der Umsetzung dieser Idee, die Partei ergreift, anhand von Projekt-, Gruppen- und Workshopberichten im deutschen und europäischen Kontext. Es finden sich auch grundsätzliche Beiträge, u.a. werden die Rolle des Humors sowie partizipative Ansätze im Forumtheater und Aktionstheaterformen diskutiert. Ein weiterer Schwerpunkt des Buches ist die Darstellung der Theater-Arbeit im interkulturellen Kontext.

Mehrere Beiträge aus anderen Ländern zeigen, wie verbreitet die Methode ist und wie vernetzt Praktiker/innen in einigen anderen europäischen Ländern (Beispiele: Holland, Österreich, Italien, Kroatien) mit ihr arbeiten.

Es finden sich u.a. Beiträge von Augusto Boal, Aleksandar Bancic, Till Baumann und Harald Hahn, Till Baumann, Katharina Lammers und Katrin Wolf, Maria Gorius und Friderike Wilckens - von Hein, Harald Hahn, Meike Herminghausen, Graciette Justo, Fritz Letsch, Ronald Matthijssen, Dr. Roberto Mazzini, Franz-Jürgen Schmitt, Dr. Helmut Wiegand, Dr. Michael Wrentschur, Claudia Zinser, Barbara Santos, Prof. Dr. Dietlinde Gipser, Susan Quick, Sruti Bala, Christoph Leucht und Hannah Reich, Nicola Gast - von der Haar und Dr. Jürgen Weintz.

ibidem-Verlag

Melchiorstr. 15

D-70439 Stuttgart

info@ibidem-verlag.de

www.ibidem-verlag.de
www.edition-noema.de
www.autorenbetreuung.de